风骨峥嵘

阮章竞研究资料汇编

张立群 编

西苑出版社
XIYUAN PUBLISHING HOUSE
·北京·

图书在版编目（CIP）数据

风骨峥嵘：阮章竞研究资料汇编 / 张立群编. --
北京：西苑出版社, 2021.10
（中国现代文学馆钩沉丛书 执行主编 计蕾）
ISBN 978-7-5151-0795-0

Ⅰ.①风… Ⅱ.①张… Ⅲ.①阮章竞(1914-2000)-
人物研究-研究资料 Ⅳ.①K825.6

中国版本图书馆CIP数据核字(2021)第178851号

风骨峥嵘：阮章竞研究资料汇编
FENGGU ZHENGRONG:RUAN ZHANGJING YANJIU ZILIAO HUIBIAN

策划编辑	赵 晖
责任编辑	樊 颖 辛小雪
装帧设计	黄 尧
责任印制	陈爱华
出版发行	西苑出版社 XIYUAN PUBLISHING HOUSE
地 址	北京市朝阳区和平街11区37号楼 邮政编码：100013
电 话	010-88636419
印 刷	三河市嘉科万达彩色印刷有限公司
开 本	710mm×1000mm 1/16
字 数	503千字
印 张	31
版 次	2021年10月第1版
印 次	2021年10月第1次印刷
书 号	ISBN 978-7-5151-0795-0
定 价	92.00元

（图书如有缺漏页、错页、残破等质量问题，请与出版社联系）

中国现代文学馆钩沉丛书总序

国人自古重"史"。而新史料的发现，对于历史研究的推进是不言而喻的。即便是湮没于历史烟尘中的一鳞半爪，也会使史家乃至读者如获至宝。在文学历史的阐述、文学理论的论证以及文学批评活动中，新史料的发现当然也每每相伴而生，同样为新的立论和新的阐发提供坚实的基础。更有学养深厚、学风笃实的学人，常常会把搜集所得的资料整理编撰，既是为自己的研究课题服务，亦可供他人参考。这些资料，我们并不陌生，在林林总总的校点本、辑佚本、笺注本、年谱、诗文系年、书目、索引里都可窥其面貌。比如，鲁迅先生为了撰写《中国小说史略》，也曾搜集了大量的小说史料，又将这些史料整理成《古小说钩沉》《小说旧闻钞》等。这部自周至隋的三十六种散佚小说，毫无疑问成为研究唐代以前小说的重要参考书，也为普通读者带来了极大的阅读兴趣。这正是"钩沉"的价值。梁启超所谓的"过去人类思想行事所留之痕迹"，为我们了解前人所思所想，乃至理解"人类社会史可能性的一切"和历史进程提供了依据。这些"痕迹"的再发现，无疑多多益善。

作为集文学资料中心、文学展览中心、文学交流中心、文学研究中心等功能于一身的中国现代文学馆，在收集、保管、整理、研究中国现当代作家的著作、手稿、译著、书信、日记、录音、录像、照片、文物等文学档案资料的过程中，在和广大的研究者、作家及其家属、后人接触的过程中，不断接触到曾被历史遮蔽、湮没、忽略的有关人物及有关史料，因此，编辑、出版“钩沉丛书”，是水到渠成之事，也是现代文学馆工作的题中应有之义。这套丛书，旨在把我馆认为值得引起注意的、涉及现当代文学的史料予以发掘，把某些有助于文学研究的带有资料性的著述予以出版。举凡作家的年谱、回忆录、传记、散佚作品等均在丛书出版范围内。这一工作，有赖于著述者的劳动，也有赖于广大作家及其家属、后人的支持，这是需要向著述者和支持者致以诚挚谢意的。

然而，我以为不能不指出的是，“钩沉”是有价值的。但“钩沉”出来的，却未必件件都有价值。

因此，其一，这套丛书所含所有书籍的出版，唯以我馆认识到的参考价值为取舍，是否真有“价值”，有待研究家和读者的考量与开掘。其二，“钩沉”，绝不是为了“爆料”，为了“翻案”，为了“听唱翻新杨柳枝”。这在世道浇漓、学风蒙尘的当下，是不能不有言在先的。也就是说，若有人欲借本丛书中涉及的一些史料断章取义、哗众取宠，谋取商业利润，概由炒作者自负其责。这套丛书所涉及的资料和史实，并未经过本馆的考证与甄别；所涉及的观点，只代表编撰者本人的价值立场与学术见解，与文学馆的立场、见解无涉。

如果诸公能够从这套丛书中获取一些资料，经过甄别辨析，成一家之言，作为丛书出版的组织者，便欣欣堪以慰之。

是为序。

陈建功

2010年5月7日

目　录

上编　个人文集

回忆录

谈艺录

下编 研究文集

纪念文章

作品阐释

风骨峥嵘：阮章竞资料汇编

上编

个人文集

阮章竞像

（摄于 1951 年）

回忆录

释　　文：阿競　老阮

创作时间：一九七四年

阮老的童年少年，“阿競”是他最主要的名字，也系着他的乡愁。一九七四年，他曾刻过一对小章：“阿競；老阮。”边款谐谑工整：“小时家呼阿競；长大人称老阮。”他想回到当年出发的地方，从头去寻找答案。

——阮援朝整理

缅怀舒舍予先生

◎ 阮章竞

每当我想起舒舍予先生的时候，就想起霞公府，我是在这里认识舒先生的。1949年新中国成立之初，舒先生立刻就在11月从美国回来，投身于新中国的文学艺术事业。舒先生热爱祖国，热爱劳动人民，热爱党的高尚品质，我是非常敬佩的。我虽然早已是这位久负盛名的作家的读者，虽然在抗日战争的敌后根据地里，也早就知道老舍先生提倡通俗文学，运用劳动人民喜闻乐见的民间形式，宣传、教育、团结、鼓舞人民起来抗日。虽然也听到对“旧瓶装新酒”的言论有异议，但这个主张，我认为是正确的。因为在战争中，离开了人民大众所喜爱的形式，宣传教育人民的作用要差多了。因此，从斗争实践中，我赞成老舍先生的主张，十分敬佩老舍先生重视和热爱人民群众的可贵思想。

老舍先生回到北京，虽然多次在会议上见过面，但真正认识是1950年5月在北京市第一次文学艺术界代表大会上，会场设在霞公府。在这次会议上，我进一步认识了舒先生。他是那样熟悉北京的社会、北京的人民，是那样理解表演艺术家和说唱艺术家。这个有史以来，北京市集中了那么多文学艺术家、表演家的会议，是老舍先生主持的，会议从头到尾，无拘无束，畅所欲言，生动活泼，妙趣横生。真是一个艺术家的会议。在会议中，他所安排的每一个表演节目、说唱节目，都是最好的，富有古都特色的节目。在这次会议上和这次会议以后，我不断在霞公府的活动中，领略了北京市各种艺术形式和一流精湛的表演。同时，也不断受到老舍先生的教诲。我记得有次会后，去北海仿膳吃饭，他把各种食品，都向我们几个不了解北京的人，一一作了介绍。说到慈禧吃饭的时候，宫女都要排成长队等候上菜，许多佳肴美馔，慈禧只是瞅一瞅，就过去。他拿起栗子小窝头，就说到栗子小窝头的来历，说那是八国联军侵略中国，慈禧逃跑饿的时候吃了棒子窝头，觉得好吃，回宫之后，再尝玉米窝头不如农民的好吃了，御膳就用栗子面做出小窝头来代替。每一道菜，都揭露出清朝皇室和慈禧的昏庸腐败、穷奢极欲。他又介绍了许多胡同的原来名称的来历和今天的谐音。听老舍先生讲这些历史情况和北京风俗，对当时进城不久的我来说，就像在听老师讲北京史话。所以，我从来都称老舍同志为先生。五十年代末，他对我的一些诗的语言感到不好，他对葛洛同志严肃批评了我，举出“花的原野缤芳”和“乌兰察布风吹吹”的“原野缤芳”与“风吹吹”这两处造句生硬。我深深感到批评十分中肯。因此，我一直到今天，每到写作的时候，都想起先生的批评，问自己克服了没有。老舍先生是一位伟大的语言大师，我不仅从他诸多著作里学习，还从他平常说话中学习。他的语言形象、生动、准确、严谨，而又充满风趣，个性鲜明。在我国第一个被授予“人民艺术家”称号的人，是老舍先生，他是当之无愧的。过去是，今天是，将来仍然是人民艺术家。老舍先生确实是文艺界的劳动模范。在新中国成立之后，他是最勤奋的作家之一，只要是人民需要的，他就努力去满足人民的需要。反映解放前旧北京劳动人民悲苦生活的，是老舍先生；反映解放后，北京劳动人民新生活的，也是老舍先生。他写了许多的话剧、曲艺作品，创造了北京的新剧种——曲剧。也写诗、诗论，和其他各式各样的文章。在创作繁忙之余，还和赵树理同志、王亚平同志创办了全国第一个说唱杂志《说说唱唱》。他是全心全意为人民服务的，人民需要什么，他就写什么。老舍是人民的，是北京的，是全中国的，也是世界的。

老舍先生的作品是不朽的，《骆驼祥子》是不朽的，《茶馆》是不朽的。我说过，只有老舍先生才能写出《骆驼祥子》《茶馆》这样的作品；也只有北京人民艺术剧院这样的剧院，这样的演员，才能最好地演出《茶馆》。这恐怕是同老舍先生的艺术创作思想分不开的。

老舍先生是真正的人类灵魂工程师。大概是 1957 年，康生和江青召开的“紫光阁”座谈会议之后，一批数量相当大的伤风败俗的戏目，像残渣一样，又浮上新中国的舞台。老舍先生很愤怒。有一次他对我说：“演上这种坏戏，即使在中国，也为老百姓所骂的。现在演这样的戏，演员都说感到害臊。我告诉演员，死也不要演。”这才是一个真正的人类灵魂工程师的话，现在仍然是很有现实意义的。写那样的作品，唱那样的歌，演那样的戏，作家、演唱家、演员要知道害羞！

一个为人民所需要的，年近古稀，还在为满足人民需要兢兢业业地劳动的人民艺术家，在特殊的历史情况下消失了。

在那段特殊的日子里，一个中国的艺术大师，也是世界的艺术大师——老舍居然就这样被舍掉了！这是我们无法理解的损失，更感到是无法理解的内疚，无法理解的惭愧！

历史上，产生过很多伟大的作家，将来还会产生很多很多，但再生一个老舍，永不可能了！

我近年来常常想到老舍先生对我国文学事业做出的巨大贡献。大概是前年，我在北京文联的一次会议上，曾建议把老舍先生居住过的房子，以“老舍故居”的名称，向群众开放，并举行纪念活动，这个愿望，今天终于实现了，作为晚辈，我感到无比慰藉。

今年是老舍先生八十五周年诞辰，举行纪念活动的消息，我在前几天才知道。赶写这篇文章是为了缅怀我所敬爱的前辈，他留给我们的是巨大的文明财富，如果他今天健在，我无法估计还会增添多么巨大的文明财富，但，这已经不可能了，所以，在感到慰藉的同时，可惜两字，仍然深深地缠绕着我的心！

写在《纪念老舍同志八十五周年诞辰座谈会》后三日

（原载《北京文学》1984年第4期）

忆星海先生

◎ 阮章竞

当我拿起笔来要写这篇回忆文字的时候，一张南国人特有的敦厚、欢乐的笑脸出现在我眼前。今年是冼星海先生的八十周年诞辰，今天是先生的四十周年忌辰。因为在参加抗日救亡歌咏运动时，我受过他的教诲，他是我的启蒙老师之一。我按往昔称呼他星海先生，心里感到更亲切。

1935 年至 1936 年间，在上海，我参加抗日救亡歌咏活动，在培训指挥的歌咏学习班里，认识冼星海先生。他在那里讲授指挥。一次课后，星海先生对我说："你的声音很好。"我受到很大鼓舞，很希望能常到他家里接受教诲。当我鼓起勇气，提出要求时，星海先生欣然答应了，说每天早晨六时去，他都在家，并立即把地址给了我。我年轻时，对有名、特别对有革命思想的艺术家，不但崇敬而且还有一种神秘感。我一提要求先生就答应，我太高兴了！

第二天一大早，我在他家门口徘徊到六时才去敲门。星海先生早已经起来工作了。先生平易近人，非常随和地问我家在哪里，过去在哪里读书，现在做什么。我对哪一门艺术都有兴趣，也请教过人，但是像这样热忱而使我感激的，只有星海先生。从此，我经常去星海先生家，却都不敢待的时间太长，怕耽误先生的工作。但他从没有说过忙。

当时，我学习歌咏指挥，主要是为了到群众中去教唱普及救亡歌曲。来歌咏学习班里教指挥的有好几位音乐家。他们的指挥艺术，各有各的特点，我都深受影响。据当时听到的，星海先生在法国是学习音乐指挥的。因此，在我心中，产生种种神秘感，认为指挥一定是很难学到的。但当聆听观看到他的教学，感到他的表现手法朴素无华，轻重高低、强弱急缓，节拍交代清清楚楚。这样的教学方法，对像我这样毫无音乐基础，又要马上到工人、学生、群众中去开展工作的人来说，是很合适的。先生说，我们教唱的是抗日歌曲，要表现出人民抗日救亡的强烈要求，要表现出战斗意志、坚强决心和必胜信念。要悲壮，要粗犷，要豪迈，要有力量。他告诉我，不要有矫揉造作的东西，要朴素，不要花花哨哨。他说，你教唱的对象是工人、店员和学生，就要善于把整个歌咏队，都紧紧地拥抱在怀里，形成一股冲刺的力量。把所有唱歌人的感情、呼声，都在你的指挥中完全表达出来，激动听众。

星海先生，十分重视民族传统、重视民间音乐。他对我说过，做一个音乐家，了解民族音乐是很重要的。有一次又谈到这个问题，先生就找出了好几张唱片放给我听，有广东、河南、山东、河北、山西等地方的曲牌和民间音乐。他说他到过很多地方，去采集民间音乐。我很喜欢民族艺术传统，但一直只是一种朴素的感情，像先生这样提到理论性的高度来阐述，我还是第一次听到。他的名曲《黄河之恋》《热血》，我特别喜欢唱。我有一次问他《热血》的音乐语言，人们说是按中国传统的五音创作的，是否准确？他的回答是肯定的，说就是运用中国常说的五音来创作的。

星海先生，事母至孝。冼老太太是位慈祥、热情的老人。我每次到先生家里去，如果先生不在，她总要留坐，问寒问暖。当她知道我是个失业的人，仅靠画些广告画维持生活，就十分关心我，经常留我吃饭。我们都是广东人，胃口的地方主义是很难改的。有一次，冼老太太对我说："你一个人在这里，想吃家乡菜饭吧？我已经告诉阿姨明天炖猪蹄汤，你一定要来。"她那慈母般的语言，一直到现在，还深深印在我的心里。

解放后，听个别人议论道，先生当时只是个民族主义者。我知道先生当时不是共产党员，但他常给我讲一些中国工农红军的情况和日本帝国主义侵略中国的动态。他对国民党蒋介石对日妥协的不抵抗的政策，是痛恨的。先生告诉我，他正在创作一部以中华民族为主题的交响曲。我看见过他在钢琴前作曲。有一两次还看见有一位青年，在为他抄誊乐谱。当然，当时我所看见的星海先生，更多的时间是用在写抗日救亡歌曲。像我这样的人，当时就是把像先生这样的音乐家锻打出来的投枪、匕首和冲锋军号——救亡歌曲——教给人民大众，投刺日寇的。当时的中国，我不知道哪里有配器完备的交响乐团。但先生对创作民族交响曲那颗赤子之心，我理解而且为之感动。先生和诗人光未然同志合作，曾写出过“我们唱着歌，赞美新中国”这首人民希望之歌。如果先生能活到这个新中国崛起在世界东方之时，我相信，他会有几部第几第几交响曲了。每想到这些，我感到深沉的惋惜！

1937年，在纪念柴门霍夫创作世界语五十周年时，世界语协会要写纪念歌曲。光未然同志写了《在绿星旗下》的歌词，我也写了《纪念柴门霍夫先生》的歌词。纪念会的组织者要我把这两首歌词请星海先生谱曲。当时，我还不认识光未然同志，但他的名作《五月的鲜花》，是我喜爱唱而又常教别人唱的歌曲。我读了他的词，觉得很好，就不想把自己写的词给先生，但先生一定要看，看后问我，有一处是不是受了一首追悼歌的影响。我说是受了追悼鲁迅先生的歌词的影响。我说那就不要用了，谁知先生却说：“《在绿星旗下》我去请张曙先生谱，你的我来谱。”我真不好意思了，但先生却很认真，坐到钢琴前哼哼弹弹，谱写起来。谱好了，边哼边弹奏了几遍，问我怎么样。我既高兴也惭愧，还能说怎么样吗？先生用大谱为我抄好，加上简谱，签上词曲作者的名交给我，说拿去歌咏班唱唱，看看怎么样。

在纪念会前，这两首歌，我都教唱了，但是对我写的词的那首歌，我感到这是先生为了鼓励我而谱的。我不好意思和先生的名字排在一起，所以没有写上节目单。星海先生到会了，看了节目单就找我，问为什么没有我写的那首。我如实地把我的想法告诉他。先生却笑着说：“怕什么？还是唱！”唱过之后，先生过来对我说：“不错嘛，效果很好嘛。”我知道，这又是先生在为我树立信心！

七七事变爆发了，上海的救亡歌咏活动，更加蓬蓬勃勃地开展起来，压倒了十里洋场的一切靡靡之音。当时，抗日救亡的歌曲，在群众中传播得很广泛。麦新同志就跟我讲过，他有个朋友要找人教唱救亡歌曲，让我去教，我很高兴。他还要我想办法在广东同乡多的学校开展歌咏活动。我当时住在北四川路，就利用同乡关系，找到了一所中学、几所小学去教唱救亡歌曲。

当时，影片《夜半歌声》的主题歌对青年的影响很大，反映了青年对民族危亡的愤懑心情，我也很喜欢唱。我向星海先生说，这首歌曲作得真好，唱得也真好，在影片里是演员唱的吗？先生给我讲了创作的过程，还告诉我唱的不是演员，而是盛家伦。我从此才知道盛家伦先生不但是作曲家，而且是很好的演唱艺术家。

国民党的上海教育局局长潘公展派袁克定来，说同我们合作，企图通过合作，控制救亡歌咏活动。在党的领导下，麦新、孙慎、孟波等同志出面与袁克定接谈，同意联合起来开展抗日救亡歌咏活动。联合的那天，在上海文庙召开了一次盛大的救亡歌咏集会。冼星海、张曙等作曲家都来了。潘公展讲话时，攻击我们唱《保卫马德里》，胡说中国人为什么要去保卫西班牙的马德里！台下多数是上海业余合唱团和所有我们教唱的歌咏队，人多势众，又都是血气方刚的青年人，都用嘘声来回答了他，使他狼狈地下了台。到正式大唱救亡歌曲的时候，我们唱了《救国军歌》《救亡进行曲》《大刀进行曲》等抗日救亡歌曲。我记得最后全场齐唱的《打回老家去》，是星海先生指挥的，雄浑、悲壮、激烈、昂扬，真是气壮山河。整个歌咏集会，取得了极大的成功。

“八一三”前夕，上海非常紧张，我每三两天都要去先生家一次。打起来的前一天（8 月 12 日）的晚上，先生和我谈话谈得很晚。我住的北四川路，从来是日本侵略军横冲直撞的地方。星海先生和冼老太太都不放心，怎么也不肯让我回去，留我住在他家。第二天，我寄住的菱花照相馆迁到英租界九江路。果然，晚上打起来，闸北方向火光闪闪，炮声隆隆。国民党蒋介石不打也得打了！14 日一早，我就跑到业余合唱团活动的地方，看看怎么开展工作，一直忙到晚上才抽出工夫到星海先生家去。我一进门就受到先生的责怪。先生说给照相馆和好几个地方打过电话，都没有找到我，问我为什么不给他打个电话！冼老太太也说他们都急坏了。

战争在激烈地进行。在中国空军出击轰炸日本“出云舰”的那天，我一进先生的家门，看见星海先生站在钢琴前，沉着脸在思索，他突然弹响一个复合音问我：“像不像大炮声？”我回答说很像。他又弹响了一个更大更沉重的复合音问我像什么，我说像飞机投弹的爆炸声。我这时才看出先生正在捕捉、模拟当天飞机出击的战斗气氛和爆炸声响。

中日战争是持久战争。星海先生很快就随第一个演剧队离开上海。临走时跟我说：“我先走，你还不离开上海时，多去我家看看我母亲。”先生走后，我每三两天都去看冼老太太一次。先生第一封来信，是写给七个同志的，我记得有麦新、孙慎、孟波和我，其他三位同志记不起了。信中很关心上海的歌咏运动，谈了他到后方的情况和在那里演剧、宣传的艰苦。

不久，我也随上海文化界救亡协会流动宣传团，到太湖周围活动了三个月，国民党地方当局使用了各种手段逼我们离开。12 月中我到了南京，决定到武汉找星海先生，请他设法把我送到延安去。

我是在南京东（中）华门火光冲天的时候在浦口渡江的。日本飞机在江面上空低飞扫射争离南岸的难民船，许多难民被打中，掉进急流。我想尽各种办法从浦口转到郑州，终于到了汉口。但打听不出星海先生的住处。我想到在书店最容易碰到熟人。果然见到乌析零，同去田冲家，终于找到了星海先生。

星海先生看见我时非常高兴，说打听好多人，都不知道我到了哪里。我记不得他带我去的剧院叫什么了。这天晚上，先生和我在剧院后台，一直谈到深夜。他希望我到武汉大学开展歌咏工作。我告诉先生，我不想在国民党统治地区工作，请他帮助我到前方八路军去。他毫不犹豫地立即表示赞成，说我的决心很好，说他将来也要去。没有被褥，他拿了好几幅幕布叠起来给我当被子。我俩就躺在后台地板上过了一宵。

过了几天，先生告诉我，读书生活出版社有人要到太行山前方八路军去，要找一个会教唱歌会画画的人。先生推荐我去。我当然高兴了。

在武汉，我亲眼看见苏联援助中国的飞机第一次凌空迎战，击落多架日寇飞机后，我看见先生高兴得像个小孩子。他告诉我苏联飞机性能如何好，飞行员如何英勇，说得有声有色。先生和我，在那家戏院的后台，像享受了一次丰富的会餐似的，当然只能是精神会餐。

在那几天里，先生和张曙、盛家伦、刘雪庵、夏之秋等音乐家筹备中华歌咏协会。先生说用这个名词能团结更多的音乐家。我参加了这个筹备会的成立。多谢田冲同志为我保存了一张极为珍贵的筹备会成立合影照片。

我上太行山前夕，先生见我穿得单薄，就脱下他的呢大衣让我穿上。我问先生穿什么，先生说他还有一件棉大衣，非让我穿上不可。第二天，先生起得很早，坚持送我上火车。到了江岸站，先生拉我到街边早点小摊儿，坐在一条矮长凳上，一边吃锅贴，一边跟我说了很多话。桂涛声三人来了，先生拉着我对桂涛声说："桂先生，洪荒（我当时的化名）是我的好朋友和学生，我现在拜托你，你一定要帮我把他带到八路军去！"汽笛响，车轮动了，在车门口，先生握着我的手说："我们将在延安见面！"车开了，先生还在扬着手，直到我看不见他。他，多像长兄送弟弟上征途啊！我脸上挂满感激和依依难舍的泪花。我怎能想到这一别，我此生再未见到先生了！

在太行山上，我还不断收到先生的新作。名作《在太行山上》，像晨光旭日，照耀着太行山，温暖着每个战斗中的军民的心，引起的共鸣，像群山回声，长期在烽火中回荡着。事实上到现在仍然在回荡着。再一部就是同光未然同志合作的《黄河大合唱》，这部震撼历史的中华民族战斗颂歌，它传到太行时，人们不是倾倒陶醉，而是战马腾飞，搴旗破阵，变为了强大的战斗力量。这部长盛不衰的《黄河大合唱》，直到今天，我还从未听过一部如此震撼人心的声唱音乐。只有为祖国的自由而战斗的战斗者，才能懂得它的价值。艺术除了有使人享受美的作用之外，还有一个更伟大的东西，就是使人真正认识自己！如果说哲理名言，可以随心所欲地解释，但艺术的感染力，是不需理论家去多做解释的。

抗战进入最艰苦的时候，日寇疯狂地推行"三光"政策，敌后根据地受到的破坏和人力财力损失，是无法计算和难以形容的。人民需要自力更生、自己动手、丰衣足食，坚持抗战。把日本鬼子打出中国去，既需要战斗颂，也需要欢乐颂。在人民真正需要的时候，先生的《生产大合唱》传到前方了。在硝烟弥漫的炮声中，唱起"二月里来好春光"，多豪情，多浪漫！

我从在战争中教唱冼星海先生的创作过程中，深刻认识到一个音乐家之所以受到人民的尊敬和怀念，绝不是靠上帝的恩宠，更不是随风向的变化，而一定是与时代、与人民的心声同步。聂耳、冼星海就是这样的伟大的人民音乐家。

在抗战中期，很久得不到先生的作品。在与外界隔绝一年多的整风学习之后，才听说先生去了苏联。我还是盼着"在延安见面"，或者在先生所赞美的新中国来临时的这一天见面。

1942 年 5 月"大扫荡"中我负了伤，党组织曾经要我到延安去。但我那个时候说，两年就打败日本帝国主义了，我不想离开太行山。宣传部部长彭涛同志问我，为什么大家都想去你不去啊？我说我去了，就看不见我们太行山怎么样把日本人赶下山去，所以我不去。彭涛同志哈哈大笑地说，你这个人真怪呀，好好好，大家都想去就你不想去，好。我说我想去，但是胜利就不能亲眼看见了。延安等打完仗再去。星海先生送我上太行山，我从未忘怀他对我的关怀教诲。主要是我对抗日战争充满了恋战思想，想打走了日本鬼子才下太行山去见先生。我总想在胜利的时候见到先生，我要向先生汇报他送我到华北去的征途的作用，向他汇报我在太行山如何参加战斗锻炼成长。[①]

谁料在抗日胜利的时候，听到的却是星海先生已在莫斯科病逝！听到这个噩耗，我是多么的难受啊！这样，不论在延安还是在新中国，都永远不能见面了！

我很早就想把我跟星海先生的这段认识过程写一写。此时此刻我特别想到的是先生教我指挥，唱救亡歌曲的时候，要我把合唱队拥抱在两手之间的怀抱里。我感到先生就是这样，把整个听众、我们的人民、我们的民族拥抱在怀里，代表他们，把他们的心声和愿望，变为音乐还给人民。所以他的歌曲有那么大的魅力，能够把亿万群众拥抱在他这个指挥的手里头，拥抱到怀里头。

我是在中华民族最紧急的、最危险的时候，认识先生的。他对我的关怀和教诲，海枯石烂，我永远不会忘怀！

1985年10月30日

（本文连载于《北京音乐报》1986年4月25日、5月10日第三版，《新文化史料》1987年第1期。均有删节。这里根据手稿恢复的原文，用仿宋体字排印。本文由阮援朝提供完整版，系其编《阮章竞全集》时的版本，有阮援朝的"编注"。笔者编辑时同样遵照其原样。）

---

① 编者（此处编者为阮援朝）注：这一个自然段是为保留下来一些史料，从另一个草稿中摘过来的。

少年读书忆语

◎ 阮章竞

少年时期读书，对培养一个人的文化素质来说，是很重要的。这时候，像初春从苗圃里移植的幼苗，种好种坏，是个关键时刻。对此问题，我有较深的体会。

我 13 岁，中途辍学去当学徒。七十年前的中国乡村小学，本来就不正规，我只读了四年半书，太少了。可是在文盲占绝大多数的旧时代农村，没有任何文化条件可以帮助我。我多么想读书啊。所以，晚上如果有人讲章回小说、民间传说和演戏，对我这个失学少年，就太有吸引力了。除了听讲看戏，我还向人借读章回小说、戏曲唱本、南音以及《唐诗三百首》等。由于从小喜欢画画，就积蓄下零花钱，去买来《芥子园》《点石斋》，这些能在县城乡镇买到的书和画谱。

旧章回小说，对我影响最深的是古代爱国的、好打抱不平的英雄好汉，画谱是祖国山川、花鸟鱼虫、人物仕女。我的脑子像一团脱脂棉，什么文人骚客、才子佳人、隐士僧尼，都一股脑地吸收进去。庙宇祠堂壁画、泥塑石刻，县城有什么画展，我都不止一次地去观看。民间画工、爱看闲书的人，都是我的老师，对我很有影响。画工的话、画谱中的解说、同朋友的交流，使我多少有了点朦胧的选择能力和审美意识。家乡并不算偏僻，但乡村环境局面有限，我总迈不进较为广阔一点的天地。三年半的学徒生活结束了，我正进入青年时代，“九一八”“一·二八”事变接连发生了。日本帝国主义的枪炮声，把一些大城市的知识青年，震回到县城来。这些穿西装的人中，有大学生、画家。从他们那里，我借读到丰子恺的《西洋名画巡礼》、黄宾虹的《古画微》等论说绘画的书，也知道了高奇峰、高剑父、林风眠、梅雨天、司徒乔等不少现代画家的名字。使我从吴道子、李公麟、荆浩、关仝这些中国古代画家，看到文艺复兴三杰达·芬奇、米开朗基罗、拉斐尔和罗丹、高更、凡·高等许多外国画家的插图了。在文学方面也从《三国演义》《水浒传》读到鲁迅、郭沫若、胡适、朱自清等现代作家的作品了。这样的图画和书虽然不多，但使我大开眼界。这是些和过去看过的迥然不同的书，无形中就有了比较，特别是现代作品，觉得贴近社会生活。思想有了倾斜，从都喜爱走向有所爱，艺术审美观也发生变化，似乎从不甚了了的状态，转为有所追求的状态，赞成为人生的战斗艺术。儿童时期喜读的文学书，除了较高水平的，其他我不怎么读了。从《火烧红莲寺》之类的电影，变为爱看《故都春梦》《都会的早晨》了。从神怪连环画，变为爱看有战斗性的、反映工人农民生活的木刻画了。我向欣赏更高的艺术台阶攀登了。从严肃作品中，进一步发现社会不公。这时，我正从农村、县镇走进大城市，目睹外国人横行的租界，看到了日本帝国主义的侵略，自身体会到阶级压迫、民族压迫的现实。这让我耻于听像《毛毛雨》《桃花江》之类的靡靡之音，爱听《码头工人》《伏尔加河船夫曲》等充满向苦难战斗的歌曲，不仅爱听爱唱，而且到处教别人唱，终于走上艰难困苦而又无限欢乐的、漫长的战斗途程。

回忆自己从青少年时期读书，欣赏文学艺术，是逐步提高的。这样，自己的欣赏水平、审美观念、人生向往、思想情趣也随之提高，从而也加深了我对社会现实的认识，帮助我选定斗争的方向。

少年时期，是人生道路上一个十分重要的时期，心理、生理都在迅速变化。近朱者赤，近墨者黑。个别人也借给我看过一些对少年身心健康成长有害的坏书，也产生过迷惘。但由于好书的影响力强，我能分辨是非，有一定的自控能力、抗毒能力。因此，我主张老师、家长帮助少年，适当地超前阅读些严肃的、较高的文学艺术作品，早点提高他们的审美观念、分析能力。这是很有好处的。

1990 年 4 月 24 日

（原载《中学语文教学》1990 年第 8 期）

我的写作道路

◎ 阮章竞

人们说写作道路是越走越熟，驾轻就熟嘛，越写越容易，但我却恰恰相反，在这条道路上，感到越写越沉重，越走越艰难，可又毫无知难而退的意思。现在，我应《北京文学》要求写这篇谈写作的文章时，像坐在半山道岩石上，望着前头的远山，回顾后头的崎岖来途，感慨万千。

从会读点书时开始，我深深热爱那些爱国、爱正义的人物故事，也就喜欢、敬仰写这些书的作家。等我进入少年时代，我就一直被要做一个画家、诗人、作家的幻梦纠缠着。母亲曾说："你读书那么少，又没有人教你，怎能成呢？难啊！"开头，我被这个事实吓住了，但又不甘心，回答母亲说："从古到今做成什么事的第一个人是没有老师的。"话是这样说，可我知道我的支撑点只有两个，一是知道些社会底层生活，二是努力。其实说到努力，回想一生，不努力的时候多得不能原谅自己。二十一岁前后，我写过《割稻的故事》《林肯少年时代的故事》和一首怀乡的诗，两家报纸和一家刊物采用了。我像小学生作文得到陈列那样，当然很高兴，但说到底只是一次碰巧罢了。

中华民族所受的百年耻辱，尤其是日本帝国主义得寸进尺的侵略，实在不能让人忍受。在抗日救亡运动中，我像一片小小叶子，卷进了抗日救亡歌咏运动的洪流，使自己真正投入革命艺术的巨浪狂澜里去。

1938 年 4 月，在华北抗日根据地，我离开游击队去见朱瑞将军。朱将军要我到正组建的八路军晋冀豫边区太行山剧团工作。正是在太行山剧团，使我迈上创作的第一级台阶。演戏，首先要有剧本。朱瑞将军鼓励我学写剧本。这是诸艺术门类里，从未沾过边的。从夏到秋，我写了一个独幕、一个二幕和一个三幕的话剧本，得到人们的点头。从这级台阶起步，在多年抗日战争中，我主要是写剧本（自编自导）。日本侵略者的抢光、烧光、杀光政策，除了1943年前后出版的话剧《未熟的庄稼》《糠菜夫妻》和小歌剧《比赛》，其他创作的剧本、诗和歌词，都没有了。但不管怎样，既然要为人民演出，就必须学习人民群众的语言、当地的风俗、人民的生活斗争。毛泽东同志《在延安文艺座谈会上的讲话》，像航灯一样，一直指引着我的文艺方向。

像我这样一个说话南腔北调的人，要写出让根据地农民能听懂的戏，应该感谢同我一起工作的北方和当地的同志，使我生活在一个北方语系的环境中。更应感谢当地农民群众的丰富语汇、民歌民谣。我受伤之后，有好长一段时间在农民之中养伤。

整风运动，我是被批判和被审查对象。一年多里，在不许与亲人朋友通信息的自我教育中，我的所谓要反省交代的主要原因，是做文化工作。因此，我下定决心：在敌人未打走之前，不再做文艺工作！于是，我下乡做调查研究，搞减租减息，搞生产、民兵、反恶霸等群众运动。在这些工作中，体验到许多闻所未闻、见所未见的残酷的阶级剥削压迫。说实话，“不再做文艺工作”是赌气话。从这时起，我搜集了不少群众语汇、民间风俗和民歌材料。尤应感谢的是武乡盲人宣传队，我从他们的演唱中，深深受到民间艺人的启发。由于有以上的生活实践，使我在1947年重新写作时，在两年多的时间里，一连写出长诗《圈套》、歌剧《赤叶河》、长诗《漳河水》。

建国之后，我做了几年宣传部的文艺助手工作，虽然是个小小芝麻官，却使我的长篇创作计划被搁置下来。接二连三的霎时风霎时雨，不管理解不理解，我都积极参加了，对这些事，不少应该说：回头都是梦。不能再这样下去了！我到内蒙古参加钢铁基地建设。改变一穷二白的历史面貌，对我的吸引力太大了。我像游进江海的小鱼，看到波澜壮阔的社会主义建设，我要为之唱赞歌。我怎么也坐不下来写战争了。这是我写抒情诗最多的时期。用“事后诸葛亮”这句话来看，也有歌唱过了头、冒进的。但就改变一穷二白来说，我永不后悔！

20世纪五六十年代，十日九风雨，小风小雨，阵风阵雨，急转直下，一下变为连延十年的狂风暴雨。我从很不理解、惶惑不安到无法理解了。在风雨快来时，有位好心的读者写信为我操心：“你的《金色的海螺》不是写阶级斗争，而是写阶级调和，爱情至上，我为你捏着一把汗！”在疾风骤雨里，一位“天生”站在无产阶级革命路线的军代表，从抄别人单位得来的文艺作品目录资料里，看见我写的两首长诗题目时，即对我说：“你知道吗？你的作品都是毒草，从题目就能嗅出都是毒草。”对这位嗅觉灵敏者，我有什么话好说呢？如果十年特殊时期真像有些人说是场噩梦，仅仅吓出一身冷汗，那倒好了。可它不是梦而是真实！拨乱反正后，为写革命战争，我在夏雨秋风中，走了好几千里路，访问许多老革命根据地的故战场。沿路所见，造反派留下无法平复、伤心触目的蹄印爪痕，哪里是噩梦，而是毁灭文化、罄竹难书的罪行！颂歌唱不起来了，我只有愤怒！

改革开放，大地复苏了，下中条，进吕梁，登五台，我正在夏日旅行。一路看到老农笑开了眼角鱼尾，少妇重现笑靥，老农妇说：“从前共产党给了我们土地，现在共产党给了我们富裕。”集镇热闹，庙会红火。初秋，我在大禹渡山上，西望白日依山，银粉铺天，黄河东流，想着祖国的今天和未来，我不禁念起王之涣的诗来：“欲穷千里目，更上一层楼。”

1983年秋天，四进天山，两上昆仑，我看到了绿化戈壁、征服沙漠的可能。但是，必须有多少代人的艰辛努力。我的写作道路，几乎都是在走过的旅途上所采撷的片叶小草，所拾取的石块碎岩。凡所写的都是走过见过的，经历过触摸过的，曾为之笑，为之哭，为之愤恨，为之握过拳头的。在一次朗诵诗会上，有位老诗友说：“你的诗，还是那样。”是的，我不会易旗，也不会改线，骂我不听，笑我不理，虽然越走越沉重艰辛，但为社会主义，为人民的道路，我愿为之战斗到底，决不悔改。

我生于忧患。文学能正确反映、鼓舞、启迪人民；文学也能歪曲涂抹、丑化、麻醉人民。作家是不应该不考虑的。人民给了我那么多，我回报是那么少，我更不能退却。希望能把未做完的事做完。那就是最好的奖赏了。

1990年12月

（原载《北京文学》1991年第2期，文末时间依据阮援朝的电子版标注）

◆ 忆李季

◎ 阮章竞

因为常忆李季，早就想写几句话，直到今天才找到这个机会。我十分感谢《诗刊》在李季七十周年诞辰之日召开这个座谈会。

我跟李季同志认识，是1941年在太行山上。当时，我在中共北方局党校学习，有一天到图书室借书，遇到李季，颇有缘分，一见如故人，相谈很开心，我发现他非常喜欢文学。当时战斗频繁，在几次反“扫荡”后，我还不知道他已经回延安，再也没有见面。我们再次相逢，是在1949年的全国文代会上。因当时有文章介绍说他是广东人，可我没有同乡这个印象，故一见面问他时，他笑着说：“弄错了，我是河南唐河人。”

李季是我国当代采集民歌创作有突出成就的诗人。说起采诗，自汉代就提倡，并设置采诗官。许多产生自民间的抒情诗、叙事诗，对各个时代的诗人都产生了深刻的影响。近代现代的学者、研究家，都做过采诗、搜集民歌民谣的工作，论著不少，有的很有特色。但对这些搜集来的民歌民谣，进行再创造，赋予革命内容的则甚少。在革命战争年代，也经常见到些小调填新词和运用其形式创作的新诗歌，但多是小诗短歌，而叙事诗也甚少。李季采集信天游创作的《王贵与李香香》，开了民歌体叙事诗的先河。

在战争年代，像《王贵与李香香》那样为人民大众所欢迎的诗歌，确是引起了诗人们的注意。不少自由体诗人有意识地、自觉地向民歌靠拢，创作了不少好诗，特别是叙事诗。中华人民共和国建立之后，社会生活发生了巨大变化，创作题材非常多样宽广，诗歌更是百花盛开，万卉竞放。李季和其他诗人一样，诗风都有变化，引起关心民歌体新诗的同志的关注。有的同志针对《王贵与李香香》与李季当时的创作情况发出“难以为继”的感叹。直到今天，也还有不少同志有同样的感叹。民歌体，是不是任何生活都适合表现呢？我是有怀疑的。时代在迅猛前进，生活在飞快变化，恬静的田园风光与奔雷闪电般的现代生活，是很不相同的。李季的诗风变化，也在追求适应这种情况。至于诗歌的民族化问题，虽然引起一些诗人注意，但没有总结。这个问题，还有待于诗人们去研究、去实践。

李季是毛泽东《在延安文艺座谈会上的讲话》发表之后成长起来的诗人。作为一位革命诗人，他与时代、与人民是紧紧地联系在一起的，这与他的创作成就和他的生活方式，都是不可分的。

人们曾有过这样的看法，诗人深入人民群众生活，可以不同于以写人叙事为主（指小说、戏剧等）的创作家。此说颇受一些诗人的欣赏。李季则不以为然。他一直不愿浮在空中漫游，而苦恋着使他成长的大地。战争年代回到延安之后，他就到三边基层工作，打下了坚实的生活基础。20世纪50年代，他深入大西北，开始他的“石油诗人”生活。在石油被人卡脖子的时候，他像战士听从祖国召唤那样，立刻投身到准备以巨大代价摘掉“贫油国家”帽子的北大荒石油大会战。现在去大庆采访所见到的一切，就像坐在北京电影院看童话片，呈现在眼前的是一座熠熠生辉的石油城。但在三十年前，那里是水沼荒野，那种艰难困苦，是现在到那里的人无法体会到的。大庆这一炮打响后，李季并没有满足，紧接着参加华北石油会战。他以黄钟大吕般的声音，为改变“贫油国家”面貌的英雄们礼赞讴歌，人们称他为“石油诗人”，他从此成为从西北戈壁唱到北大荒、东海、平原石油战线的歌手。

1975年《诗刊》重新出刊他任主编时，反复无常的政治气候，使我很为他担忧。当他来访，我送他出家门时，说了我的忧虑。他对我说：“石油部领导同志跟我说了，如果出了什么问题，你就回到石油部。所以我的工作关系，留在石油部门。”想想看，这是多么令人感动的乡土感情，多么深厚的阶级感情！因为李季在我国石油大军团中，是个战斗者、司号员、鼓手，而不是个旁观者。

总之，李季的生活都牢牢地联系着时代，联系着人民，他的诗作，深刻地反映了时代，反映了人民。这是很值得今天爱好诗歌的青年作者重视的。

（原载《人民日报》1991年4月26日）

他永远活跃在人间

——痛忆康濯同志

◎ 阮章竞

康濯同志去世了！在我们这一代朋友中，能亲眼看到推翻“三座大山”，看到中国人民站立起来，参加社会主义革命和社会主义建设，又看到改革开放所发生的巨大变化的，是够幸福的了。但我仍悲康濯早逝，因为他有很多东西没有写完，他积极热情参加编辑的《中国解放区文学书系》尚未出版，所以，我悲其早逝！

我与康濯同志说不上深交，在两个革命战争时期，不在一个地区工作、战斗。在解放战争行将全面胜利的时候，我读《我的两家房东》才知道，与康濯的相识似在第一次全国文代会上，在一起工作却是在 1955 年，虽然晚了，但却是在一个使人感奋、激动，又使人茫然，有时思想怎么也赶不上的复杂日子里。

相别两年之后，在一次会议上，我和康濯同在一个小组，在维护《在延安文艺座谈会上的讲话》精神上，我见康濯依然是忠心耿耿、斗志昂扬。

中国革命文艺同中国革命旅程一样，经历过许多风风雨雨。我和康濯同志除了在全国性的会议上，其他能见到面的机会更少了，有一次借会议空余时间，我对康濯说：“湖南我没去过，虽然几次路过长沙，都没有出过站台。能否为我创造个机会，让我到张家界看看，也到别的地方看看。”他非常爽快地说：“你什么时候去，就先告诉我，我陪你去。”这太好了，我们可以畅谈往事，也可以畅谈今情。1982 年 6 月，中国文联举办庐山读书会，我写信给康濯，从庐山下来便去长沙找他。可惜，他已经跟刘知侠同志约好，去青岛，说湖南 8 月，天气太热了。

康濯同志从长沙迁回北京后，偶尔见面时，也谈一些互相关心的问题，但多是三言两语。从去年春天起，我们都参加了《中国解放区文学书系》编委会的工作。由于近年来资产阶级自由化思潮泛滥，对抗日战争和解放战争时期的文学，特别是对《在延安文艺座谈会上的讲话》，肆无忌惮地否定攻击而无人问，令人痛心。现在要出版解放区文学书系来迎接 1992 年《在延安文艺座谈会上的讲话》发表五十周年，当然使参加过两个革命战争的老兵都认为这是他们义不容辞的最后应尽的责任。情绪昂扬颇似五十年前在太行山上唱《在太行山上》。康濯就是其中的一个。由于有这个机会，我与康濯见面的机会稍多些了。我见他很瘦，知道他身体不好，便问起看病、工作、生活、住房。他告诉我，出了一笔不小的钱，房子解决了，但也听到一些意见，又说到家里有个有病的孩子。看样子，他十分忧心。虽然这样，他对文学书系的编选工作依然十分热情。在病床对小说篇的编辑同志，推荐了许多当时有影响力的作品，提出了许多编选意见。书系已经基本上编选好了，各篇的序，均由主编来写，因为各篇主编都是全程参加了抗日战争和解放战争的作家，对解放区文学活动，熟谙而有感情，所以参加书系工作的中青年朋友，都希望各篇都有个较好的序。这是共同的愿望，但对我来说，是很无把握，希望能早日看到各篇的序文稿，当然包括康濯的小说篇序稿。我正给张学新同志打电话，学新不在，他夫人告诉我，康濯同志不幸于 1 月 15 日病逝。

太突然了，我简直承受不了！后来听说他这次发病，如果医院有床位，是可能得到及时治疗的。如果此说不假，太使人伤心。因没有床位而耽误抢救的病例，我多次听到见到，因此感慨极深。

康濯深入群众生活，辛勤严肃地创作，爱党爱社会主义，维护党的文艺方针路线。他是敢于战斗的忠诚战士。康濯在我们这一代人中，算是比较年轻的一拨，以他的才华、干劲和坚毅精神，是能够写完他所要写的东西，留给人们，当然更能够同我们一起编成《中国解放区文学书系》，来纪念他终生维护的毛主席《在延安文艺座谈会上的讲话》发表五十周年。然而他却在这个时刻停下笔了，永远停下了！作为一个战友，我哀痛不已。

康濯同志是一位活跃的文艺战士。他虽然走了，但他的思想和希望，都活跃在他的作品中，因而也就永远活跃在人间。

（原载《理论与创作》1991 年第 3 期）

在民族解放战争中成长

——创作生活的回顾

◎ 阮章竞

青年朋友们：

林默涵同志约我跟青年业余作者谈谈个人的创作生活回顾，与青年朋友交交心。既然是交心，说话可以随便些，说错了，欢迎朋友们提意见。

从我的创作生活回顾，我认为诗人、作家，没有一个能离开时代、能离开人民的。不管怎么说，诗人、作家总是生活在一定的历史年代，总得靠人民才能生活。世界上从来没有超然于时代，超然于人民的诗人、作家。我们这些比年轻朋友早生好几十年的人，总喜欢讲人们已经听得耳朵长茧的过去。这不是评功摆好，而是出于对历史的责任感。

我所见到的同代诗人、作家，不少是工人、农民、牧民、士兵，或者是他们的子弟。在旧中国，不管他们怎么使劲，总跳不出那个长夜难明、魔怪舞翩跹的苦境。做奴隶，当亡国奴的命运，无时无刻不笼罩在他们的头上。这个命运，是绝对平均主义的，不管哪个诗人、作家、艺术家，都一视同仁，平分共享。

我就出生在这个无比严峻、无比冷酷的年代。想读书没钱读书，想种地没有一寸土地，为了生活，十三岁去当油漆学徒，也就是个小火头。早上五时起床，夜十时以后才是自己的时间。生活痛苦，但使我逐步认识了人间世界。我热爱绘画、热爱诗，从画和诗里，我所接触的神仙逸士、田园风光，使我逐步感觉到和现实的距离是如此的遥远。日本帝国主义得寸进尺的侵略，实在是无法忍受了。我从左翼文学中得到启迪：文学艺术应该为中华民族的生存解放而斗争。我努力向着这方向靠拢，参加救国救亡歌咏活动。七七事变、八一三事变之后，我走到华北抗日前线——太行山。不久从游击队调去组建剧团，这是我从未想到的。但这个机遇在我的文学道路上，是很重要的。

我们的戏剧活动对象，就是广大的农民群众及其穿起军装的子弟。我们要为之服务的对象，百分之七八十是文盲、半文盲。如果我演的戏，唱的歌，群众看不懂、听不懂，怎么努力也是白干了。开头我们演的戏，都是用从大城市来的剧本，热闹一阵之后，群众逐渐不满足了。议论最多的一是内容，二是形式。领导同志鼓励我写剧本。因为有以上的议论，我感到南方人写北方生活，难于上青天。首先遇到的是生活风俗关和语言关。这两大关，我过得非常艰苦。我就请士兵、炊事员，特别是和我一起工作的北方同志，还有房东帮忙。房东常开玩笑说我是“南蛮子”，说话像鸟叫。对一个做文化宣传工作的人来说，是痛苦也是鞭策。我想无论如何难，也得闯过这两关，尽可能学会和选择运用当地群众的口语。有一件工作，对我最起作用，就是开展农村戏剧运动。整个剧团分散到农村去，这才真正接触到什么是“新鲜活泼的、为中国老百姓所喜闻乐见的中国作风和中国气派”的艺术。我看见老百姓喜欢的是民歌、小花戏、秧歌戏和当地流行更广的宫调梆子。我从这些当地的艺术形式，特别是从民歌中，发现了农村青年，特别是妇女的心灵状态和希望寄托，虽然有了些收获，但我只是觉得奇特，别有风味，还不能自觉主动地去研究运用。

当时，诗歌活动，大都是以自由体、楼梯式为主。诗人们都非常努力，办诗刊，写街头诗、墙头诗，都有诗人尝试，也举办诗歌朗诵会。但由于语言不能群众化，除了知识分子、干部，群众只觉得好笑，掀不起轰动效应。音乐（当时主要是声乐）也受到群众化和民族化的限制困扰。是不是所有新的艺术形式都这样呢？也不尽然，像当时贺绿汀的《游击队歌》，桂涛声、冼星海的《在太行山上》，光未然、冼星海的《黄河大合唱》，则以雷霆万钧之势震撼太行山。我记得当我一收到《在太行山上》，头一次在太行山指挥演唱时，几千人的军民晚会，全场震动，这个情景使人一生难忘。因为这支歌，反映了时代的心声，反映了太行山人民的心声。这是一个超然于时代和人民的作曲家，永不可能获得的殊荣。

日本帝国主义的反复“扫荡”，反复推行烧光、杀光、抢光的“三光”政策，加上旱灾、涝灾、蝗灾，以及国民党政府断绝我军的军费军饷的供应，再加上国民党军队“反共”军事摩擦，抗日根据地军民的生活，更加困难了。当时有个顺口溜说道：“抗战一年，大米白面；抗战二年，小米干饭；抗战三年，掉屁股露蛋。”

是怪话，但又是真实的怪话。在如此严酷的局面里，很需要文学艺术去鼓舞人民、激励人民。我记得当时晋冀豫边区政府主席曾在一次会上问我：“前几年到处都听到抗日歌曲，那么多那么好，那样激励、鼓舞人民群众，为什么近年就听不到了呢？”我深感惭愧，无话可说。因为当时，有少数同志在争论：是以大众化、民族化为中国文学的正统，还是以“五四”为正统。在文化座谈会上，展开了激昂慷慨的论争，好几位党政军领导同志讲话，都不能解决。因为要做到群众化、民族化，诗人、作家都有个与人民关系的问题。我还是引用杨秀峰同志在一次会议上的话，他说：边区有个干部下乡，拿着介绍信到专署，专署介绍到县，县介绍到区，区介绍到村，这个村就是边府的所在地，这个干部住在机关，就算下乡了。这种情况虽然是个例，但在作家中也不是少见的。当时大家都住在农村，下乡却是那样不容易，为什么？我说是“同床异梦”。和农民同睡在一张炕上，但和老百姓做的不是同一个梦。

文艺上的问题虽然没能解决，但参加敌后抗日的绝大多数作家、诗人、木刻家、音乐家、艺术家，在残酷的战争中，是英勇的，不少同志牺牲了。他们都紧紧跟着共产党，为中华民族的解放事业，在日本帝国主义的枪口、刺刀下，流尽了最后一滴血，他们都是民族的脊梁，是真正的民族精英！

1942年《在延安文艺座谈会上的讲话》发表了。毛泽东同志以马克思主义结合中国的实际，从根本上解决了为什么人和如何做的问题。中国革命文学艺术，从此走上新的历史时期。

1942年，我在边沿区群众中养伤，交朋友，认亲戚，为他们画宣传画，参加民兵反“扫荡”战，听到许多闻所未闻、见所未见的人民生活状况、国难家仇和他们的悲欢离合。同时，我所接触到的作家中，有不少问题还未解决，然而，有一个作品，像一石激起千层浪，使晋冀豫作家群震动了，那就是赵树理的《小二黑结婚》。这个短篇的问世，立刻受到广大工农兵和基层干部的热烈欢迎，使许多作家不得不服，坐不住了。我背着铺盖卷到兵工厂，到农村，到火热的斗争中去。我耕过田，抡过榔头，干起活，像个干过活的人；我会教唱歌，会画两笔画，会排个戏，会化妆，当时要求很不高。山中无老虎，猴子称大王，只要有人不嫌丑，我都可以凑合一两下。1943年和1944年，在当时极困难的条件下，三个书店为我出版了三个剧本。后来因为参加整风运动，我离开文艺工作，单独到深山里，发动群众减租减息。听到日本投降，我从未如此兴奋和喜悦，便立刻加进大反攻行列，和武装部同志领着两个县民兵，配合主力，参加解放焦作矿区和解放焦作市的战斗。紧接着又参加开辟新解放区，发动群众反敌特、反恶霸斗争。这时，特务全转入地下，用暗杀对付我们，遭到特务打黑枪、刀砍而牺牲的基层干部，时有所闻，我和一个同志蹲点的两个村，特务把打我俩黑枪的恐吓信，夜里插在住房的门缝上。我们没有退却，反而使我们想尽办法，把特务埋藏在麦地一口棺材里的武器挖出来，有机枪、冲锋枪和很多子弹。我把刚刚从这棺材得到手的手枪，晚间推上膛火，塞在枕头下睡觉。这次我真正体会到什么叫枕戈待旦了。

1947 年，我回到文艺战线。我有意识地运用群众语言、民歌、俚语，结合中国传统诗歌技法，把在黄河北岸的斗争生活，写成叙事诗《圈套》，接着又把土改斗争生活写成歌剧《赤叶河》。1949 年春，进一步使用民歌风格、曲调，把我在祖国南北生活见到听到感到的人间的爱和恨，倾注到《漳河水》里。我为三个主人公痛苦，流着眼泪写；为三个主人公的新生欢乐，笑着写；为春光明媚的我的第二个故乡——太行山，倾尽我对她的依恋和爱。

我遵循“到火热的斗争中去”和“想知道梨子滋味要先吃一口”的教导，为了改变祖国一穷二白的面貌，改变没有工业就要挨打的苦境，我放下正在写的战争长篇，到内蒙古包头钢铁基地，参加开辟建设工作。在这个过去“穷无一斤铁”的地区，面对行将年产几千万吨钢的迷人情景，我怎能坐得住呢？放下的长篇可以再拿起来写，而开辟的人的精神气概和开拓场面，是不能追回来的。朋友说建成之后，你还可以去体验嘛。但这是先行人给你创造的。果然，我亲眼看见在晨光中响起的第一阵开山礼炮，亲眼看见在半夜焦化炉第一次放出的朝霞。我能亲手拿起一块砖，和千万建设者一起把第一号高炉立起来，点火之后，又看见放出第一炉光芒四射的钢花的时候，我多有福气啊！

我坚持，没有见过的人和事，我不写；没有直接参加过的斗争，我不写；不是发自内心真实感情的，我不写。有时也无可奈何地写了，但没有一个能写得好的。为了想反映战争，我按我军抗日出征，和刘邓大军千里跃进大别山的时间、路线，走了好几千里路去访问考察。七十岁访问新疆时，拄杖四次进天山，两次上昆仑。虽然只让我登了三千四五百米处，但这座我一生都想去的祖国众山之祖——昆仑山，我终于真的登上半山了。我感谢当地的驻军和地方派车帮助，得以如愿以偿。

照这样获得真实感才敢写东西，虽然多数未能写好，但我的心，总感到踏实些。

我坚持革命现实主义和革命浪漫主义相结合的创作方法，坚持写“英雄人物的业绩和普通人的劳动斗争与悲欢离合”。我认为诗人、作家要敢笑敢怒，对真善美，要敢于赞颂、讴歌，对假恶丑，敢于批评、鞭挞。

青年朋友们，中国社会主义文学，是伴随着中华民族的解放斗争道路走过来的。它对新中国的诞生，是立过功的。我和我的同代人一样，是沿着这条崎岖道路走到今天的。我亲眼看见灾难深重的旧中国的结束，亲眼看见光辉灿烂的社会主义的新中国的诞生和成长，谁有过我和我的同代人这样的幸福呢？我是很自豪的。

当前，在急剧变幻的国际风云中，我们的祖国岿然不动地矗立在世界东方。你们生活、工作在这样的美好时代，这是你们的幸福。当然也是我们的幸福。

这样伟大的时代，应该有无愧于她的光照千秋的鸿篇巨制。书写这些鸿篇巨制的大手笔，正是走在时代前列、生活在人民之中的你们——在座的和不在座的青年朋友们。

谢谢大会，谢谢你们给我这个交心的机会！

1991 年 3 月 10 日

（本文是作者 1991 年 3 月 10 日在全国青年业余文艺创作者会议上的讲话。原载《文学报》1991 年 5 月 23 日第 23 期）

中国解放区诗歌回顾

——中国解放区文学书系诗歌编序

◎ 阮章竞

四十六年前，曾在抗日战争中，四十二年前，曾在人民解放战争中，被誉称号兵鼓手的革命诗歌队伍中，有一个纵队，先后分头活跃在大河上下，扬子南北，长城内外，白山黑水，草原沙塞，天涯海角。他们用笔和血，写下了星罗棋布于半个中国的解放区诗歌长卷。这些诗歌作者，有的躯捐沙场，有的灰撒江海，幸存到今天的，都已垂暮桑榆。在将近半个世纪后的今天，中国解放区文学书系总编委会要将这轴带有史诗性的文学长卷，赶在毛泽东《在延安文艺座谈会上的讲话》发表五十周年之际，展现于读者面前。就诗歌编说，我们这样做一是保存历史真实，二是激励后人。

自古以来的中国诗歌，许多感人之作，无不表现反压迫、反邪恶，爱祖国、爱和平、爱自由等高尚情操。鸦片战争以来，反对帝国主义侵略奴役的爱国主义思想，像炽热的熔岩那样，无法在诗人心中冷却凝住。在长夜难明、魔怪舞翩跹的年月里，我们的诗人喊出了“把我们的血肉，筑成我们新的长城”这首气壮山河的大时代战歌。

一百年来，多少中华儿女，不惜抛头颅洒热血，经历了多少艰难曲折，奋斗求索，终于把民族复兴的希望，寄托于中国共产党。中国共产党人，没有辜负民族的希望。七七事变、八一三事变爆发，中国工农红军改编为八路军、新四军，渡过黄河，挺进大江南北，在敌人后方，建立了各个抗日根据地，这就是后来人民热情称呼的解放区。许多爱国诗人，离开大城市，加入八路军、新四军行列，或从事其他革命工作。不少诗人还自己刻蜡版，自己油印，编诗刊诗报，出诗传单，自己张贴于街头、墙头、井栏、路旁树上、山道岩头，自己散发到工人、农民和士兵手中。由于是在敌人后方的战争环境里，这些大量的诗作，能在当时的报刊发表的，为数甚少，主要是靠油印散发。八路军的津贴，每月一元钱。诗人的诗作，是得不到稿费的，后来发一些稿费，也是象征性的。但诗人们都以自己的作品，能为战争服务，能为人民大众所接受、所喜欢，视为最高的奖赏。这就是布衣草鞋的解放区诗人所追求的最高礼遇。战争频繁，敌人烧杀残酷，封锁严密，能寄到大后方发表的诗作，数目也不多。故而解放区的诗作，当时也难以保存下来。现在搜集在本编里的不少诗，可以说是从当年战火余烬中，拨拣出来的，有的小诗，是通过群众默诵记录下来的。

中国各个解放区，既被日寇分切封锁，又被国民党反动派层层包围，诗人们在各自的地区各自为政，诗歌作品、情况交流，都非常困难。因此，在相隔将近半个世纪的今天，我接受写这篇诗序，重读了曾经读过，和更多未读过的诗作，想起今天诗坛上的一些诗风，抚今追昔，感慨万千。当时诗人的精神风貌、人生价值，许许多多都是现在以自我为主体的诗人无法理解也不想理解的。

开展于敌人后方的中国解放区诗歌，当然是以团结人民、教育人民、同心同德、打击敌人、消灭敌人为创作的最神圣任务。因此，战争是诗歌的最重要主题。

日本帝国主义侵略者，是极其野蛮的法西斯魔鬼。这支魔鬼军队，疯狂推行烧光、杀光、抢光的“三光”政策。所到之处，如魔鬼吃人；所过之处，火光冲天。在国民党军望风逃遁，日寇如入无人之境之际，正是八路军、新四军开进敌后之时。处于水深火热中的中国老百姓，正在呼天抢地“怎么办”的节骨眼儿上，随军进入敌后的诗人，还能用朦胧轻纱般的诗，去罩着这个严酷的现实吗？不，我们的诗人田间用再明白不过的诗回答道：“假如我们不去打仗，敌人用刺刀，杀死我们，指着说：这是奴隶！”当杨靖宇将军喊出：“黑暗、光明，生死线上斗争来决定！”在民族危亡的紧急关头，林山以火山喷火似的语言答道：“若要不死，只有把鬼子杀死！”这是何等瑰丽的悲壮美啊！到今天，这仍然铿锵作响的诗句，使一切矫揉造作的摆弄，一切装腔作势的哲理，暗淡无光。

为中华民族求生存、求解放的解放区诗歌，理所当然要不断激励军民，同仇敌忾，藐视敌人，要描述正义战争的雄威，讴歌“炮火连天军号响”，赞颂“刺刀开路”，礼赞“母亲叫儿打东洋，妻子送郎上战场”，歌唱不怕牺牲，排除万难去争取最后胜利。一句话，理所当然要强调战争主题，歌颂革命英雄主义。不如此，就不可能战胜武装到牙齿的强大敌人。这就是人民所想的，也就是诗人所想的，这就是中华民族要表现的“我”，也是诗人要表现的“我”。这就是解放区诗人所追求的可能，而且是一定要实现、一定要拿到手的可能——一个独立富强的新中国。这是解放区的诗人所追求的诗的雄风、美的境界。请看，诗人公木和作曲家郑律成的一曲战斗颂，使解放区亿万军民高声齐唱“前进！前进！我们的队伍向太阳”，直到今天，这曲壮丽军歌，仍然激励着一代又一代的子弟兵。

中国解放区诗歌，在另一个广阔的创作领域，反映了反对封建制度的民主主义要求。中国抗日战争的主要战场，是在广阔的农村，士兵绝大多数是农民，若不推翻封建土地剥削，就不能动员饥寒交迫的农民阶级支持战争，参军杀敌。反映减租减息运动和土地改革运动，当然是解放区文学艺术创作的另一重大主题。解放区的诗人，差不多都投入了这场伟大的群众运动，真实地反映、讴歌一个石破天惊的伟大时代的开始。

几千年来，压在农民身上的封建剥削制度，被彻底打倒推翻，钉在、锁在地上的锁链被砸碎了。手脚自由，头脑解放了，人们开天辟地第一次大声喊出“土地是我们的”，山鸣谷应，欢呼“土地回家了”“我们是国家的主人”。像这种情景怎能不激发诗人灵感呢？“豆选参议员”“豆选女县长”，这就是解放区诗人所摄下的前无古人、后无来者的伟大历史镜头。试问当时，除了解放区，哪个地方，哪个角落有过如此壮丽的场面？

战争与土地的群众运动，使一切封建思想、伦理道德、世俗恶习、夫权神权，通通受到冲击、打倒、推翻，尤其是几千年被压在社会最底层的妇女，创造了一个向旧世界挑战的口号：“我们是半边天！”“没有俺们，天下尽和尚！”她们从悲苦控诉到大唱翻身颂，像郭小川写的那样，要“享乐一个绚烂的春天！”

在国民党蒋介石的“限共反共”政策下，国民党政府不仅很早就断绝对我军的军费军需供应，而且与日寇配合形成对解放区的包围封锁，所有国内国际的援助，都被截走，无法送进解放区。解放区军民生活更加困难了。中国共产党向解放区军民发出大生产号召。解放区诗人，不仅参加开荒种地，纺纱织布，而且即时唱出“二月里来好春光，家家户户种田忙”，歌唱南泥湾，歌唱大生产。所以在解放区的诗作中，生产运动便成了第三个重要主题。

在抗日战争中，革命根据地发展了经济，发展了文化教育，战胜了敌祸天灾、水旱蝗螟。除了进行战斗战役和反“扫荡”的地区，根据地的中心地区，集市繁荣，社会安定。丁玲同志初到延安曾惊叹“没有乞丐，也没有卖笑女郎，不见烟馆，找不到赌场”的景象，在各个解放区都能见到。中国老百姓多少世代祈求的“夜不闭户，路不拾遗”的社会，在中国解放区出现了。人民由衷地感激中国共产党。民间歌手首先唱出：“东方红，太阳升，中国出了个毛泽东。”“共产党，像太阳，照到哪里哪里亮。”老百姓唱出带着虔诚色彩的颂歌，完全是出于感激，出于至诚。

中国解放区的诗人，都是革命战士。他们的诗作都能与时代同步，与人民同心，都能深深反映出全民族的团结，生死与共的爱。在百团大战胜利结束的烈士公祭公葬大会上，诗人冈夫的悼歌唱道“八路军，决死队，老百姓，生活在一起，劳动在一起，公祭在一起，公葬在一起……”时，秋风萧瑟，漳水萦回，会场笼罩在生离不可改，死别难吞声的哽咽氛围里。我敢说当前新潮家们写的诗、摇滚哥儿们吼的歌，绿色的爱、蓝色的爱、特别的爱、死去的爱，等等，不管怎样地抓心挠肝、撕心裂肺，怎能比得上令人如此回肠荡气的生死恋歌！（可惜这首悼歌，毁于战火，连诗人自己也记不全了，我只记得这几句。）

中国解放区的诗人，在改造客观世界的同时，也在改造主观世界。自由体新诗，初到农村，的确遇到过不少困难，读者对象已不是学生、知识分子，而是广大农民群众及其穿起军装的子弟兵——八路军、新四军和其他抗日武装部队。农村群众十有七八是文盲或半文盲。从大城市到农村的诗人，从外国引进到农村的新诗形式，有个口味问题，有个用什么语言反映农民生活、风俗和思想感情问题。由于存在着这些问题，自由体新诗曾经招来了不少议论，包括明显的偏见。不少诗人也在努力寻求解决办法，也更努力为自由体新诗的生存发展，进行顽强斗争。

1942 年 5 月，毛泽东同志在延安文艺座谈会上讲了话。《讲话》为中国解放区的文学艺术，指明了方向，提出了解决办法。

在抗战开始，就不断有人尝试运用民歌形式，但多是用在小诗短诗、填词或作戏剧插曲，或点缀小说。延安文艺整风之后，许多诗人在深入生活的同时，开展了采风活动。无比丰富多彩的民歌，头一次被发现。民歌体新诗，展开音乐翅膀，迅速飞上诗坛歌台，万紫千红，盛开怒放，咿唷嗬嘿，临风摇曳，一下成为解放区的嫩卉娇花。农民得到翻身，思想得到解放，唱着自己创作的赞颂斗争、讴歌劳力、欢庆胜利的民歌山歌，涌上前台。一个专业诗坛与群众歌台相辉映的时代出现了。能唱的诗，能舞的诗，诗与舞蹈、音乐，联翩飞舞在各个解放区。今天仍然久葆着青春的民间歌舞、民族歌舞，为她掸掉历史封尘，重新赋予新的生命和魅力的，是中国解放区的诗人和艺术家。尤应不能忘记延安诗人从采风中，发现了“信天游”，触发诗人的灵感。李季《王贵与李香香》的成功，为民歌体叙事诗开了先河，出现了一个有中国气派、中国作风，为中国老百姓所喜闻乐见的民歌叙事诗的繁荣时节。

革命诗歌的民族化、大众化，一直停留在口头上、理论上，一直未能较好地解决。在国民党统治下，不可能找到一块哪怕像巴掌大的场地。任诗人思想翩跹飞舞的实验园林，终于在共产党领导下的土地上找到了，不是一巴掌，而是拥有一亿人口的中国解放区。

自由体新诗向大众化、民族化发展和民歌体新诗的出现，展示了一个与以往不同的中国新诗风。

中国是个古老诗国。中国古典诗词，是世界诗歌星海中的非常耀眼的巨星。中国解放区诗人，运用传统古典诗词形式，广泛而深刻地记录下中华民族的伟大斗争，留下不少名篇佳作。毛泽东便是伟大代表，他的诗词作品，以空古绝今的磅礴气概，独领风骚于现代。

当然，中国传统诗词，因其文字深奥、格律严格，在解放区里，大都是在诗人、干部和爱好者中传抄，发表的不是很多，能到广大群众中去的，仍然是民歌体和自由体新诗。爱好创作古典诗词的诗人，多数主张以新诗为主。

我在前头说过，解放区的诗歌中，战争是主旋律。咏怀、述古、书怀、伤别、悼亡之类的诗有一些，但抒发爱情、个人生活、情趣之类的诗作，则甚少。解放区的诗人，和普通人一样，都是人，都是有个人感情，有私人生活的人。在战斗的人生路上，时时存在生离死别，无处不有离合悲欢，月下花荫。他们也唱恋歌、小夜曲，但为求民族的解放，都以丈夫有泪不轻弹而约束感情，把一切个人的幸福憧憬、私情痛苦，强制冻结在深深的心底。解放区里，不知有多少“孔雀东南飞”。请别苛责吧，想想看，如果像现在某些“新潮”文人那样赤裸裸地描述性爱，像现在流行歌曲那样，日日吼着爱，夜夜呻吟谁来同居，试问这个仗你怎么打？这两场无比残酷、关系到子孙万代的解放战争，怎么坚持打下去？解放区人，也恋爱，也结婚，也生孩子，就是不能不负责任写私情。即使如此，我们编辑组在搜集诗稿中，难能可贵地发现了几首山盟海誓的定情诗。

战争变化急骤，动员工作，中心工作既多又急，要求文学艺术配合宣传，便出现了“写中心，唱中心，演中心”。因存在着这种简单化要求，于是在创作上，常常出现公式化、概念化、政治图解和说教现象。这多是出自指导者不懂艺术特性，是瞎指挥的产物。

长期坚持留在解放区的诗人，和在解放区成长的诗人，随着抗日战争胜利和人民解放战争的胜利发展，许多诗人，紧跟着人民解放军，从白山黑水，越黄河，跨长江，打到天涯海角、天山昆仑、喜马拉雅，走完了解放中国大陆的全部路程。

中国解放区诗歌，深深镌刻着时代的使命。他们不是清唱家、演唱家、旁观者，而是在血与火中搏斗的直接参战的战士。中国解放区的诗作，多是写于战地，记于露营，创作于农家院子，难以做到一字捻断三根须，比较仓促。这一点，诗人自己也是知道的。因此，解放区的诗歌，和历代诗歌一样，不能说每篇都有新声，每首都是佳作。解放区的诗人，是通过战火的熔炼才自我完成为诗人的。我亲眼看见这些当年正处在朱颜青鬓、风华正茂的诗人、文学家、艺术家，直面一切艰难困苦，坚持斗争，毫无怨尤；我亲眼看见不少英才，直面日寇的枪口、刺刀、皮鞭、军犬的牙齿，毫无惧色，为民族、为人民流尽最后一滴血。在为诗歌编写这篇拙文中，我无时不在深深地缅怀这许多认识和不认识的战友、烈士。作为炎黄子孙，他们生得伟大，死得壮丽。作为同代人中的幸运者，我为所有能为共产主义奋斗到底的解放区诗人——死者和生者，深感骄傲、自豪。

1991 年 5 月 19 日

（原载《文艺理论与批评》1991 年第 5 期，后收入《中国解放区书系诗歌编》（共三卷），为该书序言，重庆出版社，1992 年 3 月版）

风雨太行山

——太行山剧团团史

◎ 阮章竞

1938 年 4 月上中旬，我从潞城前线经平顺、壶关回陵川，中途听到中共陵川独立游击支队司令部，被阎锡山密令河北民军总指挥张荫梧解决。我回到陵川，已找不到独立支队司令部和政治部，我便随华北军政干校陈沂、张柏园、杜郁沅和王振华等同志到晋城去见八路军总部联络部主任朱瑞同志。他当时也是中共北方局军事部部长。朱瑞同志，好客爱才，他跟这些知识分子，一见如故。在头几天里，多次随便谈话，谈生活，谈思想，谈抗日前途，似春风化雨，使我终生难忘。

不几天，华北军政干校与陵川独立游击第一支队联合剧团，和陵川城关小学孩子剧团，先后来到晋城。朱瑞同志接受他们参加八路军的要求，便把他们合在一起，成立了一个剧团，命名为“中国国民革命军第十八集团军第八路军晋冀豫边区太行山剧团”，任命赵洛方同志为团长，我为指导员。

太行山剧团成立两三天之后，就随朱瑞同志开赴长治（潞安府）。长治是晋东南历史上军事重镇。朱瑞同志便把我们交给在那里的八路军民运部长黄镇同志。黄镇是经过长征的红军画家，对艺术十分热爱，他为我们购置彩绸布料、汽灯乐器等，将剧团装备起来。大幕布的图案是我设计，由团内女同志一针一线集体缝制的。

剧团成立时，除了从郑州来的两三个同志，懂得一些简单的化妆、声响效果之外，其余都没有真正涉足过戏剧工作。大家都是抱着位卑不敢忘忧国，不管做什么工作，也要为打走日本帝国主义、为民族解放事业，发一点光而来的。我从小喜欢看戏，特别是反映爱国主义的戏，反映正义的戏。但家在农村，只看过一两次学生下乡演的“文明戏”。上海是文化荟萃的地方，但在上海，我也只是朋友送票，在暨南大学看过《雷雨》，和在大光明剧院看过《太平天国》，酷爱话剧但只看过这两出戏。教唱指挥抗日救亡歌咏活动，我倒是略有过涉足其间的短暂经历。然而要我担起一个综合艺术的文艺工作团，我虽有沸腾的抗日热情，但自己的根底，是严重不足的。由于朱瑞同志的信任，使我偶然闯入这块艺术天地走上文学道路。我一直到现在仍在感谢和怀念这位为人民解放而英勇献身的炮兵司令。

太行山剧团成立的时候，正是晋冀豫抗日根据地的创建时期。当时的太行山，似乎没有来过什么话剧团合唱队，我听当地州府县城的人说，他们只见过“文明戏”。蓬蓬勃勃的新戏剧活动，是从1939年才开始的。所以当太行山剧团初建时在长治的演出，一拉开大幕，在炽热的汽灯灯光下，观众看见的是一个有山有树，有门有窗，有道具，有青蛙、秋虫鸣叫的真实舞台世界，都惊呼新奇。所以在长治第一次演出，就得到观众的信任和支持。我们都受到很大的鼓舞。

在长治活动几天之后，朱瑞同志带领我们到屯留，将剧团交给代号为八路军总部编辑部（中共晋冀豫区党委）的领导，区党委派赵迪之同志做政治指导员，我专管艺术工作。

太行山剧团成立之初，演出的几个剧本，都是联合剧团时期从外面、从大城市引进的。歌咏节目也是引进的。节目太少，内容离敌后战争的现实生活太远。朱瑞同志和区党委领导同志，都鼓励我们自己创作剧本。区党委军政干校的教员，如陈沂、张柏园，都为我们写过剧本，朱瑞也为我们写过剧本。我们在他们的鼓励和带头下，自己开始创作剧本。很快，我们的演出剧目，主要部分都是自己创作的。我们自己的创作，多次承担八路军总部的迎宾文艺晚会演出任务。

太行山剧团建立之后，抗日根据地的各方面工作都需要人才。区党委决定在太行山剧团内，附设一个名为“鲁迅艺校”的短期培训班，一方面为各地区培养艺术骨干，另一方面补充自己。邀请军政干校陈沂、张柏园等同志兼任艺校教员，也请十八集团军总部火星剧团的同志，传授儿童舞蹈。

这个附设培训班，开办了两期，结业后的学员，有的派到部队，大部分回地委、军分区组织剧团。太行山剧团也采用轮换的方法，派团员到地区剧团，做艺术骨干。1941年这些地区剧团，都先后成为太行山分团，一共有五个分团。

太行山剧团成立的那年10月，根据晋冀豫区党委指示，太行山剧团沿太行山主峰，进行保卫抗日根据地的演出大流动。晋冀豫区党委派一个通信班，担任保卫工作。我们做了一番准备之后，带着艺术培训班，从屯留出发，经襄垣、武乡、辽县、和顺，登太行主峰，东下马岭关、沙河，北上内丘、临城、高邑、赞皇、元氏，再西登太行山昔阳，经和顺到榆社，沿浊漳北源南折武乡、襄垣回屯留。沿途演出三个月，行程两千五百里。在赞皇、高邑间，离日军据点二十里处，为我军前沿部队举行慰问演出时，部队向平汉铁路（京汉铁路）方向，派出监视哨，保护我们安全演出。与敌近在咫尺，随时都可能发生战斗的肃杀秋夜星光下，金鼓齐鸣，纵情高唱《在太行山上》，将士振奋，群情振奋，我们深深感受到战斗的欢乐。此首名曲，是在大流动出发前两天，桂涛声寄来的。这首名曲便成为这次大流动的主旋律，震撼太行山，音符镌刻在太行山上，五十多年过去了，此情此景，一点都没有从我们的心中流逝。现在到处天天都在唱“让我们的世界充满爱”，可是现在仍死不改悔的日本军国主义分子，矢口否认日本帝国主义的侵略，矢口否认南京大屠杀等罪行，年年都在增加庞大军费，日本政要年年都去参拜包括甲级战犯东条英机在内的靖国神社，我们切不可自己麻痹自己。

抗日根据地，都建立在偏僻的山区农村，1938 年时的戏剧演出，女演员很少，剧中女性人物，多是用男性演员扮演。太行山剧团不同，一开始就有女演员。每到一个地方演出，群众，特别是女性群众，都奔走相告“这个八路军剧团有女兵”“戏里的老婆们，都是女兵演的”。当时偏僻的中国农村，尤其是山区，有了女兵，什么事都好办，特别是妇女工作，没有女兵，寸步难行。在驻地，人熟络了，妇女敢问我们的女兵：“你几个汉儿？”“哪是你汉？”这些问话，似乎十分不礼貌，但隐藏着农村女性各种复杂的深沉的思想和痛苦。我们有的女兵大大方方地笑着答道：“我一个也没有看中，你替我挑一个。”她们敢于跟女兵说笑话，就是她们和女兵已经是朋友了。后来我们在开展农村戏剧运动，调查搜集民歌民谣活动中，许多男同志无法搜集到的材料，都是妇女坐在炕头上，悄悄地低声甚至流着泪唱给我们的女演员听的。

1939 年秋，晋冀豫区党委决定在辽县（现左权县）搞实验县，工人、农民、妇女、青年等抗日救国群众组织，都抽出相当强的干部，到辽县区村开展工作。经过充分发动群众等，各方面的工作，都显出蓬蓬勃勃的气象。太行山剧团奉命分散到辽县六区好几个乡村，开展农村戏剧活动，直接与农民同吃、同住、同劳动、同抗日，直接参加社会各方面的斗争生活，如减租减息，除汉奸，反恶霸，组织民兵自卫队，扫除文盲，开展识字运动，教唱歌曲，教识谱，教写戏、排戏、化妆，试点村的戏剧活动，如火如荼，试点附近的村庄，派人来学，请派人去教。我们开晚会，请试点的群众来看，来学习。由于派人下去教，请人上来看，深受群众欢迎。农民看了我们的演出，深受启发，他们回去，把当地流行的秧歌戏、小花戏，改旧创新，赋予抗日民主内容，很受老百姓欢迎。他们把寺庙神龛帐幔，善男信女敬献的“万灵感应”“神通广大”之类的幛子神幡，拼缀缝成幕布，绣着“××村太行山剧团农村分团”的团名，在村中演出，联合各村剧团举行汇演。自编自演自娱的农村戏剧运动，蓬蓬勃勃、轰轰烈烈地开展起来。

我们在这个活动中，搜集了很多民歌和民谣，学习通俗生动的群众语言，改变了知识分子的腔调，改造了自己的世界观。在搜集民歌时，我在前头说过的我们的女兵们，搜集到男同志很难搜集到的、藏在灵魂深处的农村妇女的心声。

由于无条件地深入农村，深入最底层，与群众同甘共苦，打成一片，丰富了太行山剧团的艺术创造，在通俗化、群众化上取得了长足的进展。有个别专门家，对太行山剧团搞农村戏剧运动的做法，抱着怀疑的态度。他们认为，集中提高，闭门冥思苦索，才是提高艺术水平的唯一的最佳办法。

我们认为，抗日战争，是全民族求解放的战争；抗日根据地，是建立在广大的，而又是偏僻的农村，没有农民的拥护支持，这个战争打不下去。因此，首先必须发动群众，组织群众，给农民群众演好戏，唱好歌，以农民喜闻乐见的、有较高水平的艺术，教育鼓舞群众，是天经地义的。光靠几个专业剧团是做不到的，把农村群众动员起来，组织起来，参加到艺术战线里来，是最佳的选择。

当时，在太行区党委的领导支持下，我们没有动摇，仍继续派人下乡，开展农村戏剧活动，并扩展到黎城和武安一些村庄。

这些组织过农村戏剧活动的村庄，在日本侵略军残酷的扫荡时，常常成了我们体弱有病同志可靠的安全岛。

时至今日，回顾太行山剧团的农村戏剧活动，我是永不后悔的。

在整个抗日战争过程中，太行山剧团的戏剧节目，除建团之初的几个剧目以外，大多数是演自己创作、自己导演的作品。从来不会感到节目缺乏，因为区党委对剧团的创作，总的来说是很放手的（1940 年秋，划归边区政府管理，艺术创作仍然是区党委领导），演或唱的节目，差不多都是彩排时审查，这个方式，使创作者、导演、指挥，都可以按自己的意图，发挥创造力。创作素材，都是从当时的现实斗争生活中摄取的，作品都能较好地贴近生活，演农民、士兵生活，都较熟悉，因而表现较真实。著名戏剧家李伯钊在太行山前半期（1939年春到1940年夏）的作品，多是太行山剧团首演问世，如《紫坊村》《老三》（又名《母亲》）等，都演得很成功。她开办了前方"鲁艺"之后，有的剧作如《金花》仍是太行山剧团首演。

但太行山剧团的剧目，也有被领导在演出中途勒令停演的。如建团之初，由联合剧团带来的颇受欢迎的独幕剧《上前线》，演出多次，都无人提过任何意见。有一次在行军途中，部队要我们为他们演出，这个剧演了一多半，被部队领导中途勒令停演。不让演下去的理由是散布战争恐慌。因为演了这个从剧本到导演手法，都是移植的戏，我得了一个"政治不强"的评语。其实这个节目，同我毫不相干。

抗日战争早已进入艰苦的1941年，忽然有些抗日根据地刮起强烈的演大戏风。理由是为了提高艺术水平。于是，太行山地区一下大风起兮云飞扬。较大的剧团，都从国内国外，挑选戏剧名著，按系统集中最好的演员，集中所有光亮度强的汽灯和多的财力物力，不下连队，不下乡，花了好几个月工夫，排练大戏，集中在一两个地方汇演竞演。太行山剧团被这股演大戏风，刮得心旌摇动、灵魂恍惚。于是手忙脚乱，乱找剧本，集中五六个分团的人力物力，赶排大戏。来团不久的新任导演，没考虑太行山剧团演员，绝大多数是乡村城镇青年，从不了解城市生活，一下仓皇上阵，得来的是"不堪回首"。

太行山剧团，是个以现实主义为艺术手法的新文艺团体，但她不排挤传统文艺。当日本帝国主义发动太平洋战争，把华北视作"大东亚圣战基地"之后，扫荡更加频繁，"三光"政策更加残酷了。加上轮番而来的水灾、旱灾、蝗灾，一心要借抗战消灭共产党八路军的国民党政府，不仅不发一枪一弹，不发一文军饷，反而一个接一个发动武装"反共"高潮，根据地军民，一直处在前狼后虎的夹击之中。不必讳言，生活非常艰苦，非常需要鼓舞斗志的文艺作品。当时晋冀鲁豫边区政府主席杨秀峰同志在文联的会议上问我："洪荒同志，怎么这两年抗战歌声少了呢？！"为什么，他是知道的，刮了演大戏风之后，文艺工作者正在争论什么是真正的文化正统问题。从城市到根据地来的文学艺术家，把"五四"引进的西方艺术形式认为是抗战文艺正统，较少考虑广大群众的接受程度。从当地成长起来的文学艺术家则主张学习当地群众喜闻乐见的民间艺术形式和群众语言，为广大军民服务。拥护前者的，就排挤人民群众喜爱的民间通俗的艺术创作方法和表现形式；拥护后者的，就反对新的文艺及其表现形式。

这在当时是个无法争论清楚的问题。

不管文艺界怎么争论，旧戏，仍然很有市场，农民需要文化生活，旧戏班依然悄悄地在乡村活动，带有浓厚封建迷信的戏目，仍然在影响群众；在干部中，喜欢旧戏、旧传统文化的人，仍然很不少。有鉴于此，太行山剧团承认了这样的要求，便千方百计地招收了若干位山西梆子和京剧艺人，组成一个很小的梆子、平剧（当时京剧叫平剧）队，由赵子岳同志领导。赵子岳是位优秀的表演艺术家。他既是太行山剧团副团长，也是台柱。梆子平剧队在他的领导下，改编演出的折子旧戏目，颇受欢迎。山西梆子平剧队中有女演员，在当时的抗日根据地里，是凤毛麟角的。赵子岳运气很好，李佩琳和宋光是颇受观众欢迎的女演员。李佩琳年轻美丽，嗓音圆润，演技潇洒，使不少戏迷为之赞叹。

1940 年夏天，太行、冀南、太岳抗日根据地，建立了抗日民主边区政府后，太行山剧团接受双层领导：经费供给归边区政府管，政治由晋冀豫区党委管。

战争进入艰苦阶段，生活十分困难。晋冀豫边区又处在敌祸天灾频仍的情况下，党中央提出自力更生，克服困难，原来每年发一套新军装，已改为每年发三尺窄面布，用于缝补旧衣服。太行山剧团在保证完成文艺任务的同时，还积极参加开荒种地，每人自己保证种出三个月口粮。

太行山的军民是坚强的。全区军民在连续三年的打蝗虫挖蝗卵的斗争中，战胜了蝗灾，这是个伟大奇迹！

太行山剧团，是个没有武装战斗任务的文艺工作组织，但只要碰上战斗，都看作难逢的机会，很多人都自告奋勇参加。如 1940 年反击“反共”急先锋国民革命军第九十七军朱怀冰时，沿武安、磁县、涉县、林县，跟随参战部队，打到最后，看着朱怀冰率领几个残兵败将，落荒逃过淇水。在百团大战中，剧团的任务是到前方慰问部队。由于遇到敌人的报复“扫荡”，太行山剧团转来转去转到黄崖洞时，听到敌人正向黄崖洞水腰兵工厂进攻。我们决定不走，上了黄崖洞北侧的桃花寨，那里正是朱德警卫团一个连的阵地，便要求和部队在一起，为他们送弹药送水，有的同志还参加战斗。仗打得非常激烈。打到第二天黄昏时，枪炮声稀落了，我们不知道敌人已攻进水腰。部队撤离半天之后，才察觉情况不对头，于是紧急撤离桃花寨，未料一撤到半山，就碰上敌人。在敌人向我们打枪的时候，鼓励少女、儿童和全体团员，攀登上伸手不见五指的摩天岭，靠着高山陡壁，任大风扑打。第二天，听到岗崎大队被我军围在关家垴，太行山剧团又主动要求参加战斗行动。

1942年，日本侵略军发动残酷的五月大“扫荡”。一个大风雨夜行军后的上午，太行山剧团在玉霞关下的井底村，与日寇遭遇，在敌人居高临下的火力射击中，我们损失很大，全团三十余人，五人受伤，七人牺牲，一人被俘。在弹雨中四个人是负伤后，跳入滚滚激流，泅水脱险的。沟里有敌军，东山是国民党军庞炳勋的防地。找不到粮食，在半夜找到的牧人石窝里，烧吃牧人几个土豆，我们身上仅有三块钱，写一字条连同三块钱压在火灰旁的石头下留给牧人。被困七日后，才辗转到医院。牺牲同志的遗体，全被山洪冲走了！

五月大“扫荡”，我们虽然损失很大，但没伤斗志，反“扫荡”尚未完全结束，我们仍在创作排练，时时准备演出。

在练发音、唱歌和日常的说话中，我们忽然发现儿童小队的童声，变粗了。孩子们长大了，应该进中学接受完全的教育了，否则会耽误了他们的将来。于是只留下两个能表演儿童角色的小演员，其余全部送到太行中学上学。中学毕业之后，有的当了摄影师，有的搞过木刻、画画，有的当了日报主编、记者，有的从事电影工作或当了电台领导，都成了有用之人。现在写团史的执笔者中，有三位是最后完成此书的主力。

精兵简政时，领导机关有人提出撤销太行山剧团，但也有许多人认为抗日根据地需要太行山剧团。太行山剧团内部，在血与火的斗争中结下的同志情谊和与老百姓的深情，都不愿撤销这个当时仅剩下三四十人的集体，便提出缩小开支，压低经费，一小部分由剧团在演出中，收取点报酬，以减轻政府负担。剧团内部考虑：话剧演出，无法收取演出费用，但梆子平剧演出，是能够收取少许报酬，加上种地、开小饭店，即可以解决部分开销。上级同意这个设想。多少年以来，剧团的演出，都是由领导机关下任务的，现在可以由群众来请去演出，一下便有好几起来请太行山剧团去演戏的。

要用梆子、平剧挣钱来解决部分困难的做法，我们是想保住在抗日战争中战斗了四五年的这个文艺阵地。但未料到梆子平剧队的两位女演员被人强行要走了。梆子平剧队，只留几个年老艺人，可奈谁何？

过了不久，太行山剧团，改划归太行区文联领导。毛主席《在延安文艺座谈会上的讲话》的正式文件，传到了前方。《讲话》指明了文艺方向，太行山剧团学习《讲话》后充满信心。太行文联是文学艺术界的组织，能按文学艺术规律进行管理指导。虽然接受文联领导只有半年多，但领导与剧团建立起能坐下讨论艺术问题的关系，处在最艰难时期的太行山剧团，倒是较好地发挥了艺术创造力，创作演出都较以前更加贴近群众生活的作品，鼓舞群众，克服困难，争取抗日战争的最后胜利。在整个抗日战争中，太行山剧团创作的许多作品，都在敌人“三光”政策下，化为灰烬，唯独1943年创作演出的作品中，有几个由新华书店、群众书店和韬奋书店出版的被保留下来。

战争越接近胜利，根据地就越困难，这时只有三四十人的太行山剧团，似乎都养不起了。1943年秋开辟第八军分区的时候，太行山剧团划归开辟八分区的部队领导，随军开赴被日本侵略军、被国民党军侵占了四年的太行山南部山区。

重新回归部队领导，虽然同志们的心情是复杂的，但被踢过来踢过去的日子，总算结束了。可太行山剧团一踏进她的诞生地，人人都被吓呆了，这块“十二月政变”前，八路军所建立的根据地，名曲《在太行山上》产生灵感的千山万壑，已经变为人间地狱：千村薜荔，万家野蒿，白骨头拦路，白骷髅绊脚，狼窝占着土炕，蒺藜长满了田地，进村无鸡犬，敲门没人应。这种凄惨景象，是日本天皇的武士和国民党的军队用刺刀蘸血砍削出来的。太行山剧团的团员们，把还未断气的人，用自己的炒面喂活他们，用军锹清除了院子房里的野草，埋葬了无人收殓的死人……挂起“国民革命军第十八集团军第八路军晋冀豫边区太行山剧团”的红色幕布，用眼前的悲惨生活，用形象，用台词，用歌曲控诉日本帝国主义军队和国民党反动派制造的罪行！

1945年8月14日，日本裕仁天皇宣布无条件投降。太行山剧团紧随太行军区部队，参加了解放博爱、武陟、温县、沁阳的大反攻，最后参加解放豫北重镇焦作。日本侵略军，完全彻底被赶出太行山南麓，我们迎来抗日战争的全面胜利。

诞生在抗日战争中的太行山剧团，此刻宣告结束她的历史使命，她完成了自己诞生时的誓言：一定要把日本帝国主义，赶出太行山去，赶出中国去！

在纪念世界反法西斯战争暨抗日战争胜利五十周年之际，西顾巍峨的太行山，想起风雨行军时，见过一种小草，当地小孩儿叫马奶奶。它不怎么好看，但在风雨中，也能流珠滴翠，为峥嵘的群峰、嶙峋的山道添点青绿，而且叶茎里有乳白色汁液，没喝过牛奶的稚童们，都喜欢采摘吸吮。

我怀念太行山，更怀念那些风雨岁月。

1995 年 10 月写于北京

（原载《新文学史料》1998 年第 2 期。删改后以《风雨太行山（代序）》为题，又发表于《新文化史料》2001 年第 2 期）

◆ 太行山的文化事业

◎ 阮章竞

太行山剧团的驻地距八路军总部很近

太行山剧团的驻地距八路军总部很近，因此，我们常能见到八路军总部的领导人，他们给予太行山剧团和其他艺术团体很多关怀和指导。同时，八路军总部和边区政府也在经济上给予剧团大力扶助。

在我的印象里，朱总司令中等个儿，很壮实，肤色稍深，我们常见他和战士一起打篮球，五十多岁的人了，仍然像青年人一样有活力。太行山剧团在长治演出，朱总司令经常来观看，并且每次都到后台看望我们。朱总司令服装整齐，极有军人风范；说起话来，就像一位温厚的长者。因为我妻子在抗大时与康克清有同学之谊，在我们结婚以后，我们还去拜访过朱总司令。可惜那一天朱总司令不在家，只有康克清同志一个人。康克清招待我们两个吃了一顿四川泡菜，很有点风味。

抗战开始，朱总司令和彭总都在太行山八路军总部，后来朱总司令回延安后，前线便由彭德怀副总司令负责指挥。彭德怀同志比较严肃，不徇私情，十分耿直，对自己要求很严格。当时彭总有胃病，中央批准彭总单独起伙，但彭总坚决不肯，坚持和大家一起进餐。

当时在八路军总部工作的还有左权、傅钟、陆定一等。国民革命军第十八集团军成立之初，朱德任总指挥，彭德怀任副总指挥，叶剑英任参谋长，左权任副参谋长，任弼时任政治部主任，邓小平任副主任。1938 年 1 月，邓小平出任一二九师的政训主任，接替张浩同志之职，政训主任后来改为政治委员。任弼时属中共中央负责人之一，不能到前线，后改由傅钟同志任政治部主任。陆定一任八路军总部政治部宣传部部长。左权是位知识分子，热情和蔼，每次碰见，总愿意和我们闲聊几句。左权毕业于黄埔军校一期，后又进入莫斯科军事大学学习。1931 年回国后，曾任红十五军团政治委员、军长，红一军团参谋长、代理军团长等职，1942 年 6 月在山西辽县八路军总部所在地麻田的敌人扫荡中不幸遇难。太行山边区遂改辽县为左权县，以纪念这位军事家。

在八路军总部，朱总和彭总的马是很引人注目的。朱总骑一匹四川小马，毛色油光发亮，善爬山。彭总则骑一匹日本雪花马，灰色带斑点，很高大，是极名贵的马种。有时，我还专门跑到马厩去看朱总和彭总的马。

李伯钊对戏剧工作十分热心

1939 年，“民革艺校”正式建校。这时候，戎子和[①]任山西第五专区专员，长治属第五专区，戎子和的主任秘书是杨献珍。据杨献珍发表于《新文学史料》1982 年第 3 期《从太行山文化人座谈会到赵树理的〈小二黑结婚〉出版》一文推测，戎子和也是共产党员。“民革艺校”正是通过戎子和向阎锡山申请经费的。

李伯钊在江西瑞金时搞过一个阶段戏剧工作，对戏剧工作十分热心。她到民革艺校不久，便调任太行山剧团的女政治指导员，出任民革艺校训育主任。太行山剧团的学员也去学习了三个月，我主要讲艺术课。民革艺校的学员很多，基本上是三个月一期，各地来报名学习的青年很不少。他们毕业后都成为太行山地区的文艺骨干，像马烽、西戎，当时都是从吕梁山根据地来的不到二十岁的青年。

李伯钊在建校初期，搞了一次戏剧会演，把所有晋东南地区的剧团都集中到了长治。这次会演影响较大，像“抗敌文化协会”这类文化团体闻讯也到长治访问。李伯钊曾在延安搞了个歌剧叫《农村曲》，曾在延安演出。延安有一些从大城市来的文艺演员，演出水平较高。到太行山后找不到著名的演员，李伯钊对普通演员不大放心，便自己亲自登台演出。她不大能讲普通话，吐词不清，观众听不懂，效果不太好。《农村曲》的男主角是朱建民同志，他曾给我的作品谱过曲。我和

① 戎子和（1906—1999），山西平鲁人，1936 年入党。曾任牺盟中心区党团书记，决死三纵队司令员。晋冀鲁豫边区政府副主席，财政部代部长，中央财政金融学院院长、党委书记。

其他几个人给这个戏配器。朱建民后来不幸牺牲。

在戏剧会演这一个阶段，是长治这个城镇最热闹的时候。

在太行山地区，群众文艺运动很繁荣

在太行山地区，群众文艺运动很繁荣。当时在太行山地区云集了不少剧团，有一些大的剧团，如太行山剧团，先隶属八路军总部，后改为边区政府领导；再后来，因与边区政府某些负责人意见不合，划归太行山文联领导。抗战胜利后，又归八路军主管。“火星剧团”一直是八路军总部所属剧团。民革艺校也有一个“文艺工作团”。一二九师的“先锋剧团”、抗大的“文艺工作团”也很有名。这些剧团有能力举行大型文艺晚会，能演一些比较大的文艺节目。同时，还指导群众文化运动工作，并从民间汲取养分。更大一部分则是农村职业剧团，他们多半是生长在农村的旧剧团和旧艺术，还有一些基层组织的群众剧团，如1938年夏中共襄垣县委吸收流散艺人成立的“襄垣四区抗日农村剧团”，编演过《换脑筋》《打蟠龙》《三更放哨》《天灾人祸》《糠菜夫妻》[①]《小二黑结婚》《李有才板话》等剧，这其中也包括我写的剧本。

抗日决死队也有三个剧团，分别是前哨剧团、新中国剧团、大众剧团。抗日决死队大都是从平津流亡到山西的青年学生，演出水平还是比较好的。太行军区也有一个文艺工作团，晋东南文联有太行文工团。这些剧团影响力较小。

戏剧事业可以说是太行山文化事业的主旋律。这是由当时的娱乐环境、群众基础所决定的。除戏剧外，其他文化事业也有很大发展。1938年8月，在长治成立了太行文化教育出版社，主要从事翻印和编写小学教科书。1938年10月，王

---

① 《糠菜夫妻》（话剧），阮章竞著，1943年太行新华书店出版，为作者在太行时期仅存下来的三个剧本之一。另外两个剧本：《转变》（话剧），1941年太行韬奋书店出版；《未熟的庄稼》（话剧），1943年太行新华书店出版。

书良、陈大东、周化南[1]、郑笃[2]、郝汀[3]和从太原回到晋东南的革命文艺工作者高沐鸿[4]、王玉堂[5]，以及华干（编者注：即“八路军华北军政干部学校”）教师王振华等发起创办了油印本刊物《文化哨》。1939年年初，《新华日报》华北版创刊，结束了过去的报纸靠翻印的局面。

在群众文化方面也做了大量工作。太行山剧团每到一地演出，都积极做群众工作。后来，还分散开展群众戏剧运动。群众文化工作主要是帮助文盲识字，破除封建迷信，妇女解放，以及肃清其他一些反动思想和落后意识。

数以百计的农村剧团在广大的游击区和根据地活动

1939年1月至4月，我与妻子以及太行山剧团的其他成员都在民革艺校里或学习或教授。这个时间长治极其热闹。李伯钊搞的戏剧会演正在进行。日本人发现了这种情况，对长治的轰炸也进入高潮，每次派几架飞机，经常到长治转几圈，扔下几颗炸弹。我们当时没有一点防空能力，所以只能是躲。许多人是第一次遇见飞机轰炸，发慌得不行，到处乱跑。我当时已结婚，妻子和我常在一起，她也很紧张，我便安慰她别害怕。我从上海跑到南京，又从南京到武汉，多次经受过飞机轰炸的考验，有一点防空的经验。每次飞机轰炸，我便从房子里跑出来，手拿一本书，躺在地上，十分镇静。我不相信运气会那样不好，炸弹和机枪会正好扫在我的身上。的确，我们都安全地从轰炸中活了下来。

---

① 周化南（1913—2007），吉林永吉人，祖籍山东文登。1931年入党。日本投降后，到东北地区工作，任吉林省蛟河县（现蛟河市）县长、吉林省财政厅厅长。

② 郑笃（1914—1996），山西洪洞人。1937年参加牺盟会，次年入党。新中国成立后，曾任山西省文联代主席，《山西文艺》主编，山西人民出版社第一任社长、总编辑，山西省文联常务副主席。

③ 郝汀（1915—1996），山西榆次人。边区政府印刷厂长，华北新华书店副经理，太原接管工业总支书记、行政组长，中共市委公营企业党委组织部长，山西省文联副主席，中国民间文学研究会山西分会主席，山西省文物局副局长。

④ 高沐鸿（1900—1980），山西武乡人。1935年入党。1937年起曾任晋东南文艺界救国委员会领导人，黄河日报社社长，太行区文联主任，1949年后历任山西省文联主席、省委宣传部副部长、省政协副主席。

⑤ 王玉堂（1907—1998），山西武乡人。笔名冈夫。1933年入党。曾任武乡县临时工委书记、太行区文联副主任，1949年后历任山西省文协主任，华北文联筹委，中国文联联络部、学习部部长，山西省文联、省作协副主席等。

有时日本飞机飞过后，空中会如雨花般飘下一些传单。这些传单一方面诋毁共产党，说日本人对中国没有领土要求，一方面宣扬一些黄色的东西，有些传单和图片很下流。这些东西极易瓦解军民的斗志。在文化界抗敌协会上，朱总司令曾专门讲过这个问题，要求要引起根据地人民，特别是文艺宣传工作者的重视，有针对性地做好宣传工作。

李伯钊在太行山地区写过几个剧本，其中《老山》等剧还是很不错的。在太行山根据地，太行山剧团的演员阵容还过得去，有几个好演员，一般团员的基本功还算可以。民革艺校虽有一个文艺工作团，但在建校初期，还不具备演出能力，八路军总部的火星剧团演技单薄，李伯钊创作的剧本大部分是由我们太行山剧团演出。

1939 年 2 月份前后我妻子调走以后，陕北公学的一位学生被调来担任太行山剧团的政治指导员。到 9 月份，这位政治指导员又被调走，因我已于 1939 年元月加入共产党，我便又重新兼任了政治指导员之职。这时候，还调来了一位副团长，名叫赵子岳①，他是我的老战友。赵子岳毕业于杭州艺专，是艺术表演方面的多面手。他的到来，对太行山剧团的工作起到了新的促进作用。赵子岳后来一直待在太行山剧团。我担任剧团团长之时，他是副团长。新中国成立后，他走上了银幕，成为著名电影表演艺术家。

1939 年 2 月，中华戏剧协会太行山分会在戏剧会演活动中成立，与会代表六十余人，大会举行了“剧团工作”“化妆表演”“创作”“舞台装置”“音乐”等座谈会，有十三个单位被选为中华戏剧界抗敌协会太行山区分会的执行委员，太行山剧团是其中之一。会议从 2 月 28 日开始，到 3 月初结束，共进行了三天时间。此后，这个分会便成为领导太行山戏剧运动的核心力量。而太行山的剧团也如雨后春笋般冒了出来。据统计，仅武乡一县便有各种农村剧团一百六十多个，数以百计的农村剧团在广大的游击区和根据地活动。

（原载《中华魂》2014 年第 10 期）

---

① 赵子岳（1909—1997），山西古县人。1936 年入党。曾任太行区党委宣传部干事等职。新中国成立后，任山西省剧协副主任，北京电影制片厂演员、剧团团长。

谈艺录

释　文：工间操耳

创作时间：一九七四年

另一枚『工间操耳』章，边款则是大白话，抒怀记事，同时捎带调侃现实：『闹冠心病医嘱不打太极拳，工暇画画写字能使心情舒畅，故刻此章，并得打油诗一首：「下棋无缘，扑克尤恶，冒充风雅画与书，以代工间操耳。」一九七四年十一月，章竟。刻完方知左读，更喜有时代性，又记。』

——阮援朝：《父亲和他的刻石》

我怎样学习写作

◎ 阮章竞

朋友们，大众文艺创作研究会要我来讲讲有关创作上的一些问题，这份差事对我来说，是十分沉重的，谈什么呢？只能讲点经验。

一、我怎样取得生活？

以我的经验来说，最可靠的办法，是参加人民解放事业的各种斗争。要想创作，首先要自己有生活。我参加革命工作十来年，经验教训了我，不要以作家的身份去做工作（当然在工作时要时常留心汲取可作为写作的材料），最好是以一个普通的工作人员，或群众中的一员去做工作。我常记着我将来要为人民写点东西，但在工作时就要好好地工作，这样才能不成“客人”。如我写的《赤叶河》，就是我在地方上工作时，参加与领导那里的整个斗争。但在工作时，我不是在想为找写作材料而工作，同时我也经常留心注意收集材料，因此，我就能从历史上了解了整个山沟的来历。

要学习劳动人民，首先就要使他们觉得你是他们自己人。在做地方工作时，我常常跟群众一块上地，一道走，一道拾粪。开头，他们很奇怪，但以后，他们就感到我真是他们的朋友，什么都和我说，不但说目前的事，而且说从前的事，连风俗、人情都给我说。敌人来了，我和他们一块打游击，当时我想我只是一个民兵，因此，他们都很喜欢和我亲近。我到工厂，就和工人住在一块，跟他们上工，为他们画画，教他们唱歌，我这样和“炮弹大王”甄荣典成了很好的朋友。

深入一个农村，或一个工厂是十分必要的，但光这样还不够。一个作品，它不能只表现一个地方的情况，这样就不能代表一般，就没有典型性。要有其他的地方，较更大范围地去了解情况，才不会狭隘。因此，我常常参加县里、区里的各种会议。这样的条件，每个文艺工作者都想争取，但每个文艺工作者一参加这种会议时，常常会感到于自己所关切、所需要的东西不多。我看见有的同志，去找材料，都是用采访的方式，因此，各处跑，各处看见都很平常，找不到个什么能给他可以写的故事。这是很吃亏的。一个作品能写出来，是从很苦的生活实践中来的，不要相信什么“灵感”与“天才”，有了更多的生活积累，一碰到一件事情，要写时就觉得充实了。我是采用深入一点，和汲取其他更大的方面来充实自己。

我常这样想，要做个革命的文艺工作者，就要下决心做一个政治战士，要了解党和政府的政策、革命理论，因为这是今天中国人民之所以能胜利的根本原因。我们做文艺工作的朋友，连我在内，多多少少是对政治生活兴趣较弱的，吃大亏就在这里。我们要写今天中国人民的那一件事情，那一件事情是与政治生活紧相联结的。在书本上学习革命理论、党的政策还不行，还要拿到实际工作中去做。在实际工作中要碰到许多政策上的问题，你能不能正确答复，人民就这样考验你。

一个文艺工作者，要勇于参加斗争，锻炼自己，锻炼越多，收获越大。

要相信群众比你懂，不要小看他们。我向群众领教了好多东西，如我写《漳河水》中的两句：“种谷要种稀留稠，娶妻要娶个剪发头。”开头误写成“种谷要种细密稠”，我把作品念给我的房东听，他给我改正的。而且他把这句话的意思分析给我听，为什么要“稀留稠”，使我增加了生产知识。

不要做一个旧文人，要做一个对人民事业什么事情都关心、都有兴趣的人，因为我们现在写的是人民，不是那些文士的身边琐事的“才子佳人”，那些用不着写他要懂生产，懂做饭。可是你要写劳动人民，那就不行。这就是高尔基说过的“要写你熟悉的事情”，我所不懂的事情我是不写的。

要敢于深入斗争生活，才能取得生活，就是要做很平凡的人和很平凡的工作。生活是积累来的，没有什么秘诀，也不可能一开门就能取得来。

二、怎样体会群众的思想感情、生活习惯、风土语言？

人的生活，是有阶级性的，因不同的阶级就产生不同的思想感情。这不是凭空想得来的。地主与农民是不一样的：地主阶级是靠剥削农民生活，所以他就有一套压迫农民的思想，而农民是终岁辛勤劳动不得一饱，就有反抗地主的封建压迫、要求解放的思想。

要善于研究人民的思想变化。很奇怪，从阶级观点去分析，群众的思想在各个时期的变化，都有共同的特点，如现在产生在一些农民群众中的“革命成功思想”，山西的农民说：“早晨一顿金皇后，中午一顿一六九，晚上一个剪发头。”则满足了，没啥好干了。平原的农民说：“三十亩地一头牛，老婆孩子热炕头。”也就满足了。思想是一样的，就需要以工人阶级的思想去教育他们，领导他们前进。

群众这些真实思想是不容易取得的，如果不能深入群众，与他毫无隔阂，就不能知道。作家就要研究这些思想，分清哪是现象问题，哪是本质问题，提出解决的办法。故事当然要紧，但如果对群众的思想不懂，就很难写出富有生命力的作品来，也就很难有高度的思想性。

有了生活、思想之后，语言，在文学作品中是最重要的一关了。群众的生活与思想感情，是用语言、行动来表达的。我是南方人，在这一点上，是很吃力的。因此，我要常关心群众的语言，什么样的情形，怎么样说，大体上都是有些规律的，要把它记下来。

群众的语言，十分幽默、新鲜。初听群众的语言似乎很啰唆，可是这当中有好多好的东西，文学家的任务，在于提炼这些语言，根据群众语言的规律，创造语言。群众的语言，有的简直就是诗，一个农民说他的思想时说：

脚蹬灶火手拿着杓，
夜间睡在热被窝，
妮儿、子儿扭过脸来怪得的。

多生动，加点工就是很美的诗了。我很喜欢诗歌，特别是民间的诗歌，朴素、明快、生动。

三、怎样处理题材，怎么样写？

写作是要对人民非常负责的事情，所以对自己要求要非常严格才行。

我常是这样的，先问问我为什么要写？要说清楚什么问题？要人民知道什么？大概这就叫主题思想。

此后，通过什么人、什么事件来表现出来？比如我写《圈套》长诗前，我想到地主的反攻，利用农民的空子，利用干部的缺点，反对农民。当时好多地方有此情形，我先抓住了这个主题来展开。《赤叶河》也是当时土改深入阶段，地主阶级利用农民的忠厚，想出土地从何而来。我想到用赤叶河的故事，可以答复他们。十多年来，我听了很多关于妇女所受的封建压迫，我都把它记录下来，但我一直没有打算写，去年春天妇委同我说妇女问题很严重，我参加了全区第一次妇女代表会议，研究了中共中央关于妇女工作的决定，了解了她们的要求，我抓住这个主题就写了《漳河水》。

一个很重要的问题，就是在你的作品上，要拥护什么，反对什么？要抓住这个斗争。如果一个作品没有斗争，那就写不好的。写出来也是不能感动人的。而这个斗争必须有生活，有思想。

要表现这个斗争，就必须有人，人是作品的灵魂。要很好地考虑用什么人来代表斗争的两个或两个以上的方面。土改是地主与农民的关系，但其中还有很多不同的思想，有先进与落后，这就有斗争。写人写得好不好，像不像，就决定作品有无生命。

人，必须是集中的，不能只写你见过的一个人，我写《圈套》中的李万开，是集中了当时很多村干部的情况；我写老宋，是写了从武乡到陵川和其他地方所见过的许多有骨气的民间歌者。这个歌者，是我在 1942 年就想写的。可是我在写人物上，还是写得不够典型。

人，要有他的个性，代表一个相当多数的人的共同思想特点。他的思想中就有他的生活态度、面貌动作、语言习惯。要写成一读就知道是谁说的话。

一种斗争中的各个方面的人物，从开始到发展，到问题的解决，就要给他们计划出个故事来。一定要有故事性，没有就不成为文艺作品。同时故事要安排得合理得当。

大概这就叫“结构”。

要能怀疑自己的作品。初写作品的人，思想都不够艰苦，自己看得总以为差不多。我常常是站在和自己的原意完全相反的方面去怀疑自己的作品，反复自己责问自己。作品要不怕修改。我不相信出口成章、一气呵成的。要苦练，努力才能产生良好的结果。

要想避免空谈，就要熟悉生活，有了生活就要避免包罗万象。文学作品，不可能把社会很多问题都包括进去。语言要精练，只能把问题用很简单的话说出来，不要多。艺术作品，不能从客观表面来写，如写生产，只写打铁、上地，那是没意思的，照个相就可以，一定要通过人的思想行动来写。写生活倒不一定非打铁、上地不可。

艺术是要加工的，在现实生活的基础上是允许想象的。技巧是从生活中来的，从生活中提炼出来的。没有生活的技巧，就是矫揉造作、形式主义。一个作品应该富有风趣，但不要耍噱头。

要做一个作家，必须首先锻炼自己成为一个有优良革命品质的人。要好好地学习毛主席思想，高度地热爱人民，不是在口头上，而是在日常的行动上，是爱人民的，这样在写作时，才能写出热爱人民的作品。写人民受苦、受压迫的时候，应该写，但不要写他脏，要写他美，劳动人民的灵魂是高尚的。

我也没什么方法，就是不要怕失败，多写，不怕反复修改，不要贪早成，不要怕批评，特别是读者与观众，是很可贵的批评家。

作家是新社会的积极分子，自己要了解得更多，才能影响读者。要看见更远大的前途，才能影响读者去为更好的将来而斗争。

最重要的是学习，学习毛主席的思想和毛主席的文艺方向。我从前写东西很不通俗，学习了毛主席的方向，才有了转变，为工农兵，本身就是提高，从不懂到懂了。一个作家要扎好根子，要严格地要求自己。

我是这样走过来的，不知道是否对大家有些帮助。

（原载《大众文艺通讯》）
1951.11.26 文汇报副页③
1951.11.27 文汇报副页③
1951.11.28 文汇报副页③

（原载《文汇报》1951 年 11 月 26—28 日。收录过程中依据阮援朝发来的文稿，其文末详细的出处注明一并保留）

漫忆咿呀学语时

——谈谈我怎样学习民歌写《漳河水》

◎ 阮章竞

近几年来，我不断收到一些爱好写诗的朋友的来信、来稿。他们除了要求我谈谈对他们的诗稿意见之外，还要求我谈谈怎样学习民歌写《漳河水》，有的还要求我帮助解决他们长期写诗所遇到的苦闷问题。我知道最后的一个问题我是解决不了的。但因来信较多，不能一一奉复，故曾答应将要写一篇文章供做参考。

今年，是毛泽东同志《在延安文艺座谈会上的讲话》发表四十周年，我想借重温《讲话》的机会，重新整理我去年年底的一次谈《漳河水》写作经过的谈话，变成文章，作为对给我写信的朋友们的回答。故曰：漫忆咿呀学语时。

咿呀学语

小鸟学飞，是在母亲的引导下，从窝边开始。我学儿歌，是在乡下老祖母的身边开始的。第一支歌，很可能就是：

鸡公仔，尾婆娑，
三岁孩儿学唱歌，
不用爹娘教知我，
自己精乖毋奈何。

稍大了，学唱歌谣。跟在扛着木制龙舟或纸扎的大鲤鱼、敲着锣鼓的艺人后面，学《龙舟歌》《鲤鱼歌》。什么“鲤鱼公，鲤鱼婆，公鸡母鸡喊抱窝”之类娱乐小孩儿的歌儿。在邻家妇女们做针线的时候，听她们唱《南音》《木鱼》。到了少年时期，学唱戏曲、粤讴段子。上了四年多小学，读了几首唐诗。听老师说过古诗要讲平仄，规矩是一三五不论，二四六分明。我一直没有弄懂，觉得非常神秘。全国解放后，才花了点时间去学习，现在仍然是半懂不懂。

我从小喜欢中国画，自己也自学过几天水彩画和油画，也爱好广东音乐。到了青年时期，很喜欢白话新体诗。对诗歌的体裁形式，我没有固定意见，但从心底里还是更喜欢中国风格的。

我曾梦想做个画家、诗人。但当时民族处于危难之际，抗日救亡的歌声震撼了我。我走进华北敌后方，参加了抗日战争。由于我爱好文艺，领导同志就把我从游击队调去搞剧团工作。这样，我就从咿呀学语、趔趄学步，走上了文学的道路。

在华北敌后，从1938年下半年起，我开始做文艺宣传工作。我们演出的节目，都是从大城市来的歌本和剧本。开始时，确是轰轰烈烈。部队和山区群众，从来没有见过、听过有布景、有声响效果、化妆认真的话剧和富于战斗情绪的歌曲，所以都来看我们演出。但我们很快发现，群众之所以欢迎，多半是尝新鲜、看热闹。群众对我们的演出，不是真正看得懂。很多人都说我们的节目不通俗、洋里洋气。对这些意见，我深深感到苦恼，但也常常引起我思索一个问题：究竟怎样就能写出反映现实生活、为群众所能接受的文艺作品来呢？我们反复思索这个问题。

1938年夏天，因为工作需要，我开始学写剧本。我在学写的第二个剧本《保卫抗日根据地》中，头一次试用当地小调《卖扁食》填了一首《秋风曲》。歌词是：

秋风凉，叶儿黄，
片片吹落纺车旁，
手摇纺车念俺郎。
好男儿，去当兵，
俺郎参加抗日军，
杀敌报国有名声。
上前线，上前线，
俺郎冲锋在前面，

英勇名声飞家园。[①]

这首插曲，群众接受了，很快传唱起来。

后来，抗战进入艰苦时期。我当时常听领导同志说：我们的宣传工作要有为中国老百姓所喜闻乐见的中国作风和中国气派。这对我启发很大。许多年以后，我才知道这是毛泽东同志在《中国共产党在民族战争中的地位》一文中说的。就在这时候，我们分散到许多村庄组织建立农村剧团。这是我们几十个青年，开天辟地头一次真正跟广大农民群众相结合，开展农村的戏剧活动。在与群众一起工作中，我们发现了丰富多彩的民歌小曲。这些作品，都在群众的脑子里、口头边、手指上。有辽州小调小花戏，襄（垣）武（乡）祁（县）太（谷）秧歌。这些民间的文艺形式，都是反映农村人民生活的。上党宫调、中路梆子和武安落子，几乎全是反映帝王将相、才子佳人等的古代故事。我们当时尚未觉悟到这些民间文艺的重要意义，但也残缺不全地记录了一小本本。有了这些民间文艺启迪之后，我也借用这些形式编写歌舞、活报剧，群众都较喜欢看。1942 年春，我曾计划用当地的民歌曲调，串成一个反映减租减息斗争的多幕歌剧《柳亭郊》，未脱稿就在反“扫荡”中遗失了。和我一起工作的好几个同志，都写过名为“小调联唱”的歌曲。但真正自觉地去学习和运用民歌小曲，是在毛泽东同志的《在延安文艺座谈会上的讲话》传到抗日根据地，为工农兵服务的文艺方向确立起来之后。1943 年夏，我第一次在学习民歌的基础上写成了独幕歌剧《比赛》，虽然作曲在运用民歌曲调方面有不足，但总是往这方面靠拢。同时写的小话剧《糠菜夫妻》，经张万一同志改为秧歌剧，则广为群众所接受。

1944 年 1 月到 1945 年 4 月，我参加了一年多整风学习。学习之后，我参加调查研究、减租减息、土改、民兵和开辟新区的工作。这使我进一步在实际工作中得到锻炼。这对我的思想改造和进一步观察人生，提供了极其深刻、宽广而又

① 编者注：按照人民文学出版社 1958 年出版的《阮章竞诗选》中，《秋风曲》一文为：“秋风吹，叶儿黄，片片吹落纺车旁，手牵线线线牵肠。/ 线牵肠，肠牵郎，天上刮风草结霜，风来雨去打东洋。/ 好男儿，打东洋，冲锋杀敌数俺郎强，姐妹都夸俺有个可心郎。/ 叶飘飘，报天凉，赶缝棉衣捎前方，行军打仗冻不着郎。”此处应为作者误记。

十分艰苦的活动天地。

1947年年初，我重新拿起笔来，要写一首诗，教育刚获得解放的农村干部，警惕地主阶级阴谋。我第一次运用民歌体试写了《圈套》。这首长诗被较多的读者肯定之后，接着运用民歌体写了歌剧《赤叶河》。在写之前，我从一个盲人宣传队那里，多次听取了民间老艺人们丰富多彩的演唱，并向他们请教、学习，使我进一步摸到了民歌的脉搏，因此运用起来比较顺手。

在太行山参加抗日战争和解放战争的十二年中，我一天都没有离开这里。我学习太行山人民的语言，写太行山人民的生活。但是放手使用民歌来创作，却是在学习《讲话》之后。我从自己的创作体会中感到，毛泽东同志的《在延安文艺座谈会上的讲话》，是中国革命文学的伟大历史里程碑。它哺育了两代革命作家、艺术家，激励他们到火热的斗争中去，与工农兵结合，向工农兵学习，写工农兵，为工农兵服务。从此，中国的劳动人民，洗净了被人强抹在鼻子、嘴唇上的白粉，以历史创造者的英雄姿态和主角的身份，扬眉吐气地登上文艺舞台。《在延安文艺座谈会上的讲话》的历史功绩，是不可磨灭的。

我曾目睹旧中国农村妇女的命运

小时候，在我的家乡，我见过不少贫家少女被卖到远方，先当婢女后卖为妾的凄惶情景。我远房一个姐姐，父死母要饭，她被卖到很远的地方当婢女，大了又被卖为妾，因受不了大妇的虐待逃了回来。她是一个性情温顺的美丽的女子，但脸色如蜡，常是哀愁满面。我十分怜悯同情她，希望她回来就不要走了。可是不久，她就被比她大二十多岁的丈夫捉拿回去，从此我就再没有见过她。中国大革命失败了，不但什么问题都未解决，相反失业的人更多了。这时，家乡的旷夫怨女特别多。常发生青年男女不正常的恋爱问题，遭到无须有明文的封建习俗的惩罚，有时是很严酷的。

在战争环境的敌后根据地，妇女的贡献是很伟大的，纺线织布、做军鞋、加工军粮、养鸡养猪等，都是她们的任务；还有动员青壮年参军，要她们作出自我牺牲。她们脚又小，在日寇疯狂进攻时，最易遭到侮辱和杀害。她们除了和农民同样遭受地主阶级的压迫之外，在家庭中还要受封建习俗的另一层压迫。挨打受气，是家常便饭。我看见过丈夫打媳妇，公公在院子里呐喊助威。我见到过媳妇被打之后，不敢说话，独自跑到村外、坟头、岩根偷偷哀泣。她们自己也欺负自己。小时候被母亲缠了脚，但当了母亲，又给自己的女儿缠脚；自己吃透了买卖婚姻之苦，但当了母亲又叫女儿吃买卖婚姻之苦；自己受尽婆婆的虐待，可是当了婆婆，又毫不留情地虐待儿媳妇。正如一首民谣所说的：

三十年媳妇三十年婆，
水道流水流成河。
三十年炕头轮流坐，
三十年媳妇熬成婆。

就这样，中国农村妇女的痛苦，轮流接替，恶性循环，没完没了。

男人小时候是大胖小子，大了是大小伙子，再大了是大丈夫。女儿是小丫头、小闺女、小媳妇，最后才挤进“老太太”行列。她们称丈夫是“掌柜”“当家的”，可是男人对别人说自己的妻子却是“俺家做饭的”。初听觉得很谦逊，细细品品极可恶！

从漳河走进《漳河水》

要为太行山农村妇女写个东西，我早有这个愿望，但迟迟没有动笔。1949 年春天，我列席了太行山区党委召开的妇女工作会议之后，又沿着清漳河，回到过去的驻地看了看。路上，我回想起会议上各地所反映的妇女问题，也想到战争即将结束，自己很快就要离开太行山，就要离开那些和我们同生死、共患难的父老兄弟，那些在战争中为我们纺线、织布、做鞋、缝衣服的太行山劳动妇女。要为她们写个作品的念头就像久蓄在太行山里的水，忽然打开了闸门。

开头，我只是想写一首分段落又能串联起来的、带有一定情节的、能唱的抒情诗，把太行山妇女的内心痛苦和渴望解放的心情，痛痛快快地呐喊一番；把农村中根深蒂固的封建恶习和坏思想，狠狠地批它一通；把中国共产党指出的妇女解放道路——参加劳动、经济自立的道理告诉她们，这样才能使自己不依附于男子，在家庭、在社会才能有发言权，才能真正和男子一样地当家做主。但是，当我的思想沉浸在现实生活海洋的时候，脑海里浮现出三个人物，另外还浮现出一个应该批判的和一个应该鞭笞的人物。脑海里浮出的三个女主人公，都是封建买卖婚姻的受害者。她们虽性格不同，特征不同，遭遇不同，但命运是相同的。我又从太行山中普通的、没有书本的女儿花名谱里，选定了荷荷、苓苓、紫金英三个名字作为三个女主人公的名字。我赞扬荷荷的明快勇敢，欣赏苓苓的活泼单纯，对紫金英则是充满同情，为她的痛苦而悲愤。她们善良、单纯、美丽。她们的思想情绪和希望，同我的思想是完全一致的。在农村，这样的女性，是普遍的，是使人喜爱的。

《漳河水》写的是战争年代的漳河。人物籍贯是太行山，口音是太行山的，但取形取神，就不仅仅是漳河两岸的农村妇女。为了塑造这三个家住漳河畔的妇女形象，我动用了从南方农村到北方农村二十多年所摄的人物底片中的相当大的库存，动用了学习民歌的大量储蓄，也挪用了漳河两岸一切山光水色，风云天籁，鸟语虫鸣。凡能帮助我烘托人物，抒发感情，点染景色，表达欢愁的一切漳河色调，我都使用了。早两年我写的《圈套》，侧重故事；歌剧《赤叶河》就比较注意抒情。这次，我想诗总归是诗，所以决定进一步打破自己的常规，不侧重曲折的情节，而侧重她们的内心生活，不侧重故事而侧重抒发感情。

人物确立了，有了素描轮廓，我就把全诗划分成往日、解放和长青树三个部分，拟定每部开头都有首部首诗；全诗结束，也要有首终曲。这是从乐府诗、古典诗中，从声乐曲和器乐曲中取得的启示。

我从来赞成并且坚持这样的原则：诗贵精练。同时也考虑到时代的不同。现代的生活，比古代复杂多了，应该长的，也不要怕长。但总的来说，四行的诗要讲精练，一千行的诗更要讲精练。诗不能随心所欲、漫无边际地抒情下去。必要的排比是很需要的，但不要一直排比下去。诗要概括广而深，在复杂中求单纯。作者在写一个人物的思想情绪、斗争活动时，最好由笔下的人物去思想，去说，去做。不能没有作者离开人物说的话，但不要说得过多。哲理性的语言是需要的，但我警惕自己不要当牧师、传教士，最好是由人物的思想和行为去说明。还有一个最根本的要求，就是《讲话》里所说的文艺要为工农兵群众服务，这就首先要群众能听懂。我本着自己这些要求进行写作。

部首诗，我是把它当音乐的序曲来安排的。

三个对人生充满希望的姑娘的出场，我用了十二句话，就立刻揭开“断线风筝女儿命”的农村少女命运。最根本的问题是“爹娘盘算的是银和金，/闺女盘算的是人和心”。如果是写戏，三个少女出嫁后，要写点在婆家的受气生活。诗的便利之处就是可以把许多复杂的事物省略掉，直接揭示情感。毛毛小女的幻想破灭了，在什么地方倾诉痛苦好呢？需要一个能烘托主人公悲惨遭遇的环境、场所和气氛，我选了桃花坞。在这个有月儿、流水、桃花、柳树、草儿、石鸡的漳河边上，我为每个人物诉说嫁后生活而配备的景物、声响，都是有意识的。荷荷是月儿云遮住，盼望光明自由；苓苓是石鸡夜半哭，诉不尽心中的怨恨不平；紫金英则不同，她要说话，河边的青草都打颤了。腮泪盈盈而不说话的情景，我是看见过的。三个主人公诉说完了，我替她们说了十四句话。

当时，中国农村妇女的解放，只有在中国共产党领导下的解放区里，才有可能实现。但是光靠党的领导、民主政府的法令，还是不行的，首先是要妇女自己站立起来，自己解放自己，不然的话，妇女是“商品”这把自人类进入阶级社会以后就有的牢固枷锁，是打碎不了的。在两个革命战争[①]进入最后时期的解放区，这种枷锁，仍然套在妇女身上。荷荷，是当时农村基层各项工作的积极分子、带头人的典型人物。这种类型的女子，思想开朗，比较容易接受新鲜事物。因此，我把这种勇气、美德较充分地集中在荷荷身上。其实，这种要求自由解放的思想，早就在以往的民歌中呐喊着：“住一天娘家上一天天，回一天婆家坐一天监。”太行山革命根据地的中期，青年们一反顽规陋俗，编出这样的顺口溜：“种谷要种稀留稠，/娶妻要娶个剪发头，/种玉茭要种‘金皇后’，/嫁汉要嫁个政治够。”荷荷这只“不坐花轿不骑马，/不拜天地手拉拉”，敢于冲出旧世界阴云的大雁，把一些顽固头脑冲得目瞪口呆。要有像荷荷这样的女子，才能使苓苓治服了二老怪，才能领着紫金英走上新天地。我是以这样的看法来写这个女主人公的。

“苓苓”这一章，我在欣赏苓苓的同时，主要是用来批判大男子主义。我曾见过不少“二老怪”，他们离不开老婆又打骂老婆，中国社会有不少这样的最佳丑角。这些丑角们，既不是坏人，更不是敌人，可是，他们都是“母猪不敬神，/

---

① 即抗日战争和解放战争，下同。

女人不是人”“娶来的媳妇买来的马，/任我骑来任我打”这些可恶顺口溜的“天才”创造者、推行者、夫权主义者、家庭专制独裁者。他们是应该受到批判的。我在诗里，对媒婆张老嫂，也鞭打了几下，可惜，心软了些，着力不够重！

在第二部“紫金英”一章里，没有再用河边诉苦的桃花坞，我把场所安排在室内。环境不复杂：一盘土炕，一盏孤灯，立着一个系着水裙、啃着指甲、抱着婴孩儿的紫金英。我用这样的一个场所来衬托一个年轻寡妇的孤独生活。集中在三十六句诗里，我让紫金英来倒尽一个年轻守寡女子的内心痛苦。从“看尽花开看花落，/熬月到五更炕头坐，/风寒棉被薄”至“寄生草根缠树身，/日日缠缠日日深，/有刀割不断情”的一连串凄凉诉说，到从心底里发出最后的呼喊控诉：“扪心自问我犯啥错？/难道寡妇就不该活？”这既是紫金英的话，也是我自己要问的话。在阶级社会里，有钱人可以到处寻花问柳，三妻四妾是合法的。寡妇有了相好，难道就不该活？当我写到“咽了吧，莫嫌苦，/记住你娘是寡妇”时，停笔泪下，窗外怒风呼啸。旧中国，太不公平了！

学习民歌与运用民歌

《漳河水》虽然采用了太行山的民歌形式，但它不完全是靠现成的民歌调配合成的，它首先是靠现实生活和人民群众的语言。太行山斑斓夺目的民歌形式，就像色彩与光泽都很适合的一方石块，正好利用这个自然条件雕成一件物品一样。我是南方人，初到北方时，普通话说得很糟。听懂偏远山区的语言，并且使之用于写作，是花了很大的气力去学习和积累的。《漳河水》诗中的语言，除少量直接从民歌中抄录外，绝大多数是从群众的语言中取得原料加工提炼的。我只是利用了当地民歌的情调色彩，来反映太行山妇女群众的悲愁欢乐。如果说配搭得还可以，这乃是造化给我的便利，因为我在那里生活了十二年，就在老百姓家中写成，真是造化——福气。这在前面已经说过，我很早就试用小曲填词。但我有意识地、自觉地大胆使用民歌形式，是始于头一首叙事诗《圈套》。《漳河水》的民歌曲调，在创作《赤叶河》时，已大量使用了。这部歌剧的最初演出，音乐几乎全是太行民歌曲调。太行山的民歌曲牌、词曲结构，同山西其他地区的民歌山曲，绝大多数相同或大同小异，也有完全不相同的。这些民歌字数，有三七言、七七言两句式，有五言或七言四句式；也有字数参差的长短句或杂言诗式。但更多的是七言两句式的。我写《漳河水》时，选择的几种最适合表达主题思想、人物感情的民歌结构，基本上是三七言式、七七言式，七七五言式和七言四句式。这些结构形式，多是两句一韵和四句一韵，韵母要求比较自由宽广，近似则可，很便利于变化。七七言两句式的曲牌非常之多，如《平调》《太平调》《开花》《对花》《摇三摆》《刮野鬼》等，是最常见的，如下面的两个曲牌，都是两句式。

《平调》
桃花红来杏花白，
爬山过岭看你来。

《开花》
井里头打水称上几称，
凤仙花交根人交心。

拿上刀刀割韭菜，
慢慢品来知好坏。

七言四句式的结构形式的，如《一道湾》：

一道道河来一道湾，
妹妹在河湾把我喊。
有心过去谈一谈，
又怕别人偷瞅看。

如《苇嘴嘴开花》：

高粱开花红顶顶，
我是哥哥的要命人。
我的心来他的肺，
谁离开谁都活不成。

我在三个女主人公诉说痛苦时，用了七七五言三句式，有《割青菜》《拔葱》《绣荷包》等，如《放风筝》：

三月里来是清明，
姑嫂二人去踏青，
捎带放风筝。

我还见过一首情节有点像京剧《拾玉镯》的，叫《掐蒜薹》：

我在园里边掐蒜薹，
隔墙撂进个戒指来，
叫人好奇怪。

《漳河水》的第一稿，我依稀记得都附有曲牌名，但这个本子已无法寻找了。现在的本子是发表后在修改过程中，感到过于烦琐，就按思想情节分章分段，进行合并。这样成了纯文学的东西，保留曲牌已无必要，故全部删去。《漳河水》"九十九道湾"这个主句，是我从许多民歌里得来的，如"天下黄河九十九道湾""汾河九十九道湾""漳河九十九道湾""盘陀陀道道九十九道湾"。我从这许多"九十九道湾"里，用文学术语来说，使我获得灵感，于是就用了"漳河水，九十九道湾"作为领头主句。虽然有这句领头主句，但最初的"漳河小曲"，我总是感到不满意，无法记得改过多少次，也无法记得苦闷了多少天。最后，是在春天的清晨，我看到一个画面，才写成现在这个样子。这个画面一出现，一下子，这个"九十九道湾"就起了贯穿全诗、回荡始终的主旋律作用。

中国民歌，产生于人民的生产劳动和人民生活，源远流长。很多古代诗人，都从民歌中汲取养分。我是喜欢民歌和古典诗的，一听一读感到亲切，就像人都喜欢吃家乡风味一样，自己爱吃，即使朋友不大爱吃，也要极力向他宣传，劝他吃。

比兴，从来是中国诗歌的特点。这种特点，现在还在劳动人民群众的生活中，不断在使用，在创造，如比喻劳动创造世界的“万物土中生，死地活人耕”“刀在石上磨，人在干中学”。比如非常丰富的农谚，既贴切生动，又便于记忆。农民群众常把大量的生动语言，使用到民歌中去。

民歌的比兴手法特别明显。很多是以起兴或比喻做第一句，第二句才是要讲的事情。许多民歌，头一句和后句不一定必须相联系，就是说要讲这事，先讲那事，如“一套牛车慢慢游，真魂魂跟在你后头”“二饼饼牛车抹麻油，真魂魂跟在你左右”。这个两件事情一线牵的、外在无联系内在有联系的句法就是兴。再如“满天星星一颗明，十三省挑中你一人”“一对鸳鸯一对鹅，一对毛眼眼瞭哥哥”，这是比喻。民歌还常用双关语义，如“火车车拉笛笛铁轨轨响，前半晌响（想）了后半晌响（想）”。一般民歌都比较短，上下两句式的更便于使用比兴。也有些较长或段落比较多的民歌，起兴之后，就直接进入叙事，但都保留着这种纯朴生动、充满生活气息的泥土芳馨。民歌的山风野气，天真烂漫，纯朴自然，具有情真意切的特点，很少有装模作样的虚假拼凑，如“送郎送到大门东，可恨老天爷刮起风。刮它几年又下雨，留下咱二人过几冬”“扭着你胳膊拉住你手，不说下个日子我不叫你走”“扯烂你的袖口我给你缝，这一遭叫你口外走不成”。时代在前进，民歌也随着在前进，如上面提到的“火车车拉笛笛铁轨轨响”和“山雀雀飞在电线杆，打电话容易见面难”等，就不是古代的了。在革命战争中，民歌发挥了她的战斗作用。用民歌体写农村生活、山野风光，是比较顺利的。同时，我也从古典诗词中汲取了不少营养成分，接受了它简练典雅的句法，如“梨树花开月明天”，这用来表达紫金英的思想和情景能完全一致。我认为民歌也不是什么都好。应该承认，民歌中确实有不少不健康的东西，有糟粕。谈儿女情长的东西多，昂扬向上的东西少。民歌体也不是写什么都是合适的。从我的实践看，写现代工业，写政治诗，我不得不另辟蹊径，探索古典诗与民歌结合的道路，往新诗民族化的方向做番尝试。适应、反映现代生活，新诗仍然是主要的，但它应该民族化。

生活 炉火 磨石

诗不能离开时代，不能离开人民。写诗的时候，不是自己在伸手问天，而应看见人民，看他们在如何生活，想什么问题，想说什么话。我不管写什么诗，不管写得怎么样，总是多往这方面想。我在写作时，要能见到被写的人们，听到他们的声音语气、动作神情、悲欢喜怒，看见山林天云，也听泉鸣风响、浪啸涛声。我写《漳河水》的时候，年纪还不太大，记忆又好，故写得比较快。当时没有什么顾虑，心、手都很解放，我现在感到好像比写这篇文章还好写些。当时根本没有完整的资料，什么都在脑子里，忘了就问问老百姓和别的同志，二十来天，我就写出第一稿，并在当地刊物发表了。当然，修改和定稿倒是花了很长时间的。那时全国胜利我下了山，从五月到十二月，可以说是行踪无定，稿子带在身边，修改过多少次记不住，差不多磨了将近一年。

文学创作，是个很复杂的课题。没有较深的社会生活体会与观察，不能进行。有了较深的社会生活体会与观察，也不一定就能写成、写好。但是如果没有较深的社会生活体会与观察，我看就更难写好。只有写诗的个人强烈要求，没有对祖国山河大地、人民群众的真诚的爱，即使文字写得很好，也是没有重量的。写自己周围人的生活，比较容易，能写好，但不要满足。一个革命作家，要多接触、更广泛地体验工人、农民、士兵的生活，了解他们，到振臂高呼、替他们说话时，就更有根据了。为要这样做，我常常放下很想写的东西，到新的生活天地里去。从书本里找资料，请别人讲，都是很需要的，但我常常不大满足，事情虽小，总得亲自去看一看，做做实地调查，写作时，就有人有物有景色了。虽然如此，我常常到写作时，仍然感到体会不深，未走到头，总写不好。

我的经验，写诗要把墨池当炉火，在这炉火里，首先要炼意，再要炼字，再要炼句。立意炼意极其重要，不管长诗短句都要不断地炼。画家写生，可以写棵松，也可以写山写水，但他不是随便摊开速写本就写的，他首先要看这棵松树，这派风光，能不能挑起他的画意，寄托他的情怀。画家东选个地方，西选个地方，就是在挑选能充分表达意境情怀的角度。所以写诗必须反复提炼出一个能表达情怀的意境。

我的经验，写诗要把稿纸当磨石。像磨刀一样，要把泥灰尘锈都磨去，要自已能见到棱角与光，别人是否这样看倒可不管。

我的经验，用绣的方法绣诗，不如用锤的方法锤诗。

较好的意境、句子都是从炼、磨、锤中来。一写就好，我从来没有这个才能。

千万不要拿未全尽了力气的东西去麻烦别人。人家随便说好，你却茫然；说坏，容易动摇信心。一定要拿已经尽了极大气力的东西请别人看，这样容易找到差距。要有自信，又不要过分自信，也不要人怎样说我就怎样改。改一个作品，一定要经过深思熟虑，不能一听就动手。我写的东西不多，但走过不少冤枉路，吃过苦头。作品不能叫人人满意。出生三十年的《圈套》，已被宣判了两次“死刑”，头一次是在老区土改后期，第二次是在“四人帮”被打倒之后，故 1978 年再版的《漳河水》，同时把第二次“处死”的《圈套》尸体掩埋了。

我的经验，不要吝啬气力。莫叹灯瓜油已干，应悲棉芯未尽燃！我现在就抱着这个主意。我每年都从电视上，看北京春节的马拉松赛，优胜者我真钦佩，但我最敬佩的是落了后而坚持跑到终点的人，因为他有跑到底的决心，而且不害怕有人笑。我看能跑到底就不是弱者。

毛泽东同志的《在延安文艺座谈会上的讲话》，为民族的生存，为人民的解放，曾像紫外线、红外线那样，消除了那些腐蚀人们的肌体，使人精神颓废、麻木不仁、醉生梦死而不知民族存亡的病毒。今天，为了民族的繁荣昌盛，为了子孙的健康成长，它还继续在消除那些乘虚而入的侵蚀人们身心的病毒。我们的国家要在物质文明的建设方面尽快使自己步入世界先进民族之林，我们的精神文明也必须迅速地登上世界的崇高道德高峰。中国的文学家和艺术家，肩负着这个光荣使命，我愿与写诗的朋友们并肩攀登。

根据 1981 年 12 月讲稿，1982 年 2 月整理

（原载《文艺研究》1982 年第 2 期）

我与祖国共命运

——答米兰《人与书》编者问

◎ 阮章竞

意大利，我虽然是匆匆去过，又匆匆离开，但给我留下的是永不褪色的美好记忆。因此，我十分高兴地写下这篇文章，回答《人与书》负责人米契奈西先生和文琴蒂先生向中国作家提出的诸多问题中的一个。

将近半个世纪了，我写的诗、话剧、歌剧、散文和小说，探讨和处理的，无一不是和我的祖国命运、人民的命运休戚相关的问题，这就不能不先说说我一生是在一道怎么样的历史长河中生活的。

我生于忧患，长于忧患。从我能开始认识我生存的周围事物时起，我的祖国就处在军阀混战、盗贼猖狂、灾连祸结、民不聊生的没完没了的悲惨岁月之中。从儿童到少年，我时常看见的是官杀人，贼也杀人。乡下的无赖，忽然是官，忽然是贼，那时，官和贼，老百姓是无法分清楚的。那时，谁有枪谁就有权，谁有枪谁的日子就好过得很。我从小就是在地主催租、债主逼债的吆喝声中长大的。我在乡下念了四年多的小学，就去当油漆学徒。大了，从农村小镇走进大城市，我看到我的祖国怎样也摆脱不了这个坏到极点的悲惨命运。我从小爱画画，爱读书，爱看小说，因此，刚进入青年时代，我就最喜欢读爱国的、反抗压迫的作品，不管中国的、外国的、古代的、现代的，我从这些作品中汲取思想力量。这些作品，都激励着我，鼓舞着我：要为我的祖国的独立解放、人民自由民主而战斗，而呐喊，而歌唱。我是面对着在中国横行霸道的世界列强，特别是日本帝国主义的刺刀，面对国民党反动政府的皮鞭、镣铐，思考如何写作的。理所当然，我要探讨的主题是打倒帝国主义，首先是打倒日本法西斯这样的关系到祖国生死存亡最最紧急的命题。在长达十几年的抗日战争和人民解放战争中，我一直在火与血的斗争最前线上当普通一兵。我除了步枪之外，又多了一杆枪，那就是笔。我们的敌人，在用炮弹、炸弹、毒气来消灭我们的时候，朋友们可以想象到，我的作品，理所当然是很有火药味的；当看着羊群、牛群都被敌人赶走，宰杀殆尽了，我怎能慢条斯理地唱起牧歌呢？正是由于有这类的作品，鼓舞亿万人民走上战场。所以，我不管那些忘却了或根本没有经过、没有见过帝国主义欺凌、封建主义和官僚资本主义压迫和没有经过腥风血雨战争的人，用什么样的眼光来看待我的同代人所写的作品，但是我说：没有这股火药味呛人的诗歌、小说、剧本，就没有中国的今天，我也不可能用这篇文章来同意大利朋友做这样的一次远隔重洋的答问。

我的祖国解放了，中华人民共和国建立了。但这只是万里长征的第一步。人口众多、灾难深重，经过漫长的帝国主义掠夺和战争破坏的中国，要建成一个富强繁荣的文明的现代化国家，谈何容易？我们面对着虎视眈眈的敌人，在战争的废墟、荒漠的山野上搞建设。为了尽快解决经济、文化、科学的落后状态，靠谁？当时，帝国主义封锁我们，只能靠自己的两只手向贫穷开战！因此，在战后，我的诗歌，是面向贫穷进军，歌颂向贫穷苦难开战的战士，歌颂他们的业绩；同时，也批判害怕困难、逃避艰苦的懦夫弱者。原来陷于极为贫穷落后的我的祖国，很快就取得伟大的成就。但我也不回避某个特殊时期，如十年的“文化大革命”。正如你们罗马副省督先生在接见我们时所说的：“我很喜欢中国，但不喜欢你们的‘文化大革命’。”我完全同意这句话。在这十年中，我虽然迷惘、彷徨、痛苦，但我坚信我们中国共产党人会度过这个时期。果真如此，我们又走上了正确的道路。我不相信文学可以完全离开历史，脱离政治。现在中国的作家，不管倡导诗只应抒发个人情怀，而不应反映时代、人民，也不管他用现代主义或现实主义的创作方法，他们创作的主题，没有不在接触、探讨“文化大革命”的问题及其后果的。我不主张掩饰这段历史，相反，我主张要直面现实，把产生的原因告诉人们。但我反对那些一下来了个一百八十度大转弯，对社会主义、共产主义事业丧失信心，而转向崇拜西方的自由化倾向的人。我坚信我们能找到建设具有中国特色的社会主义现代化国家的方法，实际上我们已经找到了。在我国，现在已经像出海晨阳那样，看见绮丽霞光了。我主张写这些创造霞光的人们，鞭挞那些妄想摁住大海不让霞光上升的蠢人！我从一生的观察、实践得出，只有共产主义才能救中国，事实正是这样，别的主义都不成。我坚信以共产主义为思想指导核心的中国，一定能走进世界先进民族之林。我是以这样的世界观来观察我国的现实生活的。我遵循革命现实主义的创作原则，因为从我的生活实践中，证明这个原则最能反映人民的真实生活，反映他们的痛苦、战斗、欢乐和希望。单纯的暴露、批判，是不够的，人民都有光明的憧憬、美丽的幻想，即使是梦也比怆天哭地、无能为力好。

我在前面说过，古今中外的文学作品，都对我有影响。我一进入青年时代，就如饥似渴地吸吮着这些人类世界最珍贵成果的果汁。在抗日战争时期的敌后环境中，没有什么比书更珍贵了。凡听说谁有名著，我常常是不惜走几十里路去借阅。有好几位外国诗人的长诗、短诗，我都手抄在本子里。这些诗也在我身上同敌人周旋。就我来说，在我所阅读的外国文学艺术作品中，最先是从你们国家的文艺作品开始的。我十八岁就读到文艺复兴三杰的名字。从我所能借阅到的达·芬奇、米开朗基罗、拉斐尔的大小影印品里，使我惊叹他们的创造力。从这些作品中，我看到智慧，看到真正的美；从此，成了癖，凡是他们的作品，我没有不反复看的，一直到今日的暮年也是如此。前些日子，意大利画展在北京展出，虽然天气如火一样热，但是我又去看了。但丁是我最敬佩的外国古代诗人之一，他的巨著《神曲》，对黑暗、丑恶势力的鞭挞，真是大快人心。在“文化大革命”中，我还常引用《神曲》的警句，来对照反动革命集团的丑恶罪行。他们的所作所为，同但丁在《神曲》中说的“打着上帝的旗帜在做买卖”是何其相似啊？我感到我从古代意大利的思想武库中，借出了一件武器，来帮助中国，打击丑恶。

“能去意大利看看，那是多好啊！”这是我从青年时代起就一直在做的一个梦。中国有句俗话叫“老天不负有心人”。果然，在我六十八岁时，在中国的中秋佳节，我飞落在风光如画、充满神奇色彩、魅力常青的古老的伟大国家——意大利。虽然只有短短的十二天，却凝结着半个世纪的希望。我是争分夺秒地在进行参观访问。意大利人民的创造力使我惊奇，叹为观止。你们的先人，在没有载重车辆、没有起重机的久远的几千年前的古代，是用什么神力，把如此巨大的石头，变成雕梁画栋，树立起来成为光彩夺目的神殿的呢？只有巧夺天工的技艺，才能把这些山中顽石，变成会笑、会看、又像会说话，充满人情的天使、海神、魔女、英雄和哲人。这使我深深感到，大理石在意大利人手中，能变为有生命、有感情的灵物。

观看西斯廷画廊，时间总共不到三个小时，我只能把半个世纪想看的，尽可能看到。结果，我还是没能全找到就已经快到闭馆的时间了。当我拖着沉重的双脚，追着最后离馆的人群时，我的同行朋友，一个都不见了。这个充满艺术魅力的曲折回廊，如果不是我们的精通意语的袁华清同志回来找到我，很可能我成了迷途的老羊。在佛罗伦萨，怎么样也挤不出时间去看米开朗基罗的《晨、昏、昼、夜》了。但我崇敬的但丁的故居，怎样也得看看，结果是在半夜的雨中赶去看到的。在淅沥的雨声和幽暗的街灯中，在但丁头像的栏栅前，袁华清为我摄了一张意想不到的十分清晰的彩色照片，这是多珍贵的一张照片啊！在米兰，仅剩下三四十分钟，圣母玛利亚教堂里的达·芬奇的《最后的晚餐》壁画展厅就要闭馆了。中途，又要等陪去的主人，多怕丧失这个千金难买的机会啊！当我们赶到教堂的时候，仅剩下二十分钟了！我连转眸都不敢转了，目不旁视地，全神贯注地，仔细地看了这幅意大利的国宝、世界的伟大名作。

观看西斯廷画廊之后，我对同来的同志说：光这个画廊，粗看要三个月，细看要三年。在这里，我还不能不提到皮诺乔，他是最受我家祖孙三代欢迎的外国朋友。

说也奇怪，为什么意大利的绘画、雕刻、歌剧、音乐、拿波里民歌，对我会产生如此长久而又深远的眷恋呢？我现在也不明白。但是，在我的创作方法、表现形式和韵味上，我自己认为是地地道道中国的。

（原载《文学报》1984年5月10日）

走向诗歌的漫长旅程

——阮章竞谈话录

◎ 刘增杰 整理

阮章竞同志走向诗歌，经历了一段极不平凡的旅程：从学绘画到做油漆工，从抗日救亡歌咏队员到剧团团长兼剧本创作员，这位我国诗坛的优秀诗人，从20世纪20年代初到40年代，在广阔的生活和艺术天地里，遨游了二十余年之后，才终于选择了诗歌。

最近，笔者有幸在阮章竞同志的北京寓所，同他就这个有趣的问题，进行了一次长时间的谈话。以下是根据录音整理出来的这次谈话的记录。

刘增杰：阮老您是一位有独特艺术风格的诗人，我们很想了解您走向诗歌的历程。您在童年和少年时代，受过一些什么样的艺术熏陶？

阮章竞：我很乐意对自己几十年的创作，向读者作一个认真的交代。现在的困难是，我在抗日战争时期写的东西，大部分都丢失了。

先从我的童年谈起。1914年农历正月初六，我出生于广东省中山县象角乡。小时候，我的爱好是广泛的。七八岁时，就喜欢画画、刻字；以后进了小学读书，还是特别喜欢画画。第二是喜欢音乐，对于民歌、民间小曲、广东音乐，我都很喜欢。我还学过吹笛子，吹洞箫。绘画和音乐，在我的童年、少年生活中，占有重要的位置。小时候我也和诗结缘，背诵过唐诗三百首，但看不到更多的诗，也没有能接触到新文化。

我家里很穷。父亲靠租种地主的土地和打鱼、卖鱼养活全家。我上了四年小学以后，就失学了，那时我十三岁。当时主要是要找生活出路。学哪一门手艺好呢？我喜欢画画，于是就到中山县的一个小镇上去当油漆学徒了。油漆学徒的生活虽然很苦，但也有乐趣。白天做工，晚上有人找我给他们画画，我都欣然答应。画过画以后，我还在画上题上了自己写的诗，那时当然还不懂得什么叫作平仄。徒工生活中，我曾见到过一些很有名气的画工，观看过他们作画，进一步培养了我对绘画的兴趣。那时候，只要听说哪里有人作画、举办画展，我就非去看不可。我们那里庙宇里的壁画很多，有的泥塑很动人，庙门前面还有砖石刻。每到过年时，街上卖的年画，有龙啊，凤啊，虎啊，年画中，还有民间壁画家罗渊泉的画。这些都给我留下了深刻的印象。我的家乡民歌也很流行，有对歌，鹤歌。听老人们说，对歌带有辩论性，谁在最后能压倒对方，就算获胜了。在少年时代，我受到了这些民间艺术的启蒙。

到了十八岁时，我才真正接触到了新诗。十八岁以前虽然在小学课本上也读过新诗，但读到的很少。1932年，中山县一些在上海念书的华侨子弟，回到了故乡，带来了一些新文艺作品。他们有的在上海搞绘画，回到县里就办了个绘画暑期班。我慕名参加了这个暑期班。进了班之后，才知道学不到什么东西。他们并不讲课，只给我们看一些西洋画的彩色明信画片。我平时喜欢画山水画，讲习班里没有人教，只靠自己临摹。我那时候自己已经可以写生了。入学时，他们让每个学员交一张画，我交了一张山水画，他们看了以后吃惊地说："这是你画的吗？画得真不错！"这些人并没有什么实际本领，他们从上海回到中山县，不过是要开个广告社，挣一点钱。可是他们把这个暑期班的名字叫得很大，校名叫作"天涯艺术学院"。我在这里虽然没有学到什么东西，但从此却接触到了西洋的东西，接触到了新文艺。它们在我面前，打开了一个小小的知识的窗户。当时，我看到了文艺复兴三杰——达·芬奇、米开朗基罗、拉斐尔的作品，还有法国古典画家的作品，看到了上海出版的《良友画报》等国内的画刊。在文学方面，接触到了鲁迅、徐志摩、蒋光慈等人的作品。

在家庭里，我的父亲对我影响最大。他是个打鱼的，读过一点书，能够记账，写信还不行。他喜欢看《说岳全传》这一类的书，一有空儿就讲给我听。我童年的时候，广东的反帝、反封建斗争惊心动魄，我们村也组织了鲜鱼工会，反对帝国主义、封建军阀。我父亲也参加了鲜鱼工会的活动。大革命失败后，当地的革命运动也受到了镇压。

刘增杰：您是哪一年到上海去的？您为什么要远离故土到上海去？

阮章竞：1934 年 6 月底，我离开家乡，经香港，7 月 13 日到了上海。

20 世纪 30 年代初，世界经济危机也波及了小小的中山县。在经济危机的影响下，当地华侨的建筑也明显地减少了。随着建筑业的萧条，油漆工的活也一天比一天难找了。我失业了。上海是我国文化比较集中的地方。到上海去，一是为了找点事情做做，二是想去学习学习。到上海后，我找到了原暑期班的画家，当时在世界书局画插图的同乡肖剑青，想请他帮忙，帮我找个临时性的工作。但等了半年，找不到工作。当时的生活很苦。我和另外两个人租了一间很简陋的亭子间栖身，暂时在肖剑青家里吃饭。我会画画，经人介绍，靠画些广告来维持生活。这时，又碰到了一个同乡，叫李思庸，他在一家私人广告社，跑街拉生意。经他介绍，我到这家广告社画广告，除吃饭以外，每月只有十五块钢洋。但干了还不到一个月，广告社的老板和老板娘各有所欢，老板娘服毒自杀，广告社也垮台了。从此，我又没有了固定的职业。

在上海，对我的思想影响最大的是李思庸。这个人思想很“左”倾。他知道我对国民党不满意，就找了许多进步的书籍叫我看，有时他还能给我找来党的地下读物。在他的影响下，我追求革命的积极性提高了。我参加了一些进步的活动，如参加纪念“一·二八”的游行示威，还参加了鲁迅逝世后的送葬活动。后来到世界语协会学习世界语。这里，我要讲一个小小的插曲。我和李思庸觉得非常有幸的是，我们在上海见过一次鲁迅，是在一次木刻展览会上。

刘增杰：1936 年 10 月 8 日，鲁迅带病参观了第二次全国木刻联合展览会，并与青年木刻工作者亲切交谈。您是在这一次展览会上见到鲁迅先生的吧？

阮章竞：是的。鲁迅先生坐在藤椅上，慈祥地和青年木刻工作者进行交谈。我们站在他们后边静心地听着。后来鲁迅先生离开了展览会，我们还不由自主地一直跟着他。他登上有轨电车，我们也登上有轨电车，一直跟到虹口。他下了车，我们也连忙下了车。鲁迅先生要回寓所去。我们一直看着他走远了，才恋恋不舍而去。可是，当时我们始终没有勇气去找他老人家说一句话。

现在再回过头来说在世界语协会学习时的活动。当时，抗日救亡运动正在兴起。我参加了上海职业界救国会，抗日救亡的热情很高。世界语协会搞了个歌咏班，每周有一两个晚上教唱抗日救亡歌曲。歌咏班的指挥叫郁应凯。他听见我的嗓子很好，就又介绍我到专门培养歌咏骨干的立信歌咏班去学习。立信歌咏班给我留下的最美好的记忆，是结识了吕骥、冼星海等同志。当时，冼星海、吕骥、张曙，都是歌咏班的老师。我喜爱音乐，但专门去搞音乐，还没有这个思想准备。立信歌咏班每个星期教两个小时唱歌和指挥艺术，学了以后分配出去教唱歌。那时候大家的抗日情绪很高，许多中学都组织有歌咏班，聘请立信歌咏班的学员去教唱抗日歌曲。我从 1935 年年底到 1937 年“八一三”抗战后离开上海，一直在教群众唱抗日救亡歌曲，可以说整个身心、全部精力都投入到开展抗日救亡歌咏活动中去了。

刘增杰：除了从事救亡歌咏活动以外，您还进行过文学创作吗？

阮章竞：这一时期练习过写一点东西，可以说是文学活动的准备吧。我曾经写过一首歌词，内容是纪念世界语创制者柴门霍夫发表这一人造语言方案五十周年的，冼星海谱的曲。歌词已经找不到了。

1935 年春夏之间，我写了自己的第一个短篇小说《割稻的故事》，送给一个朋友看，他的堂哥拿到南京《大道日报》上发表了。可能署名阮啸秋。1934 年 7 月到上海后，失业闲着无事，就到一个朋友的堂哥家里借书看。他家里有很多书，《新青年》《语丝》《东方杂志》以及其他一些文学书籍和刊物，都可以借到。在阅读的过程中，我开始产生写小说的念头。《割稻的故事》是以我的父亲的生活为背景创作出来的。记得我在家乡的时候，有一次地主向我父亲逼租，我父亲没钱给他，就去向一个拖欠鱼账的无赖那样的人要账。这人不讲理，双方后来推搡起来。无赖自己滚在地上碰破了一点皮，就大吵大闹，说是我父亲打伤了他。于是我父亲就被抓到“更馆”里关了起来。我把这个故事，加进了广东地主仗着军阀压迫人民、人民生活不下去的情节，写成了一篇小说。大约在 1935 年夏天，我根据小时候从书本上看到的林肯救小猪的故事，编了一个故事，题目叫作《林肯少年的故事》，我还画了一张插图(肖剑青帮我修改过)，发表在上海《中华日报》副刊《青光》上。当时，我还写过一首题为《故乡》的诗，由在暨南大学上学的白曙交给《青春》杂志发表了。这是我发表的第一首诗。此外，我还写了一些反映自己失业后彷徨、苦闷心情的散文，没有发表。

刘增杰：您在“八一三”后离开上海到哪里去了？

阮章竞：“八一三”后，我参加了上海文化界救亡协会流动宣传团，到太湖一带的苏州、常州、无锡等地搞抗日宣传。宣传团演出了在当时流行的街头剧《放下你的鞭子》等短剧，我配合演出画一些宣传画。我们的演出很受群众欢迎。国民党当局对我们搞抗日宣传是不满意的。我们走到哪里，哪里的国民党地方当局都要赶我们走。我在流动宣传团大约三个月，于12月上旬到了南京。南京失守后又到了汉口。

刘增杰：您是由谁介绍从汉口上太行山的？

阮章竞：冼星海同志帮助我上了太行山。

到汉口后，冼星海原想要我到武汉大学搞抗日歌咏活动。我对他说，我不愿意在这里工作，想到延安去。他赞成我的想法，并答应设法帮助我。冼星海和我的关系非常好，他的母亲也很关心我。搞抗日歌咏活动时，冼星海对我的嗓子很欣赏，一直希望我在音乐方面有些建树。可是后来我并没有向音乐方面发展。

后来，冼星海告诉我说，读书生活出版社的黄洛峰要他找一个能教唱歌的人上太行山八路军部队去。这个要上太行山八路军里去的人就是桂涛声。于是，1937年12月下旬，冼星海同志就送我和桂涛声结伴北上。到了郑州，我才知道桂涛声是到太行山国民党十三军游击队去，并不是我要去找的八路军。当时我说，到十三军游击队我不去。桂涛声说，你去到那里后，我保证你很快可以到八路军里去。到了十三军游击队一个月，我就转到了由中共地方党组建的第二战区游击队第一支队司令部政治处工作，不久又到连队当指导员。这个部队后来改编成了八路军。1938年4月，朱瑞同志发现我会搞文艺，于是就把我调到了刚组建的第十八集团军(第八路军)晋冀豫边区太行山剧团。在我的生活上揭开了新的一页。

刘增杰：这的确是新的一页。在您的艺术生涯中，您开始从绘画、音乐走进了戏剧的新天地。

阮章竞：进剧团以后，向群众演出的剧目，主要有《放下你的鞭子》《三江好》《打鬼子》等，演出在当时产生过积极的作用。但是，这些剧目，当然不可能一直演下去，有些剧目也不为群众所喜闻乐见。于是，朱瑞就鼓励我写剧本。我写的第一个剧本是独幕话剧《周年》，是为了纪念卢沟桥抗战一周年而写的，写出的时间是1938年6月。我写的第二个剧本是二幕话剧《太阳出来了》，内容写敌占区的群众，是如何团结起来同日本侵略者进行斗争的。第三个剧本是三幕话剧《保卫抗日根据地》。这个剧本在当时曾经演出了很长时间。剧本写了一各个性较为鲜明的农民形象。这个朴素善良的北方农民，开始他不相信日本侵略军会那么凶残。后来，侵略军把他家的东西抢光了，女儿也被糟蹋了。在严酷的现实面前，他终于提高了思想觉悟。我过去从来没有写过剧本。这时候，根据工作需要，我不仅编剧本，还兼任导演，指挥唱歌，画布景，几乎什么事情都干。我写的剧本，使用的是当地群众的语言。我们的演出，受到了群众的欢迎。群众的欢迎不仅对我们是极大的支持，而且在创作思想方面，我比过去明确得多了。我认识到，一个生活态度严肃的作家，应该为人民而写作。我在上海时，找不到出路，写的东西很沉闷，抒发的是个人心中的郁郁不平，像我写的第一篇小说就是那样。到这时候，不痛不痒的东西，就不再愿意写了。1983年春天，我曾应意大利米兰《人与书》杂志编辑的要求，写过关于我的创作的文章《我与祖国同命运》，可以参看。

1939年，国民党发动了第一次"反共"高潮。在困难的形势下，剧团开始分散活动。我们剧团分散到了辽县帮助群众建立农村剧团。这段生活，对我以后的创作，起了重要的积极作用。我是广东人，初到群众中，说话就是一个大问题。于是，我下定决心，一方面向群众学习农民语言，一方面到群众中广泛搜集农民语汇、民歌、秧歌、小曲。我很拥护毛泽东同志说的要有中国作风、中国气派的话。

刘增杰：1938年10月，毛泽东同志在《中国共产党在民族战争中的地位》中说："洋八股必须废止，空洞抽象的调头必须少唱，教条主义必须休息，而代之以新鲜活泼的、为中国老百姓所喜闻乐见的中国作风和中国气派。"您指的就是这段话吧？

阮章竞：是的。不过当时还没有看到这个文件的全文。这句话对我影响很大。在农村搞戏剧工作，吃住都在农民家里，使我熟悉了北方农民的生活、感情和语言。当时我很注意搜集民歌，一个办法是直接和农民交谈，另一个是间接的办法，从剧团的同志那里来搜集。剧团的同志多是山西人，他们都很熟悉当地的人民生活、风土人情。经过这一段时间的努力，我的创作在使用当地群众语言时，就比较自如了。这时候，我虽然还没有从事诗歌创作，但对我以后诗歌风格的形成，却有着重要的作用。童年时对故乡民歌、传说、民间故事的爱好，平时我对中国古典诗词的喜爱，在太行山对北方农民生活的熟悉以及对北方民歌的搜集，为我以后的诗歌创作，做了实际上的准备。《人民文学》的主编艾青同志读过《漳河水》后对我说："你是不是喜欢宋词？我看你的《漳河水》有词的味道。"

现在再回过头来谈太行山的生活。

当时，斗争很残酷，那是血与火的斗争，敌人整天烧杀掳掠。太行山的风光虽然很美，但是，我不能写田园诗，写自身生活。那时我写的东西目的很明确，就是为人民而写，写出的东西要为人民所接受。一个曲子，一个剧本写出来，如果群众不理解，自己就有挫败感，很难过。如果能打动群众，能够激起群众的义愤，去同敌人作斗争，就得到了极大的安慰。

刘增杰：您长期生活在太行山吗？

阮章竞：我在太行山地区生活了十二年。1942年5月在反"扫荡"斗争中我负了伤。后来领导同志要我到延安去学习。我说，我非常向往延安，可是我仍愿意留在前线，因为我要亲自参加打败日本帝国主义的战斗。就是这样，我终于和群众一起在前线度过了难忘的十二个春秋。负伤以后，我是游过激流，在山下坚持了四天才摆脱敌人的。我那时正计划写一个反映减租减息斗争的歌剧《柳亭郊》，这部稿子在反"扫荡"中丢失了。我随身带着剧本《未熟的庄稼》，过河后，稿子被河水浸湿了，我一边放在河岸边晾晒，一边修改，敌人从对岸还不时地向这里打枪。这个作品虽然并不成熟，但它伴我度过了严峻的时刻，是很有纪念意义的。

刘增杰：您是什么时候读到《在延安文艺座谈会上的讲话》的？《讲话》对您创作的主要影响是什么？

阮章竞：延安文艺座谈会的精神，传到前方晚一些。我们最早是从《新华日报》(华北版)看到这个消息的。看到《讲话》后，我们一边学习文件，一边联系实际，主要检查我们写的东西为什么不能为群众所完全欢迎。大家感到，我们写的作品，还有知识分子的腔调。《讲话》对我们的教育作用是很大的。拿我写的作品来说，看了《讲话》以后写的《柳叶儿青青》《糠菜夫妻》，比我以前的作品显然前进了一步。《柳叶儿青青》虽然还没有像我以后的作品那样成功地运用民歌，但它的演出还是受群众欢迎的。《糠菜夫妻》还被改编成秧歌剧，演了很长时间。1940年，我还写了个大型演唱作品《茂林事变》，可惜后来遗失了。1943年秋季，天灾很严重，根据地实行精兵简政，剧团划归部队领导，分到八分区。我要求到兵工厂去深入生活，与群众打成一片。可惜，两个月后，整风运动开始。我在太行山区党校参加了第三期整风学习。从1944年元旦进党校，到整风运动结束，已是1945年4月了。整风运动结束后，我到了八分区深入生活，搞减租减息，调查研究。抗战胜利后，我又到了清化、焦作前线，参加军事行动，随同部队解放了豫北清化等广大地区，并从事工人工作和参加土改工作。丰富的斗争生活，为我以后的诗歌创作提供了条件。

刘增杰：您走上诗歌创作道路，的确可以说经历了一个漫长的旅程：童年时起喜爱绘画；青年时期投身于抗日救亡歌咏运动；进入中年，您又是一位大众戏剧的组织者与剧作者。表面看来，您似乎与诗歌无缘。可是，到了20世纪40年代末期，您却成了一位风格独特的诗人。读者对此是很感兴趣的。我们很希望您谈谈自己诗歌创作的情况。

阮章竞：绘画、音乐、戏剧，和诗歌是相通的。二十多年来我在绘画、音乐和戏剧方面的追求，对形成我的诗作的艺术风格是非常重要的。

1947年以前，我不常作诗，写过一些歌词。1947年，我开始写一些短诗。这些诗，有的后来收在诗集《漳河水》里。我用民歌体写的第一首长诗是《圈套》，发表在太行文联办的《文艺杂志》上。由于《圈套》通俗易懂，故事情节完整，发表后很受群众欢迎，特别是劳动妇女，很爱听这首诗。

刘增杰：我们在太行文联办的《文艺杂志》上，就看到了这首诗发表后的群众来信。信中说，他们很爱读这样的诗，并且希望以后多刊登这样的诗。

阮章竞：在写诗的同时我也还写剧本，《赤叶河》就是这一时期创作的。但是，诗歌创作无疑在我的生活中越来越占有重要的位置。绘画以及其他民间艺术形式对我的熏陶，写作剧本时在人物刻画、情节安排等方面的训练，抗日战争、解放战争丰富的现实生活的积累，使我终于有可能完成叙事诗《漳河水》的创作。

《漳河水》写于1949年3月。长期的群众生活，使我在诗中运用人民群众的语言就比较自如了。诗中的一些画面和意境，也不能说和我喜爱绘画没有关系。创作《漳河水》的体会，我在1982年给《文艺研究》写过一篇文章，可以参看，这里就不再重复了。关于我的创作思想，我认为应该强调以下两点。

第一，创作必须有真实感受。没有真实感受的东西是不可能写好的。例如，解放后，为了完成一部从抗日战争到解放战争时期太行山军民斗争生活的长篇小说《群山》，我每年都要离京外出，沿着我军抗日出征和刘邓大军前进的足迹，去实地考察。考察革命根据地和当年战场的过去和现在，很能调动自己的情感。刘邓大军当年曾南征大别山，我也曾先后到大别山等地去过两次。一次是到黄河北岸，一次是从豫东到大别山。为了写好去新疆的诗，我最近还到了南疆，登上了昆仑山。当时的困难很大，许多同志劝我不要登山了，我还是坚持登上了三千四百公尺的高处。没有实地考察，没有真实感受，怎么会写出好的作品来呢？

第二，歌颂人民是诗人的职责。一个对人民事业负责的诗人，他写的诗，当然应该包含诗人自己的感情，但作者的感情，应是人民的思想感情的集中表现，而不是脱离人民感情的所谓个人感情的宣泄。诗的形式当然是可以变化的，如我解放前写的诗，面对的读者对象是不识字的农民；今天写诗，读者对象要比过去广泛得多，诗歌形式上死守过去的形式，没有必要。但不管形式如何变化，都应牢记诗的内容要歌颂人民，诗的形式必须是中国化的、民族化的，这一点在任何时候都不应该动摇。

（原载《许昌师专学报》（社会科学版），1985 年第 3 期。就文字上看，本文后来应当是以原文收录的方式收入刘增杰、王文金合著的《迟到的探询》，河南大学出版社，1996 年版，题名为《漫长的诗歌之旅——阮章竞访谈录》，发表时有删节，参考时可以《迟到的探询》为准）

阮章竞与友人论诗的信

◎ 阮章竞

（一）

刘守华同志：

先要向你道歉，信回迟了！因为身体常不好，工作忙，但更难的是你出的考题，把我一下子考住了。这是一个难回答的问题。

感谢你花了这样大的功夫来探讨我写的东西，也感谢你的鼓励和期待！

作品常常是不以作者的主观愿望产生效果的，故常有这样一种不统一的现象：作者和读者各有各的想法、看法。说好，出乎作者的意料；说坏，也出乎作者的意料。因此，我主张评论工作者，要有大无畏气概，敢写出不同于别人的论点，敢拿出不同于别家的文风。不要人云亦云。我想，诗不同于小说、剧本，它在很多场合，不是以故事取胜（我指叙事诗），而是抒发真挚的情绪。目前很多叙事诗，有点近乎韵体小说，但无人指出过、研究探讨过。当然，我并不反对可以有曲折的故事情节，这常常能帮助读者。

过去，有许多评论我写的所谓“诗”的文章，很少有机会拜读。我历来认为我之所以作起诗来，只是一种“工间操”“思想散步”而已。未料到被误认成“诗人”。现在无办法，只好“逆来顺受”。爱诗，不等于要做诗人，如你，看来很喜欢诗，对不起，我不知谁说你是“诗人”。我对你只能是门外谈诗，冒充风雅。你的文章，有很多地方道出了我当时写诗的心情、想法，如你对《圈套》的看法，正是我想要表达的。1939—1940 年，听到毛主席说“中国作风、中国气派，为中国老百姓所喜闻乐见”这句伟大的名言，为了服务于战争，我曾用过一些民歌形式写了些分行文字，每次刊物回信，都说这不是诗，因此，《圈套》是“俚歌故事”不是诗。当时在农村，特别是妇女喜听，就算愿望与效果统一了。近年来，有些论者感到它缺少抒情，我从不计较。抒情不是首首诗和处处都要有的。情绪需要即抒一番，如处处都抒，像有的诗能抒一两千行，我只能佩服。要我就变成“无病呻吟”，读之自己也害臊。诗中人物的性格问题也如此。诗求精练，不能像小说那样，多一字不好，少一字欠佳。《圈套》中的井边，李万开的独思，我看是抒了其情，他的性格，在送面和布母子各有不同，英娥娘也如此。四百来行，事态复杂，这就够了。何况当时是严峻的抗日战争与土地革命时期，时局要求群众自己提高阶级的警惕性，自己教育自己。没有时间考虑我是在作“诗”，只用十二天写成。直到今天，差不多一字未改，只把不分行改为分行，这也为求集子的统一。我未想到这个“俚歌故事”仍能被今天人提起，完全出乎我的意料。像你一样的热心同志提出的要求，我受益不小。丁力同志的评述是以真的诗来要求，那是他的看法，他的毛病是文人式的，忽视了革命斗争的情况，也未看清故事中的情节。这本来不是“诗”，开宗明义不想登大雅之堂。

《漳河水》，说得过多了。同样它不算诗，小序中已早公开宣告是小曲。只有一点用到民歌，但未照抄原词。因为我觉得应学民歌的好东西，是学而不是抄。我从来抱着的态度是，从觉悟的人民斗争中来的东西，应把它编出来，编得虽渺小也比照抄过去要好。同时不要迷信，民歌很好，但受时代的局限，有一些是不大健康，或过“俗”的，如“哥哥呀，妹妹呀”，诸如此类的东西，有时并不产生美的作用。民族古典诗中，我在此吸收了一些我认为有用的东西，这是试探。

你的文章中，未提到这一点：我不是诗人，而是一个普通群众工作者。如当时真是诗人，糟了，我不可能听到、见到妇女这样的痛苦，和她们的愤怒声音。全部小曲中你认为是诗的地方，都不是我有什么“成就”，我早做了预防（请看小序），这些你认为是诗的东西，是我听来而记下的，功不能归我。如你一定要作艺术分析，结论这样写好了：不要当诗人，当人民吧，爱人民，和他们同生活，同苦同甘，可以找到艺术的火花。一个裁缝，没有好的衣料，缝不好衣服。

至于《白云鄂博交响诗》，这个东西惹下麻烦，像你这样热情好心的同志，花了不少工夫来找原因，我也很头疼。

在包钢，我做党的宣传工作，不是什么“作者”。由于“大生产”，社会主义建设的动人场面让我又抒起怀来，写了些所谓的“诗”。因为看到一个勇敢的民族在飞跃，宣传工作是要留记录的，想记录点东西给后代看，告诉他们：原来，这里很困难，因为有了党，改变了落后面貌，让这里成了城市，这是真童话。矿山党委书记和我说过，每个来参观的人，都想听这里的传说，最好把它写成文字材料，可以一个一个谈。我说那试试看。因此，这东西纯是工作性质的，对艺术没有什么要求。

这样，问题来了，第一，题名取坏了，原想“交响诗”是音乐上的名字，人不会按诗来要求，结果完全相反。第二，只想写阿尔斯朗一个人，但他有儿孙，两代同在，糟了，因此，就要求把第二、三代的性格要写出来，真不可能，特别是第三代才参加工作的学徒，能起多大叱咤风云的作用？他们需要时间的磨炼。第三，1960 年《人民文学》缺稿，听到我有些记录。第四，真有人以为我懂诗，调我去《诗刊》工作，更便于受《人民文学》的“包围”，被拿出去，好心的同志有的以诗来要求，有的以小说故事来要求，要第二、三代有更多的性格，与我原来的计划完全相反了。我本来写九百到一千三百行有韵的记录，同志们鼓励应长则长，花了一个星期，成了现在的样子。除大样之外，刊出来后，现在我还不敢看，因为不是诗，本来只是记录。

关于这部东西的气势，我认为你和别的评者有不同的看法，也是道出当时背景。如以上这些都被当作诗来研究，和《圈套》一样，在于此。《白云鄂博交响诗》确和《漳河水》不同，后者没有像“大跃进”那样，移山造海的气势，如说在写《漳河水》时看到是血泪，那在写《白云鄂博交响诗》时看到是海跃山飞。它的风云沙草都在我的胸中翻滚。

至于谈到第三代，我就不再说了，第二代有些人和《圈套》一样未看到性格。描写海日巴尔的笔墨并不少。一个人物在诗歌中出现，和写小说不同，细小的东西，几乎无法写，勉强为之，就难以成诗。另外，要看人在什么事态中产生矛盾，不能硬造矛盾，人物形象要在矛盾中凸显，性格才易展示出来的。全部的问题在于，阿尔斯朗是主要人物。我认为一些评论者，同作者的想法不可一一统一，这一现象是永远存在的，不知你如何看？

关于诗的风格、语言等，有不少问题。第一，写工业为“诗”，是个新问题，没有任何东西可资借鉴。但这个最伟大的阶级——中国工人阶级的劳动创造，能不能用中国风味来写成诗，是老干部遇到新问题。工业不同农村那样，到处有柔媚的山树林泉，它是爆破隆隆、电火闪闪、烟雾腾腾、钢压轧轧的场面，“一根扁担软溜溜”和“一铺滩滩杨树根”，是压不住转轮的声响的。问题在这里，我在试探，如说我是诗人，不如说我是个勘探者，我是在探索走路，也是很艰难地走着，但勘探者是不畏难的。

《白云鄂博交响诗》是个历史性的记录，如“红泉”不能没有。如果你知道它对矿山的作用，也会喜欢它的。它比故意人为地安排什么恋爱情节要好得多。文字、语言，确有不少问题，但这多少可修改。

现在这样，我被步步逼上“梁山”了，不能不谈诗了。我认为诗评工作者要有气概，大胆地说出自己的看法。写诗论不必给被评者看，你说他好，他可能高兴，但不一定真好；要说不好，他不一定高兴；如他不同意评论的一些意见，他又怕说他不虚心。我说最好是我行我素，不要人云亦云。作品可不征求意见而发表，评论何必征求作者意见？你可以大胆谈你的真心话，好就好，坏就坏，好的可以直言，坏也可大声讲。这是权利。

你的文章我提不出什么好意见，总的感觉是你费了功夫，但很可惜，花这样大劲谈我的“诗”，不如休息，或看看别人的作品。幸好，你没有要我出主意，否则，我得劝你，把大部分撕掉，只留下最后一大段，将它详细分析，发挥你的见解。

你写得这样长，是因你花了时间，故把想法和心情告诉你，可能对你有帮助。对不起，现在才回信。

祝新年快乐！

阮章竞

1963年1月9日

（二）

守华同志：

你写的文章收到了。因今年身体较往年略好，我沿着黄河刘邓大军的战场、渡口，从安阳地区到洛阳地区，又两渡黄河，从风陵渡、茅津渡沿朱总司令率领我军东渡抗日，上五台，下晋南，又进入太行山的足迹，访问了抗日战争及解放战争的历史实地。因为生怕往后不易实现，故冒险地进行了一个多月旅行，17 日才由雁北回到北京。因此，你的文章和信，看到很迟了。

回来后，事又多些，故只匆匆地略看了一遍，感到你对我的工作试探，找到了共同语言。似乎我心中的秘密，让你窥见了，有些心慌。这样地，再留下几天，再读一遍才正式给你写意见，故先写此短信告诉你。

祝你好！

阮章竞

1979 年 7 月 20 日

（三）

刘守华同志：

信收到多天了，因有事，也因你提的问题，非一言两语可以说清楚，故回信迟，请谅。

读来信，不胜感慨。你都已经四十开外，可能接近五十了，可惜根本没有上帝，如其有，我一定要问他：为什么对中国人的时间，如此不怜惜。你还能把稿子保存下来，真是阿弥陀佛！

我是爱好民歌，爱好中国古典诗，但只是爱好，没有什么研究，都是一知半解。在两个革命战争时期，“扫荡”频繁，不像在后方，能留下笔记。也因写《漳河水》无东西，就在当地，不需要什么资料的。至于地区，我差不多跑遍了晋北三个三省地带的山山水水，如《圈套》就不是以漳河两岸的民歌为依据的，当时的背景是豫北，故多少吸收了豫北，甚至洛阳小曲的风味。这些，连我自己也说不成个解数。使用到《漳河水》和早一年的《赤叶河》中去的东西，是我从 1939 年于清、浊漳河北原做农村工作时，常从农民、民间艺人、民歌爱好者那里听来的，有些笔记，但在日寇的反复的“三光”政策“扫荡”中，都被挖出烧了。在写这两个东西的时候，我正跟一些民间盲人宣传队、地方剧团艺人打交道，在他们的演唱渲染下，我领会了民歌的优美特点是比兴。因此我就沿着这些前人的踪迹，使用人民的语汇特点，有经过改造的，也有新造的，捏合在一起，它的句法形式（如两句式、三句式、四句五句式等）近乎填词。我悟出个道理，民歌调子可以填，而且更富有泥土气息，草味花香，水声鸟语，这样的山林回声，虫鸣天籁，使我进入作品中的境界，不是在制造，而是走进其中，看人有人，看物有色，听声有音响。这个天地，不是其中人，不谙其中味。这些男男女女、老年青年，都是在战争与土改、生产等斗争中，一起共过事，同哭过，同战斗过，也同欢笑过的人，同他（她）们已经进入兄弟姐妹的行列，不同父母但同出同住，不是兄妹却如兄如妹相亲爱。“顺天游”解放后见过整理出来的，对比来评李季同志的优美诗篇方便些。但我没有这个条件，1963 年曾重访太行，走了不少的地方，找到的大都是“大跃进”时的，原来的太少，很难寻见。但好像是山西出版社还是哪个出版社，出过一本山西民歌，包括全省的，此书甚好，好像搜集者叫张克，是山西歌舞团还是什么团，从事音乐工作的，他把我写的《牧羊儿》也收在里面。我无此书，你设法问问山西音协分会。除此，我提供不出文字资料。

讲《漳河水》诗写作过程。1963 年或 1964 年，北京大学同学叫我去讲过一次，即兴发挥，无讲稿。其他，也对几个专访者讲过，都是讲了就过了。现身体不好，虽精神好，但像灯油将尽那样，已较难细写了。加之，想争取在余生之年，把一些已动过手的稿子，尽可能整理一些，因此，也分不出精力写诗或别的东西去了。

你的信，我只能写到此处。未加考虑，勿直接引用，用时可以你自己的口气使用，不妥处希教正。

祝你好！

阮章竞

1979 年 8 月 19 日晨

（四）

守华同志：

我足足花了两个整天的时间，对你的文章边读边写，记下我的感想，改了一两句。因为你很认真，所以我把铅笔原稿，一字不改，寄给你参考，便于你解剖一个写诗的人，同时再去解剖其他诗人作品，也许是有作用的。铅笔写下的话，全未加斟酌，许多是自己未写过，对别人也未说过的。我想，你从整个的十八页文字中，看到一个从三十二岁走到六十多岁的探索者身影。他是艰难地、沉默地从健步到拄杖行进的。他已经很疲惫了，但还在走着。他说：这是他诞生的使命，愿为此使命甘当奴隶。

因这十八页一字未改，从来未全吐露过的话，我再重来一遍，也找不到人来写，你如有工夫，抄了再给我，你如果要留下签署原件，你就留下。

你的文章，我认为在今天发表，就应把铅笔记录上的一些遭遇，可笑的，或你未想到的，适当使用些上去，不要拘泥于过去的看法。你的文章是可以的，用功的，由我给《文学评论》不便，文章也有可改之处。如《文学评论》不用，可转《文学研究》。我遇见沈季平（闻山）时，会告诉他你这篇文章。今天已收到19日信。

祝你好！

阮章竞

1979年10月25日

（五）

守华同志：

你11月3日信，收到好多天了。因今夏工作过于紧张，八九月血压高到230以上，出现眩晕、头重脚轻的现象。遵医嘱（医生见我的工作环境，说是不可能真正休息的），这几个月，在出现不好现象时，就外出旅行一二天，到山村看看，画画速写，作为休息。但一回来写作，又很快出现血压升高低不下来的现象。故十月底又到中条山和吕梁部分地区做九日之行，途中感冒，回来后，一直挨到现在未好，加上想马上继续进行的工作，故此信回迟。

一、你信上提到的两首长诗，我简要谈谈写作意图和碰到的问题。

《白云鄂博交响诗》诗，触动写此诗是当时工业建设的情况。内蒙古大草原，虽然解放了，但旧时代留下荒凉景色，在包钢开始建设时，还历历可见。蒙古族同志告诉我：我们过去手无寸铁，一只羊换几根针之事，常有。要在阴山之所建立一座现代化的矿山城市，要在古敕勒川阴山下建立一座钢城，没有过产业工人的内蒙古，第一代产业工人诞生了。我往返在阴山南北、黄河北岸的草原，常常在黄沙弥漫的荒野上见到这种景色，那里有许多重要的稀有元素。它有一个白云巴特尔的传说，蒙古族人民把它视为英雄神山。在凛冽的零下40多度的冬夜，在火炉边，他们跟我说了这个故事和过去有个欧洲勘探队出现的事情，以及日本占领时期的斗争。传说和现实，都把我说迷糊了，故在工作之余写了此诗。因当时我是第一高炉指挥部的三个成员之一，又常写一些短诗（见《新塞外行》等），故拖得较长（差不多一年以上）。诗宜于一气呵成，慢慢修改。我与光未然同志有互相交换诗草的习惯，从不恭维。他认为把神话与现实能如此结合好，是很可贵的。他做了不少批评，有赞成，有严格的要求。因我到那里只有三年，我又请内蒙古分局宣传部胡昭衡同志请一些蒙古族同志提提意见。经内蒙古大学文学系一些同志讨论，得到他们的鼓励。他们认为一个汉族同志能写出阿尔斯朗三代人，特别对阿尔斯朗的性格是欣赏的。评论是好的，这主要因为我是汉人。

我自己认为，此诗是花了不少工夫的。写时，想起过《嘎达梅林》，但此诗我当时只听广播播过，未读过，应该说是从它那里汲取了蒙古族的一些情调。但更多，是从与蒙古族同志的相处中体会到的。

二、谈谈你说的浪漫主义。诗不能和散文、小说那样具体（它们也有浪漫主义），没有大胆的夸张、形象的比喻，就很难是诗了。草原是个无边的蓝天碧野的地区，人要是个好骑手，纵马驰骋，确有"如转蓬"的感受。本来交响诗是个音乐名词，我之所以借用，是想以音乐那样来表达，即从语言文学上更超然一些。

三、人物。第三代写得不理想，主要是我不太了解这一代人。前一段劝说祖父时，还好一点，到了当工人就一般化了。但已到尾声，也只能如此。

另外，就是当时的反右倾机会主义运动的影响。有的章段语言，特别是最后，太理想化了。当时看到事业的艰巨，矛盾困难重重叠叠，只能"歌德"了之。这是失败的，在《迎春橘颂》《新塞外行》的诗里，或多或少都受了"大跃进"的影响。中国的作者，所处时代是空前伟大的，但又是很不自由的。在一个极"左"路线的池子里，即使跳了出来，但仍要湿淋淋，带着满身水珠。你只要写现实，你就不能跳出这个水池！我说，"文化大革命"给我换来的只是大大破除了迷信！

同意你对《金色的海螺》诗的看法。原来的故事传说只到海螺化为人，成为伴侣而结束。我之所以加后面的部分，是因为见到当时和进城后，许多人喜新厌旧。故想通过少年的真诚，影响新的一代。我不保守，感情、趣味确实不合，离婚是正当的。但对爱情采取无所谓的思想，我不赞成。故诗中主要是真诚。

我不同意当时什么都要有阶级斗争。天下父母，不希望子女幸福的，不会太多。

相反，都怕他们草率造下痛苦。中央广播电台朗诵录制时，编者提过将会遇到批评家的批评。我用上述的话说服了她，但许诺将写一个《牛仔王》，是用阶级斗争的那套模式。但未写好，结构也不紧凑，失败了。

我原来就不着重于爱情，但“文化大革命”之前，就遭到一些不相识的同志的批判，批判此诗立意爱情至上主义。他们根本没读懂，我只好回答：请你批判。但未见到有文章出来。可是动画片虽在雅加达得了童话奖，片子却一直受到批评。

此诗由《人民文学》刊出，刘白羽、艾青、张天翼等同志是鼓励的，唯独李季同志摇头，说写得不好。1958 年，苏联一诗人来信，想译成俄文，提到与普希金的《渔夫与金鱼的故事》媲[①]美（但我知道，这是过头话，无论如何是比不上的）。但他不懂中文，想找人合作。

好了，我把写作原意和各方面有代表性的不同意见告诉你，说明我的诗并不是都使人满意的，我自己更不尽满意。有时发表了，倒立生后悔，或发表得太快而不敢去读。因此，希望你要研究，就要从你的看法来评，实事求是，千万别说过头溢美话。这对我、对读者都有益。我冬天在这里过，因比回京安静一些。顺祝好！（随信附上新版的《漳河水》）

章竞

1979 年 11 月 23 日

（六）

刘守华同志：

由复旦、山大、安师、甘肃师大等二十五所院校协作编辑《中国当代文学研究资料》丛书，正在紧张进行。甘肃师大承担《当代诗歌评论集》，来信要我提供新撰写的这方面的文章。评论丛书中提到我写的《漳河水》《金色的海螺》《迎春橘颂》。因我未注意各方面的评论，除了他们提到的《阮章竞诗歌的思想性和艺术性》（《山东师院学报》1961 年第 1 期），《〈漳〉诗的语言艺术》（《天津日报》1961 年 8 月 19 日），《〈漳〉诗的故事、写景与抒情》（《工人日报》

---

① 笔者注：此处原文印为“娩”，应是错印。

1963年3月10日），《谈阮的叙事诗》（丁力），《就〈金色的海螺〉谈几个童话的特殊问题》（贺宜），《谈〈金〉诗的思想意义》（《光明日报》1956年12月23日），我提到最早评《漳》诗是闻山。去年《北京文艺》刊了谢冕文章后，特别提到你的文章，介绍他们跟你联系，也提到你与丁文的相反意见，并要求注意一下《圈套》的遭遇。

现已寄信给甘肃师大，你可将你的文章寄去，说明不用退回给你。

近几个月，我在山西太原晋祠宾馆养病和整理东西，身体不大好，还要住一些时日。你近况如何？祝好！

阮章竞

1980年10月8日

（七）

守华同志：

打印稿，早上收到，16日信也收到了。因从去年9月到现在，血压一直在过高（200以上）过低（60以下）间波动，常眩晕、头痛、眼胀不适，加之愈感力弱就愈想能写多少就快写多少。打印稿只初读了一遍，正想这几天把手头的东西告个段落，再看一遍后回信给你。现在，我看还是先说16日信吧。

我认为丛刊编委会的意见是可取的。前两年，重庆师院同志来找过我，提出过与《王》（《王贵与李香香》）诗比较，他们得出这个看法，更早是开国之前，华北联大一位研究民歌的同志谈过《王》诗中的不雅处；另一位延安来的诗人，把他们搜集的“顺天游”翻给人看。但我没有看，我认为，第一首采用民歌形式的长诗，作者是初露头角的青年，这种尝试，不宜苛求，倒应肯定。当时《漳》诗已在三四月《太行文艺》发了（初稿）。以上三例我都是这样回答。

如你已决定专写《漳》诗，你就写吧，大概我写此诗的东西都跟你说过。评《漳》诗就评《漳》诗，不需去比《王》诗就是了，她的历史价值是不容减弱的，只提供这一点。我了解你也不会这样的。前年《文艺报》，去年河南出版社，翻来覆去要我写篇创作经验之类的东西；特别是后者，前些日子仍在催，其实我早已说不写。你看，有无此可能，找一个人把我写给你的两次谈创作的长信，各抄一份给我，看看能否改成能发表的信，你考虑一下，因你也两次提到此两信。

提前祝贺新春快乐！

章竞

1981 年 1 月 20 日

（八）

守华同志：

原打算不回北京过春节，待过了冬天才离此地。后因招待所人都走完，不得已才在 1 月 30 日回京。但回去，就连续参加几个传达和各个学习会议，直到如今尚未结束。考虑 4 月又要开会，故在前天向会议请假，昨天回到宾馆。准备过几天，就全部结束旅居写作回京去。

你抄寄给我的信，收到迟了。我拟仍以同你通讯的形式修改一下发表。“保持历史面貌”不成问题，我不想以今天的要求去修改历史，只是在提到一些人名时，做些斟酌。不完善、意犹未尽处加些修改或说明清楚些。这几封信，在晋身边无材料，要留下回京才整理。

去年在晋写作过于紧张，时常眩晕，视力不清，思想吃力，长篇进展很受影响。甚为着急，生怕完成不了。

先写此信，是告你信已收妥，以后别再写信到这里。

祝你好！

阮章竞

1981 年 3 月 5 日

（九）

守华同志：

学报、信，收到了，文章[①]也读了。

---

① 注：《华中师院学报》1982 年第 3 期刊出刘守华《论阮章竞的〈漳河水〉》一文。）

作为一个作者，得到读者和评论家的嘉许，而偏说不喜欢，恐怕不是真心话。因此，在读你的文章的时候，喜和惧是各占一半。读后总感到是过奖了。

你的文章是下了功夫的，你的研究态度，使我获益不少。你不是因一时的兴趣而写的，你是花了十多年的时间，因此，文章解剖我的创作思想是符合我写《漳》诗时的实际。你研究我的诗，时间这样长，只是去年，我们见过一次面，而又是那么仓促，没有说上多少话，你却能道出作者的思想状况，我不能不赞叹你的精神和研究学问的认真！

是去年吧，我在中宣部开会时，遇到《文艺研究》主编林远同志，他要我写篇谈《漳》诗的文章。我没有时间，但答应把1963年1月9日给你的信整理一下。他表示欢迎，但要求不要过于限在当时的思想。我说也不能以现在的认识来整理过去的认识。我以为说说就算了，谁知他十分认真，反复来要，我只好在保持原意略加修改的原则下，改成了可发表的书信。想不到他们看了，强烈地不满意，认为此信未谈出写《漳》诗的一、二、三，要求重写。在这样的反复催促下，我答应了北京市民研会的同志，做一次关于《漳》诗的报告，录音整理成文。春节前几天，讲了一次，我未整理。3月10日突然来要稿，要20日交，登5月第2期，而且文中要引用民歌。幸好过去一同搞过民歌工作的高介云同志为我弄来些资料，加上我还能想得起的合在一起，整理成《漫忆咿呀学语时》一文。又因篇幅放不下，他们做了很大的压缩，限我在五六小时内看一看是否可以。此文删去很多，但本意是保持了，最后一段未做任何修改。现《文艺研究》已刊发出来，你可找来看看。有什么意见告诉我。我准备抽空填补恢复原来的基本面目。

河南出版社我已去信要丛刊。我近来精神虽好，可是写作已更感吃力。去年秋天沿刘邓大军南下路线，经河南进大别山，又到皖南，共一个多月，所见所闻十分动人。写了一些诗，但总感到不满意。是老了，又不大服气。

祝夏安！

阮章竞

1982年6月13日匆匆奉复

（十）

守华同志：

信、稿都收到。8 月中旬从庐山经南京回来，一直患感冒，现仍未根除，一回来就有北京市的一些视察和讨论任务，使上山前初步编成的自选集，至今未再动手。最近又忙于学习，又临时派来一个到欧洲半月的任务，正做准备，你的稿子只能初读一遍，按时寄回，不能做细谈了。

总的方面，你是较了解的，大体是这样。《金色的海螺》诗，我完全是怀着一颗童心而写的，当时有人反对儿童诗讲童心。想象、语气、感情等，都曾用对孩子讲故事的心情。在开头和末尾都能看到，突出纯真的友情与正直勇敢。全国解放后，换妻空气正浓，许多不定全是感情不和、性情不合，诸多是见异思迁，造成不少不应该出现的寡妇孤儿。《海》诗，包含了对此不满，许多人未看出。当然，的确合不来亦妨碍工作，我主张拆伙。我是用孩子的善良、对希望的美好憧憬而写《金色的海螺》诗的。

《白云鄂博交响诗》诗，我同意你的评说，只有一点要说清，那就是当时在"左"的思想下，生活中的根本性矛盾是不能揭露的，不完全是原则问题。反映包钢生活的长短诗，都是颂歌。回来后，考虑那一方面，包括内部矛盾、外国援助矛盾，都不能牵涉。故三年生活，一回来就结束。请你注意一点：庐山会议前后，我在那里写的诗和文章，不完全一样。会前的，我是诚意歌颂了建设者们的献身精神的；会后的，有些就不得不那样写了。从我自己来看，许多短诗是出自真情，是注入鲜血写成的。读者是否有同感，我不知道，但自己知道：我爱的是什么，要唱的是什么。茅盾同志题赠我一首诗，从未示人，记抄给你一谈。"漳河水唱翻身调，出塞新诗颂有成，指点江山抽彩笔，阮郎风骨剧峥嵘。"我当然知道，先生是在鼓励我，自己事实上达不到这个话语。邵荃麟同志 1958 年、1960 年两三次与我谈话中，当面将我写的塞外诗，边谈边说气魄很大。对那时的长抒情诗，他说："现在一写抒情诗就是一千行，两千行，我就不相信有那么多的情可抒。"他举了当代好几个有名的诗友作品做例。这是两位老同志对诗的看法，因牵涉到我的，故从未敢透露出来。

《白云鄂博交响诗》出版后，山东一老教师很感兴趣，特意寄来要我签署名字。

他主要是从感情豪气的角度而来信的。

你这篇文章与论张（张志民）诗合放在一起，妥吗？我感到我与李（李季）诗相近的地方多些。当然我们三个人，气质都不相同。分析诗人作品，最好能在这点上，写出有特点的文字，以助读者理解，作者仅能提供一些情况，说诗不必考虑作者的意见。

此复，并颂大安！

阮章竞

1982 年 9 月 13 日

（原载《长江学术》2007 年第 2 期。后以《阮章竞致刘守华论诗书简（1963—1982）》为题，发表于《新文学评论》2014 年第 3 期）

当前戏剧界的几个问题

◎啸 秋

晋冀豫戏剧界，在敌后辛勤奋斗六年，取得了不少的成绩。去年一月一二九师政治部，中共晋冀豫区党委召开的文化座谈会，开始讨论戏剧运动上的提高与普及、民族形式、面向大家等问题，在思想上、原则上，都得到了一致的意见。一年来的创作，虽然不多，但是在内容上、形式上，的确比过去进步了。如以写群众运动为主题的《清平乡》《核桃》，反映妇女儿童的秧歌剧《春桃》，以及农村剧团自己创作的《劝荣华》等剧作，这些作品不但表现的是与大众气息相关的现实斗争内容，而且有的采用了民间艺术形式，开始向为大众所“喜闻乐见”的方向走。这些作品虽然有很多缺点，不够深刻，很单纯，但它的努力方向却是十分正确的。然而另一方面，由于一部分的戏剧工作者和实际斗争联系不够，对现实生活缺乏敏感和兴趣，就产生了小资产阶级知识分子的脱离实际的艺术至上主义的偏向。虽然部分地也在开始清算纠正，但是由于有出身小资产阶级的知识层，因而在创作上，在实际行动上，处处还多少表现出这一阶层的思想和感情，很不容易放下他们的成见和偏爱。

关于戏剧为政治服务这个问题，在一部分参加戏剧工作的同志中，还存在着糊涂念头。他们大可以空谈艺术与政治结合，但是在实际上，则过分强调艺术的特殊性，不是从艺术性与政治性可以融合的观点上去积极地想办法，而是采取消极敷衍的态度，并把艺术价值和宣传价值机械地分开，认为凡是宣传品就是“廉俗化”，就是降低艺术价值；而凡是所谓艺术作品，则当然可以不顾虑它的宣传作用了。醉心于铺张大场面，而没有决心从事于创作富有战斗性的，短小精悍的适合迫切需要的东西。片面地强调提高技术，过分地对大戏和旧中国的戏剧的溺爱，严重地脱离实际政治斗争。近年来活跃的群众运动、政治攻势、对敌斗争，竟可以熟视无睹，而用大部分精力去搬运“有伟大意义”的大剧名著（当然演大戏的偏向基本上克服了，但还有些残余）和全本原本的古装旧剧上台。敌后艰苦的战争生活，需要我们鼓舞大家的斗争热情，提高大家的文化水平和政治水平，有些人却躲在小圈子里，培养发挥小资产阶级知识分子的狂热幻想，而腾不出功夫去反映丰富的革命现实内容。甚至饥不择食地搬运失掉立场的、消极伤感的此类思想情调的创作，迷恋于旧时代的旧戏，而且多少存在着“玩票”的观点。对学习旧技术抱着保守成见，把学习和改造对立起来。不合时宜地强调“今天是研究阶段”而不是在研究中求改造，因此，就原封不动、不加选择地搬运旧剧的全部家当，真正为抗战、生产、教育而服务的精神是不够的。

其次，在理论上抽象地承认戏剧要与大家——工农兵结合。在实际行动上脱离群众、对工农兵的迫切需求漠不关心的现象，依然相当严重。有些人生活在根据地多年，却还保留着“做客”“帮忙”的态度，对根据地的问题关心不够，对根据地的困难认识不足，对根据地伟大丰富的实际运动了解得很少，空谈戏剧观点。近年来农村剧团蓬勃开展起来，但是缺乏人去指导他们，解决政治上、技术上和创作上的实际问题，对民间艺术形式，则采取“事不关己，高高挂起”的态度，听到人家赞扬哪个农村剧团的创作和技术，口头上附和赞扬，实际上则表示不甘心，并喜欢人家“叫好”和“捧场”；倘遇到对于缺点的指责、严正的批评，不但很少虚心接受，还讥讽为是“不懂艺术”，是“外行”。很显然地，这次救灾公演充分证明：只要真正能表现大众的生活、感情和他们的要求，只要是大众“喜闻乐见”的形式和气息相关的内容，就为大众所欢迎和接受，反之，空谈所谓高级艺术、名著大戏，一味搬运原本全本旧戏，就要遭受失败。说群众“不懂艺术”是没有根据的；同样不加批判、不加选择地搬运旧形式固然不需要，单纯地反对一切旧形式，对旧形式抱绝对主义的观点，也是不对的。

最后，戏剧界本身，还存在着严重的宗派主义。不喜欢读别人的作品，不喜欢用别人的作品，“文人相轻”不是彼此诽谤，就是无原则地乱捧，不照顾全面、不互相帮助的现象，多少是存在的，争“台柱”、捧“明星”，自命不凡，自视特殊。在群众面前，提出自己与别人不同，而是一个“艺人”，不但生活上脱离群众，在行动上、装束上、生活上也使群众“望而远之”，这些都说明一个事实：

小资产阶级知识分子的“华而不实，脆而不坚”的根性，反映到工作生活上了。

本区戏剧运动的方针，过去早就解决了，然而在实践上，朴素的“实事求是”的作风是不够的，缺少实行的决心和力求贯彻的毅力。当然，我们不能否认，一年来的整风学习中，已开始逐渐在清算和纠正以上的偏向。延安文艺界和实践中，证明“在普及的基础上提高，在提高的指导下普及”的充分可能，我们应该将这一理念在太行山上表现起来。

中共中央文委3月在延安召开的戏剧座谈会，关于戏剧方向的决定，和组织部、文委的关于文艺工作者改造问题的意见。我觉得，在本区戏剧界应展开讨论和检讨，并应特别强调以下三点：第一，戏剧应进一步为政治服务，今天就是为战争、生产、教育三大任务而奋斗。戏剧工作者是革命的战士，而不是革命的客人；第二，与群众结合，面向工农兵，到群众中去与群众打成一片，一面教育群众，一面向群众学习。打开宽阔的天地，开展工农兵群众性的戏剧运动，在群众中生根、发芽、滋长；第三，就是加强整风，加强戏剧界的团结，坚决克服宗派主义、自由主义的做派，发扬自我批评，提倡互帮互助，督促、提高组织性。戏剧界应在剧协大众化的农村剧运的总的统一的方针下积极行动起来。

1943年6月18日夜

（原载《华北文化》1943年7月10日革新1卷第4期第10至13页。署名：啸秋）

*本文由阮援朝提供完整版，系其编《阮章竞全集》时的版本，发来时标题脚注有“国家图书馆古籍善本部藏”字样，应是其查找原件的存放地。笔者编辑时同样将其附于此。

◆ 群众文艺创作上的几个问题

◎ 阮章竞

太行区群众性的文艺活动，从历史上说，是有相当广泛基础的。数年来，出现了不少较优良的农村剧团和不少较好的群众创作，对战争、生产、土改，都起了很大的作用。今年7月7日，区党委宣传部发出了关于创作的通知，各地爱好和热心群众文艺运动的同志，热烈地响应了党的号召，一百五十余人参加了这个工程，两个多月时间，创作了四十多万字（五十余件快板和鼓词，四十多个剧作）。而作品未送来审查的数目和人数，估计还很多。绝大多数作品，都比较丰富地、现实地反映了今年本区农村的现实情况。这一次创作运动的特点，表现在群众性、集体性和非业余性上。毫无疑义，从这次运动证明，本区的群众文艺有相当雄厚的力量，有很宝贵的一大批有实际经验与写作能力的同志。大多数作品，都强烈地想回答现实中某些问题，而作品的形式又都是采取了为群众所最容易接受的快板鼓词和秧歌剧等通俗形式，每个作品的结构，都采取了新的较科学的剧本形式，像过去开流水账本式的写法，都不见了。而且不少剧作，都配有曲谱。虽然在音乐上，还只限在东拉西套，还没能够根据新的生活，在音乐上赋予新的生命与形式，但这确是一个很大的发展。这些都是必须肯定的成绩的一面。但同时也看到目前群众文艺创作上，还或多或少存在着若干亟待解决的问题，兹提出来作为参加这次运动的同志研究参考。

一、主题的选择和处理

许多作品，一方面是或多或少反映了现实生活；但另一方面又大都是孤立地、割裂历史地片面反映的方法。主题的选择，对党的路线和政策的掌握很不够；而处理题材，又采取了照相似的纯客观的现象罗列，缺乏马列主义的批判分析，政治上思想上都很贫弱。比如关于纠偏的作品，大都单纯地、过分地强调因“左”倾冒险主义而产生的消极因素，为了表现“左”，一定要有一个“二流子”式的人物，作为贫雇阶级的代表，“吃斗争饭”“不劳动”“不正派”等，使人看了可恨可憎。而对于消灭封建，土地改革的伟大成果，和贫雇农在这一伟大运动中的革命作用，则被冲淡，或忽略，甚至无形中否定了。当然，侵犯了中农，是错误的，不许可的，所以要自我批评，要纠正过来。但我们在“左”的消极现象方面，反映的倒不少，而积极的目的——纠正偏向后团结生产，和正确的自我批评精神，则十分不具体，没力量。

选择民主整党主题的作品，同样缺乏根据党的路线政策，加以批判分析。多数还是过分地、不全面地强调了党员干部的不纯部分：贪污、腐化、多占，作风不纯、思想不纯。把某些工作组在执行整党政策中的“贫雇路线”“踢开老基础”的错误做法，不正确地、固执地写成是农村支部的错误。因此就夸大了党员干部的消极和黑暗的东西，而对于战胜日寇，胜利地进行了伟大的爱国战争，消灭封建，领导生产运动，这些不应该在整个作品精神中忘记的东西，都很含糊，或者没有。这就很能使人怀疑：解放区农村史无前例的伟大变革，是谁领导的，从何而来的？文艺作品对社会生活现象，必须分清：什么问题是本质的，主要的；什么问题是非本质的，次要的。因此，批判我们工作中的缺点和错误，是十分需要的，绝不是叫我光说好不说坏，报喜不报忧。但应肯定：这是前进中的缺点或错误，我们是在热情与严肃地进行斗争，而不是眼巴巴地对着错误现象，呶呶不休。这是马列主义的现实主义的文艺创作方法，它是和小资产阶级看病不开方的纯客观主义的文艺创作方法的分水岭。这一立场和目的性必须明确。

二、党的领导问题

在数十万字的作品中，不能明显地看出我们之所以能战胜一切的根本原因，是因为有共产党的领导，这是一个天天在看，又为很多人所熟视无睹的问题。过去很多文艺作品忽略了这一点，今天也未被大家注意。

不少作品，都曾写了一个“工作员”，又都企图把这个工作员作为党的代表来出现的，但差不多反而写成了个官僚主义分子，在作品中，看不出他是代表战斗的共产党的。当作者在写群众发生问题写不下去发生障碍的时候，工作员就应时地出来“救驾”了：背诵几句政策条文，说两句党八股和现成的口号和政治惯语，就算胜利地解决了问题，很难看见他如何去深入了解群众思想，在群众中进行艰苦工作，具体地体现党的政策与主张。同时也很少看到：经过多年严重斗争考验的农村支部，如何领导群众斗争的事实。

中国人民之所以能翻身，是因有无产阶级的先锋队——共产党的领导，这是不可忽略的。

三、表现手法的两种偏向

很多作品，在表现手法上，不是脱离人物故事思想感情的生硬的、干巴巴的政治说教，就是离开政策指导的材料堆积。对现实农村群众的生活，了解和观察不深刻，不能从伟大的革命战争时代所引起的一切状态、思想感情、生活方式等去洞悉人民的灵魂。所以表现的人物，都是平板而不生动。政治思想，又不能从人物、故事的行动中集中表现，只能在生硬干枯的政治说教中来求解决，不少作品夹杂着长篇大论的政治训话，原因就在这里。另外是当作者无法写出新的革命人物时，就无中生有地，写一个十四五岁的，聪明伶俐，活泼捣蛋的小孩子，上通天文，下晓地理，总路线总政策，从农村到城市，什么都懂，吱吱哇哇在舞台上现身说法，作为剧中的理想新人物。一个小孩，天真纯洁，易信真理是可以的，什么都了解就太虚幻。可是这个公式主义，已变成流行病，从过去的太行剧团、人民剧团直到专县剧团，特别是这一次的作品中，出现了不少这类“小天才家”“小政治家”。这就使真实性大为减色。艺术没有真实性，是不会有生命的。

也有不少作品，完全或多多少少地，不从政治思想、政策思想的指导下，把客观发生的各种事件，加以批判分析，集中表现，而单纯地把许多表现现象，原封不动地搬到纸上去。什么事情也谈，什么事情也谈不透。不从各阶级的各类型人物、各类型干部与各类型群众，加以阶级分析，再集中表现，而是什么人物也有，什么人物也没有个性，作品本身又缺乏故事性。而这一切，恰恰又是在戏剧艺术中十分重要的。

文艺作品，要想同时解决很多主题，是很吃力的。这就使不少作品枉费了功夫。包罗万象，长篇大论，就把回答现实生活中某些问题的良好意图，使之落空了。

艺术作品，要求有生动活泼的感动力；生硬的政治说教，不容易产生良好的效果。不从马列主义指导下的现实主义的创作方法，集中典型来表现，就会使作品软弱无力。

四、前进面与落后面的表现，丰饶的风趣和对庸俗低级思想的处理

很多作者，没有正确地解决上述的问题，每每在写黑暗落后的东西，倒是兴趣横生，有声有色；而对光明与前进的东西，则如嚼破絮，枯燥寡味。如反迷信的作品，几乎全部是荒诞离奇的传说。白日见鬼，兴妖作怪的玩意儿，写得淋漓尽致，煞有介事，颇为突出，使人看了有阴风惨惨、鬼影憧憧之感。这类作品的题材，都从这两个方面来：一是历史传奇故事，如“河伯娶妇”“关公制周仓”“周仓整观音”等；一是农村中的神婆活动，怎样下神捉鬼，招魂治病，误死人命，最后是巫神坦白等，千篇一律，大同小异。一般都是以大部时间和篇幅来写这些，最后留根老鼠尾巴似的来揭破它，而这根尾巴，都是以闹个笑话的形式来结束。这类作品占全部作品的大多数。这也说明迷信是现实农村中亟须解决的问题。同时也说明作者对这类荒谬怪诞的故事，颇有兴趣。可是如此写法，在今天农村群众科学知识还不丰富的情况下，它的正面作用，远不如副作用大。人民剧团演出“红鞋女妖精”后，把许多小孩和勤务员吓得不敢上茅房了。

某些作品，庸俗的低级趣味思想是存在的。为了要逗观众发笑，无缘无故加个不必要的，与戏毫不相干的噱头，如母女在敌人“清剿”的逃难中，尽情地开玩笑。

战争如此严重紧张，哪来这样的闲情逸致？而且农村的母女关系也不自然。特别是关于两性问题，赤裸裸地在舞台上表现，这是十分低级的。写敌人对妇女的侮辱，不能正面来写，否则必然会使某些观众哄然大笑，绝不能增强群众同仇敌忾的情感。戏剧艺术上，越是粗野的侮辱，越要严肃地处理。无产阶级的文艺，是要求有战斗的崇高健康的文化生活，绝不能延展到庸俗的腐朽的堕落意识的笑话上去，特别在戏剧上，必须注意艺术的严肃性。

五、语言和形式

不少作品，在语言上形式上写得很好，唱词上，学会和汲取了民歌中的描写法、比喻法、衬托法，而且采用为群众所喜闻乐见的诗歌形式，但也有采用很狭窄的地方土语（地方土语在当地的演唱上，完全有必要，但对一部作品来说，则至少应有相当的全区共通语言，否则就限制了作品的推广），也有俚俗语的硬套。有的作品，写的是中国形式，但夹杂着半中半西的生硬的欧化言语，使得作品在情调上不和谐，念给群众听，会感到不熟悉。通俗作品，应该使群众能听懂，通俗的诗歌，我以为必须是能上口的。

有的作品（戏剧），存在着戏剧八股，公式主义，收场必定是个大合唱或大齐唱，而又必定是秧歌舞，而唱词必定是“毛主席像红灯”“共产党是救星”等。故事的发展，不一定最后是个大合唱，或大秧歌的插花舞；毛主席和党是应该歌颂的，但应采取与群众切实相连的内容和语言形式来歌颂，缺少这一点，就不自然了。

六、旧剧形式的历史剧创作

作者一般对历史材料了解研究还不够，缺乏正确的历史观，也有歪曲了历史的（如果是用历史的唯物主义去改正过去为统治阶级所歪曲了的历史，是可以而且应该的）。在写作上，还仅仅限在形式上地套来套去。写农民起义的史料，和其他的帝王将相在舞台上的出现，是一模一样的，只是换了个名字而已，不能写出历史的真相与因果。而且有很不合情理的现代语言，如“反对帝国主义”“解放人民”“反封建”等现代政治斗争口号出现，这是不妥当的。我们不能把历史死去的人物，硬拉到现在来活，同时也不能把现在推到数百年前的枯骨堆中去。我们写历史剧，是要从历史上记取教训，而不是以现在的政治斗争来修改它，而且也是修改不了的。

综上所述，可以看到：我们对党的路线政策不了解，理论水平还很差，现实主义的创作方法，还不熟悉或缺乏明确理解。因此，我们有的作品，还未能达到政治上、思想上崇高丰富的境地，也有很多是技术上和经验上的问题（如缺少舞台经验，创作剧作就有困难，但多写几回就可以克服的）。我以为提高政治理论水平是根本的，因为如果进行文艺创作，不了解、不研究党的路线和政策，很难正确反映人民之所以胜利的根本原因。

如作为群众性的、业余性的文艺创作来说，成绩是肯定的，并值得表扬。但要作为作品，是供给群众看或听的来说，就需要提出来，因为观众不管你群众性不群众性，业余性非业余性，他是从作品的演或唱上，直接感到完满或不完满的。

以上提出的问题，不一定对，只是把感觉提出，作为参加创作的同志共同来研究这个问题的一块引玉之砖。

（原载《人民日报》1949 年 1 月 10 日）

谈文艺创作中的几种倾向

◎ 阮章竞

一年来，我断断续续地读过河北、山西、平原、察哈尔的文艺刊物和一些别的文艺作品，五百余篇，将近二百万言。这些作品，在相当程度上，反映了华北人民由战争胜利、土地改革结束转入和平建设时期新的社会生活面貌。我们的文艺园地上出现了很多有希望的、有才能的、密切联系群众的年轻作者。

新的主题，已在许多较好的作品中出现。反映工人生活比较突出的有石家庄铁路工人魏连珍的剧本《不是蝉》，山西陈志铭的小说《一件意外的事情》（《山西文艺》创刊号），张培洪的小说《团结就是力量》（《山西文艺》一卷二期）。反映华北农村新的生活的有谷峪的小说《新事新办》（《河北文艺》五期），李束为的短篇小说《春秋图》（《山西文艺》创刊号），李方立、王云波的小说《余粮》（《平原》一卷六期）等。这些主题，已不是只停留于反映过去的痛苦，而是着重地描写今天如何愉快地建设幸福的祖国。这些作品绝大部分是新的青年作者写的，有的虽然写得并不完美，但应该承认，这些作品都是相当真实地反映了现实生活，具有一定教育意义的。

从总的情况来说，有较高的思想性艺术性的作品还不够多。我们在创作上还存在一些问题，人民在要求我们改变这种状况。

所谓“化装宣传”与“不解渴”

我们的某些作品，还不善于从人民的真实生活中，去阐明党与国家的政策，而是借某几个人物的外形，概念化地去讲解政策。有些戏剧或时事政治诗，政治名词术语太多，很少表现人民的真实情绪和语言，缺乏深刻的说服力，因此群众评它为“化装宣传”，感到“不解渴”。

我们国家的政策是符合全体人民的最大利益的。现实生活面前摆着很多问题，群众要求我们正确地解答，只要深入现实生活，深知群众的内在要求，以政策思想指导群众行动，群众是会接受的，而不致感到是在“化装宣传”。可惜我们有些作品，表现出作者是不熟悉生活，不熟知人民的思想和要求的。不但如此，作者有时也并不了解政策，如有些作品笼统地反对一切剥削。华北绝大部分地区土改完成，社会生活安定，人民热烈地要求生产发家，要求提高技术，要求在新的生产条件下组织起来。这是广大群众的内在要求，群众要求领导，要求正确的回答。但我们的许多作者不会正确地观察新鲜事物，不会深刻地了解群众真实要求，还在写《农民苦》之类的作品。难怪农民说：“老是诉苦倒苦水，谁过去没有段苦？”让人觉得腻了。有几篇写组织劳动力的作品，仍停留在多少年前克服劳力、畜力不足的原始状况，不知道今天的劳动力的组织已有了更丰富的新内容，如要求改良技术、运用新农具、科学方法除害虫、发展生产等，因而引不起群众的兴趣。

不可否认，我们有的作品对群众所迫切关心的新问题，仍未给予足够的注意。人民渴望更多的有一定高度水平、创作态度严肃、充满现实战斗意义的作品出现。人民不满意当被现实斗争逼得走投无路，我们才出来“应景”一番，潦潦草草、马马虎虎地凑上个《保卫和平》《生产发家》《生产自救》。“补补空白”“有比无好”的创作态度必须克服。当然，描写过去的伟大斗争场面，而对更好的将来指出远景的作品，特别是描写革命战争的作品，还是十分需要的。但不能因此而关起门来创作，应当经常和生活保持密切的接触。然而，我们有几篇这类的作品，也写得很草率，革命人民的战斗气息和群众语言都不够饱满。这也说明我们过去和生活联系得是不密切的。今天如果再脱离现实斗争，将来也不能了解今天。脱离现实，是不能理解历史的。

“锄地、抡铁锤”与“小家庭”

老区的农民看罢我们的戏后说：“看见的净是锄地，有什么意思？”工厂的工人听罢歌咏晚会说：“在车间成天机器轰隆隆响，看戏听唱歌也是机器轰隆隆响，唉！”我以为，我们应该接受这个批评。很多写生产的作品，只是写生产过程和数目，像篇成绩报告书，不能发掘到生活思想的真实活动，这是一般的缺点。写农村的不应该只是开生产会、订计划、开荒锄地；写工人的不应该只是机器房、抡铁锤。艺术作品不是外形摄影，而是描写人的生活，写人对事物的思想和态度。作品没有思想批判，思想性就低，教育意义就少，不能感动读者（观众）；作品没有艺术加工，只是生活外形的记录，不能使人喜欢看。文艺作品，是不能命令人硬着头皮看完的，应该是使人不能不看才好。

写人民新的愉快生活是非常必要的。但各地的作品，太多地出现《小两口订计划》《夫妻竞赛》《夫妻顶嘴》等。绝大多数在作品中插上个笑话，闹个玩儿，逗个乐儿，最后是转嗔为喜，歌唱几句感谢领袖、感谢共产党和人民政府，就算心满意足了。把如此广阔的新社会生活，锁在一个小生产者的小家庭里，这也是作品缺乏思想性的表现之一。新的家庭幸福生活，应该写，但作家的任务，还应当引导群众走向更高的、有美好前途的理想生活上去，需要以先进的阶级思想教育农民。而这些作品的思想，恰和目前某些农村革命队伍中的落后分子的思想“三十亩土地一头牛，老婆孩子热炕头”同出一辙。“天下太平，无命可革了”，满足于狭小的天伦之乐，忘记了祖国交给我们全体人民的伟大任务。缺乏积极的战斗意志，这便只能引导人们“滑坡”，而不能鼓舞人们前进。

“人民经过长期战争的紧张生活，现在应该给人民以愉快”，今年在创作问题讨论中，常听到这句话。如果以此去提高思想水平与艺术水平，克服形式主义，就是积极的；如果错用它去追求纯粹个人的享乐和庸俗的滑稽，那就是消极的。新现实主义应该是充满新鲜愉快的风趣、充满天真的笑容，对生活充满无限的乐观。前进的诙谐，是从活生生的生活中，自然而然地产生的，和矫揉造作的庸俗噱头有原则性的区别。

中华民族是一个勤劳勇敢、充满智慧的民族。我们应该描写这些高尚的美德。华北的劳动人民，在祖国的解放事业中，像神话中的巨人似的，做出了伟大的贡献。我们要写他们，写我们祖国的新人，因此我们是不许把他们写脏的！但还有少数作品，还未注意到这一点。常常为了逗个乐儿，结果把健康主题弄脏了。如有一篇写农村新生活的诗作，写得很好，但最后写道：“老两口越谈越高兴，老头觉得身上有点刺痒。急忙脱下大棉袄，开言叫声孩子他娘，我拿拿虱子你替我挠挠后脊梁。”这就是不恰当的。我们编辑部的同志们，应该帮助新的作者工作，帮他们改改，或提出意见，就会减少这些过失。关于妇女的“小脚”，这个已经过去的黑暗时代加在我们一些姊妹身上的创伤，早已脱痂了。但有几篇作品还在提它。有一篇作品写得很好，但作者为刻画主人公的保守思想，在他的头上出现一小根辫子。这些都是错误的。

“老一套”与“僵化的形式”

翻开近五年到今年的文艺书刊报章，看见不少的什么《拜年》《四女（或十女）夸夫》《识字牌》《二流子转变》《劝懒汉》《光荣花》等区别不大的作品。还有歌颂新英雄，最后必定是颁奖大会戴红花，听了开台锣鼓，就知道将是如何煞尾收科。赞美新时代的诗歌中，过多的是《红花》《太阳》《红旗》《胜利》《前进》《万岁》《锣儿鼓儿》《加油，努力》《唉噢咳嗬》等。人民的大时代在突飞猛进，人民的奋斗生活广阔无边，人民的语言丰富美丽，但我们在作品上表现的情绪和词汇，太单调狭小了。不是说这些东西不应该写，“红旗”“万岁”等字不可以用，而是应该根据人民的生活感情，写在必要的时候。

许多说唱词上，开头一定是段《西江月》，或“弦子一拉嗡嗡响，老乡同志们坐两旁”“撇开闲言书归正，打起鼓板开正封”，接着从东到西，从天到地，古今中外，“不说这”“不表那”的一大套提纲引子，枉费周章，半天才书归正传。每篇不知多少“听心间”“把话明”“表其详”“为哪桩”“地溜平”“明理端”；还有类似“暗愁惨”“院当阳”等衰老腐朽的奇言怪调。把新鲜活泼的生活内容，埋在一座古坟里去，这是很可惜的。有的过于迁就旧形式，不加批判地套用陈旧的词句，把工厂的女工模范，写成“两道眉弯秋月样”“唇如丹朱牙赛玉”，还有的写“走路像杨柳遇见了风”等，把新的劳动妇女，装进古画框子里去作病态美人来欣赏。写我们的战士是“头戴一顶什么帽，什么皮鞋脚上蹬，身上穿着什么装，牛皮战带系腰中”，几乎是神奇小说里的二十八宿。把我们中华人民共和国的英雄这样来写是不恰当的。要学习人民的传统形式，要尊贵民族遗产，但应以新的生活思想语言去创造、突破它，扔掉已经僵死的部分，把它变为充满朝气的、战斗的青春的形式。

任何一件工作，不用脑子是做不好的。创作是需要艰苦地用脑子，是需要艰苦地去熟悉生活。技巧是从生活中提炼加工来的，用现成的形式去套、去模仿，是方便，但是低级。文艺作品是要创作，不是要模仿，开头创作得不好，幼稚点，不要怕，每个人的成长都有个幼稚时期。可怕的是千篇一律，没有进步。

我们都是在学习写作,存在上述的缺点并不奇怪,只要我们知道了,就能克服。人民在热烈期待能产生“解渴”的好作品。人民需要我们，党和政府都在关心帮助我们，我们的工作需要提高一步。

（原载《人民日报》1951 年 2 月 4 日）

群众对诗人的要求是什么

——1958 年 8 月 3 日在《诗刊》编辑部座谈会上的发言

◎ 阮章竞

我在工厂里看到了诗歌“大跃进”。不但群众写，一些从前不大喜欢诗，或不大注意诗的干部，也纷纷写起诗来。有的人还经常到我那里借诗人的诗集看。在社会主义大生产中，群众写了许多好诗。他们觉得现在的诗人赶不上群众的蓬蓬勃勃的社会主义气魄。有人说，群众创作比诗人的还要好。什么人都喜欢诗，这是一个多好的时代，多好的条件。我在一个厂里看到党委书记、厂长、工会主席等（都是老干部），有的过去不注意文学上的事情，现在都关心了。

刚才有的同志说，现在的民歌，还是绝句，还不能表现更复杂、更细致的生活，在技巧上，还不能写出更长的诗。我的看法是这样：人民群众向着伟大的理想在进军和战斗，他们把自己的创作——诗，作为进军的战斗令、战鼓和号角，因此群众写的诗是在战斗中写的，诗的本身就是战斗的武器，“长诗”将来会出来的，也会逐渐提高，经验也会更丰富的。工厂里贴出的诗，常常是在一个晚上，或一小时乃至几十分钟内赶出来的，很快就在大字报上看见。宣传总路线的时期，一个小工厂，一个晚上就出来几百篇。这真是了不得。他们有社会主义建设的英雄气魄和豪迈的乐观主义。对于诗人的作品，凡是大胆地体现了革命气魄的，他们就喜欢；对于那些雕雕琢琢、扭扭捏捏、拐弯抹角的东西就不喜欢。群众喜欢有力的诗句、革命英雄的语言。他们希望诗里有汽油，有原子，有电。希望从这些热能中看见绮丽的光。在这些要求里，可以看出群众对诗人的要求是什么。

群众对诗的形式也是很注意的，我们的诗要走群众路线，要深入到群众中去，就不能不考虑这个问题。现在的工厂中的诗歌爱好者，有一批新的技术工人，很多是中等技术学校出来的，都有高中文化程度，一般技术工人都有初中文化程度。

这些人都是解放以后培养出来的，可以说是知识分子。这些同志中也有人喜欢写我们现在的那一套，语言方面也很像知识分子，但内容跟我们的不同，他们写的是他们的生活和斗争。但更广大的工人群众，比较喜欢有韵律的，如民歌体的诗。许多工人都提出他们不喜欢“楼梯式”的诗，说这种诗看起来很费劲；还有，群众拥护诗中加标点符号，因为可以帮助阅读。这些问题，我们是应该考虑的。

《诗刊》应该选登民歌，刊物要到群众中去，要反映群众的社会主义建设的革命愿望和创作需求，这也是改变诗风的重要因素，并从中会发现有才能的、从人民群众中产生的诗人。不然刊物就会犯错误。各地民歌很多，《诗刊》是全国性的刊物，可以选得广泛一些，也严格一些。

群众喜爱民歌，诗歌工作者必须重视这个问题，我们应该对民歌进行学习研究，《诗刊》应该来做这个工作。为千百万人民所拥护的民歌，就是诗歌的主流，就是为工农兵服务的诗，避开这个主流怎能为工农兵服务呢？当然我刊不排挤自由体，我们可以竞赛。

有人说民歌有局限性，认为它不能表达雄伟的生活。这是完全错误的。看今天人民群众在大生产中，用民歌表现出多么壮丽的时代气魄。有的同志说在下面领导宣传工作的同志对民歌的意见有些偏激和不够全面，这都可以考虑；但不管如何，这些同志的确反映了广大人民的意见，代表了广大群众的要求。现在诗人赶不上时代，除了诗风问题之外，是不是在感情上存在着落后于时代的问题，有些工人写的诗，气魄之所以那么大，主要是因为对祖国和人民的事业爱得深，对他们自己的生活、工作爱得深。他们敢这样想，敢这样做，敢唱出冲天的战歌，藐视一切困难。所以我认为对人民事业，首先要有深厚的爱，才能有人民的情感。只是为了要写诗而写诗，是无法写好的。

关于民歌的字数问题。现在大多数是五七言的多，我认为主要是它形成的时间比较早，同时因为节奏清楚明朗，也比较好记，一般的四句六句，都能够套到一些民歌里面唱。有的同志说像“我来了”这样的句子是自由体，我认为不对。我始终认为它是民歌，它是冲破了原来的形式(破格)。这里面还有一个语言问题。诗的语言很重要，如果语言不是中国气魄和人民的语言，而是学生腔，或受到外国影响的语言，就是五七言，还不是民歌。为什么群众喜欢民歌，语言简练、准确、生动是一个很重要的因素，它不拐那样多的弯，单纯明快。有一首陕西民歌，只用了五句话就说了三个时代。中国古代的民歌中有这样的好东西，古代诗人学习了人民的好传统，所以气魄很大，像翻江倒海一样。我看到的外国诗人的作品，很少有李白那样好的浪漫主义的宏伟的气魄，我说是比较少些，不是说完全没有，我认为新民歌中的优秀创作，同中国的民间传统、古典诗歌传统很有关系，所以民歌和古典诗的传统结合问题值得我们好好研究。

很多人不满意自由体的原因是它采用了长短句，我觉得主要问题在于知识分子味儿太重，自由体能不能用真正的劳动人民的话来写？我觉得是可以的，问题是现在的自由体的诗中的确有一些词汇是我们一般劳动人民所不能接受和不习惯的，所以长短句是可以的，主要看你的语言是不是劳动人民的语言。就是将来的民歌发展的结果也不一定都是五七言的，实际上已经早有长短句。许多新民歌已经冲破原来的样子。时代在发展，诗也在发展。

中国的诗同音乐、同画都很有关系。

中国民歌和古典诗由于中国语言的独特性，有颜色，有音色，一些民歌和古典诗一读起来，就觉得充满画意和音乐旋律。

谈到自由诗究竟怎样创作，有很多问题需要研究解决。但我主张广大群众喜欢的东西，我们就要向这方面努力！去学，向民歌学。

（原载《诗刊》1958年第8期）

读《白杨颂》

◎ 阮章竞

要我对读过的诗说点意见，我常常感到茫茫然。议论诗，似乎是要懂得诗。可是，我很不懂诗。如果以为我喜欢诗，也多少写过一点，就懂诗了，这全属误会。一个普通的会计，虽然会算账，但是，不一定是数学家。这绝对不是故作玄虚。我自己以分行排列写的一些文字，就不知道它到底算不算是诗。

如果是一个有名的诗人的作品，很快被有读者信任的评论家评介，有了个基本调子，跟着做文章，似乎好办一些。但是，我不知道评论界过去对雁翼的诗作评介如何？手边没有这样的材料。这就充分说明我对诗歌运动是如何不关心了。这次作家出版社出版一些诗人的诗集，让我看看《白杨颂》，要求看过之后，多少说几句话，我更感到茫茫然。从自己的经验体会，常感到挑剔容易作诗难，苦思十天半个月，也写不出半句好句子。所以，当看到别人写出一首好诗，觉得真不容易。第二首也和第一首同样好，更觉得不容易。作诗是件快乐事，也是件苦恼事。自己都做不到的事，要求人家做到，能够么？既要有鼓励，又要有要求，这是谁都同意的；但是，要说出个道理，就难得很。也有这样的情况，当自己看到别人的评论文章，说好的话多，自己觉得：幸亏看到这篇文章，否则就看不出还有那样多的优点。可是有时在背地里又听到评论家说“这不是我心里的话”，自己又糊涂起来，感到说好话还是较容易的，真要挑剔出个道理，并不简单。不然，为什么在背地里要追加这样的补充呢？因此，“挑剔容易作诗难”这句话，就不能存在了。作诗是苦事，写评论也不轻松。我想，最自由最愉快的办法，是说自己的认识，无非是：这些好，这些不好，或者不够好。我就本着这个宗旨来读、来谈《白杨颂》。

从《拂晓时分大雾茫茫》起，我随着诗人的歌声，听着远方的稀稀拉拉的枪声，越过黄河、冀鲁平原、长江，又折向西北，跨过渭河，越过秦岭，翻过蜀道，进入康藏高原。我重温着在夜雨中行军，在寒星下露宿，在黎明前出发的第三次国内革命战争时期的生活。诗人随着我们的军队，歌唱着这条“弯弯曲曲，忽东忽西的赤色道路”。在这条赤色的道路上，我们看到为迎接祖国黎明，用自己的鲜血洒红渭河桥的老游击队员的身影；也听到“在灾难中孕育，在胜利的时候诞生”的新生命，向世界报到的啼声。这些革命战争的实况录音，现在听起来，仍十分亲切；婴儿诞生所引起的欢乐和笑声，栩栩如生地表现了人民子弟兵的可爱形象。集子中常出现的白杨树，使我看到可爱的冀鲁豫平原，这表现了成千上万南征北战的冀鲁豫健儿，对故乡、祖国的热爱，对人民的怀恋。像在《白杨颂》《黄河帆影》里所反映的人民与军队的骨肉恩情，在老革命根据地里，是数不尽、写不完的。如那个辛苦访问不到的子弟兵母亲，望穿秋水而寻不见的老渔人，都能引起每个老兵的怀恋心情。在大雾茫茫中，燃烧起来的复仇之火，在暴风雨夜里，撒起追歼敌人的天罗地网，都是一些有声的历史镜头。

从这些诗中，我们听到革命士兵的心鼓声音，听到胜利进军的步伐节奏。

从一个普通的农民孩子、八路军“小鬼”、战士、宣传队员到诗人，这是雁翼的经历。因此，从他的诗中，常常灌注着士兵的感情，如果没有这个经历，有些诗是描绘不出这种色彩的。当然，这个特色不是光他一人所有，而是许多从部队出来的诗人所共有。但是，不管是谁，有这种特色，都是极可贵的，希望它永不褪色。

沿着人民革命胜利进军的西南战线，从娄山、大渡河、岷山，这大块交织着二万五千里长征的英雄足迹和中国人民解放军鞋印的地方，随着诗人来回驰骋的歌声，我听到改变祖国山河面貌、摇天撼地的爆破巨响。诗人描下秦岭的巍峨、蜀道的险峻，绘下嘉陵江的涛声、长江的云雾、山城的辉煌灯火。在这一幅社会主义建设的长卷里，诗人回顾古代的陈迹，展望今日的巫峡灯标，豪迈地唱出：“三峡，诗的故乡，我伟大民族的艺术长廊。”而震荡千古人心的难于上青天的蜀道，猿猴不敢攀缘的峭壁，在今天的开山者、筑路大军的手下，变为通途。诗人唱着“看车轮滚滚，驶向阳光灿烂的高处”。在三国时代将军的故垒上，盖起月台；在沉埋着古代征战的矛头箭镞的江河之上，架起大桥，开出又一道崭新的艺术长廊。

在这条英雄时代的长廊里，诗人速写下无数开山者、老游击队员、解放军战士、猎人的肖像。

在这些肖像里，有的画得很好，如在《钢的幻想》里，诗人看见了世界上最热最强的钢，它不是钢锭，而是制造钢铁的工人阶级；他生动地刻画出冶炼工人的英姿。

在《访石棉县》里，诗人给人们展开一幅神奇的真景：

看那千座高山，/山山绿翠如玉，/座座都是棉桃，/藏在云雾里。

富有诗情的意境、真实而又形象化的比喻，造出一幅晶莹如玉的浮雕。这就是我们祖国的瑰丽山河。在这些层峦叠嶂的云山里，进行着伟大的建设。这是诗人在人民凯旋的道路上所唱的新凯歌。

雁翼的诗作，我没有全部读过，但是，从这个集子里，感到有时代的感情、时代的气氛。我几次读了集子之后，感到诗人像个侦察兵似的探索着道路前进。而这条道路，在诗人的前面仍很艰巨。我每次读后都有这样的印象：诗人在离开部队前后时期的诗，感情要深一些，但这个时期有些作品，或某些诗句，读起来，感到太冗长，语言锤炼不够。有些很好的意境，被重复的、太多的细节描写填塞着，如《黄河帆影》，诗是富有诗味的，但总觉得第一个章段的头一节，还嫌过于繁。这个章段共三节二十句，头一节诗人已在河边望着洪流寻找帆影，而第二、第三节仍是重复着头一节的内容。第二章段的头几句，似乎过多地写细节，没有在造成气氛之后直转到“黑旗”故事上去。也许是我的偏见，我想，诗不着重在琐碎繁多的描写，而贵在以最大的概括集中，能引起深刻联想的有声有色的意境，尽可能以最经济、最准确又富有节奏韵律的语言，来表现诗人的情怀。俗语说：“花多眼乱。”诗要实中有虚，虚中有实。选择景物，必须要对抒写情怀有用，或可作烘托。归根结底，是托物咏情，而不是见山写山，一草一木不能遗漏。

我想，不论什么形式，自由体也好，格律体也好，诗，大概是和散文应有区别。集子中有些诗，从文字形式上看是诗，读起来，听起来，却和散文差不多。说几句离开这个集子的话：我在看诗的时候，有个问题长期不能解决，就是：诗，能否做到看也好，读也好，听也好，都能立刻让人感到是诗，而不是散文。能否像听唱歌一样，一听就知道这是男声，那是女声。

诗在运用语言上，我想，是要经过很好的选择和锤炼的。有人说这是“雕琢”。我想，锤炼者，除渣去杂取纯也。“雕琢”者，施脂抹粉掩丑也。这是两码事。钢铁需要经过选矿、火炼，才能达到优质产品。我想，除了“天才”之外，一写就成好诗、佳句，总不是人人所能的。要炼好诗的意境，表现得好，诗人靠语言。要选择既能生动准确地创造意境，又能完成诗的特殊要素——音乐性——的语言。就整首诗来说，要有回旋的音响（协调的韵脚）。

只求辞藻美丽，装腔作势，搔首弄姿，以此来掩盖感情空虚，这才是诗的“癌症”。

诗中可省可不省的字，应省去，如《黄河帆影》中有“从战友的手里拾起来刀枪，/端着枪和冲上来的敌人肉搏”，“端着枪”三字省去反而更有劲。类似这样的例子，我看都可考虑。《小白桦树》中的“那时候，我们的子孙和桦树林，一起迈起阔步，走进工厂矿山城市和农村，把共产主义建设的任务担任”，意境似乎不错，但是，总觉得桦树和人一起迈步，这个拟人化境界，并未造成，因此就会感到不可能。如把它和《路的歌》里的“仿佛沙漠一下不见了，红旗领着绿荫漫卷而来”比一比，觉得后者动人、深刻，形象也美。

诗人随着大生产的民歌运动，诗风也有了变化，诗意、语言都较明朗简洁。曾听雁翼同志说过，在部队做宣传工作时，为了工作需要，曾写过、唱过坠子书。我很重视这一点。但从诗人一开始写诗（我是以这个集子作依据的，诗人其他前期作品未看过），没有有意识地沿着这一点向前发展。如果我没有猜错的话，似乎是个损失。所以，看到诗人近年来，有意识地向民族的好传统学习，我觉得值得欢迎。当然，诗歌道路无限广阔，学习不等于非照着那样的形式写不可。汲取传统诗歌的好营养，大胆地创造发展新诗，使诗更富有民族性，更易于接近广大群众，我想，总是好的。

雁翼同志是勤奋写作的诗人之一，他的诗，有优点，也有缺点。有士兵的热情，也有知识分子的腔调。有的诗，气氛情感不连贯，用意用字不够准确，或不够干净。有些诗句还很粗糙。可是，话又说回来，每首诗，每句、每字都使人满意，天衣无缝，谁都难做到。何况我们这些在文化上存在着先天不足的状况的人，只是在党的培养下，刚刚学会写两篇文章。任何果子开始都是青的，味儿也涩。只要果树根扎得好，果蒂长得壮，经得起风雨，总是要长成的。只要保持并且发挥革命热情，不知疲倦地学习，不会没有收获的。

我是个爱诗不懂诗的人，不可能说出诗的道理。只是和诗人同辈，说点印象，谈点感想而已。创作中的甘苦，常常不易为评论者所完全了解；作者苦心经营或有意如此安排的地方，常常不易被评论者赞同。同样，评论者的要求，不一定对作者就有帮助，只是一种交换意见罢了，作者可以听，也可以不听。至于读者对作品的理解，更多是从阅读中得来，决不会因为评论文字的说好说坏，影响到对作品不能做出公正的评价。

1962 年 9 月 26 日

（原载《诗刊》1962 年第 6 期）

与青年朋友讨论儿童文学

◎ 阮章竞

《中国少年报》和《新少年报》要我和一些中青年儿童文学作家、编辑，谈谈我对当前七岁到十岁、十岁到十七岁的儿童少年文学作品的想法和要求。我讲了以下的意见。

一、21 世纪的灵魂工程

我国实行对内搞活、对外开放的政策以来，取得了世界瞩目的成就。全国人民，正意气风发地迈向世界先进民族之林。人们思想十分活跃，文学思潮汹涌澎湃。教条主义、闭关自守、夜郎自大的鸵鸟精神，受到前所未有的冲击。这种泼头盖脑的冲击，使人们的头脑从迷迷糊糊的半睡眠状态中，清醒过来。这是多么好啊！

用共产主义理想武装起来，经过无数革命先烈艰苦奋斗、流血牺牲而铸造出来的新中国，产生了不少反映这个伟大时代的优秀作品，而儿童文学则是它的重要组成部分，但还远远不能满足广大读者的要求。我常听到这样的议论：这样伟大的时代，理应产生更多、更感人、经得起时间考验、震惊世界的包括儿童文学在内的好作品。我们有这样的能进入世界文学宝库的作品。但我们也有以“伟大的谦虚”自诩而妄自菲薄、评价过低，不轻易做主动的、有意识的介绍。中国文字独特，如果没有我们少数翻译家的辛勤努力，没有外籍华人和懂得中国文学的外国学者帮忙，恐怕中国的儿童文学作品传入世界的会更少。再加上我们努力不够等，这些可能都是原因。除此之外，是不是还有另外一个原因：创作上的清规戒律太多，使作家不敢解放思想，创作不大自由，因而无法展开想象翅膀，创作更多的好作品呢？

今天好了，作家有了创作自由。这真是来之不易啊！

但是有了创作自由，并不等于作家可以随心所欲，爱写什么就写什么。作家是负有神圣时代责任的。说创作是“作家创造自己的心灵世界”“创作不需要主题思想”，我却从来没有发现过这样不食人间烟火的作者和作品。相反，每篇作品都反映了作者的人生观、情趣、理想和信念。作品会告诉读者，不管作家本人承认不承认。

今天的中国作家承担着建设具有中国特色的社会主义国家的任务，我们有理由希望通过他们的作品，去影响、帮助读者树立坚定的共产主义信念。外国作品中，多少“上帝”“主啊”“阿门”等词句，多少祈祷、划十字的描述。在我国现代的作品中，完全不出现共产主义、社会主义、爱国主义等的词，这是不可能的。近年维纳斯、丘比特那么多，而对我们军事题材中的英雄人物，一见就那么反感，是什么思想感情？靠用政治概念、宣传标语来进行创作，恰恰证明作家本钱不多，缺乏扎实的生活基础，缺乏丰富的群众语言库存，因此，也不可能写出感人的作品。

当前文学思潮十分活跃，不少理论主张很发人深思，值得探索研究。但是也应该结合中国实际，文章起码要言之有物，中国人能看懂。我的文学基础先天不足，老实说，当前有些高超的理论文章，我就越读越糊涂。提倡者光暴跳如雷，拿着“不懂”两字回掷像我这样的读者，是打不开头脑的。我读文章、看戏、听唱歌，不管什么主义、流派、体系，主要通过作品给我的感受、引起的共鸣来判断它的思想价值和艺术价值。理论能启发读者对作品的认识或加深认识，也能促进作者自觉地去探索、追求，产生更完美的作品。但是，虚玄、朦胧的理论，也会使读者、作者越读越糊涂。都说我们正处在开拓的时代，生活节奏越来越快，做文章的人就更要珍惜读者的时间。那么写得明白易懂一些，让青年更多点工夫去跳“迪斯科——八十年代不可缺少的精神补品”嘛。

作为创作方法、美学原则，任何一种创作体系、主义、流派，都是相互影响、相互渗透的。每一个成功的作品，总要有作家的想象力、心灵寄托。通过想象达到艺术的美，进而也反映了作家内心追求的世界的实质。写给孩子们看的文学作品，更是寄托这种艺术美和心灵追求。没有想象、没有心灵追求的作品，至少不是可读的作品。

二、儿童文学的社会责任

我认为，当前在各种文艺思潮、主张、体系争新斗奇的情况下，儿童文学，许是块比较干净的领域，但它绝不是真空地带。应当注意那些无批判地模仿西方生活方式、财神万岁的思想，对儿童少年的严重影响和腐蚀。

在思潮竞涌的情况下，有人利用创作自由，出现了一些思想低下、格调庸俗，甚至以低级趣味迎合不健康心理的东西。我说儿童文学阵地，虽然是块比较干净的土地，可是我们都知道，仅仅靠儿童文学作品，是不能满足少年儿童的要求的。这些睁着一双双好奇的眼睛，窥探世界的儿童，传奇、武打、斗殴、恐怖、色情的小说、电影、电视、小报、刊物等，都在影响他们。

还有社会、家庭的影响。社会上的不正之风，严重地影响青少年们对党、对新社会的信任。他们所见到听到的一些现象，你还很难用主流与支流、本质与非本质的道理来说服、教育他们。还有“劳动皆下品，唯有做官高”，好逸恶劳，不愿过艰苦生活，财神万岁观念，对独生子女的溺爱等，无不在影响少年儿童的身心健康。

我为什么谈这些问题，因为今天的七岁到十岁、十岁到十七岁的儿童少年，就是明天21世纪各条战线的主力军。他们是祖国未来命运的主宰者。儿童少年时期是可塑性很强的阶段，可以捏成这个样子，也可以再捏成另一个样子。我发现，后代到了十八九岁、二十岁以后，很多事，说服教育更费力气。从人生过程来说，二十五岁左右是异光闪烁的时期，很多科学家、发明家的成就都是在这个年龄段出现的。

现在有些青年儿童文学作者，不承认或者干脆反对儿童文学作品负有教育任务，认为文学作品，不是思想政治工作手册，反对作品要有主题思想，认为作品只是作家个人的心灵反映，反对熟悉儿童生活、儿童心理，甚至反对从文学中人为地分出儿童文学品种。世界在发展，文化科学一日千里都在发展，没有创新就没有未来。创新理论，解决新问题，发展新事物，这是人类的希望。我就很希望在今天，写出比孙悟空更受儿童少年欢迎的神通广大的人物形象。新的科学理论，靠成果来证明；新的创作方法，用作品来证明。在学科上、文学上，不靠力竭声嘶的叫嚷，而是靠成果、靠作品、靠对人类世界的贡献。

三、我对儿童文学的要求和希望

我认为，儿童文学是要考虑小读者年龄、心理和兴趣的。儿童从认得母亲的眼睛开始，就一直以纯真、好奇的眼光在观察世界。因此，对儿童文学创作的要求，不同于成人读物。

人老了，常常会想起儿童岁月的幻梦，还可能会幻想回到妈妈身边去。齐白石晚年作品，不少是回归童年，甚至画风都充满天真稚气。尹一之同志看过齐白石作画。他说："我看见他作画，简直像是小孩画画。"我说，可贵就贵在这个天真的地方。许多儿童文学作家、画家都有这样的例子，我也有此体会。不少事十分可笑，但是就在这些可笑的幻梦中，让我认识人生。我每为儿童写东西，一定会回到孩子年月里去。这时，我返老还童了。就是说，是把自己成人后的阅历，经过理性的思考，写出来交给现在的儿童。处处是用孩子的目光和心理在观察、分析现实世界。我常说这种情况是"返童"现象。

用孩子的心理、孩子的感情、孩子的语言，不用或少用大人话，不用或少用书面语。政治词语可用，但最好通过形象化手法表达出来。要考虑孩子的年龄使用文字。根据儿童的接受能力，从而逐步提高文字水平，使他们随着你的笔锋开拓视野，看到更远的远方。

儿童文学家是要把自己的心灵世界袒露给儿童，影响儿童的。所以创作是件非常严肃的工作，不能掉以轻心。

如此说法，我认为儿童文学创作有个要告诉小读者什么的问题、要他们了解到什么的理念，用作画术语就是"立意"。

儿童文学，要有稚气，要生动，要有感染力，更要有风趣。反面就是死板、呆板。我写给孩子看的东西，虽然不多，但我每个东西都要先读给孩子听，从而观察他们的接受程度和反应。凡是孩子听了不笑，也不动情（如喜欢、同情或害怕），就是感到这个东西没有味道。孩子是最坦率的文学批评家。如果这样，你最好是重新写。让孩子先听听你的作品是很重要的。

儿童是希望人生美满，希望有结果，有结果是对孩子希望、信心的回答和支持。特别对幼儿，我写东西没有不考虑这个问题的。

孩子热爱生活，爱看好看的东西，作品一定要写得美。既要单纯，也要色彩斑斓，但不要庞杂，像调色板那样，乱七八糟。作品既要像幅好看的图画，也要像一支好听的歌。儿童诗的音乐性很重要，儿童小说故事的回环性似乎也很必要。我写《金色的海螺》时充分考虑了这些因素。

儿童短诗，明朗、清丽，不拖泥带水。有画，有音乐，都是不可少的。

人都常以为儿童文学比大人看的作品容易写，简单，浅显。我说不然。儿童文学难写，责任更重。深入浅出的东西本来就难写。没有童心的人，不要写儿童读物。儿童文学家，本身就是个大孩子或老孩子。

今天的儿童少年，比哪一代的儿童少年，都要聪明，接受能力更强。从地球到太空，从古代到现代，儿童文学创作都有无限宽广的天地。我希望见到一位中国儿童文学家，把英国李约瑟博士写的中国古代科学发明，拍成一部动画电视系列片。不但儿童会看，我这个老年观众，也会爱看的。古代的吴承恩创造了儿童喜欢的孙悟空，我早就希望有谁来创造一个被儿童孩子喜欢的、神通广大的现代孙悟空。今天从事儿童文学的作家文化素质，比一些老作家好得多，这希望是可以实现的。

中国古往今来，出现过多少英雄俊杰！儿童文学创作材料仓库取之不竭，用之不尽。需要有今天的叶绍钧、谢冰心、张天翼，需要有属于我们的格林、安徒生那样的儿童文学家。我满怀信心，他们，会出来的。

1985 年 12 月 7 日

编者（此处编者为阮援朝）注：作者手稿中的首页，是另一个开篇的草稿。其中提到了具体约稿人名，特保留如下：

补知贫堂书简

——与青年朋友讨论儿童文学

朱伟同志：

来信收到。你向我提出的关于文学，特别是儿童文学中的问题，我也说不清楚。现在只能把我的想法、主张，同你交换意见。你问现在儿童文学是否还要承担教育任务，我的回答是肯定的。我认为当前我国的儿童文学，承担着21世纪灵魂工程的任务。

*本文由阮援朝提供，系其编《阮章竞全集》时的版本，有阮章竞的注释并附有邀请信。结合注释可知：本文第一部分载上海《儿童文学研究》第25辑（1987年8月），第二、第三部分载《文艺报》1986年1月18日第二版。作者注："这两篇文章都出自1985年12月在《中国少年报》召开的会上的发言，后改成文章。但《文艺报》和另一家刊物上发的，都相同而又不全。如将来使用，还是回到北京作协稿纸写的原稿为好。1996年5月18日。"笔者编辑时有部分删改。

致青年作者

◎ 阮章竞

××同志：

信和诗稿，收到好多日子了，因手边工作未完，等到告一段落，也累了。像这信就写了好几天都不能写完，主要是人老了，手脑迟钝，什么事都要自己动手，所以迟复，请你原谅！你这四首《哀伤自然》的组诗，立意都不错，我看了好几遍。开始还觉得不错，可一写信细细再看，都变了。

你说“一直在努力挑选较为满意的诗，可惜并不如意”，这是哪个作者，恐怕都会有的顾虑，直到今天，我也无法摆脱，但这很重要，知不如意比知如意好。

“应允指点”，如果真说过，恐怕也是当面随便说的。因为怎样就能写好诗，我从来不敢回答。这次因为有个“偏僻大西北一隅”，才使我鼓起勇气，为这四首诗说几句话。说好听的话容易，能鼓舞人；说不怎么好听的话不容易，稍多一点儿，会使人泄气，所以我的话，请不要当真，我还是随便说的。

《最后的鸟》，写的是保护生态平衡。我首先要说我们的祖先是先从渔猎发展到稼穑的。这十四行句子，逻辑思维、形象思维都乱了。如果不写那么远，只写今天的滥捕滥杀飞禽，破坏生态环境，将会受到大自然的无情惩罚就够了。当然写的是诗，而不是像我说的那样干巴巴的常识。在文字造句上，有不准确的地方，如因开头写得太古老、遥远，“本该稼穑的手/却去狩猎”，使人感到十分突然。又如“瞄准天空/瞄准鸟的啁啾”，瞄准天空和鸟可以，瞄准“啁啾”，则不可以，因为啁啾是声音。又如“在灼热的枪口/血红的注视下”，这大概是说枪口的火光，如以为是血，那血红怎么能注视呢？这样造句会使读者茫然。

《不归的河流》，你写的是久旱无雨，河水枯涸。这首共十三行，但分行错乱。标点符号，本是进步的表现，但现在许多诗不用了，使读者十分费力去阅读和理解。不用标点符号的诗行，要非常注意前言后语的有机联系，不然使人读不懂、读不通，如“灰蒙蒙的山沟，龟裂的土地 / 干渴的树，五体投地 / 祈天求雨的人们”，本意是说求雨的人们匍匐在地磕头，但一读“干渴的树，五体投地”，使人不禁会问：树，怎能五体投地？这种句子，倒装不得，倒装了使人愕然。前一首的“血色黄昏，一任 / 最后的鸟 / 夺眶而出”，都使读者迷惑难解。又如“圣人两千年前的一句闲言碎语 / 竟惹得鱼虾们 / 伫立于岸 / 怅然于不归的河流”这四句使人产生疑问：一、圣人说了哪句闲言碎语？没交代；二、河流干了，鱼虾肯定活不了，又怎像人一样伫立于岸？又怎能怅然？

《唯一的土地》，你写的是要珍惜耕地，这首较长，共三十五句，也较乱。“我们的祖先 / 追逐这土地的广袤”，追逐得有个对象。我现在把追逐当开拓解，开拓广袤的土地，可以，追逐土地的广袤则不可以，广袤是形容广大、绵远。“挖掘这土地的深厚”，说深耕土地，可以，挖掘土地的深厚，不可以，因为深厚是形容词。“土地啊，曾经广袤过深厚过的土地啊 / 已经那样浅薄和狭小”，都不好理解。说可耕土地日少，广袤变狭小可以理解，深厚变浅薄，还可理解，但现在句子的逻辑和形象都乱了。说到要珍惜土地时比喻为“就像少女珍惜唯一的裤子”，很不恰当。

《孤独的树》共三节，每节三句。写的是滥伐林木。这首写得比较简练，头三句对比也有特色。但“斧的刃原有多深 / 树的孤独 / 就有多深”的“深”字，“树有多孤独 / 人就以同样的孤独 / 和树站在一起”，初读还可以，一细思索，就感到混乱不清，经不起推敲。

诗的立意一定要立好，而且要反复立好，不能东拼西凑，诗意要贯通，不能像垒积木，用词用字，一定要能准确地表达感情。诗一定要有韵律，无韵诗更要讲究动态的旋律美，像行云、像流水。要多琢磨好诗为何能感动人，而不要随便拾取人家的形式，等等。

好了，此信我实在不能多写了，也不能再次这样写了。最后，千万别像在信开头那样称呼我。我虽然年老了，但时时仍在爬“人、手、刀、尺、山、水、牛、羊”的台阶哩。

祝你健康成长！

阮章竞

1991 年 2 月 20 日

（原载《诗刊》1991 年第 5 期）

风骨峥嵘：阮章竞资料汇编

下编

研究文集

阮章竞像

（摄于 1992 年）

纪念文章

释　文：象山子　象山之子

创作时间：一九八七年

象山，是阮章竞的故乡象角村内一座小山包，也是象角村名的由来。阮老自称是象山的儿子，表达了他对祖先、故土、中华文化传统强烈的归属感。一九八七年，阮老连续刻了两枚图章，一是小篆『象山子』，一是象形字『象山之子』。他在小篆章边款上刻『故家在象山腹，儿时常在此割草为母亲作柴火，也曾在山顶糖包形土堆上饱看兵燹贼火。离开此山已五十三年矣。七三老者競　志于京华。』

——阮援朝整理

阮章竞评传

◎ 刘增杰 王文金

一、在挣扎中寻找光明之路

阮章竞1914年1月31日（农历正月初六），出生于广东省中山县象角乡一个贫苦农民家庭里。原名阮章竞，1934年到上海后，改名阮啸秋、洪荒。1937年进入太行山以后，用洪荒做笔名发表作品。1947年写长诗《圈套》用原名阮章竞至今。这位老作家，从1935年开始创作，到今已度过了五十年的创作生涯。他是一位以创作态度严肃认真而著称的诗人，同时，他也是一位写戏剧的能手。他的作品像一枝枝被雕塑得非常精细的明艳的花朵，深受人们的喜爱。

阮章竞出生的1914年，是一个不幸的年头。当时，袁世凯梦想复辟帝制，正与帝国主义者相勾结，凶狠地扑灭着辛亥革命的余焰。广东省中山县深受其害，军阀混战，盗贼猖獗，灾连祸结，民不聊生。阮章竞呱呱坠地的时候，家里穷得几乎没有下锅米。父亲阮达彬，靠租种地主六七亩薄田和打鱼，难以维持一家十几口的生活，阮章竞兄弟姊妹十一人，先后夭折、饿死六人，幸存的兄弟姊妹，都是在地主催租、债主逼债的吆喝声中长大成人。

阮章竞九岁进入本村私塾读书，读了半年，因为老师得罪官府被抓进牢里，遂辍学回家。次年，进本村立新小学读书，三年之后，转入阮家祠堂树人学校学习。他有强烈的求知欲。希望父兄支持他能读到小学毕业，谁知进树人学校前后，不幸的事情接踵而来：大哥到广东花县卖布，中途被强盗打劫。买布的钱都是借的，两手空空回家，父亲为此忧愤不已。事情发生不久，又逢债主逼债，地主催租，父亲没办法，只好去向一个久拖鱼账不还的无赖讨账。这个无赖，不但不给钱，还仗势出口伤人，后来双方就推搡起来。无赖自己滚在地上，划破了点儿面皮，反诬告说是阮章竞父亲打伤了他。于是，阮父就被抓进“更馆”关押了起来。阮父从“更馆”出来后，因为受了冤枉气，整天在家里向妻子、儿女泄愤；阮母也因此郁郁不乐，想自杀。飞祸频加，逼使阮章竞在树人学校只读了半年书，便中止了学业。阮章竞说：“从儿童到少年，我时常看见的是官杀人，贼也杀人。乡下的无赖，忽然是官，忽然是贼，那时，官和贼，老百姓是无法分清楚的。那时，谁有枪谁就有权，谁有枪谁的日子就过得好。”生于忧患，长于忧患的阮章竞，深深感受到上学的艰难和农民生活的痛苦，他仇恨军阀、强盗、地痞流氓，心中埋下了不满和愤恨的种子。这段生活经历，对他后来在太行山能很快地与当地农民沟通感情，反映他们的苦难生活，是起了重要作用的。

失学以后，为分担父母的忧愁和家庭的生活重担，阮章竞去找谋生的道路，因为喜欢画画，便到距家乡二十多里以外的一个名叫“涌头”的小镇上当了油漆学徒工。三年半的学徒生活，使他真正尝到了下层人民的痛苦和辛酸。白天干油漆活，夜里熬桐油，还要料理老板一家五口人的生活，打水、买菜、做饭，什么都干。老板与妻子不和，他常常夹在中间受冤枉气。就在这样的境遇下，阮章竞并没有放弃学习。常常在深夜趁老板一家熟睡后，伏在自己的小阁楼里看书作画。老板是个吝啬鬼，不干活就不让点灯，阮章竞为不使灯光外泄，就用木板挡住窗户。他与笔者谈到这段生活时，曾深有感慨地说：“在不平坦的道路上挣扎着生活，磨炼了我的意志。”1929 年秋，结束学徒生活以后，阮章竞当起了油漆工人。伴随着世界经济危机的影响，农村经济濒于破产，油漆活也就越来越难找了。

阮章竞在家乡的二十年，生活道路是曲折的，同时也受到了民间艺术的陶冶。刚记事的时候，他在乡下老祖母身边学儿歌。稍大了，学唱歌谣。每逢年关、元宵佳节，“跟在扛着木制龙舟或纸扎的大鲤鱼、敲着锣鼓的艺人后面，学《龙舟歌》《鲤鱼歌》……”邻家的妇女们，一边做针线，一边唱着优美动听的“南音”，他常常凑到跟前贪婪地学唱，久而久之，他对广东民歌产生了浓厚的兴趣。父亲幼年的时候，读过一两年私塾，又有比较好的记忆力，《说岳全传》能有声有色地从头讲到尾。阮章竞受到父亲的影响，特别喜欢听故事，有时还跑到土地庙前听说书人讲《三国演义》和《水浒传》。到了少年时期学唱戏曲、粤讴段子，也爱好广东音乐。上学时，读过《千家诗》，失学后还不断吟诵，渐渐地培养了对古典诗歌的兴趣。他还曾试写过五、七言律诗和绝句，现在他还记得1927年他写的一首题为《桃花燕子图》的五言诗。到了青年时期，通过在上海念书的中山县子弟的关系，他接触到新文艺，尤爱白话新诗。因为受到一位美术教员的影响，阮章竞喜欢画画，“自己也学过几天水彩画和油画”。1932年暑假，他参加从上海返乡的一个画家举办的“绘画暑假班”，接触到西洋的绘画艺术。曾有一度他几乎陶醉在绘画里。他说：“那时候，只要听说哪里有人作画、举办画展，我就非去看不可。我们那里庙宇里的壁画很多，有的泥塑很动人，庙门前面还有砖石刻。每到过年时，街上卖的年画，有龙啊，凤啊，虎啊，年画中，还有民间壁画家罗渊泉的画。这些都给我留下了深刻的印象。”阮章竞在青少年时期的爱好是广泛的，但他最想做一位画家或诗人。1934年6月底，他带着对艰难生活的愁思和对未来事业的美好憧憬，离开了家乡。

7月13日阮章竞到达上海。原想很快地找个工作，安定下来，利用工暇借上海文化发达的条件，多读些书，多作些画。谁知到了上海半年，还找不到工作，他寄寓在一个同学家里，托人找些临时的油漆活和画广告的工作，收入甚微，生活过得很清苦。后来经一位名叫李思庸同乡的介绍，阮章竞进一家广告社画广告，工作不到一个月，广告社倒闭，他又陷入找不到固定职业的窘境。1935年年初，在李思庸的影响下，阮章竞参加世界语协会，进世界语协会学习世界语。同时，加入上海职业界救国会，投身抗日救亡活动。世界语协会教音乐的老师看到阮章竞喜欢音乐，声音洪亮，音色又好，就介绍他进了立信歌咏班。立信歌咏班的任务：学习抗日救亡歌曲，培养歌咏骨干，在上海的工厂、学校、商店、街头开展抗日救亡歌咏活动。这一机遇，给阮章竞的生活打开了新的窗口，他借这个窗口，看到了知识分子、工人、店员和青年学生的生活世界。自此至1937年离开上海的几年间，他便以全部身心投入抗日救亡歌咏活动。这几年，可以说是他走上革命和文学创作道路的过渡时期。

首先，他从自己的曲折经历和亲眼目睹的事实中，进一步认识和了解了这个社会。他加入上海职业界救国会，特别是进立信歌咏班以后，通过一些进步青年的关系，阅读了许多进步书籍和中国共产党的一些地下刊物。受到这些书刊的启迪，阮章竞革命意识开始觉醒。他认识到：确定自己的奋斗目标，固然与自己的爱好、志趣有关系，但更重要的是要与祖国的前途、人民的利益结合起来。如果国家不振兴，人民不奋起，个人的憧憬再好，也终究会成为泡影。他决心“要为我的祖国的独立解放、人民自由民主而战斗，而呐喊，而歌唱”。

其次，在许多进步老师、朋友的影响和帮助下，他在谋生的道路上，开始与文艺结下了不解之缘。1936年，他认识了冼星海，冼星海很赞赏他的声唱条件，对他有意加以精心培养。他从冼星海、吕骥、张曙等歌咏班的老师身上，看到一个爱国的文艺工作者，不仅要具备好的思想品质，还要有精湛的艺术素养，于是他决心“拼命学习”，尽快地丰富和提高自己。结识的朋友，为他的学习提供了许多便利条件，古今中外的文艺作品，凡是老师、朋友有的，都借给他看。他贪婪地学习，“最喜欢读爱国的、反抗压迫的作品，不管是中国的、外国的、古代的、现代的”。丰富的文艺作品，打开了他的知识视野，他想同时用歌喉和笔去战斗、去呐喊！

他的创作生涯开始于1935年春、夏之间，署名啸秋的小说《割稻的故事》和诗歌《故乡》，便是我们今天见到的他最早的试笔。这些作品，虽然在技巧上还比较稚嫩，但揭露帝国主义和封建军阀压迫人民罪恶的愤怒激情，却是相当感人的。1937年，写过两首歌词，一是《纪念柴门霍夫先生》，二是以聂耳《卖布歌》曲调填的一首词。这两首词，都曾受到当时上海革命文艺界的好评。

八一三事变以后，许多革命文艺工作者，响应党的号召，深入内地农村开展抗日宣传活动，故在1937年9月份，阮章竞随同上海文艺界救国协会流动宣传团离开上海。先在太湖一带做抗日宣传工作，12月初由苏州到南京。本拟在南京找我党的负责同志，要求去延安，后因南京东门战火烛天，遂由南京转到汉口。12月底由汉口北上，奔赴太行抗日民主根据地，经过二十多年的痛苦挣扎和艰难奔波，他终于找到了光明之路。

二、沐浴着太行山的风雨成长

1937年年底，太行山区的抗日战争，在朱德、彭德怀、刘伯承和邓小平等同志的领导下，政治形势发生了巨大变化。阮章竞所在的晋东南，城镇和乡村都建立了民主政权。党为了团结各方面的抗日力量，通过统一战线的关系，建立了“抗日牺牲同盟会”。阮章竞开始在“牺盟会”领导下的第二战区游击队司令部工作，不久下连队当指导员，曾到山西长治一带搞过破路活动和抗日宣传工作。1938 年 4 月底，中共联络部主任朱瑞组建国民革命军第十八集团军第八路军晋冀豫边区太行山剧团，阮章竞被调到该团工作。先后任剧团政治指导员、艺术指导员和团长职务。1939 年 1 月，阮章竞加入中国共产党。

阮章竞进剧团以后，“就从咿呀学语，趔趄学步，走上了文学的道路”。他是一位著名的诗人，而他的创作却起步于戏剧。那时剧团刚成立不久，剧本都是从大城市传过来的，群众来看戏，多半是尝新鲜，对剧情并不真正懂。这些问题引起了阮章竞的思考，他想尝试着写剧本。当时，他脑子里盘旋着两个问题：第一，当前创作最要紧的命题是什么？第二，我们的戏剧怎样才能够让群众易于接受、乐于接受？对于前一个问题，他很快地解决了：面对日本帝国主义的刺刀，“理所当然，我要探讨的主题是打倒帝国主义，首先是打倒日本法西斯这样的关系到祖国生死存亡最最紧急的命题”。后一个问题，他当时只是认识到应当用人民群众听得懂的通俗语言来写作，至于“要有为中国老百姓所喜闻乐见的中国作风和中国气派”，他说，这是他到 1941 年才知道的。

第一篇尝试之作独幕话剧《周年》，写于 1938 年 6 月，署名洪荒。这个剧本在内容上、主题上都抓住了现实中最紧要的问题。他从全国形势出发，结合太行山抗日战争的生动事例，反映了抗战一年来血与火的战斗生活。他是南方人，用北方人听得懂的语言来写作，虽然还不那么自如，但从演出的效果看，初步地被群众接受了。阮章竞接着于同年 9 月至 10 月，又写出了二幕话剧《太阳出来了》和三幕话剧《保卫抗日根据地》。在后一个剧本里，他第一次采用当地民歌《卖扁食》的曲调，填了一首《秋风曲》。演出以后，这首插曲留在人们的记忆里，很快地被传唱开了。这次尝试的初步成功，使阮章竞开始对民歌产生了兴趣。1939 年春，蒋介石准备阴谋发动第一次“反共”高潮。秋天，处于困难的形势下，剧团分散活动，阮章竞奉命到山西辽县（今左权县）帮助群众建立农村剧团。阮章竞遇到了接触北方农民并向他们学习北方民歌的好机缘，他走村串户，翻山越岭，通过直接和间接的渠道，搜集了大量的不同形式的民间小曲，并借用这些小曲的形式，编写过歌舞、歌剧、活报剧和小调联唱。在当时他这样做，主要还是出于宣传工作的需要，“尚未觉悟到这些民间文艺的重要意义”，更未曾想到如何吸收民间文艺的精华，去形成自己的艺术风格。但是这种出于“工作需要”的学习，就像

“润物细无声”的春雨在默默地培育着花蕾一样，正在培育着一位人民的诗人。1941 年至 1942 年，是中国人民抗日战争非常困难的时候。这两年间，剧团大部分时间在农村活动，阮章竞在同农民的接触中，进一步熟悉了北方农民的生活、思想感情和语言，在此基础上，创作出了歌剧《柳亭郊》和话剧《未熟的庄稼》。1942 年 5 月他参加反“扫荡”，在战斗中负伤，休养了一段时间。1943 年春，他从报纸上的有关文章中，学习到毛泽东同志《在延安文艺座谈会上的讲话》的主要精神。6 月，太行文联、太行山剧团结合学习凯丰《关于文艺工作者下乡的问题》和陈云《关于党的文艺工作者的两个倾向问题》的文章，举行了关于“文艺工作及文艺工作者的改造问题”的讨论会。通过这些学习和讨论，阮章竞心里豁亮了，他结合自己的创作体会，真正认识到了民歌的价值，自觉地向民歌形式“靠拢”，写出了长诗《柳叶儿青青》，随即又将这首诗改编为歌剧《比赛》。同年秋天，他向组织要求离开剧团，到下面去深入生活。他决心在已有的艺术积累的基础上，进一步去提高、丰富自己，把过去时代的文艺形式，加以利用和改造，“变成革命的为人民服务的东西”。在下去的一年多时间里，阮章竞搜集了大量的生活素材，写出了《糠菜夫妻》和《婚姻有保证了》两个剧本和一些歌词。由于这些作品是在学习了《在延安文艺座谈会上的讲话》精神后写成的，因此，无论在表现劳动人民生活、思想感情或是在描写技巧上都显得比以前成熟了。他曾说，《糠菜夫妻》是他在创作思想上和吸收利用人民群众语言方言的一个小小的转折。

1944 年元旦，阮章竞进太行山区党校，参加第三期整风学习班。1945 年 4 月，整风学习结束后，阮章竞又下到八分区搞减租减息和调查研究工作。日寇投降后，阮章竞到焦作前线参加军事行动，解放焦作东西大井后，留在焦作煤矿做过一段工会工作。不久，豫北解放，遂由焦作到豫北新区参加反霸和土改运动。他说，这几年间，同晋东南、豫北人民建立了广泛的联系，这“对我的思想改造和进一步观察人生，提供了极其深刻、宽广而又十分艰苦的活动天地”。

1947 年春，他调到太行山区文联戏剧部任部长和中共太行区区委委员。就在这年春天，他“重新拿起笔来，要写一首诗，教育刚获得解放的农村干部，警惕地主阶级阴谋”。这就是他第一次真正运用民歌体写出的长篇叙事诗《圈套》。《圈套》署名阮章竞，作者似乎要告别“洪荒时代”。的确，这首诗显示了作者在学习民歌的道路上有了新的进展。长诗围绕着地主杨道怀，为实现“变天”的梦想而玩弄的一系列阴谋诡计，展开了曲折动人的故事情节。先是杨道怀派金带给农会主席李万开送年节礼，从中挑起万开与其母亲不和。金带送去“一个粗布一袋面”，万开“一见心发火”，斥责金带“快滚开”。万开娘认为万开不近人情，气得“摔断线，摔了针”“捂着嘴脸哭起来”。母亲不悦，给万开的工作设置家庭阻力。杨道怀同时又指使金带走东家串西家，让人给万开送礼，弄得万开应接不暇，十分被动。继而，杨道怀利用正月十五闹花灯，挑选妇女参加秧歌队，把老实、正直的万开引入“圈套”。在此基础上，又利用王玉枝的老婆挑三弄四，撩拨万开与寡妇金女的感情，进一步使万开落入陷阱。最后，演出捉奸的丑剧。情节紧凑，一层进一层，扣人心弦。杨道怀始终在暗处。最后区长来村，通过审讯金带和玉枝老婆才把地主的阴谋揭破。善良的群众这时才明白：“野狼不是咬万开，是咬咱们的穷户哩！”故事曲折而眉眼清楚，很适合农民群众的艺术口味。语言朴素，顺口易懂。如“槐树槐，黄河边上槐树台。/ 村子不满三十户，/ 东头住的净老财”“柿子甜甜柿树荫，/ 好友好面藏黑心”“尖尖的辣子羊角葱，/ 老财的心儿黄马蜂”“两个蚂蚱一线拴，/ 他俩的心事你辨辨”。这些生动、形象的语汇，大都来自人民群众的口语或化用当地民歌的句子，饱含着浓厚的泥土气息，深受人们的喜爱。贴切的比兴，加强了题旨的表现和艺术感染力。这首诗的优点是主要的，但也存在着明显的不足，即没有很好地解决戏剧性的情节与诗的抒情的和谐统一，使人感到抒情色彩有些淡薄。尽管有所不足，仍不失为一首好诗。用发展的眼光来看作者，他正拼力地向新的创作领域进发。诗与剧有联系，但又是两种不同的文学样式，诗人从写剧本到运用民歌体来写叙事诗，还有个转变过程，其间微有不足，是符合创作发展规律的。

作者总结了创作《圈套》的经验教训，他决心在增强作品的艺术感染力和抒情色彩方面下一番艰苦的功夫。于是，他在完成《圈套》创作的任务后，连续写出了《送别》《盼喜报》等诗。这些作品，虽然仍包含着情节，但抒情色彩是浓厚的。1947 年 9 月，他创作出了大型歌剧《赤叶河》。作者在诗歌创作上刚刚有了新的进展，为什么又转而写戏剧呢？这有两个方面的原因：第一，赤叶河是他曾经战斗过的地方，他亲眼看见这里的人民怎样受苦、怎样挣扎、怎样“苦苦地盼望自己的军队——八路军回来”。现在“扭转乾坤的时代来了，/ 土地改革开始了。反封建压迫的战歌，/ 震撼了山川林壑”，然而，地主阶级及其代言人却说：“开天辟地，分纸占单，/谁有命谁有土地。”到底土地归谁所有，谁是土地的真正主人，作者要通过赤叶河的沧桑变化和曲折斗争的历史事实，来回答这个问题。第二，他想通过歌剧形式，去进一步解决叙事与抒情的有机结合，同时也想通过写歌词去进一步掌握民歌的格调。关于这一点，他曾有过这样的说明：“我曾用民歌格调写过一个叫《柳亭郊》的剧本，但在日寇‘扫荡’中被烧掉了。1943年春，又尝试写了一个短歌剧《比赛》。写《赤叶河》的时候，想在这基础上继续尝试。”

《赤叶河》的创作是成功的。剧本以鲜明的时代色彩和震撼人心的艺术力量，表现了20世纪30年代至40年代太行山区的阶级斗争和翻天覆地的变化。故事从30年代初写起，前三幕写贫农王大富一家的悲惨遭遇。恶霸地主吕承书横行乡里，无恶不作：先霸占了王大富父子亲手开垦的土地，接着又奸污了王大富新过门的儿媳妇燕燕。大富的儿子王禾子忍辱饮恨出走，燕燕投河自尽，大富四处流浪。第四幕，即在十多年以后，王大富家乡解放了，父子团聚，向地主讨还血债。受苦受难的农民，像巍巍的太行山一样矗立在自己开垦的土地上，他们分得了土地，用青筋暴起的大手，创造着自己的新生活。

剧本的抒情气氛很浓。那些饱含血泪的唱词，就是从民歌脱化过来的优美诗句，如“夜月明，山风吹，/诉苦没完心要碎。/众人前，难忍下，/早已烧干的两眶泪”。语言质朴生动，具有强烈的感染力。阮章竞通过这些创作实践，摸索到了写叙事诗的规律和技巧，熟练地掌握了人民群众的语言和多种民间曲调形式，因此，1949年3月，他在“卧虎坡”一跃而起，以长篇叙事诗《漳河水》的创作成功而蜚声文坛。

《漳河水》是太行山的沃土培育出来的一朵鲜艳之花。它比起诗人1938年至1947年的作品，有着明显的不同。正如诗人所说：“这次，我想诗总归是诗，所以决定进一步打破自己的常规，不侧重曲折的情节，而侧重她们的内心生活，不侧重故事而侧重抒发情感。”为此，凡能帮助作者“烘托人物，抒发感情，点染景物，表达欢愁的一切漳河色调”他都使用了。诗人呕心沥血，发出了自己的音调。《漳河水》，在现代的叙事诗中，无论在内容上或艺术上都是独特的，表明诗人已经形成了自己稳定的艺术风格。

《漳河水》的成就，首先表现在作者选择题材的角度与众不同，并且开掘得很深。在同期的作品中，写妇女地位问题的，大都从阶级斗争入手，去表现妇女的不幸和欢乐。阮章竞另辟蹊径，他围绕着妇女地位问题，写人民群众之间所展开的新旧思想的斗争。他写妇女的痛苦和欢乐，都没有停留在表面上，避免一般化的描写，侧面切入，着力揭示社会根源及与此相联系的复杂的思想因素。他用诗的笔法，提出并回答了这样一个问题：如何看待妇女的地位问题，是衡量一个社会是进步、光明，还是反动、黑暗的重要标志。同时，他以巧妙的艺术构思，形象地告诉读者：妇女地位的变化，不仅要看她们是不是在政治上翻了身，更重要的是看她们是不是在经济上取得了支配自己的权利。如果没有后者，妇女的翻身仍是不彻底的。

作者说，他的创作意图是从以下一些常见的普通的现象中引发出来的：

> 男人小时候是大胖小子，大了是大小伙子，再大的是大丈夫。女儿是小丫头、小闺女、小媳妇，最后才挤进“老太太”行列。她们称丈夫是“掌柜”“当家的”，可是男人对别人说自己的妻子却是“俺家做饭的”。初听觉得很谦逊，细细品品极可恶！

解放了，社会制度发生了根本的变化，但封建的旧观念，在相当一部分人民群众的脑子里还存在。男人看不起妇女，不愿抛弃“老规程”；一些妇女自己也看不起自己，颤颤抖抖，迈不开脚步。阮章竞在“细细品品”这些现象之后，决定写一首抒情诗，“把太行山妇女的内心痛苦和渴望解放的心情，痛痛快快地呐喊一番；把农村中根深蒂固的封建恶习和坏思想，狠狠地批它一通，把中国共产党指出的妇女解放道路——参加劳动、经济独立的道路告诉她们”。长诗从这一意图出发，选定了经历、性格不同的三个女主人公，并以“往日”“解放”“长青树”三部分，组成严谨的结构，去深入地开掘主题。

“往日”，把笔锋对准封建制度，但又没有直接去鞭笞封建婚姻制度的制造者，而是写封建婚姻观念在人民群众身上的表现：“断线风筝女儿命，事事都由爹娘定。”父母之命，主宰着女儿的命运，女儿“心操碎，人愁死”也无济于事。嫁出去以后，婆婆欺侮，丈夫打骂，丈夫死了，也只能守寡。我们读完第一部，仿佛看到有一条又粗又长的无形绳索，从祥林嫂身上一直牵延到荷荷、苓苓、紫金英身上，把旧中国一代又一代的妇女拴得紧紧的，困在牢笼里。中国妇女的悲惨命运，就这样轮流接替，恶性循环，没完没了。作者把荷荷、苓苓、紫金英三个妇女的不幸遭遇，挑出来给人看，让人们去思考、去认识这个制度“极可恶”！

在旧中国，妇女的命运最苦，不但无人同情、过问，而且妇女们连个诉说申冤的地方也没有，只有在解放了的土地上，才有“荷荷一泪一声诉”“苓苓揭开冤家账”“紫金英倒尽心头怨”的机会，她们心中的不平和愤怒，现在要发泄出来了：

唱尽古今千万变，／没唱过俺女儿心半片！／恨咱不能拔起山，／把旧规矩捣成稀巴烂！／万代的脚踪要踏出路！／千年的水道看流成河！

长诗第二部分“解放”，诗人仍从旧规矩、旧习俗、旧观念的变革入手，写三个妇女在斗争中的不同表现和态度，让人物去感受时代风云变幻，自觉起来向封建婚姻制度宣战。旧的家庭关系、人与人的关系都发生了变化，妇女与丈夫也发生了思想冲突。但是有“大男子主义”的二老怪，在这场冲突面前并没有真正心服。他为什么这样固执呢？罪责不能归于他，而应该归于封建社会，因为几千年的“老规程”告诉他“养孩儿抱蛋，洗衣裳做饭”就是妇女的本分，争自由、争平等是“成了精”，参加生产劳动是“瞎闹腾”。这说明战胜旧意识，仅仅依靠思想斗争还不行，还要让妇女在经济建设中去显示她们的智慧和才能。

长诗第三部分“长青树”，用妇女在劳动中能顶半边天的事实，有力地回答了这个问题：

苗苗出土绿油油，／瓜秧露芽肥展展。／花不棱棱手艺巧，／头有头是道有道。

二老怪看到妇女们的劳动成果，终于心服了：

眼儿越看眉越高，／禁不住张嘴叫了好。

作者在诗中，还特意安排了看不起年轻妇女的“铁疙瘩”张二嫂这个人物，她在作品中，说话并不多，但人物个性鲜明，对凸显作品的主题起了重要作用。

她第一次出场是在二老怪找不到苓苓，气得如“芒硝进肚不能忍”的时候，她趁热添油加醋地挑唆说：“不能提了二老怪，/你我家媳妇都把兴败！/跟上荷荷这花东西，/插上街门唱‘落戏’！”此后，她又看不惯忍不下，妇女们互助闹生产、“结亲不兴坐花轿”等一系列的变革行动。她像九斤老太太，整天嘀咕着“一代不如一代”一样，感叹不该抛弃了“老规程”。作者安排这个人物，真是别具匠心，它说明农村有些老年妇女铲除旧观念，比青年妇女，甚至比二老怪这类的男人更难。就是这样的人物，最后在事实面前，也不得不“低头哑了口”。作者挖掘得很深，使我们看到各种人物的思想都在发生着深刻的变化。封建的婚姻制度，看不起妇女的旧观念，终于由人民群众自己起来把它埋葬了：

> 漳河水，九十九道湾，/漳河流水唱得欢：/桃花坞，长青树，/两岸踏成康庄路。/万年的古牢冲坍了！/万年的铁笼砸碎了！/自由天飞自由鸟，/解放了的漳河永欢笑！

作品就是这样富有说服力地表现了党领导的新民主主义革命的胜利，是真正翻天覆地的变化。

从《漳河水》开掘的主题深度看，我们认为它并不亚于《王贵与李香香》和《小二黑结婚》。列宁曾说，关于妇女的地位问题，应包括完成两个方面的任务：第一个任务是把妇女置于同男人平等的地位；第二个任务是使千百万妇女投入“经济建设”，只有如此，我们的事业“才能够向前推进”。阮章竞在《漳河水》里，从以上两个方面表现妇女地位的变化，确实是提供了解放区人民翻身的最新信息。因此，它是一部有重量感的作品。

《漳河水》在艺术表现方面也是相当成功的。诗中的三个主要人物：荷荷、苓苓、紫金英，是中国普通妇女群中的三种类型。她们在旧社会虽然饱受苦难，但她们的经历、处境是不完全相同的，因此，解放后，她们三人翻身斗争的方式及觉悟的快慢也不一样。诗人从生活实际出发，真实可信地勾勒出了她们不同的性格特征。荷荷“要表有表才有才”，性格泼辣大胆，热情干练，选择爱人的标准也最高——想配个“抓心丹”。可是在旧的婚姻制度下，她却被迫嫁给了“马骡锅，骆驼背”“黑心肝像鬼”的四十岁老汉。她愤怒地挣扎、呼喊：“漳河水为甚不出槽？/给俺冲条道！”解放了，出槽的漳河水，冲坍了“封建的大古牢”，她便呼啸而起，走向光明自由的新天地。这位精明干练、农村妇女的带头人，被作者刻画得十分可爱。苓苓的性格柔中带刚，沉稳而有心计，在闹翻身斗争中，她是荷荷的最好帮手。她选择爱人的标准稍微比荷荷低一点儿——想许个“如意郎”。在爹娘做主的旧社会，她没有找到如意郎。然而，到处是重男轻女，她又无计可施。解放后，妇女在政治上、经济上都有了独立的地位，她的聪明才智显露出来了。夜训丈夫二老怪，又打又拉，又恨又爱，弄得二老怪欲打不敢、欲离不能。紫金英的命运最苦。她只想嫁个“好到头”，却在结婚不到一年，丈夫就死了。她性格柔顺、怯弱，饮泪忍声地过日子。解放后，她虽然感受到了时代风云的变化，但又没有勇气站起来。对这类妇女，需要给予更大的关怀和帮助，只有修复了她心灵的深深创伤之后，她才能与广大翻身妇女一起迈上宽广的幸福之路。诗人如此真实地描写出了人物性格和思想变化，确实显示了他深刻的现实主义笔力。此外，这首长诗在叙事、抒情、写景的结合上，在诗歌民族化、大众化上，以及在消化、吸收民歌形式方面，都取得了突出的成就。

在《漳河水》里，我们还看到，阮章竞经过长期的创作实践，已形成了自己的语言风格。在解放区的诗人中，同是以民歌起家而又都取得突出成就的有李季和阮章竞，对比一下他们的语言，就可看出明显不同的风格。李季的语言朴实、自然、浑厚，而又有气势。像“千里的雷声万里闪，陕北红了半边天”的大澜击石、石破天惊式的语言，在《王贵与李香香》中随处可见。阮章竞的语言，则在朴素中常常闪现着明丽，在舒卷自如中时有微澜拍岸的铿锵，注重炼字、炼句，精细而又透辟。之所以有此不同，首先与作者采用的不同民歌形式，表现不同的思想内容有关。李季长期生活在“一眼望不到边”的三边沙原，那里的民歌“顺天游”，调子开朗、粗犷，气势较大，用它来描写疾风骤雨的阶级斗争是非常适宜的。太行山的民间小曲，就像苍莽的太行山一样，葱郁清丽，就像不时掀动着微波涟漪的漳河水那样，轻盈秀润，用它来抒写人民内部的思想斗争，自然十分贴切，但仅仅看到这些还不够，它还与诗人长期所受的艺术影响以及诗人的气质有关。阮章竞学过音乐、绘画，他的音乐和绘画的素养，在他的诗中得到较好的体现。1940 年，他在“清漳河畔”写的《牧羊儿》，就初步显露出他这些方面的艺术素养。经过近十年的努力，他显得更为成熟了。他喜欢古典诗词，尽管在创作《漳河水》时并没有自觉地去吸收这方面的营养，但古典诗词的平仄声韵，是对他起了潜移默化的作用的。艾青在建国后，读到《漳河水》觉得有宋词风味，其原因也就在这里。同时，他还汲取了我国旧小说的表现手法和语言特点，即环境、背景往往结合人物的独特感受来展示，做到情随景迁，物随意转，烘托渲染，尽得出神入化之妙。诗人自己也承认，写《漳河水》动用了几十年的“相当大的库存”。阮章竞非常善于处理、安排情节。他的诗情节曲折多变而又符合发展规律。这一点在《圈套》里就表现得很突出，到了《漳河水》运用得更为自如和娴熟。这与他长期从事戏剧宣传工作和在写诗之前就已写了许多剧本，有十分重要的关系。《漳河水》中的三个妇女，三种遭遇，在同一首诗里要把她们表现出来是相当困难的，诗人吸收了戏剧分场面的形式，或让她们同时登台诉说，或让她们单独上场倾诉，都能做到不枝不蔓，紧凑自然。从以上几个方面看，《漳河水》的创作成功，确实表明诗人经过漫长的跋涉之后，攀上了一个新的高峰。

三、迎着朝阳继续前进

1949 年夏，诗人离开了战斗、生活十二年的太行山，不久参加了全国第一次文艺工作者代表大会。会议结束后，随青年代表团到苏联、匈牙利访问。访问归来，到中共华北局宣传部文艺处任处长。随着新中国的成立，他又给自己提出了新的任务：诗歌创作应“歌颂向贫穷困难开战的战士，歌颂他们的业绩；同时，也批判害怕困难、逃避艰苦的懦夫弱者”。这个意思，他又用诗的形式做了形象的表达：“时代需要多少歌手，/ 来歌唱戈壁初开的鲜花。/ 时代需要多少画笔，/ 来画碧海清晨的朝霞。”的确，他是一位时代的歌手和画家，唱出了、画出了社会主义革命和建设的伟大业绩。《虹霓集》，是他献给新中国的一本诗选集。有反映土改运动和反霸斗争的，也有歌颂解放初期革命和建设成就的；有热情赞美新人新事的，也有辛辣讽刺一些丑恶现象的。组诗《山野的新歌》，反映了人民群众在“清除垃圾”过程中的斗争精神，展现了“扫清街道”后新的时代风貌：“老爷从后门偷跑了，/ 农民分回血汗财！……青光万道镰刀举，/ 红色子孙来讨血债！”（《月亮儿爬上竹林来》）“破晓天风吹倒山，/ 一展红旗，乾坤扭转！”（《土地解放歌》）这些诗句，生动地渲染了在土改运动中，地主威风扫地，农民扬眉吐气的沸腾场面。在组诗《祖国的早晨》里，诗人以更加兴奋的心情和欢快淋漓的笔调，歌唱人民群众改造山河的革命精神："横背起步枪，/抡起开山巨斧，/骑着江河，架起钢梁，/叉住山谷，修筑水库，/凿开悬岩，炸穿峭壁，/移山倒海，铺平道路，/要把鸟飞不过的穷山恶水，/变成康庄大道畅行无阻。"（《胜利的三年，伟大的明天》）除了这些农村题材的诗歌外，诗人还根据他1949年秋天出国访问的印象，写了一些反映国际交往活动和异国风情的诗。《在时代的列车上》，是他1953年写的一个话剧。戏剧情节是围绕着某私营橡胶厂的资本家的行为以及工人对资本家的监督、教育和改造的斗争来展开的。剧情寓意深长，启迪资本家要与党和人民同心同德，乘坐同一列车前进。剧中人物有血有肉，生活气息浓厚。政策分寸、人物基调都把握得比较好。这是他建国后写的唯一的一个剧本。1954年9月他被调到中国作家协会工作。1955年至1956年，他写出了《金色的海螺》《牛仔王》和《马猴祖先的故事》三部长篇童话诗。我们看到作者试图从不同角度，开拓他创作的新领域。在这三部作品中，《金色的海螺》写得最为成功。作者运用现实主义的创作方法，将现实和理想处理得较为恰当，作品既充满了浪漫主义气息，又使人感到极为真实。少年和海螺姑娘的形象都刻画得很生动，他们的高尚品质以及追求美好理想的精神，唤起了人们对幸福生活的向往和热情。正如贺宜在《就〈金色的海螺〉谈谈几个童话的特殊问题》一文中所说："我们还可以闻到从《渔夫和金鱼的故事》（普希金）、《渔夫和巨人》《天方夜谭》《宝石花》（巴若夫），以及其他外国和中国美丽的童话中可以闻到的气息。作者从丰富的民间文学宝库中汲取了养料，创造了这一个动人心弦的美丽的诗篇。不论就思想性和艺术性来说，这首童话诗都已达到了成熟的境界。"从这些短诗和童话诗里，我们明显地看到，诗人是在进行新的探索。他诗的题材比建国前更广泛，语言更生动活泼，更有气势。诗中倾注着作者的激情，跳动着时代的脉搏。许多想象丰富、构思新颖的诗篇，读后令人久久难忘。古典诗词、民歌和外国优秀诗歌的一些表现手法，诗人把它吸收、容纳过来，加以熔铸锤炼，不着痕迹。

1956年11月，诗人转换了生活基地，由北京至包头钢铁公司，担任公司党委委员。诗人在这里生活和创作了四个年头。组诗《新塞外行》《乌兰察布》《万里东风古塞行》《钢都颂》《新黄河赞》和长诗《白云鄂博交响诗》等，是诗人献给读者的反映我国工业建设成就和内蒙古草原变化的诗作。在这些诗中，诗人力避直接抒情，常常运用大胆夸张和鲜明对比的手法，来状物写人。如《风砂》，就是运用这种表现手法，塞上黄沙滚滚，“天，一片昏昏黄黄，/风，像黄河的浊浪”；就在这“天地，分不出来，/颜色，分不出来”的环境里，有无数工人在战斗，他们要“把万古荒凉和风沙”“嚼烂在嘴里”，明天吐还一个洁白、干净、美丽的“钢铁城市”！工人高亢的声音、豪迈的感情，压倒了风沙的狂威，真乃强者当阵，无坚不可摧，无敌不可克。再如，组诗《战黄河》，第一首极力渲染黄河的险恶气势：

风呼呼，雨哗哗，/黑云层层头上压！/黄河咆哮如醉龙，/从万丈高天乱滚下！/岩崩岸坍，/水急浪大，/旋涡张巨嘴，/醉龙舞爪露长牙！

接着，在第二首里表现人民群众治服黄河的精神：

斗黄河，炸黄河，/打穿河心埋炸药，/要它变模样，叫它听吆喝！/拦腰揪起黄河水，/抛上天，摔个碎，/重新安肝脏，/洗净大肠胃。/乖乖扭转头，/向钢城吐清水，/迎接塞上天，/黄云变玫瑰！

丰富的想象，鲜明的对比，浪漫主义的夸张，是诗人从强烈的时代感情里迸发出的火花，因此夸张对象的形态、神魂，都使人感到非常逼真。

这一时期，诗人在语言凝练方面是下了艰苦的功夫的，不管长诗、短诗，他都要求自己用生动的形象去感染读者。他说：“我在写作时，要能见到被写的人们，听到他们的声音语气、动作神情、悲欢喜怒，看见山林天云，也听见泉鸣风响、浪啸涛声。”又说：“我的经验，写诗要把墨池当炉火，在这炉火里，首先要炼意，再要炼字，再要炼句。……炼出一个能表达情怀的意境。”像“晨霜重，风如箭，/牧人袖手不扬鞭。/地阔天空骆驼瘦，/铜铃摇不响，/嘴鼻喷青烟”这样形象、精粹的诗句，如不经过反复推敲、锤炼是写不出来的。明显地看出，诗人的语言在清新明丽之中又融进了雄浑豪放的气质。语言的变化，反映了诗人风格的变化，即如茅盾在《争取社会主义文学的更大繁荣》一文中所说的：“如果说《漳河水》的语言几乎全是经过加工的人民语言，那么《新塞外行》等诗又表示诗人也在熔炼、利用古典诗词的句法和词汇，企图创造更富于形象美和音乐美的，适合于表现我们这个时代的丰富多彩生活的民族形式的新诗风。应当肯定，诗人在这上头已经取得了初步的然而是不小的成就。”他自己也曾说：“民歌体也不是写什么都是合适的。从我的实践看，写现代工业，写政治诗，我不得不另辟蹊径，探索古典诗与民歌结合的道路，往新诗民族化的方面做番尝试。”

1961 年 4 月，诗人访问了墨西哥和古巴，先后创作了 20 多首短诗，收入《四月的哈瓦那》诗集中。同年年底至次年春，诗人又访问了井冈山、瑞金、兴国等老革命根据地，作组诗《沿着历史的长河行》。那些描写江南自然风光、晶莹剔透的抒情诗，使人读后如饮醇酒，甘甜爽口，沁人心脾。如《云龙桥》：“晚霞落江江底红，/ 云龙桥似跨江虹，/ 小鹰飞过杨柳岸，/ 少先队歌飘上虹。/ 锦江水，满江红，/ 江水嚷嚷过桥孔，/ 挤开崇山穿过峡，/ 赣江染红海染红！”祖国一派兴旺生机，人乐、山笑、水唱的欢快景象跃然纸上。阮章竞是人民的诗人，他同祖国同命运，跟着时代前进，从不吝啬力气。1962 年春从南方老革命根据地访问归来后，为创作早在写《漳河水》前后就开始构思的长篇小说《群山》，就立即去当年曾经战斗过的太行山做实地考察。这部长篇小说共分三卷，拟从抗日战争写到解放战争，1964 年到 1966 年初写出了《群山》第一、二卷的提纲，不久，因“文化大革命”开始，便匆匆地停下了笔。“文化大革命”期间，风云变幻莫测，诗人萍踪不定，由北京至石家庄，又由石家庄到海河流域。漫长的十年，创作几乎留下了空白，偷空仅仅写出了一部传记文学《同年》，当时也没有地方可以发表。

粉碎“四人帮”以后，阮章竞被选为全国第五届政治协商委员会委员、北京市人民代表大会常委会委员、北京市作家协会主席、北京市文学艺术联合会副主席、北京市民间文学研究会主席。在工作繁忙的同时，他不顾年迈多病，重新收拾起《群山》。他表示：“我愿像煤一样，能将自己余生之热，完全献给这个百花齐放的春天。”为使写作有真情实感，1979 年 7 月，他肩挎画夹，手拄拐杖，沿着我军抗日出征和刘邓大军前进的路线，在黄河北岸，进行调查访问达三个月之久，行程一千余里。此间，他访问了几十名当年的老战士、老乡亲，为写作《群山》搜集了大量的生动的写作素材，并创作了《春在奔行》《夏日山村》《溯河千里行》等几十首诗和几十幅画。1980 年 5 月至 1981 年 6 月，先后在太原、北京写作。在一年多的时间里，除写出《群山》第一卷的初稿外，又写了几十首短诗。1981

年7月，第二次出征，他沿着开封、周口、息县、光山、商城，从商城上大别山，进入安徽省境内。11月初，自安徽省返北京，他每到一地都写诗作画，有名的组诗《大军之路》，便是在访问途中写成的。1983年秋天，去新疆参加诗歌讨论会。为了写作反映新疆建设成就和新疆人民生活的诗篇，二上昆仑，四越天山，访问了边防哨所、学校、机关、毡房。“太行山上一老兵”，心中燃烧着火一般的激情，他不停地走、不停地写，从新疆采回了《牧场欢舞》《两个阿依古丽》《天山雪溪》《昆仑》《塔克拉玛干》等几十首诗。这些诗都倾注着老诗人长途跋涉的心血和汗水，诗篇以真实的感情、朴素清新的意境，唤起了读者对祖国边疆的热爱和向往。

粉碎“四人帮”后的七八年间，阮章竞在社会主义文艺园地里，奋力笔耕，取得了丰硕的成果。卷帙浩繁的长篇小说《群山》，第一卷已经定稿，第二稿已经写出了初稿，他目前正在焚膏继晷地写作第三卷。与此同时，他还将近几年写作的百余首诗歌修改、整理完毕，拟出版一本诗选集，诗集名暂定为《春在奔行》。春天是美好的，诗人表示，他要以长途赛跑优胜者那样的毅力，迎着春风奔行不止。

（本文选自刘增杰、王文金合著的《迟到的探询》，河南大学出版社，1996年版。文中有与本书“阮章竞文学活动简表”等著述不同之处，如阮章竞生日旧历等，可相互对照。此处依据原文，未一一校正）

父亲和他的刻石

◎ 阮援朝

在父亲工作室的画案下，有两个绛紫色的卡片盒子，里面存放着各种大小的石章，加上放不进去的，总共五十余枚，绝大部分都是父亲自己的篆刻作品。从小到大我看着这两个卡片盒逐渐满起来。

记得最早见父亲刻石是 20 世纪 60 年代初，我家住在建国门内贡院西街一个带大院子的小楼里。父亲的工作室东、南两面都是窗子，北面墙上挂的国画经常更换。父亲的老战友和文艺界的朋友们常来一起欣赏评论。有时我从门缝里见父亲在工作室刻图章，就溜进去看。因为我知道他不会像在写东西时那样赶我走，而会边刻边给我讲解：什么是阴文，什么是阳文，在石头边上刻一点崩口，看上去更古朴……除了刻他自己的名字，他还常刻“珠江”两字。父亲告诉我，刻这两个字，是因为我们的老家广东中山在珠江流域，我们是珠江人。

父亲刻图章用的材料各种各样，有寿山石、鸡血石，还有一对琥珀。最特殊的是一块小小的铜锭，那是父亲从内蒙古包头钢铁公司党委宣传部部长任上带回来做纪念的。铜锭的一面被他磨平，刻上了阴文的“章竞诗草”，边款为“白云鄂博第一炉铜”。

20世纪60年代父亲刻过四方抒怀的石章“幸发早华助眼明”“白发读书未恨晚”“江山如此多娇”和“无才作诗苦，何似种瓜甜”。二十年后，父亲在一帧与第四方石章同样内容的条幅题款中写道：“‘大跃进’失败，庐山会议后调余主持《诗刊》。一忧教训之不悟，二忧生活之困难。为奋进我主张昂首唱战斗（疑掉‘歌’字），而不应低头唱哀歌。有人曰自由风月诗死矣。余曰否，如有健康爱情诗，吾敢登。在史无前例中则批余提倡爱情诗。谁敢言中国作诗之不难乎。故刻方‘无才作诗苦，何似种瓜甜’以自嘲。时吾正于院中种瓜菜度荒，南瓜确比诗甜，此乃从生活中体验来。友人见石章恫吓吾曰：君发牢骚，对现实不满。可见作诗难，抒怀也难极矣。”

“文革”时期，篆刻成了父亲的一种排遣方式。从那时开始，父亲刻的每一方石章几乎都有边款，成为他抒发情感的载体。我1970年从北大荒回来探亲时，曾见过父亲在一方端砚底上刻的柳宗元《黔之驴》全文，刀法遒劲酣畅。母亲拿给我看时，指着其中一些字称赞不已。后来大概是由于某些原因，又忍痛全磨掉了。

1974年，父亲推掉河北省革委的任命后，回到我们在北京火车站对面春雨二巷的家。没有工作岗位，也不能创作，父亲就读书、做牛皮纸手工：为所藏四库全书做纸函，为自己的石章做封套。一一写好标题，钤上印章，每一件都做得中规中矩、结实耐用。对于外来的压力，他曾笑谈：“咬我脑袋是硬的，咬我脚丫是臭的，随他们去。”

父亲称那时的工作室为“补知贫室”，刻了“补知贫室印”和“补知贫室草稿”两枚图章。在一边款上刻道：“小未读书大又不勤，老来始觉知识浅矣，故补之。”大概当时他读了不少古书，两枚名章的边款一为“老病自怜心尚壮，永叔赠荆公句，余改二字”，另一为龚自珍诗“黄河女直徙南东，我道神功胜禹功，安用迂儒谈故道，犁然天地划民风”。漫漫长夜中，父亲的刻石时有戏谑之作。1974年刻的一对小章“阿竞”“老阮”，边款工整幽默：“小时家呼阿竞，长大人称老阮。”

另一枚“工间操耳”章，边款则是大白话，抒怀记事，同时捎带调侃时局：“闹冠心病医嘱不打太极拳，工暇画画写字能使心情舒畅，故刻此章，并得打油一首：‘下棋无缘，扑克尤恶，冒充风雅画与书，以代工间操耳。’一九七四年十一月，章竞。刻完方知左读，更喜有时代性，又记。”

进入新时期，父亲把全部精力都放在了文学创作上，并在采访、写作间隙中创作了百余幅画棒速写和几十幅水墨画，十几年都没有刻石。

1983年，父亲应邀到新疆参加绿风诗会，从和田带回四块石头：一青、一碧、一白、一黄，都是晶莹剔透的卵石，父亲称之为“昆仑玉”。此行父亲以六十九岁高龄二上昆仑，实践了他自己在九个月前赠友诗中所抒豪情：“剑老无芒莫认账，余年当学大江流。”旋即将此二句刊于白石之上，晚年常钤此印自励。碧石刊“七二始用”钤于书画作品。青、黄两石则请京城玉雕大师王树森及弟子刻了名章和鱼形镇纸。为此父亲以诗相酬：“顽石晶莹古为神，连城未必真可人，一出王老师徒手，花放芬芳物有魂。”

1987年父亲刻过两方藏书章。一是“章竞藏书画印”，为极润泽的芙蓉石，边款刻道：“此方为阿英同志三十年前所赠，磨去原字重刻。阿英同志已故，刻石噫嘘。”“十三年不刻印，眼花手笨，今刻藏书画印自娱。”另一是“章竞买读”，边款：“余五十年代无钱买画 七十年代有了稿费，凡喜欢而买得起者，均买之供闲读灯下。”

1987年还有两枚“象山子”，其中之一不取父亲常用的小篆而用了象形字。对这名号父亲刻道：“故家在象山腹，儿时常在此割草为母亲作柴火，也曾在山顶糖包形土堆山饱看兵燹贼火，离开此山已五十三年矣，七三老者竸，志于京华。”

1997年，父亲已八十三岁，写作常感精力不济，但他还是勉力想把反映太行山革命斗争的长篇小说《群山》写完。刻石这种工间操，这一年他做过两次。一次是将弟弟幼鹰夫妇八年前所送生日礼物：一对龙纽大石刻成名章。特别将名字中的“竸”字刻成“兢”，在边款中说文解字一番：“人常以余名竸为兢，简体改为竞。竸，争也；兢，惊也。年老为文，战战兢兢，然也。故改为兢。”“此双石为余七十五时小五小史送余。余珠江人也，故刻。”

另一次刻了他篆刻中最硕大的一块“十三岁火头军”。因为他所有的印床都无法将大石的侧面固定为工作面，这次父亲将注解移到了石顶：“余十三岁当油漆学徒，要做饭。故师傅们都叫小火头，也叫小火头军。今刻印留念，年八十三。”这是父亲篆刻作品的收山之作。

在父亲留下的刻石中，还有齐白石、傅琴和阮宗华的作品。其中宗华先生的石刻有五枚之多，都是1987年、1988年的创作，在父亲晚年书画作品上使用最多。其中以父亲的生肖“虎形”加“竞”字的圆形印，和刻有父亲命名崇文门居所的“苦噪楼”的随形章尤为父亲钟爱。但宗华先生的地址、电话均已变更，失去了联系。不知宗华先生与父亲有无互赠作品，但愿缘分未尽，还有聚首的一日。

2000年5月15日

（原载《文艺报》2000年5月26日。后又收入李容焕、余丛、阮援朝编：《永远的阮章竞》，暨南大学出版社，2013年版）

无尽怀念

——父亲阮章竞十年祭

◎ 阮援朝

今年2月11日，是父亲阮章竞先生的十年家祭之日。氤氲香氛里献上的祭品中多了一本古朴典雅的线装书——《阮章竞绘画篆刻选》。

父亲生前，父女之情平常得如同一盅温热可口的香茶，可在父亲身后，手中整理着的父亲遗物像一粒粒酵种，终使这温热在女儿心中酿成了甘甜还带着一点点苦味的老酒。所有曾经淡忘的细节都渐渐被激活、凸显，令我能够品味个中的醇厚隽永，伴随永远的感恩和怀念。

“文革”中，十七岁的我是家里唯一上山下乡的孩子。1970年冬，我患上了风湿热，连续数周高烧不退。连队以我是连里唯一的知识青年党员为由，不批准我回京治疗。父亲千里迢迢亲自赶来北大荒为我协调。不说农场简陋的食宿条件，就是从团部到连队之间几十里的路程，也只能搭乘运粮的拖拉机，冒着零下二三十度的严寒,在雪封的茫茫原野中颠簸往返。开运粮车的拖拉机手对我说:“你家老爷子好接触，没架子。人真逗，说从没坐过后轮子一人高的拖拉机，看着很笨重，可跑得还挺快，活像只长着长长后腿的兔子！”父亲把方方面面事情搞定回去了。我随后到团部去开进京证。军务股的现役军人干事问道：“你父亲什么级别职务？你不愿意说我也看出来了，老革命，起码‘三八式’！”作为知青家长的父亲以他的人格气度，给所有接触过他的北大荒人留下了深刻印象。而父亲头戴皮帽，身穿蓝色大衣在风雪中趱行的身影，也永远定格在了我的记忆里。

“文革”后，父亲鼓励和支持我读业余大学，参加北京市的自学高考，取得大学同等学力。那一段时间，为了完成自己的写作夙愿，父亲心无旁骛，每天凌晨三点钟开始工作，疲倦了就画画、写字。这种高强度的工作状态在1984年4月达到了临界点，父亲突发心肌梗塞住进了重症监护室。连续三天，凌晨血压急降，报告病危。在焦虑不安中，终于盼到了转机，守候在医院走廊里的我，请护士代问父亲有什么需要。护士从监护室带出来的那句话，让我刻骨铭心："老爷子说让你好好参加考试。"刚刚摸了阎王爷鼻尖回到人世的父亲，浑身上下插着各种针头、管子，不能进食，甚至不能翻身，居然还记得那几天正是自学考试临近的日子！医院的规章制度把父亲和我隔在门扇的两边，可是我能感觉到父亲温煦的目光，穿透物质的阻隔，亲切地落在我的身上，让我如浴阳光。

和大多数思想传统的国人一样，生活中的父亲表达情感的方式很含蓄。他更愿意诉诸文字，把自己的感受写在纸上。整理父亲遗物时，我发现过一张摄于1955年的相片：在北戴河海滨，四岁的我和父亲穿着泳装一起站在浅滩里。海水淹没了我的小腹，可还碰不到父亲的膝盖。父亲的头微微偏向我，慈祥而满足地微笑着；我脸上怯怯的，直盯住镜头。泛黄的老照片背面是父亲熟悉的笔迹，墨迹比较新，应该是近几年写上去的："这是我最喜欢的家庭照片之一。"我的心怦然而动。在泪眼婆娑中拥抱着我的，是耄耋之年的父亲笔端流出的对独生女儿的爱怜，厚重长远，连绵不绝。照片的画面模糊了，父亲的音容笑貌反而愈加清晰。我默默地对远在天堂的父亲说："爸爸，我爱你，你喜欢的我都喜欢。我会珍惜你留下的一切，心中永远享受你的呵护和关爱，享受你留给我无价的精神遗产。"

十年来，我一直断断续续地在整理父亲留下的所有手迹，有文稿，也有画稿。父亲的肖像在书房的墙上静静地俯视着，我在案头与远去的父亲在他的诗画境界里遨游。在这个过程中，有句中国老话越来越多地浮现在我的脑海："子欲侍亲不在。"还有弥补这缺憾的可能吗？

父亲有一个将作品结集的未竟计划：诗集、回忆录、戏剧集、散文集。出版这些作品集，就是我能为父亲所做的，最符合他老人家心愿的事情了，我应尽力而为。

在他生命最后一年已经基本编成的诗集——《晚号集》，在父亲周年时，由人民文学出版社出版了。就在编辑出版诗集的过程中，我才知道父亲对绘画的痴迷热爱，实实称得上一个"酷"字。

在父亲书房的文箧中，我拣出了一大批他的美术作品，有写生素描四百五十多件，中国画一百六十多件，油画棒画一百四十多件，还有金石篆刻四十余方。

所有这些美术作品，都是父亲在勤奋写作的工间操时间创作的。

写生是父亲在采访和旅行时除文字笔记之外的又一种现场实录，也是他在写作间隙创作水墨中国画的素材来源。1979 年，父亲为写长篇小说《群山》，遍访山西境内的各个黄河渡口，沿途做了许多写生记录。在芮城县神柏峪曾速写了大禹渡黄河峭岸上挺立的一棵古柏。1989 年 4 月，他连画多幅同样题材的设色山水，试图表现当年烈日下看到的“白日依山尽，黄河入海流”的意境。在其中之一的题款中写道：“大禹渡第三幅，多少有当时味道。”

油画棒速写都是在现场挥笔一气呵成，以组诗组画的形式，酣畅淋漓地表达父亲的激情。1961 年，父亲访问井冈山革命根据地，创作了画棒画九幅。同时写成的组诗《赣南行》是第一组这种诗画共生的作品。新时期开始后，父亲的文思在历史和现实之间跳跃，他的画笔也在追寻历史踪迹的时候，用更娴熟的技巧和独有的中西合璧手法，描绘出他全新的感受。七年中，父亲笔下产生了六组诗画：《溯河千里行》（1979）、《夏日山村》（1980）、《大军之路》（1981—1982）、《天山昆仑行》（1983）、《故乡行》（1985）、《汉中行》（1993）。

父亲的金石篆刻非常特别。一对田黄随顶小石刻：“阿竞”“老阮”，边款工整幽默，“小时家呼阿竞，长大人称老阮”，是对家乡的眷恋。

一方极为润泽的芙蓉石刻“章竞藏书画印”，边款刻“此方为阿英同志三十年前所赠，磨去原字重刻。阿英同志已故，刻石噫嘘”，是对友情的执着。

一小块铜锭上刻“章竞诗草”，边款为“白云鄂博第一炉铜”，是对豪迈当年的纪念。

父亲在所有的美术创作中无拘无束，率性而为。面对宣纸画页，他完全放松下来，自由自在兴致勃勃地在线条和色彩之中，在传承和创新之中放飞着自我。在美术的天地里，他找回儿时家乡的温润芳馨，重现坚守太行的抗日雄风，追寻挥师南下的晋冀鲁豫子弟兵抛洒热血之路，摹写壮丽河山间数不清的历史遗存。在父亲的美术作品里能更加清晰地体会他的信念，他的个性，他的唯美，他的才华。

2001 年 4 月，由舒乙先生主持，在中国现代文学馆举办了“阮章竞艺术作品展”。在展览的前言中，舒乙先生写道：

“阮章竞是诗人，是著名的诗人，是著名的革命诗人。他的叙事长诗《漳河水》闻名天下。在他去世后的一年里，他的一批从未发表的作品陆续在家中被发现，给人们带来了出乎意料的惊喜。这批作品并不是诗，而是美术作品和篆刻作品，数量还挺可观。这批作品都有相当高的艺术造诣，办个有品味的个展丝毫不成问题；这批作品从另外的侧面反映了诗人情感的复杂性、情趣的丰富性和才能的多样性，或许欣赏过后，人们会感叹：啊，发现了一个全新的阮章竞！”

从那时起，我就萌发了为父亲出版美术作品集的念头，要编辑得有诗有画，相映生辉。虽然画册不在父亲的出版计划之中，但是我确信，他老人家一定会乐观其成。

经过八年努力，数易其稿，在许许多多文学界、美术界朋友的帮助下，在家乡广东省中山市的资助下，装潢设计别具匠心的《阮章竞绘画篆刻选》终于由人民美术出版社于2009年7月编辑出版。画册选入了父亲的油画棒作品六十六幅、中国画作品二十七幅、篆刻作品三十五种、画论两篇，并附文学与美术作品的创作年表。

父亲的老友，当年八路军太行山木刻社成员、人民英雄纪念碑浮雕创作者之一的彦涵叔叔，为画册写了序言；贺敬之叔叔为画册题签；和父亲同团出席1949年世界青年联欢节的漫画家丁聪先生为父亲画了肖像。

就像彦涵叔叔在序言中提到的，父亲的画作是自学成才，专业水准。美术评论家李卫这样评论：“章竞先生的中国画画风大气，手法娴熟，笔墨运用到位，并在传统的中国画语言中加入了明暗与色彩的变化。他的彩棒画融入国画笔法，用笔简练，线条富于表现力，层次丰富，构图考究，对色彩和光影的运用具有印象主义和表现主义两者的特点，充满了对景写生所特有的激情。凭借深厚的书法功底，他以多种表现手法创作的篆刻作品，风格多样，个性鲜明，情趣脱俗。章竞先生用诗人独到的眼睛来观察事物，使他的每一幅作品都有特殊的意境和表现手法，题材更是如同他的文学作品，决不重复，尤其显得难能可贵。”

画册出版的时间正逢《漳河水》发表六十周年的日子。中国现代文学馆和北京市作家协会举办了纪念会和画册首发式。会上几代文学家和研究者真挚精到的发言给了我深深的感动，更深刻地体验到情操高洁的一批中国知识分子的内心世界：他们乐于以文会友，清茶待客，精神丰饶，物质简单。有这样境界的人是中国传统文化和中国知识分子精神家园最忠实的守护人。在喧嚣躁动的万丈红尘中，这样的守护人过去有、现在有，将来肯定还会有，他们不可能在我们这个民族中消失掉。

一千八百年前曹丕在《典论·论文》早有精辟卓见：“盖文章，经国之大业，不朽之盛事。年寿有时而尽，荣乐止乎其身，二者必至之常期，未若文章之无穷。”

以无穷之文章的付梓面世，寄托我对父亲无尽的感恩怀念。也用华美而厚重的文章坚守父亲和他的同侪曾经守护一生，美丽卓绝的中华民族之精神家园。远方的父亲一定看到了，听到了，并且欣慰地笑了。

2010 年 5 月 4 日

（原载《华夏诗报》2010 年 6 月 25 日。后又收入李容焕、余丛、阮援朝编：《永远的阮章竞》，暨南大学出版社，2013 年版）

◆ 珠江游子太行魂

◎ 阮援朝

今年的1月31日是父亲阮章竞的百年诞辰。我整理他老人家的遗稿也将近十四年了。

我的母亲赵迪之1997年11月辞世后，失去相依近六十年的伴侣的父亲孤独寂寞，装着新时期诗歌总汇《晚号集》手稿的小皮箱总是被带在身边，不论住进医院还是在家。当我抱着《晚号集》手稿，从空冷苍白的病房回到家中时，父亲书桌上放着的还有回忆录《故乡岁月》《大上海》和《太行山》，更有倾注了五十多年心血的长篇小说《山魂》第二卷《晴岚》和尾声《青春祭》。在画案上，我看到父亲用颤抖的笔墨写下的最后一首诗：

我终于来得及坐在轮椅上
用我底气未尽衰竭的喉咙
为你歌唱——澳门

此诗在他离世前的五十多天，发表于家乡中山的《香山报》。但他没能来得及出版书桌上的手稿，只为人间已是沧桑几度，万壑风回。

今年1月20日，在中国作家协会为父亲举办的百年诞辰纪念座谈会上，北大教授刘烜委托学生莫常虹捐赠了三通书信，并即席读了这样一段内容：

前几天将拙作《夏雨秋风录》寄给你，不知收到没有。

此录是拨乱反正之后到各地访问写的诗，结集后，头家出版社压了三年，第二家压了两年，最后这一家也拖两年，但他们总是为我出版了，真不容易，十分感激。给了我一千册书，堆在家中，不知如何处理。据报道，北图没有多少人去看书，鲁迅博物馆观者人不多，茅公故居，多少时候才去过六个人。黄色、下流音像、书刊，追逐如蝇，越禁越厉害。严肃文学，不带点“性”，发表出版都无门。

中国革命作家，活得太累了。寻发表，奔出版，找销路，雄关漫道真如铁。此录出书，只不过表示我还存在而已。(1994 年 11 月 8 日)

尽管已经过去了二十年，但这些话语仍然深深地刺痛着我的心。

记得是在父亲治丧期间，舒乙先生前来慰问，在书房画室见到父亲的美术作品，大为惊奇。不久就与我们商议在现代文学馆举办《阮章竞艺术作品展》。在展览前言里，他写道：

阮章竟是诗人，是著名的诗人，是著名的革命诗人。他的叙事长诗《漳河水》闻名天下。在他去世后的一年里，他的一批从未发表的作品陆续在家中被发现，给人们带来了出乎意料的惊喜。这批作品并不是诗，而是美术作品和篆刻作品，数量还挺可观。

这批作品都有相当高的艺术造诣，办个有品味的个展丝毫不成问题；这批作品从另外的侧面反映了诗人情感的复杂性、情趣的丰富性和才能的多样性，或许欣赏过后，人们会感叹：啊，发现了一个全新的阮章竞！

舒乙感觉到的“复杂性、丰富性和多样性”敏锐而只眼独具，触及了简单标签所掩盖的品位和修养、信仰与情操。

父亲一生酷爱绘画，而美的启蒙就来自家乡广东中山繁花似锦、芳馨四溢的自然环境，五彩纷呈的民间文化和开放包容的社会心态。

他在 1955 年创作的极富浪漫色彩的童话诗《金色的海螺》是这样开篇的：

我记得是在芭蕉林里，
跟邻家婆婆学唱儿歌，

我学会一个又学一个，
天天都灌满两只耳朵。

这个金色海螺的童话，
现在还唱得一点不差，
如果问我那时几岁，
反正很小还没有换牙。

这就是父亲幼年人文环境的一瞥。

在八十岁的邻居缪阿婆的绩麻篮边，家乡的一山一水都化为优美的童话故事，灌进父亲的耳朵。在老阿婆的口中，村里狮山右侧的圆山包是狮子逗玩的绣球；观音庙后山有神仙留下的石脚踪；鹅瘤山尾端原来有能流出白米的岩缝……

在晒谷场上和土地堂前，父亲听大人们讲《三国演义》《水浒传》《西游记》。庙宇祠堂中的壁画、石雕、砖刻，庙会竹棚上的绘画，山水人物、花鸟龙鱼，都是口述故事的生动图解。父亲在《画游絮语》[①] 中回忆了孩童时期对美术的热烈向往。

因为贫穷，父亲的童年是苦难的，九岁才上了村里的改良私塾。坐在前后桌的同学，不管档次高低，用的都是砚台，只有父亲用一个边缘和底部涂着釉色的粗陶墨碗。父亲对美术的爱好，那时就初见端倪：学校的先生有一册手抄本植物学，有很好的插图。父亲借回来每日临摹，乐此不疲。

为补贴学费，父亲要去采桑拾螺、吊虾戽鱼、捉蟛蜞。为了挣更多的钱，父亲甚至干过砸石子和担砖这样的重活。交过学费余下的钱，祖母允许他用来买文具、颜料和纸张。

十三岁那年，为了减轻家里的负担，父亲辍学做了涌头村两合油漆店的小徒弟。每天要做十几个人的饭，挑着四五十斤重的大箩头去外乡做工。就算患了红白痢疾，他也要顶住不吭声，坚持了两个多月，才被允许回家治病，并且没有一

---

① 《画游絮语》一文先后收入《作家的画梦》（中国人民大学出版社 1995 年版）和《阮章竞绘画篆刻选》（人民美术出版社 2009 年版）。

文钱的补偿。三年学徒，七月傍师的日子，父亲度过了他的少年时代，学得了画匠手艺，早于几个哥哥，成为家里第一个能挣钱的孩子。七十年后，父亲治了一方印“十三岁火头军”，怀念那段艰苦但又自立的日子。

在家乡沙溪龙头环村，有一条叫鸭乸塘的小巷，这是著名的岭南派画家黄霞川的故居。爬上第六巷5号的二楼可以找到父亲十八岁那年画的三幅油漆画。当年父亲和师傅一起为黄家新翻修的房子作装饰，黄霞川出出进进地看着师徒二人工作，不时还和父亲聊上几句。突然他提出：“楼上的书房我要阿竞来画。”工头惊讶极了：“高寿山师傅是沙溪最好的画工呀。”“我知道，但我不要花花哨哨、一味讨彩头的俗气东西。”在得到黄家肯定之后，父亲从助手升格为师傅，工钱也涨到每天两块了。

父亲的画风的确与前辈有所不同，年轻的心总是追求着变革和创新。只要得知石岐或者其他地方有美术方面的书籍、有画展，父亲总要一睹为快。就在1932年夏天，父亲歇工在石岐参加过一期美术训练班。几个从上海回乡的人士，带来了西方美术的技巧和观念。

有着深厚文化底蕴的家乡，秀美温婉的家乡，开一代风气之先的家乡，像春风化雨，润物无声，给父亲的美学思想铺垫了民族的、唯美的、开放的基础，日后铁血大风的磨炼，也未曾湮灭了来自南国的柔美温存，给他的艺术风格留下了深深的印记。

1934年夏天，二十岁的父亲登上驶往香港的轮船，转道前往大上海。漂泊在外乡的生活艰难而清苦。他和朋友合租亭子间住，靠着画工手艺给广告公司打短工维持生活。中西交汇、五色杂陈的上海，使父亲打开了眼界。他就像一块海绵，畅快地吸吮着身边每一滴水：更多的朋友，更多的思潮，更多的书籍、报刊、电影……

孱弱的国家被侮辱和损害的事例刺激着他的民族自尊心：相邻亭子间的舞女夜出昼歇，妓女在街上公开拉客；破产农民在城里当仆人，随时可能被欺骗和欺负；外国人和外国驻军享有各种特权，日本兵开着摩托车横冲直撞，裹着红头巾的印度警察专门找中国人的麻烦……时代的潮流和底层生活的经历，使父亲选择了左翼文化运动。

1935年夏天，父亲投入救亡歌咏活动，整天奔波在杨树浦、北四川路等处。

在一个救亡歌咏活动骨干培训班上，担任指挥课教师的冼星海先生从三十多个学员中，发现父亲的音色与众不同，就在课后留下他。一开口讲话，立刻发现是个小老乡（星海先生是番禺人，与中山同在珠江口西岸），两人相叙甚欢。先生对父亲非常欣赏，当即答应他登门求教的请求。冼妈妈煲了猪蹄汤招待父亲。从此父亲成了冼家的常客，可以随意在早上六点钟到星海先生在法租界的家里去，听他弹琴，看他谱曲。星海先生当时正在创作属于中华民族的交响乐，他把从各地收集的民间音乐唱片放给父亲听，给父亲讲他的音乐构思，带着父亲参加各种左翼音乐活动，还为父亲的歌词谱曲。艺术大师的教诲伴着冼妈妈的家乡饭，滋养着父亲的头脑，也用家的温暖和家乡的气息拥抱着远方游子。

在中国空军出击轰炸日本“出云舰①”的那天，父亲一进先生的家门，正看见先生站在钢琴前，沉着脸在思索。他突然弹响一个复合音问：“像不像大炮声？”父亲回答说很像。他又弹响了一个更大更沉重的复合音问像什么，回答说像飞机投弹的爆炸声。冼星海捕捉、模拟飞机出击的战斗气氛和爆炸声响的创作过程，父亲几十年后仍然记忆犹新。

星海先生用自己的创作实践主张：艺术必须始终扎根民间土壤，必须来自生活，艺术的灵魂来自不朽的民族精神。这些理念在他们相处两年多的时间里，潜移默化地从哲学高度影响了父亲的一生。

1937 年 8 月，淞沪会战爆发。战争打响的第一天，父亲就全身心地投入了抗日宣传活动。在太湖边，他痛苦地看着日寇三个月攻陷上海，一个月后又占领了南京。国恨家仇，刀砍斧刻似的嵌进了血性男儿的心头，他决心不单要慷慨悲歌，更要血洒疆场，亲手把日本人赶出中国去！在他走上文学道路后，抗日战争成为他终生都要摹写的不朽主题。

在冼星海先生的帮助下，父亲辗转南京、武汉、洛阳等地，终于在 1937 年年底到达山西陵川。

在雄伟的大山大河之间，到处可见古代先贤的遗存，随处可闻生机勃勃的民谣小曲，同样包围着他的，还有贫穷、保守、民智未开的沉重和压抑。在太行山，父亲真切地感受到了战争的残酷与血腥，看到了人民的不屈与奉献，同时也感受

---

① 出云舰：日本“遣支舰队”旗舰，淞沪会战时，中国海空军猛烈攻击的主要目标。

了抗日大环境中的鱼龙混杂、利益争夺、人性多面。

经过在国民党游击军和陵川地方武装四个月的短暂盘桓，父亲终于在晋城参加了八路军，不久就参与组建八路军太行山剧团，并担任了政治和艺术指导员。绘画和音乐是父亲走上太行山之前最主要的艺术准备，这使他在抗日根据地文化工作中如鱼得水。

抗日战争时期是父亲写作最勤，作品最多的时期，但由于战争环境的残酷，能保留下来的只有《未熟的庄稼》《比赛》《糠菜夫妻》三个写于1942—1943年的剧本。耐人寻味的是有几首诗，竟在20世纪60年代从口头流传的民歌中找了回来，它们是写于1938年的三幕剧《保卫抗日根据地》插曲《秋风曲》、写于1941年的四幕剧《和尚岭》插曲《牧羊儿》和写于1942年的歌曲《民兵队歌》《姜四娘》。一个说粤语的文化人创作了口口相传的山西民谣，的确是个奇迹。

如果说父亲到达太行山刚刚十个月就写出《秋风曲》，还能用艺术敏感和天赋来解释，一而再、再而三地创造，终是一个现实主义作家艰苦积累的结果。1939年11月，他率太行山剧团到辽县六区开展农村戏剧活动，有意识地收集了很多民歌。在他留下的十六册早期笔记中，可以见到1942年和1948年专门记录民间语言的两册，麻纸淡墨，共有四万余字。①

父亲前期最重要的文学作品，是创作于1947年的俚歌故事《圈套》、大型歌剧《赤叶河》、1949年的叙事诗《漳河水》，被山西研究者概括为“阮章竞老三篇”，与《小二黑结婚》《李有才板话》《李家庄的变迁》的“赵树理老三篇”，同称为太行山土地上长出来的艺术。

2004年荔枝节，我回家乡参加中山籍文化名人聚会，叨陪末座。在参观的席间，军旅画家雷楚汉先生谈及，他十几岁刚参军时在文工团工作，大军南下一路都在演出《赤叶河》，他扮演剧中青年农民二全。坐在同桌的中山文化馆负责音乐教学的梁翠媛女士立刻接着说，她当时在石岐读中学，被选中参加《赤叶河》演出，饰演女主角燕燕，大幅的演出海报就高挂在孙文西路的剧院门前。因为燕燕在剧情中投河自尽，老人家们多有忌讳，她是顶着各种压力参加演出的。在座的另外一位先生，则兴致勃勃地唱起了歌剧的片段……

① 《阮章竞笔记》(1942—1999) 共87种，现藏国家图书馆古籍善本部。

我万万没有想到，一部歌剧，跨越黄河、长江、珠江三大流域，经历半个多世纪的风雨岁月，以席间30%的人员引起的共同记忆，活生生地上演在我的眼前。

在采访父亲同辈艺术家的过程中，又意外地发现了这部歌剧对话剧表演艺术家于是之的影响：

> 第一次文代会召开前，各文工团都要出节目，参加演出。华北人民文工团演什么呢？我喜欢这个团演出的《赤叶河》，我永远记得这个戏演出时的热烈的情景：看完戏的新区的观众们，都情不自禁地唱起歌来，互不相识的人群，只要有人起个头，大家就一齐唱，随唱随走出剧场，走向他们回家的路。因此，我认为应当到文代会去演它。①

父亲的许多作品中兼有三晋山川的雄浑壮美，山西民歌的纯朴真率和珠江三角洲带来的婉约温润，这是他独有的艺术特色，并在当时产生了广泛的影响。

20世纪五六十年代对父亲来讲，是激情豪迈，同时又充满矛盾困惑的时期。因为文学成就和资历，他被推上了新中国文学界的高位。可是那些显赫的岗位并非他之所长，也绝非他之所好，隔几年就来一次的“运动”让他困扰不堪。父亲用自己的方法腾挪躲闪：1954年9月和1960年2月两次被调到中国作家协会工作；1956年10月和1962年4月又两次离开中国作协，先到包头钢铁公司党委任宣传部部长,参加工业化建设,后到中共中央华北局宣传部任副秘书长,回山西创作长篇。

第一次离开中国作协，父亲如释重负，在包头茫茫荒原的风沙严寒中，找到了自己的位置。当年的专职助手刘心源还记得随章竞同志下基层，在颠簸的吉普车上磨破了屁股；老劳模刘志祥记得1959年大年初三阮老和他的家人一起喝酒吃饺子；在一号高炉工地上，油漆工惊讶地发现这位领导刷漆的手艺不错；下班的路上，父亲不坐班车，陪一位刚刚卖掉自行车的工人徒步一个小时回生活区；老同志李汀说，那首常被提起的诗歌《风砂》，是他们两个人考察昆都仑召，归途突遭风沙袭击，不得已躲在一处短墙下避风所得。

他讴歌时代，也在进行艺术的探索：

---

① 于是之：《于是之人生漫笔》，北京：同心出版社，2002年版，第34页。

写工业为“诗”，是个新问题，没有任何东西可资借鉴。但这个最伟大的阶级——中国工人阶级的劳动创造，能不能用中国风味来写成诗，是老干部遇到新问题。工业不同农村那样，到处有柔媚的山树林泉，它是爆破隆隆、电火闪闪、烟雾腾腾、钢压轧轧的场面，“一根扁担软溜溜”和“一铺滩滩杨树根”，是压不住转轮的声响的。问题在这里，我在试探，如说我是诗人，不如说我是个勘探者，我是在探索走路，也是很艰难地走着，但勘探者是不畏难的。(1963 年 1 月 9 日致刘守华的信）

他的探索是有成绩的。茅盾先生曾充分肯定了他这个时期的创作：

这些组诗（指《新塞外行》《乌兰察布》等）是抒情诗，想象奔放，诗句明丽，格调豪迈。如果说《漳河水》的语言几乎全是经过加工的人民语言，那么《新塞外行》等诗又表示诗人在熔炼、利用古典诗词的句法和词汇，企图创作更富于形象美和音乐美的，适合于表现我们这个时代的丰富多彩生活的民族形式的新诗风。应当肯定，诗人在这上头已经取得了初步的然而是不小的成就。(1960 年 7 月在中国文学艺术工作者第三次代表大会的报告）

1960 年 1 月，父亲回到中国作协担任《诗刊》副主编，在禁忌颇多、批判频仍中“战战兢兢，如履薄冰”。百年纪念会上，尹一之先生的回忆倒不像父亲的自述，他讲了几个小故事：保护读者，不能把反映农村饥荒的来信转回写信人的单位；顶住上级的干预，坚持刊物的编辑自主；区别来稿中的艺术夸张和浮夸，去伪存真，刊出了影响广泛的民歌等。这些故事表达了他对父亲的正直人品、党性原则和艺术鉴赏力的深刻印象。

1962 年春在李雪峰同志的帮助下，父亲离开《诗刊》社，到华北局宣传部任职，可以专心创作了。他要完成在 1945 年 8 月打下焦作城时立下的夙愿：“把我们亲自经历的所见所闻，摘其心有深感的东西糅成小说，留给后代。”那就是他的抗日记忆和家国情怀所系的《太行山不会倒》，后几经改题，定为《山魂》。

自从有了“利用小说反党”的罗织，这部小说的写作就有了加倍的困难。1966 年冬天，书稿被造反派抄走，万幸的是书稿最终还是找了回来。

“文革”初期，在大区党委机关算不上当权派的父亲，成了领导的“救火队员”：先是被派到北京新市委当了三个月理论写作组党支部书记，又到山西绛县负责华北局“学毛选现场会”的秘书工作，最后被群众组织分配做了“大字报抄写员”。

1968年2月，父亲到河北省革委会文教组工作。他竭尽所能去守护自己所珍视的价值，哪怕是微不足道的一点点：为省里剧团演员的业务不致荒废，移植样板戏；严词督促有关部门释放被冤屈打成“反革命”的排字女工；转交下乡学生为固安农民反对浮夸缴粮的陈情信……[①]

从1964年被派往“四清”工作第一线，直到1977年年底的十三年，是父亲沉默的十三年。在磐石般的暗夜里，父亲放下了写作的笔，和他的同辈们一起保持着沉默。这对于父亲是锥心的痛苦，眼睁睁地看着人的尊严连同理性和情感被踏入污泥，眼睁睁地看着年华虚耗，生命流逝。他的思索和追问将在后来的作品中呈现。

1974年河北省革委会发文任命父亲为省文化局副局长，父亲坚拒，旋即返回北京。不能写，也不能画，父亲就开始读书、临帖、刻图章、做手工：为自己的石章做封套，用牛皮纸为所藏整套四库全书做纸函。对于抗命带来的压力，他说：“咬我脑袋是硬的，咬我脚丫是臭的，随他们去。”他留下的三十五枚(对)篆刻作品中，有十五枚就是作于这段时间。

日历翻到1978年，父亲被推选为第五届全国政协委员，新的创作时期开始了。从这时开始到他离世的二十一年之间，可以分成1978—1991年和1992—1999年前后两段。创作的数量大大超过了“文革”前的总和。

前十三年的创作多数是在旅行中获得灵感而完成的。这些作品，在父亲新时期创作中占有重要的位置。父亲默默地用自己的小说、叙事诗和诗画作品，坚守着他那一代革命文艺家的美学理想，彰显着他那一代人在国难家仇中，用血与火锤炼出来的情操和胸怀，富贵不淫，贫贱不移，即使被边缘化也在所不惜。

这些作品中有诗歌二百五十多首，其中的组诗组画延续了他从1960年访问古巴开始创造的诗画共生形式。

《溯河千里行》(1979)和《夏日山村》(1980)是他在晋祠写长篇小说《山魂》的“副产品”。那段日子父亲拼命抢时间，每天凌晨三点就起床工作。紧张工作

---

① 陈培浩、阮援朝：《阮章竞评传》，桂林：漓江出版社，2013年版，第219页。

引起身体不适，就外出绘画，他自己戏称“做工间操”。两组诗画的创作只相隔一年，但父亲的心情变化所带来的诗情画意，却大不相同。前一组痛定思痛，诗歌充满了悲愤、嗟叹和思索，画作的色彩以黄色、蓝色为主。而后一组随着改革开放的大步迈进，诗歌中多了欢快，画面变得悠远深邃。

《大军之路》(1981—1982) 是父亲沿着晋冀鲁豫子弟兵南下路线，一路采访写生的成果。两年中他在华东的旅行，脚踪所及是中国文化底蕴最为深厚的所在——庐山、黄山，无数前辈诗人画家就在前面，父亲的笔也就自然地在革命传统和文化传承中，以他的个性挥洒着。

1982 年 9 月底，父亲随团到意大利出席国际文化艺术出版大会。在伟大文艺复兴的发源地，父亲怀着朝圣的心情在罗马、威尼斯等地的艺术殿堂里徜徉。他写了《意大利之歌》十三首，但是没有一幅画作。但是我相信，在对文艺复兴三杰朝拜的时候，父亲整理了自己的美术思想。因为在此之前，他一直在绘画中探索寻找着一种风格：传统的中国画技法与西洋画法的结合。

1983 年 9—10 月，父亲应邀参加石河子绿风诗会，并在新疆、甘肃旅行讲学。他二进天山，再登昆仑，激情也恰似高耸入云的雪峰，他为祖国的大好河山自豪，也为自己的老当益壮而骄傲。《天山昆仑行》组诗组画可谓激情澎湃，酣畅淋漓。

1984 年 4 月父亲突发心脏病，中断了创作。一年后，他在武汉参加黄鹤楼笔会，接着在母亲的陪同下，回到阔别三十四年的故乡中山。

故乡之行对大病初愈的父亲如同良药，使他精神振奋。他受到乡亲们的热情接待，找到了五十一年前离乡时送给好友阿林的一幅国画，还在龙头环寻访了当年做画匠时的遗迹。家乡处处都是往昔对美术的孜孜追求，处处都是美好而温馨的记忆。父亲画了二十幅油画棒速写，手中的画笔舒展浪漫，以极洗练而流畅的笔触，描写他心中如梦如幻的家乡，画中充满了似水柔情。回忆录《故乡岁月》就在当年 9 月完成。

在新时期，父亲还在继续着叙事诗的创作，他说：“‘文化大革命’给我换来的只是大大破除了迷信！”在他的创作中露出了批判的锋芒。创作于 1988 年的两部叙事长诗《胡杨泪》和《漫漫幽林路》，可以视为他那一辈人的“伤痕文学”。只是此伤非彼伤，借季羡林先生的话：

> 若干年前，出现了一些所谓“伤痕文学”。然而据我看，写作者多半是年轻人。他们并没有多少“伤痕”。真正有伤痕的人，由于种种原因，由于每个人都不同的原因，并没有把自己的愤懑抒发出来。我认为，这不是一个正常的现象，而是其中蕴含着一些危险的东西。①

时间对于年过古稀的父亲格外珍贵，在这十三年中，他编成了诗集《阮章竞诗选》《夏雨秋风录》，散文集《新疆忆旅》；写出了回忆录《故乡岁月》《异乡岁月》(口述完成)。父亲那一辈革命作家与人民和民族的命运息息相关，生活不是用来“深入”的，而是亲情友情所系，是血肉相连的。他回忆太行年轻文化人相聚的欢乐，房东大娘的体贴，简短而平实，写到他们的死，也只寥寥数语，但其中所带的体温和脉搏，情感与怀念，如羚羊挂角，不足与外人道。

父亲还参与了《中国解放区文学书系》的编辑工作，担任诗歌卷主编。他特别重视搜集小型根据地和牺牲诗人的作品，并亲自写信联系。编辑中他强调的不是文学性、史料性，而是通过搜集和出版这些作品来纪念烈士，祭奠这段岁月。父亲不仅仅是在主编一本书，他是在为自己、也为无数战友收集生命的残片，既是证明一段光荣历史，也是纪念那些被忘却了的英魂。

但是长篇写作却始终是负重前行。在1980年年底完成初稿后，医生认为他的身体已不能负担长篇写作的负荷。他自己也感到：“1984年患大面积心梗后，体力、思维能力大退了，有如大海之退潮，令人心惊。”但他前缘未了。这时的写作对于父亲，已经不是才华的流淌，而是生命对历史的虔诚还愿。他在书房门口贴出谢客牌，向长篇的完成发起最后的冲锋。

1991年第一卷《霜天》脱稿了。同年11月回故乡中山参加孙中山先生诞辰一百二十五周年纪念活动写成的组诗《珠江行》也完成了。太行山与珠江在父亲创作中的相逢，也标志着一个创作阶段的结束。

1992—1999年的八年对于父亲是艰难疲惫的八年，在文学创作的道路上，从健步攀登到了策杖蹒跚。但他还在坚持着向前，他说：“这是我诞生的使命。”

在红尘万丈的世俗喧嚣中，信仰已经微不足道，父亲的活动空间因年老体衰，

---

① 季羡林：《牛棚杂忆》，北京：中共中央党校出版社，1998年版，第218页。

更因时下的趋利多变而被压缩。但是经历过民族危亡，有着曲折丰富人生阅历的父亲，内心始终保持一分定力。时代造就的大格局，历史的深邃感，对世事的洞察力，是他们那一代人的精神特质，他的本分就是让后代对此有所了解、有所继承、有所发扬。

为了守住本分，他始终没有放下手中的笔。

尽管《霜天》的出版先后遭到两个出版社的拒绝，他仍然执着于《山魂》第二卷《晴岚》和尾声《青春祭》的写作，他要用文学留住一代投身共产党革命的知识分子的青春岁月，这是他们生命中最重要的经历，也是最值得回忆的部分，值得他用尽心力、不求回报地书写加以铭记。1997 年中国文联“晚霞工程”终于了结他的夙愿，《霜天》得以出版。当时他的状况是这样的：

> 1996 年整个冬天心衰、哮喘、咳嗽，坚持到 1997 年 3 月已不行了，一工作身心自行抵抗，只得住院。医生诊断心功能衰竭、肺气肿，只能静养不能行起，更不能再工作了，这真是要了我的命！
>
> 生命在于运动，我只能春暖后开始六时下楼策杖慢行，没几步就喘走不动，只能停停走走到教育大楼西头则回来。
>
> 不能工作，就失去我的生存支柱。5 月中出院，催要《山魂》第一卷《霜天》校样。责编日日拖延不送来。几经周折，7 月 3 日由副编审送。今年奇热，至 7 月 28 日才取去搞修校付排。
>
> 酷热也有点好处，咳嗽好多了，写作情绪也好多了。故想将此余力作《晴岚》的最后冲刺。从 8 月 1 日重看初稿，想从住院前拟好的草稿整理。但因住院仓促，许多设想找不到了。今天（8 月 5 日）决定将余留着的片段，串写 5 月大“扫荡”。（《晴岚》手稿）

虽然病体支离，他仍然勉力作画，在艺术的天地里寻求慰藉。1993 年的组诗组画《汉中行》是他诗画共生作品的封笔之作。画中终南夕照、翠岑黄陵的悠远景致映衬着诗中的思索和情怀：“寒溪流水声呜咽，萧何此类莫为友。”（《拜将台感怀》），“生时未及中原地，死骨坚守定军山。”（《过诸葛孔明墓》）

在这期间，他和太行山剧团幸存战友们合力完成了《太行山剧团团史》，为中国革命文艺史留下亲历者的记忆。

晚年的父亲因为肺部纤维化和心脏病，经常严重缺氧，口唇青紫。他的思乡之情却因生命终点的即将来临而愈发浓烈。

1998年暮春，家人遵嘱推着轮椅送他到景山公园看牡丹，只为“未画此花起码已有六十年，小时用油颜色画在婚礼之家具上，每有此活，余喜画之。八十有三想起画之，全不成体统，知余老矣”。再次现场写生，既是一个现实主义艺术家的创作习惯，也是耄耋老人对青葱韶华的眷恋向往。

整理父亲遗稿时，我发现一页未完稿：

> 《漫漫幽林路》《夏雨秋风录》《桑影集》三个集子，都是拨乱反正后写的叙事诗和抒怀诗。《漫漫幽林路》《夏雨秋风录》出版时，因校对、印刷错误太多，除很少一部分外，都未与读者见面。现在借《桑影集》出书的机会，放在一起向读做个交代时，我已走到晚号吹彻、宿鸟鸣林的时刻，故名《晚号集》。

短短一百四十字中，两次提到“读者”，这就是父亲的创作理念：“文学艺术是为人民大众的。”

在战争年代，面对文盲占多的现实，他努力学习民歌，用观众喜闻乐见的方式动员民众，团结一心把日寇赶出中国去。

在建设年代，为表现钢铁工业建设者们忘我劳动甚至献身而不顾的精神，他向古典诗歌学习，力图将中华悠久的诗歌传统与新诗连接起来。

在新时期，他坚守青年时代的选择，毫不动摇地为并肩驱虏的战友、乡亲书写青春，记录思考。

父亲热爱艺术，忠于理想。他属于自己生活的那个时代，也用自己的艺术观照着已经来临的新时代。

十四年来，从父亲留下的文字中，我看到了激情燃烧、昂扬不屈的大山之魂，也深深体味了九转回环、缱绻悠长的故土乡思。远去的父亲仿佛离我更近了。

（原载《文艺理论与批评》2014年第3期）

◆《阮章竞太行山笔记手稿四种》影印本编者阮援朝在国图的发言

◎ 阮援朝

各位领导、朋友、乡亲、兄弟姐妹们，大家好！

非常荣幸能代表我的哥哥、弟弟及全体家庭成员参加由国家图书馆和中华书局联合举办的这个仪式。首先感谢学者们为会议准备了专题演讲；再要感谢远道而来的中山乡俚，虽然你们是中山纪念图书馆的工作人员，但代表的是家乡一百四十万父老乡亲；感谢来自太行老区、邯郸涉县、长治左权的同志们；感谢为保存研究中国革命史料不懈工作的各位同仁的出席。特别感谢章百家、李小雪、李东东三位同志的出席。

国家图书馆和我父亲阮章竞先生的渊源是在1954年，那时我刚上幼儿园。当时的北京图书馆向中国作家协会征集作家手稿，父亲用一封挂号信，把《漳河水》手稿寄到了文津街老馆。我是在2012年纪念《在延安文艺座谈会上的讲话》发表七十周年时，在国图展柜里看到这个信封的。熟悉的毛笔字迹触动了我，当时陈洪彦主任说："信封也是文献的一部分呀！"这话令人感动，也倍增信任。

父亲是个十三岁就做了油漆店学徒的人，一辈子保持着对手工劳作的兴趣。《漳河水》手稿是他用纸捻折页装订的。他留下的手稿常常是要手工装订，这是他完成创作后的一种享受。纸捻、棉线、毛线都有，当然也有用书钉的时候。《漳河水》手稿里有毛边纸稿纸，也有宣纸稿纸，黄中夹白深深浅浅的，一看就是多次修改抄补后的稿子。手稿第一页小序下面钤的馆藏章，也是"北京图书馆藏"，看上去就有历史感。

1980年我错过恢复高考的机会，上了人民大学的函授学院（这学历常遭人嘲笑，说算不得高等教育），同班同学中有现在国图善本部的古籍鉴定专家赵前。父亲去世后的2001年，我们兄妹把他老人家的藏书和一部分绘画作品、全部的篆刻作品捐给了中国现代文学馆。捐后总觉得有些遗憾，想着能留下一份印谱才好。赵前说："我帮你找'大内高手'啊。"这就是善本部金石组的副组长贾双喜老师。父亲治印，自称是工间操，不单刻印面，还把印章的侧面当记事本用，刻了许多边款。有一块大石章"十三岁火头军"，印床都放不下，他就刻了顶款。我把印章从文学馆库里借出来，送到善本部，交给贾老师。拓成的"珠江印存"宣纸折页，朱印墨款，古朴规整，错落有致。拿到时真是无比兴奋，国家级的手拓本啊！2009 年人民美术出版社出版《阮章竞绘画篆刻选》，用的就是贾老师的拓本。

最近十几年，我怀着一份孺慕之情，一直在努力整理父亲的遗稿。其中有一份他 1981 年 1 月，在北京作家协会对诗歌组和民间文学研究组专题谈《漳河水》创作的手稿。我想《漳河水》诗稿已在国图，这篇创作谈理应与诗稿相伴。国图派当时负责这方面工作的李小文接受了这个手稿。她将手稿全文刊登在国图出版的《文津流觞》2002 年总第 5 期上，替我完成了父亲的一个遗愿。父亲在样刊上曾批注道："《文艺研究》发表时因安排不下，做了删改。我看过，但时间只有半天，就要排版，最后一段未阅。准备出刊后恢复原稿。"恢复原稿的愿望是在国图实现的。

2013 年 4 月父亲一生所存笔记的捐赠，无论在规模、深度上讲都是和国图交往的一个新阶段。3 月我提出捐赠愿望后，善本部的谢冬荣副主任带人到家里来看手稿，商定了具体的交接办法。手稿入库后不到三个月，就完成了全部的电子化扫描工作。以后又就手稿的整理使用达成共识，在中山市政府的帮助下，设立了"国家图书馆藏阮章竞手稿文献整理研究项目"。三年来稳步进展，一百二十万字的工作成果，即将在《阮章竞文存・笔记卷》中发布于众。

中华书局是有百年深厚积淀的重量级出版机构，此次出版《阮章竞太行山笔记手稿四种》影印本，开拓了一个新的选题方向。这个选题的创意者郭又陵，是原国家图书馆出版社的社长，做过"中华典籍影印系列""民国文献影印系列"等一批极具价值的影印书籍，和国图善本部合作得非常默契。退休后到中华书局。他得知我在整理父亲的手稿笔记，就提出选择部分笔记作为"革命历史文献影印系列"的第一部出版。原来选择的笔记还有父亲 1961 年 2 月到 5 月作为中国作家代表团成员访问墨西哥和古巴的两册日记。因为代表团在古巴期间，亲历美军轰炸哈瓦那机场，卡斯特罗宣布古巴选择社会主义，美国支持的雇佣军在吉隆滩登陆等一系列重大国际事件，很有特点。后考虑到内容要相对集中，最终定为现在的太行山选项。

在编辑工作中曾遇到一个很具体的问题，就是父亲1948年3月，在安阳东西积善村所作的《土改记事录》，写在石印本《资治通鉴》裁开的背面。原书的印色透过纸背，记录的笔迹墨色又偏淡，严重影响辨认，技术上怎么办？一度曾想过用附加录入文字的方式来解决。我用了十天的时间录音全本手稿，书局的编辑听录音打字。做完之后感到与影印本的初衷不搭调，放弃这一册还心有不甘。原国家图书馆出版社总编辑徐蜀，退休后也在中华书局。是他下的决心，将这一册彩印。彩印成本的增加何止翻倍！我真心钦佩中华书局出版家们的格局和胆识，若非斯社，这册笔记无缘以影印本面世。

与中华书局的此次合作，使我具象地认识了百年老社出品之精良，盛名绝非浪得。拿到样书后的第一感觉就是：比原稿还清晰！中华书局不拘一格，人才济济，"海纳百川，有容乃大""广揽天下才士而用"这样的词语，用之恰如其分。

国家图书馆在2009年，中华书局在2012年先后庆祝了自己的百岁生日。因整理父亲遗稿，有机会与这两个中国文化标志性机构合作，相信父亲会感到欣慰的。有机会在国家图书馆、中华书局双雄联袂举办的仪式上做一番感谢发言，亦深感荣幸！

祝两家百年老店——老馆、老社，在中华民族走向强盛的路上，永做华夏文明之光的领跑火炬手！

愿家乡父老、太行区乡亲生活美满，心想事成。

愿埋头整理史料的兄弟姐妹们坚持不懈，克难终成。

愿各位学者开拓有成。

愿各位领导使命达成。

谢谢大家！

2017年11月27日于国家图书馆综合楼五层多功能厅

（本文依据阮援朝发来的电子版文稿，原题为"《阮章竞太行山笔记手稿四种》影印本编者阮援朝的发言"，"在国图"三字为本书编者所加）

《晚号集》序言和后记

◎ 阮援朝

序言

《漫漫幽林路》《夏雨秋风录》《桑影集》三个集子，都是拨乱反正后写的叙事诗和抒怀诗。《漫漫幽林路》《夏雨秋风录》出版时，因校对、印刷错误太多，除很少一部分外，都未与读者见面。现在借《桑影集》出书的机会，放在一起向读者做个交代时，我已走到晚号吹彻、宿鸟鸣林的时刻，故名《晚号集》……

以上是阮老在1999年10月写下的《晚号集》序言第一段。当时《晚号集》已基本编定，尚未找到出版单位。就在这时，阮老身体状况恶化，在10月底和1月中旬两次入院，终至不治，于2000年2月11日辞世，而尚未撰就的《晚号集》序言也就成了他的绝笔。

在整理阮老遗稿时，还有一份在最后两次住院间隙时写的《国成提纲》。那是应《诗刊》社前主编丁国成同志之约，较全面地阐述他诗歌创作历程的草稿。在提纲中，有阮老对儿时游街艺人的歌谣以及五四运动后学生下乡用民谣“鸡公仔”填词来抗议二十一条的回忆；有唐诗、戏曲、南音、宋词对自己的影响；有自接触新诗和进入太行山抗日根据地后主动收集民歌的经历，以及他的诗观、他对当代诗歌的认识和评价，洋洋洒洒五千言。

《晚号集》和《国成提纲》这两篇未完遗稿，从美学和社会倾向两个方面表达了阮老的文学理想。后者虽不能在《晚号集》中刊出，但也是不能不提到的。

在提纲中他谈到自己走上诗歌创作道路时说：第一就是由于喜欢画，“一见画册，画中的意境就想到诗”。

熟悉阮老的人都知道他是一个才华横溢的人。他从小喜欢画，对于绘画、篆刻、书法都有很高的造诣。读阮老的诗不能不读他的书画、篆刻。

阮老的美术创作，早于他的戏剧、诗歌创作，开始于青少年时代。他在《画游絮语》[①]一文中写道：“美术世界，是儿童最喜欢窥视的世界。直到古稀之年，这个世界，依然无时无刻不在吸引着我。可惜的是，由于历史的偶然安排，使我早已没有时间去逛游了。”

少年时代的阮老，自己用时钟发条、雨伞钢条，磨成斜刀平刀，试着刻图章；当了油漆学徒后，每有为婚礼家具画牡丹，为居室画装饰画的机会，他都要争取被派上这个活儿。在抗日根据地，他是太行剧团的编剧、导演、指挥，还是舞台美工设计。剧团的幕布图案、每到一处的街头壁画，都是他施展艺术才华的地方。

1962年，他为创作长篇小说《山魂》回到太行山区收集资料。在长治市，看到1946年秋他为太行群英会设计的“英雄门”仍保留着，所在马路也被命名为“英雄路”了。只可惜，他为群英会画的大型壁画，已经不复存在。

他的手稿中有三个速写本和两组速写，都是他的日常写生。阮老说：“我不会照相，故每去访问，总要画几张速写。”这几张几张的积累，就留下了近五百幅的写生手稿。

阮老有篆刻作品四十余方。篆刻的边款，是阮老直抒胸臆的所在。在他八十三岁高龄时，刻了枚二寸见方的大石章“十三岁火头军”，顶款刻道：“余十三岁当油漆学徒，要做饭。故师傅们都叫小火头，也叫小火头军。今刻印留念。”诗人的素养、情趣，由此可见一斑。

阮老留下的美术作品主要有：国画二百多幅，根据内容可分成三个部分，对当年战争岁月的追忆，对壶口、黄山、天山等壮丽山河的描绘，以及松柏、花卉、虾蟹、临摹山水的性情之作；彩色画棒速写一百多幅，按时间分为1962年井冈山、1979年太行山、1980年夏日山村、1981年大军之路、1982年庐山淮河、1983年西北行、1985年故乡行、1990年京郊渭南八个部分。

---

① 该篇文章刊于《作家的画梦》一书，北京：中国人民大学出版社，1995年版。

为使读者一睹这位诗人兼美术家的风采，我们从阮老的各类作品中都选取了一部分作为本书全部的艺术装帧画，包括插图、题图、尾花。取舍的唯一标准，是在单色印刷的技术状态下，能保留作品的原貌。除彩页选刊的六幅以外，许多色彩丰富的作品只能忍痛放弃了。但读者仍然可以将这部诗集当作阮老的艺术作品选来欣赏。品味他作品的中国风格、中国气派，诗中的画、画中的诗。

后记

将自己从改革开放二十年来创作的诗歌结集出版，是父亲阮章竞生前的大愿。他还向我谈起过要出戏剧集、散文集和回忆录的计划。

为此，父亲做出过巨大的努力：利用各种机会呼吁，给领导写信，给家乡和老根据地政府写信，向年轻一代的编辑咨询。父亲一次又一次地为有了些微的进展而兴奋，又为随即到来的婉拒而失落。

我深深知道，父亲那一代人已经属于过去。“忘记过去就意味着背叛”的教诲也早已不再流行。人间已是沧桑几度，万壑风回。今天，太多的人忙碌于市场、官场、情场……丹柯的心即使不被胆小的人踩灭，也会被时间熄灭了。我劝父亲道：“如果你一定要对历史有个交代，我们自费出版好不好？”

父亲沉默。

我不知道父亲在想什么。作为两代人，我们对事情的认识总有不同。他从来不跟党讲价钱，也无法接受什么都要“算账”。世事对于他，已经变得十分陌生了。作为一个忠诚的党员作家，最重要的不是钱，而是他为之献身的党还需要不需要他和他的这支笔。诗集不能一如既往地由组织上出版，父亲内心的挣扎和痛苦，难以言表。

这部厚厚的诗稿，在父亲生命的最后一年多里，常常被带进医院，又带回家。当我们几个孩子步履沉重地护送他老人家的遗体出病房时，我怀里紧紧抱着的，就是这部《晚号集》诗稿。望着已无法唤回的父亲，一定要将诗集出版的决心也更加不可动摇了。

我和我的兄长、幼弟倾力出版这部书，也为了表达我们对父母和他们那一代共产党人的崇高敬意。我们的母亲赵迪之 (1916—1997) 是 1934 年在北平民国大学外语系读书时入党的老党员，也是父亲的入党介绍人。在战争年代和“文革”前的建设时期，他们为了各自的工作，聚少离多。在新时期，母亲总是父亲作品的第一读者。广东渔村油漆匠与北平女大学生相伴五十九年，千里姻缘由革命一线牵。他们那一代人为了自己的信仰，毫不动摇地奋斗了一辈子。代际的观念差别，不能改变我们高度赞赏他们率直、忠实、始终如一地捍卫理想的精神和品格。两位老人家先后去了，带走太多的忧患、疑惑、嗟吁，却给作为儿女的我们留下了享用不尽的财富——尽可能诚实、正直地生活在这个世界上。

在这里，我深深地感谢人民文学出版社，感谢我的同代人胡玉萍、岳建一、孙松柏以及他们的同事们。没有这些人士的无私帮助，《晚号集》的出版无法想象。他们的创造性劳动，使《晚号集》有了更富时代特色的面貌，也更向读者靠近。

本书所有插图、题图、尾花，都是从父亲留下的几百幅美术作品和几十枚篆刻作品中选出来的。我想，也许能让读者从中更全面地了解父亲，了解来自解放区的作家，了解那一页历尽风剥雨蚀，充满激情、理想和献身精神的历史。

阮援朝

2000 年 10 月于父亲的书斋

（两篇文章均收入《晚号集》，人民文学出版社，2001 年 1 月版。诗集由阮援朝编，其中的“序言”和“后记”，皆为阮援朝所写）

苍凉的“晚号”

◎ 阮援朝

墨香尚未散尽的诗集终于送到了我的手上。精致的封面摸上去像丝绸一般细腻光滑，淡黄的书页柔和地亲近着我的眼睛。这部诗集收录了父亲阮章竞新时期以来创作的诗歌约三百首，绘画六十多幅，篆刻二十多枚。一年来，为立项，为运作顺利，为保证质量，为降低成本而付出的心血；埋头手稿书卷，往返奔波于照排公司、电脑房、印刷厂之间的疲劳，都化成了手上这本沉甸甸的诗集。书脊上父亲欣慰地笑着，全身洒满阳光。他一定是看到封面上“晚号集”三个大字，才笑得这样畅快。

“文革”结束，父亲已从壮年成了六十二岁的老人。他拼命工作。夏秋外出采访，沿途写生；回到家里，每天凌晨三点钟就起来写东西，直到 1984 年 4 月突发心肌梗塞，才改变了工作节奏。但要让读者看到这些作品，可就不是他自己能把握的了。

1986 年 6 月父亲编定了《夏雨秋风录》，待找到出版单位并印出书来，已是 1993 年 10 月。七年哪，父亲已七十九岁高龄。

而这之前写成的两首叙事诗出版的情况更糟：深爱父亲的亲友千方百计筹集了万把块钱，由一家出版社勉强印出来，印装质量很差，错误百出。父亲叹息之余，自己亲手编写勘误表，一张一张地夹进书里，思前想后，还是羞于将这样的书送出去见人。

1991 年写成《山魂·霜天》，状况依旧。五年后幸遇“晚霞工程”支持，并破例出版了这部抗战小说的第一卷四十五万字（按规定每位作者只能出版三十万字）。为了更多老同志也能得到“晚霞”资助，父亲未取一分钱稿酬。

像父亲这样诗史留名的作家，想及时出版一本印装质量好的著作，竟是一种奢望。每看到老朋友中有新作问世，父亲都羡慕极了。父亲曾郑重地与我讨论过自己的出书计划：出个新时期的诗集，再出戏剧集、散文集，还有回忆录。当然最重要的是《山魂》的第二卷、第三卷……父亲声音中的那一分热烈，那一分期冀，那一分困惑，那一分无奈，回想起来，我的心仍然感到一阵阵刺痛。

去年2月11日上午10点，我们痛失敬爱的父亲。

在生命的最后一年中，装着《晚号集》手稿的小皮箱总是被父亲带在身边，无论住院还是在家。现在，苍白的病房里，已经看不到父亲的身影，但那只小皮箱还在，父亲的手迹在里面，父亲的夙愿在里面，父亲的生命或许会因此而得到延展。彻骨的哀痛中，看到了父亲半年前写下的最后一首诗中的片段："我终于来得及坐在轮椅上 / 用我底气未尽衰竭的喉咙 / 为你歌唱……"爸爸，不管多远，我们都会为你推着轮椅，送你到唱歌的地方。

我将工作之余的精力，主要投入了父亲遗稿的整理。静静的书房里，父亲的遗像静静地向下望着。编辑中遇到问题，都已无从请教了，失落、惆怅一阵阵袭来。任何一张小纸片，只要有父亲字迹的，都不会被放过：在从笔记本上撕下的一页上，他重改了《谒黄陵感怀》；他随手用铅笔记下，把五十九年前写的《太行剧团团歌》收入这个集子；他在草拟的诗集目录后，注上了诗配画的安排……

于是，我开始整理父亲的画。

我惊讶了！以前我忽视了压在书报下面的那几个大画夹，也从未留意过竹箩筐里的纸卷和散放在画室里大大小小的信封、卷宗。完全不知道里面竟藏着那么多的财富！

我整理出了一百六十多幅国画，八组共一百四十多张油画棒速写，还有20世纪60年代的二百多张采访速写和80年代三本写生共二百四十多幅。

父亲1979年画的太行山沉郁凝重，到了1980年，太行山的画便多了一些欢乐和色彩。1981年父亲追寻刘邓大军南下的踪迹，从豫东到了皖南，恰逢母亲也到南方出差。老战友傅大章邀他们到黄山休息，这是我记忆中唯一的一次父亲母亲同游名胜。父亲兴致勃勃，画了很多黄山奇景。懂画的朋友告诉我，这批画，光、色都有印象派的特点。1982年画庐山和鄱阳湖的画，一派豪迈、壮阔的气势。1983年父亲二上昆仑，画昆仑雪峰的雄浑，赛里木湖的静谧，天山雪溪的欢腾，敦煌莫高窟的深远。

晚年，父亲不能出远门了，但画画仍是他的工间操，丹青水墨伴他辛勤笔耕。画的多是山河、松柏，也画梅花、金鱼、花果、虾蟹。

我不懂画，只是从画中读父亲，读父亲创作时的感情。

父亲作画有个特点，“非亲眼所见不画”。遇到没有题字的画，只要查当时的写生，准能找到线索。选作《晚号集》封面的特写古柏，就是一幅无题画。我发现父亲好几幅有关山西芮城大禹渡的山水，画的远景中黄河岸边都有一株柏树，形态与那幅特写古柏完全相同。因此我推断这幅无题画，画的就是大禹渡的岸边古柏。我读出了父亲的写实主义画观。

父亲画过多幅《太行山黄崖洞》，我在八路军战史上曾经读到过这次著名的反“扫荡”战役。父亲逝世后，他的老战友赵正晶叔叔，向我们讲起父亲，说他是令人敬佩的领导者，原因之一是他在每一次与敌遭遇时，都能正确判断，化险为夷。赵叔叔特别提到，1940 年父亲率太行剧团参加保卫黄崖洞兵工厂的战斗，敌众我寡。危急时刻，在撤向山顶还是冲下山谷的抉择中，父亲果断决策，使全团跳出日寇合围，绝处逢生。父亲大约对自己的指挥能力小有施展颇为自许，嘴上从未说过，笔下却画之不疲。我从这幅画中，读出了战士的自豪。

父亲 1980 年画的《壶口》，画面饱满，气势磅礴。既有“撑开群山两边站，直起身来立着走”的危岩浊流，也有“升腾舒卷，婀娜轻柔柔”的晴空水雾。黄水赭岸与五彩云霓形成对比，是他油画棒速写中的精品。我读出了父亲诗歌和绘画共有的艺术个性：雄与柔的并存。

我尤其喜欢父亲 1985 年画的那幅《岚霞回望象角》。那是父亲离家 51 年后，返乡小住，再次走出象角村时，饱含深情的回眸一瞥：凝烟村边树，柔嫩村外田。朦胧中复制的是青春少年的记忆，重温的是“向邻家婆婆学唱儿歌”的温存。绿色的基调带着缕缕乡愁，令人怦然心动。我读出了游子暮年对故乡的无限依恋。

父亲在《晚号集・序》中说，诗集编成，自己“已经到了晚号吹彻、宿鸟鸣林的时刻”。写这话时，已是肃杀的深秋，距他逝世仅有三个月。笔下虽现出悲凉之气，仍掩不住父亲“剑老无芒莫认账，余年当学大江流”的壮士豪情。

拿到《晚号集》成书的那天是 2 月 9 日，距父亲周年的日子还有两天。为了保证质量，在出书的任何一个环节，我都没有刻意追求过进度。冥冥之中定是有一股力量，使这部书适时地献到了父亲灵前。

愿苍凉的晚号能有回响，鸣林的宿鸟黎明时还能同飞。

走出黑暗森林后，丹柯的心将被踩灭。但有一些人的脚是决不会踏上去的。我是其中的一个，不仅仅因为父亲。

2001 年 2 月 18 日于“纪念著名诗人阮章竟暨《晚号集》首发式”前

（本文最初发表在《中国文化报》2001 年 3 月 22 日第 4 版，后发表于 《光明日报》 2001 年 7 月 11 日。后又收入李容焕、余丛、阮援朝编：《永远的阮章竟》，暨南大学出版社，2013 年版）

魂归太行

——悼念老诗人阮章竞

◎ 彭 龄

接到阮章竞女儿援朝的电话，她告诉我："爸爸昨天病故了……"我震惊得半天说不出话来。

还是在 1948 年冬季，解放军已将北平团团围住，而清华大学所在的海淀一带已经解放，解放军的文工团常到清华园演出，其中便有阮老创作的大型歌剧《赤叶河》。从歌剧里我第一次听到我的家乡河南流传的"水、旱、蝗、汤（恩伯）"的说法，在老百姓眼里，国民党的黑暗统治，就像水、旱、蝗灾一样可怕。尽管那时年幼，并不知阮老的名字，这歌剧却给我留下了深刻的印象。

我读的第一部阮老的作品，是长诗《漳河水》。阮老是广东中山县人，抗日战争爆发后，却一直生活在太行山区，打过游击，担任过八路军太行山剧团艺术指导员、团长。他熟悉太行、热爱太行，在那烽火的年代，他走遍了太行的山山水水，和太行军民结下了深情厚谊，一直把太行看作自己的第二故乡。而这部被茅公[①]誉为建国以来"长篇叙事诗最早的成功之作"的《漳河水》，描述的正是太行漳河畔三位年轻妇女——荷荷、苓苓、紫金英翻身解放的故事。阮老创作时运用了太行山各种民谣，读来朗朗上口，深为茅公称道，也为广大读者钟爱，成为传诵一时的名篇。待读到阮老的《白云鄂博交响诗》《新塞外行》等组诗时，我已是北京大学的学生，而且是文学社团"红楼文学社"诗歌组的成员。当时深为以唱清新、委婉的"漳河小曲"而为大家所熟悉所喜爱的诗人，忽然放开粗犷、

---

① 指茅盾。下同。

豪迈的歌喉，为奋战在黄沙衰草的古塞外的白云鄂博铁矿和包钢的建设者们纵情讴歌感到惊喜。在我心目中，阮老是一位随着时代不断奋进的不知疲惫的歌手。

我认识阮老却很偶然。那是1989年7月，我和章谊去看望老作家草明时，她说阮老年高体弱，有许多文稿需要整理，问我们能不能帮他找一位助手。为了解阮老的要求，我如约去了他家。他书房的门楣上悬着“苦噪楼”的匾额，而门上竟赫然贴着这样一张“告示”：

心失平衡求谅

望能再活五年，我已八十岁了，每天最多工作四小时，总共七千三百小时，请家人亲朋白天莫进工作室。今生对不起，只求来生再报。

“苦噪楼”寓客

1989年2月17日

面对这“告示”，我窘迫不安，而阮老却热情地接待了我。走进书房，只见墙上挂满大大小小的油画、水粉画、素描、国画。我这才知道，阮老不仅是诗人，还是画家。他说，他年轻时就爱画，如果不是宣传工作需要他写诗、写剧本的话，他也许会选择绘画为职业。如今，他依旧对绘画十分热衷，临窗的长桌，也是他的画案，上面摆着纸、笔、颜料。我想，他写作累了的时候，便会抽出画笔，就着丹青，用另一种方式，把胸中的激情在纸上恣意挥洒吧！

画幅旁，还挂着一些友人书赠的字画。茅公20世纪60年代初书赠的一首七绝，分外引人注目：

漳河水唱翻身调，
出塞新诗颂有成。
指点江山抽彩笔，
阮郎风骨剧峥嵘。

阮老向我谈到他的创作计划，包括一部描写太行军民坚持革命战争的长篇小说、一部以音乐家冼星海的生平事迹为蓝本的长诗，还有一些还在酝酿中。为进一步搜集素材，他还打算再赴太行，重访当年征战过的旧战场，看望当年宁肯牺牲自己也要掩护他们的乡亲和长眠在那片热土上的战友。他说，过去由于战争环境，他创作的许多作品都未能保存下来，但还有一些在当地的县图书馆、文化馆和过去共过事的同志们手中还可以找到。20世纪60年代初，他曾用了半年时间，走访了晋东南、冀西和豫北。“文革”整整耽误了十年，“文革”后出任北京市文联副主席、北京作协主席，也无暇顾及，“退”下来以后，已年近八旬，精神体力大不如前，这许多事，单靠自己，已力不从心。我终于明白他为什么要急切地找寻一位助手，为什么要在工作室门上贴那张“求谅”的“告示”了。我答应帮阮老想想办法，但能否做到也不一定有把握。

出于对阮老的崇敬，我拿出小本，请阮老为我写一句话，他笑着接过去，不假思索地写下：

剑老无芒莫认账，余年当学大江流。

书此言志，请彭龄同志指正。

阮章竞

名字后面，还加盖上一枚鲜红的印章，不知是不是阮老自己镌刻的。但我感到他是把这句话的每一个字，一刀一刀刻在我心壁上了……

也是那次，我带去了我和章谊新出版的散文集《黎巴嫩散记》，奉请阮老赐教。时过不久，收到阮老来信：

彭龄、章谊同志：

惠赠的《黎巴嫩散记》，早已收到。原想赶快读完给你们写信，但这个月太忙，又常感心脏不好，直到昨夜才读完，回信迟，深感不安。

由于年老多病，加上总想追回失去的时间，朋友们送我的书，常不能快读，贻误了许多送到手边的学习机会，深感为憾。但是，唯独《黎巴嫩散记》，一到手就读，这是事出有因。

黎巴嫩，我对她了解甚少，只知道这是濒临蓝海、背倚青山、水净沙明、天青云白、雪松橄榄、柑果飘香的文明古国；又是一个同我国过去那样，受尽外国侵略、异族蹂躏的土地。但从20世纪70年代起，从新闻，从电视，长期使我感觉这是个无法治理的战乱国家。同一个民族二百八十万人赖以生存繁衍的“弹丸小国”，怎么会弄成无日无夜、战火障天、硝烟蔽日、鲜血横流、尸骸塞路，枪击、爆炸、暗杀、绑架、劫持没完没了的恐怖世界？怎么不分男女老幼、本国外国，凡是行走在这块国土上的人，全靠“偶然性”而不致被死神攫去的阴阳界？我常在荧光屏前同情而悲叹不解地发问：这个国家的人是怎么生活的？

教派的互相残杀，邻国特种部队占领，巴勒斯坦难民营的火光，以色列为所欲为的屠杀，这一切显现在电视机上，强迫全世界的善良观众，像被驱赶到古罗马腥风呛鼻的观众台上，眼睁睁地看着这个人与人互相厮杀的现代斗兽场——黎巴嫩！对她，阿拉伯国家没办法，世界人民干着急，联合国说空话，美、英、法、意的维持和平部队，冷眼旁观看热闹！在我国，像我这样的观众，恐怕不会少。现在从你们写的《黎巴嫩散记》里，终于找到更明确的答案了：黎巴嫩的悲剧是托管的殖民主义者和现代的两个霸权主义大国及外国势力，为了自身的利益，拼命把这个虽被誉为“东方瑞士”的国家，变为他们军火的销售地和火箭、重磅炸弹的试爆场。

黎巴嫩，从来不是封闭式国家，她总是面向蔚蓝色的世界。近几年来，中国出现一些自吹为“精英”的人物，以肆无忌惮的嘲讽、辱骂哺育了伟大的中华民族、对世界文明做出了无可估量的伟大贡献的黄河文明及其流域广袤的黄色土地；他们怀着深仇大恨，诅咒、丑化炎黄祖先和她的一代又一代英雄子女，以此来换取外国人的一瞥青睐。他们常恨自己的出身不是洋人而遗恨不可终日。这些人，不属于你们书中引用黎巴嫩女作家依姆莉·纳斯尔娜写的“我们”；他们也不如甘杜尔先生送给我国大使馆的那条看门狗。在祖国正在解决遇到的困难，惩处“官倒”，整治腐败，继续前进的时候，他们像书中的杀手那样，向祖国的后心背开枪。

作为“亲历者、目击者，有义务、有责任把那里发生的事情写出来”，没有真正的正义感、崇高的责任感和不怕死的精神，是写不出这三十七篇散记的。我感谢上苍赐给你们夫妇三年多的“偶然性”。如果我能获得机会，我想向已忘记了受外国人侵略蹂躏我国历史的年轻人建议，他们不妨抽点空，读读这本《黎巴嫩散记》，或许可以反思一下：如果中国没有共产党，没有这个能把灾难深重的曾被称为散沙的人民，凝聚成坚不可摧的力量，建立了社会主义的中国，那黎巴嫩的悲剧，谁敢保证不会在中国重演。当然，我们有个久经考验的中国共产党，从来不管外国人怎么谴责、制裁，她总是岿然不动。我有绝对的信心。不知道我说得对不对？

夏日炎炎，愿你们消夏有方。

阮章竞

1989 年 7 月 18 日

阮老的信是用毛笔竖写在老式大张对折的稿纸上的。随信另附了一小片纸，上面写道：

又：彭龄初次来为我解决助手，进入工作室，请莫介意。我是怕家人和一般人的突然干扰才写的，但仍解决不了多少。

我对黎所知甚浅，又未亲临，更不懂外语，不对之处望指出。我有将此信发表之意，不知你们意见如何？如有此共同点，可否抄一份给我？或复印，我无此条件。如有发表门路，由你们去办。如不同意发，则不用抄复了。

起初，我们十分惊异阮老在时间那么紧迫的情况下，竟把自己的创作放在一边，花好几天时间来读我们这两个并不相干的晚辈的作品。待仔细读了来信，才感到它的分量。这绝不是一封普通的信件，它恰恰表现了一位老战士、老诗人在当时那个特殊的环境下的义愤。

按阮老的意愿，我们将信复印一份寄还，另誊抄一份寄《文艺报》。出于对阮老的崇敬，很想写一篇短文，便在函中征询阮老意见，说如果可以，恳请他抽空将那“告示”抄寄一份，以免撰文时单凭记忆有误。

阮老的复信是 8 月 12 日写的。信中说：“复印信早收到，因在整理旧稿，抽不出手来，迟复了。”并说，“信，由你去找地方发，我没有时间去办了，全由你做主。”后面，应我们恳求，抄录了他书房门上的“告示”，并说他之所以写此“请求”，主要是有些人“不理解我工作的艰苦和时间之紧迫”“但收效仍然不大”。后来，我以《“苦噪楼”寓客》为题写了一篇小文，发表在《人民日报》上。

不久之后，我们便匆匆赶赴伊拉克任职。我们到巴格达后，仍与阮老有书信往来。阮老的关切与厚爱，对我们这对远离祖国的“游子”，自然是莫大鼓舞。

海湾战争隔断了我们与阮老的联系。在那战云翻滚的日子里，阮老听不到我们这两个远在战区的“青年人”的消息，十分焦急，至少给我们写过两封信，都因邮路中断被退回。这还是我们转赴埃及任职后，从阮老信中知道的：

彭龄、章谊同志：

1995年12月27日开罗寄我的信和贺卡，因我住址1991年9月已变动迟到。收到信我高兴得很，恐怕已经七年没见到你们，章谊同志至今未见过面。我一直在想念你们。

我收到开罗信时，正心脏病、肺气肿、流感数病交加，略好后，因正在写一个女民兵短中篇，怕拖得太久不好再加温，直至拖到今天未能结束。本想待腾出手来松弛一下再给你们写回信、寄书。

你们1989年赴伊拉克后，至少给你们寄过两封信，都是按你留下的寄信处寄出，都退了回来，不知何故。海湾战争时，很想着你们，很久以后，记不得是何时何处见到你们好像回国了的消息，可惜，仍未能见到你们。

“从来没有这样好过”形势结束以后，我编了三本书：《夏雨秋风录》《漫漫幽林路》和《新疆忆旅》。这三本书的出版足足拖了好几年，直到1991年才算出来《漫》《夏》两个集子。以新闻出版署的规定，应属超劣质书，错得你无法想象。《漫》集印了三次，才只错几字。你如果未见到此三本书（《夏雨秋风录》现随信寄给你除外），请来信即寄请教。

我近年虽精神甚好，但也不怎么样了：心衰、慢支、气喘、手颤，有时写字很不便，手不听指挥，走动已有心无力了。但我仍想写定长篇。长篇第一卷1989年已成，从1991年起，找不到出版机会。因为此长篇不是为出版而跋涉了二三十年，而是为血与火年代尽点责任，所以我现在仍在写第二部，盼望死前能把经过的历史（哪怕是毛坯）写下来。所以除非常必要的会议和事，都不参加了。

看病、写稿、吃药，写稿、看病、吃药，我的生活就为此三件事。无保姆时，还得买菜做饭。

今天我是下决心停下不写稿，写信寄书给你们。

说实话，我的“告示”是出于无奈的，我心里是多想和像你们一样的同志聊聊国内沧桑、世界风云啊！

新春快到，祝

新春快乐！

阮章竞

1996年1月29日

远在开罗的我们，接到阮老的来信，能不感慨万分？！

1994年1月我们回国开会、述职时，原想看望阮老，由于阮老搬迁，未联系上，辜负了阮老一片盛意。那些年我们常年在国外，阮老信中提到的《漫漫幽林路》和《新疆忆旅》两本诗集，均无机会拜读，但我们怎忍心再麻烦阮老！于是忙写信给国内亲友，托他们代购。偏偏那些年品位不高的“畅销书”充斥书店书摊，而阮老前函所说的读者需要的“严肃书”却到处买不到。这样，阮老签赠的《夏雨秋风录》对我们便更加珍贵。这本诗集中的大部分诗，是阮老为完成那部长篇小说进一步搜集素材，重返太行，“远路坐车，近路策杖，步行山间，踯躅河畔，履霜踏月”的过程中写下的。它依旧保持着阮老特有的从《漳河水》《白云鄂博交响诗》一脉相承的语言特色，粗犷、豪放又韵味十足，朗朗上口。

自埃及卸任回京，原想看望阮老，同他“聊聊国内沧桑，世界风云”，听他讲讲太行。由于新居装修，未及顾上。后来，我又查出癌症，住院、动手术……又拖了下来。此间，我们曾从熟悉阮老的诗人、作家那里听说阮老心、肾、胃都不太好，老伴病故对他更是沉重打击。但他依旧像当年在太行边行军、边打仗、边创作那样，以笔为枪，一刻不停地“战斗”。我们不由又想起“苦噪楼”的“告示”，想起他在《夏雨秋风录》中的诗句：“仰天大笑秋风雨，何必多情纵悲歌？白头未必人都老，红心特赋后来者。重上马，挥长戈，再渡河！”也想起他给我们的题词：“剑老无芒莫认账，余年当学大江流”，深为阮老自强不息的精神而感奋，同时也盼着再看看阮老。便给阮老写了一封短笺，并将新出版的散文集《埃及漫步》奉请阮老赐教。几天后，收到阮老复信：

彭龄、章谊同志：

信和书前后收到好几天了，因病遵医嘱，天又热，整天不适，故迟复请谅！

常想念你们，今见消息，非常高兴。怎么你这样年轻得了癌症，真料想不出来！

我身体近十年都不好，心脏、肺、脑、胃都有毛病，出门得靠轮椅，不能走路，这两年更糟。

请把你的电话告诉我，章谊我还未见过面，欢迎来叙叙，先打电话。

书，只翻了一下，未读，等酷暑稍缓再读。

祝安好！

阮章竞

1999 年 6 月 29 日

约定的日子，章谊值班，我只好独自前往。阮老看起来依旧神采奕奕，只是多了一根手杖。他说：“这只是表面，肌体已经不行了，发过几次心梗，那是死神给我的警告……”阮老的新居未贴“告示”，也未挂“苦噪楼”匾额，但由于临街，为不妨碍写作，窗户上都装了双层玻璃。

阮老递给我一部厚厚的书，扉页上有他的题赠和印章，字迹依旧刚劲有力。这便是他一直念念不忘的那部描写太行军民抗战的史诗般的长卷《山魂》的第一卷《霜天》。这部长卷他四十年前就开始酝酿，但后来的政治风云迫使他不得不一再搁置。他谈起太行，谈起他熟悉的首长：邓小平同志、朱德同志、彭德怀同志、聂荣臻同志……谈起他熟悉的、后来和他并肩走出太行，去夺取全国胜利的幸存者，以及来不及走出太行，便把生命、把魂魄都融进巍巍太行的烈士……他说他知道自己时间不多了，“为了完成我对那段历史的交代”，不得不打乱原结构，把原准备写的三卷本，压缩成两卷。

阮老把我领进书房，书案上摊着厚厚一摞稿子。阮老说：“打乱结构，无异于重新创作，但我已没有时间按原来思路去写，就像打仗一样：军情紧迫，只好舍弃平坦却绕远的路，另辟一条崎岖的近道……”阮老语气很平静，我听起来，心头却十分沉重。忙问阮老：“第二卷什么时候可以完稿？”

“争取年底前拿出来。”阮老说。

另外一大摞，是阮老尚未结集的诗稿，大约有三百来首，女儿援朝正协助整理，也需他时时做些加工。话题扯到诗歌，阮老对当今诗歌创作有喜有忧。喜的是在诗歌“不景气”“没有经济效益”的情况下，不少诗人仍坚守着自己的信念，创作出不少好诗。为建国五十周年献礼，李瑛、周而复以及广东的一位诗人都写了长诗，也是对诗歌的推动。忧的是不少“诗人”不重视中华民族优秀的文化传统，也不重视自身思想、文化素养的提高，不接触社会，不深入生活，不去在社会大变革的实践中去汲取营养、提炼素材，而是关起门来写些叫人看不懂的“诗”，还炫耀这是“张扬自我”。这对读者，特别是对青年没有任何好处。

我们谈起《漳河水》，他忽然问：“茅公当年读《漳河水》和《迎春橘颂》时做的眉批，你读过吗？”我说：“我只知道茅公很赞赏这两本诗集，在您原来的‘苦噪楼’还看到过茅公为您写的一首七律。”阮老笑着让照料他生活起居的小周取来《茅盾眉批本文库·诗歌卷》，卷中汇集茅公对阮老、田间、郭小川、闻捷四位诗人诗集的眉批。阮老见我喜欢，立即抽出钢笔在扉页上写下“送彭龄同志作纪念 阮章竞”。我感到很不好意思，阮老却说：“我有两本，这本送你。”情深意重，令我动容。

怕阮老过劳，我起身告辞。他一再叮嘱：“我和章谊还没有见过面，下次和她一起来……”

新年，我们给阮老寄去贺卡，没有回复，我们也未在意，因为长辈对于晚辈不须那么认真。我们准备开春之后，再一起去看望阮老。我们想，那时，他的长卷《山魂》的第二卷《晴岚》也该如期完成了吧？不料，竟接到援朝这样的电话！

援朝告诉我们，阮老十月份病重之后，已无力修改长篇。只断断续续向她交代了几种方案，期望自己万一发生意外时，由她帮助完成他“对那段历史的交代”。阮老住院后，还把准备编成《晚号集》的厚厚一摞诗稿带在身边，为的是稍有气力，便取出修改。阮老，这位老诗人、老战士在自己生命之火熄灭之前，一刻也不停止吹响哒哒的军号。

援朝说："爸爸的遗体告别在二十几号举行，我到时候通知你们……”阮老，到时候我和您“还没有见过面”的章谊将一起为您送行，像送一位魂归太行的老战士……

2000 年 2 月 14 日初稿

3 月 18 日改定于“不由天”堂

（原载《新文学史料》2002 年第 1 期）

人去精神传

——悼念阮章竞同志

◎ 梵 杨

怎么也想不到，著名诗人阮章竞同志走得那么突然。前几天，我还在《文艺报》上读到他那激情洋溢的新春祝语，看到他神态自若的相片和笔力遒劲的签名，这些都是身心健旺的一种表现啊！

阮章竞同志是个事业心特强的人，孜孜不倦地工作了几十年，创作了不少深受群众喜爱的作品，歌剧《赤叶河》，长诗《漳河水》《圈套》《白云鄂博交响诗》《金色的海螺》等，产生过广泛的影响。晚年仍心怀宏愿，写作长篇巨著，两年前出版了长篇小说三部曲《山魂》的第一卷《霜天》（四十五万字）之后，还打算写第二卷《晴岚》和三部回忆录。人上了年纪，时间更为宝贵，他分秒必争地工作着，其实他一辈子都是这样过来的。

他 20 世纪 30 年代便投身革命。九一八事变激发了他的报国之情，从家乡广东中山县奔赴上海，加入上海职业界救国会，参加抗日救亡歌咏活动。1937 年冬到达太行山区，在共产党领导下的游击队里担任指导员，集枪杆子和笔杆子于一身，在一次遭遇战中，三处负伤，仍锐气不减，坚持战斗。他的作品，无一不是以群众喜闻乐见的形式来反映劳动者所关心的事情。与人民同甘苦、共命运，是他做人为文的唯一宗旨。这是个一生为人民而歌唱的好诗人。

阮章竞在文坛上的地位，对社会主义文艺的贡献，是人所共知的。茅盾同志在 1960 年中国作家协会第三次理事会上做的报告中，就谈到他的诗歌，作了中肯的评价，说他的长诗《漳河水》，“诗的语言，绚烂铿锵，由此可见作者提炼人民语言的功力。八百来行的诗写了四个人物，各有各的性格。作者用极洗练的手法写出旧社会妇女所遭遇的三种典型环境。《漳河水》的章法、句法、语言，都显示出诗人的独特的风格。这种风格在他后来的作品中（如《新塞外行》《乌兰察布》等组诗）有了发展。这些组诗是抒情诗，想象奔放，诗句明丽，格调豪迈。如果说《漳河水》的语言几乎全是经过加工的人民语言，那么《新塞外行》等诗又表示诗人也在熔炼、利用古典诗词的句法和词汇，企图创造更富于形象美和音乐美的，适合于表现我们这个时代的丰富多彩生活的民族形式的新诗风。应当肯定，诗人在这上头已经取得了初步的然而是不小的成就。”

近年出版的《中国现当代文学茅盾眉批本文库》，在第一辑的《诗歌卷》中，就有茅盾对阮章竞、田间、郭小川、闻捷等人诗歌的批注，仅《漳河水》，不算标记，眉批就有五十九条，给予全面的肯定。在目录页的上角，批有这样的文字：“作者的诗句有两个特点，一是群众语言的加工，二是融化成语，不但和前者调和而且特别新鲜。”下角的批语是：“此为 1949 年之作，这是长篇叙事诗最早的成功之作。因为，写了三个不同命运也不同性格的女人，又写了二老怪这样一个男人封建思想被改造了。人物有性格。《王贵与李香香》从头到尾是‘顺天游’，不免单调，而此篇则用了各种歌谣的形式，因此音调活泼，便于描写。”在书里的眉批中，还有不少赞叹叫绝之语：“奇句”“句妙”“笔墨遒劲”“生动新鲜”“有声有色”“风趣横生”“活画出来”“生动如画”……从茅盾的评语中可以看出，他主要是指明阮章竞作品的内容和形式，都与人民群众紧密地联系在一起。

阮章竞同志是一个心系邦国、情牵万民，无愧于时代，为人民而歌的诗人。他说过：“诗歌应随着时代的脉搏跳动，为时代和人民歌唱。”他发表在今年 1 月 29 日《文艺报》上的新春祝语，仍然说：“在此新千年第一春之际，我祝愿中国作家，共同弘扬民族风格，中国特色，创作出多姿多彩，新鲜活泼，为老百姓所喜闻乐见的作品，并永葆百花齐放、百家争鸣、祥和常春的局面，为人民更伟大更美好的事业服务。”正因此，他在热爱并颂扬美好事物的同时，对那些有损祖国尊严、民族利益和社会主义事业的错误言行，敢于进行严肃的批评，显示出一个对党和人民忠心耿耿、无私无畏的勇士气派。

（原载《光明日报》2000 年 3 月 2 日）

永远的阮章竞

——在纪念《漳河水》发表六十周年座谈会暨《阮章竞绘画篆刻选》首发式上的致辞

◎ 陈建功

阮章竞同志是我国现当代文学史上的著名诗人、剧作家，也是自学成才的画家，阮章竞同志代表作大型歌剧《赤叶河》、长篇叙事诗《漳河水》以及童话诗《金色的海螺》等都是现当代文学史上的不朽名篇。阮章竞同志又是北京市文联、北京市作家协会德高望重的老前辈，无论是人品和文品，都拥有崇高的声望，包括我在内的许多同志非常怀念这位胸襟开阔、为人宽厚的老人。

当年作为文艺界的晚辈和新人，我有幸和阮章竞同志同在一个党支部，共事长达十三年之久。当年作家支部的老前辈从草明、萧军、端木蕻良、骆宾基到阮章竞、杨沫、钱小惠，都是现当代文学史上的著名人物，他们的代表作我也一一拜读过。作家支部因为工作性质的原因，开会不多，但是每每有机会一道学习，过组织生活，作为晚辈的我每每感到如沐春风，获益良多。而阮老就是这中间给我印象最深的一位。

阮老杰出的艺术成就有目共睹。抗日战争和解放战争期间，他一直在太行山根据地从事革命文艺活动。他早期的作品有话剧《未熟的庄稼》、歌剧《比赛》等，反映了根据地人民团结战斗和大生产运动的风貌。

1947 年大型歌剧《赤叶河》和长篇叙事诗《圈套》面世。《赤叶河》写于土地改革高潮中，洋溢着贫苦农民翻身求解放的激情，诗意浓郁的歌词具有极大的感染力，成为 20 世纪 40 年代新歌剧的代表作。《圈套》则采用生动活泼的群众语言写成，简明朴实，朗朗上口。作者以俚歌故事标题，表明了向民间学习的自觉。

1949 年阮老创作的长篇叙事诗《漳河水》描述了漳河边上的三个劳动妇女在婚姻爱情生活上的不同遭遇，讴歌了新生活给妇女带来新的命运。《漳河水》形象地展示了妇女解放与社会解放，个人命运遭遇与社会整体变革的关系。《漳河水》艺术成就突出，塑造了性格鲜明的女性，在长诗中借鉴民谣与古典诗词的优点和长处，把叙事与抒情相结合，营造了极富感染力的艺术境界。我认为其成功经验至今仍有很强的现实意义。

新中国的成立更加激发了诗人投身火热的建设生活的热情。阮老在担任《诗刊》副主编的工余时间，坚持深入生活，比如他深入内蒙古包头，撰写了组诗《新塞外行》《乌兰察布》《白云鄂博交响诗》等，一经发表，好评如潮。我记得这些诗歌受到茅盾先生的激赏。

1955 年创作了童话诗《金色的海螺》，情节曲折，语言优美，就我的阅读感受来讲，那是我少年时代最为感动的诗篇之一。阮老的文学成就远不止这些，比如长篇小说《霜天》、歌舞剧剧本《民族的光荣》等，以及许多短诗都很有影响，值得我们研究发掘。我感觉文学史界对阮老的研究很不够，我期待他的成就能获得更多人的关注。

坦率地说，阮老在美术创作上的成就以及其深厚的音乐修养就更鲜为人知了。我是在一个很偶然的机会接触到阮老的画。我不懂画，但某次到阮老家中很意外地看到了阮老的速写，就一下被吸引住了。没有想到他的画那么有个性，不落窠臼，一看就有来自大地的豪迈和心灵的风雨，师法造化，浑然天成，这是读多少理论都学不来的造诣。后来我才知道阮老少年时代在民间做过漆匠，然而他又拒绝媚俗，因此他的漆画既得民间养分，又颇受真正艺术家的赏识。记得在阮援朝的回忆中，曾经讲过青年时代的漆匠阮章竞，后来为南派画家黄霞川所赏识，为其绘制漆画的故事。阮老的音乐素养竟来自冼星海的真传，历时达两年之久。我想正是诸多艺术门类的滋养才造就了阮章竞。他一生涉猎的文艺体裁如此之广，是题中应有之义。

阮老有着曲折的人生经历，有光荣的革命历程，但是他不居功，不自傲，平实素朴，宽以待人。在我们的作家支部中，他永远以一种谦和的姿态倾听别人的意见。在阮老等一批老作家的带动下，北京作家尽管文艺观点各有不同，脾气禀性也大不一样，但是团结、和谐、宽松、清新的风气一以贯之，形成了很好的风气，为北京文学事业的繁荣发展创造了良好的环境。其中阮老的风范作用至今为大家所怀念。

2009 年 9 月 3 日

（原载《诗刊》2009 年 11 月上半月号）

在阮章竞百年诞辰纪念座谈会上的讲话

◎ 铁 凝

各位来宾、朋友们：

大家上午好！新年伊始之际，我们在中国现代文学馆隆重举行阮章竞百年诞辰纪念座谈会，以此深切怀念这位卓有成就的诗人，向他致以崇高的敬意。我谨代表中国作家协会向与会的各位专家、前辈、学者、作家朋友们表示衷心的感谢，向阮章竞先生的亲属和友人致以诚挚的问候！

1914 年 1 月 31 日，阮章竞出生于广东省中山县象角乡，2000 年 2 月 11 日在北京病逝，享年八十七岁。“回首当年事，墨砚火熊熊”，追忆阮章竞先生激情澎湃、百折不回的一生，人们都会油然生出感佩和敬仰之情。在中国现当代文学史上，阮章竞是一个熠熠生辉的名字，他的作品长久地留在中国人的记忆之中。和他那个时代的许多作家一样，阮章竞的写作与国家兴亡和民族安危紧密相连，他曾说过：“解放区的诗人，是通过战火的熔炼自我完成为诗人的。”的确，从青年时代起，阮章竞就首先是一位英勇忠诚的革命战士，在炮火硝烟中经受着生死考验。1936 年，阮章竞参加了上海职业界革命活动和抗日救亡歌咏运动。1937 年全面抗战爆发，中华民族到了最危险的时刻。阮章竞一手执笔，一手持枪，义无反顾地走向抗日救亡的前线。先是在太湖一带进行抗日宣传，1937 年年底北上太行山抗日根据地。“欲济无舟楫，报国向太行”，从此他在太行山战斗和工作了整整十二个春秋。1938 年 4 月，阮章竞任八路军太行山剧团政治指导员、艺术指导员和团长，并兼任民族革命战争艺术学校和前方鲁迅艺术学校教员，1939 年 1 月 1 日加入中国共产党。他率领剧团随军转战各地，机警果断，身先士卒。在百团大战著名的黄崖洞战斗中，由于他的准确判断剧团才得以突出重围，化险为夷。他的老部下们至今提起那些往事，仍旧敬佩不已。

在风云激荡、戎马倥偬的战斗中，阮章竞从未失其热烈、执着的诗人本色。对他来说，创作就是战斗，一支永不放下的笔就是一支永不熄灭的火炬，它燃烧着，在暗夜中激励着人们奋勇前行。多年抗战，可能是阮章竞的写作生涯中最为勤奋和多产的时期，他创作了大量的叙事诗、话剧、歌剧、活报剧和小说。但是，这些作品大都在战火中散佚了，保存下来的只有《未熟的庄稼》《比赛》《糠菜夫妻》三个剧本。这是中国文学令人痛惜的损失。然而，在太行山上，在我们民族最为艰危困苦的时刻，一个诗人和作家曾经用他倚马而就的作品激励着我们民族坚毅无畏的战士们。我想，我们大家都会深切地感觉到，那些已经散佚的作品，它们依然是在的，它们就融会于争取民族独立与自由的伟大斗争之中。

20世纪40年代后期，阮章竞在毛泽东同志的《在延安文艺座谈会上的讲话》精神引领下迎来了创作的高峰期和收获期。结合自身的革命斗争经验和文艺工作领导经验，阮章竞进一步明确了文艺大众化、民族化的方向，为此进行了自觉的探索。1947年2月，他创作了“俚歌故事”的长诗《圈套》，获得晋冀鲁豫边区文学特等奖。1947年秋，他结合在土改运动中的切身体验创作了大型歌剧《赤叶河》，采用民间曲调，说唱结合，通过随军文工团的演出被各地群众广为传唱，成为解放区新歌剧运动的重要收获，与《白毛女》并称“一白一红”。1949年3月，阮章竞开始写作长篇叙事诗《漳河水》，以真挚的情感、比兴的手法、通俗晓畅的语言成功地塑造了荷荷、苓苓和紫金英三个从封建礼教下挣脱出来追求解放的个性鲜明的农村女性形象。他将漳河地区的“开花”“割青菜”“漳河小曲”“牧羊小曲”“四大恨”等民歌小调创造性地融入作品，曲调灵动多变。“漳河水，九十九道湾，/层层树，重重山，/层层绿树重重雾，/重重高山云断路。/清晨天，云霞红红艳，/艳艳红天掉在河里面，/漳水染成桃花片，/唱一道小曲过漳河沿。”时至今日，当我们重读《漳河水》时，这些诗句依然那么亲切优美，它们是“国风”的回响，又是时代的新声，如清冽的河水一般，由口头到心头，滋润着人们的心灵。

一曲《漳河水》，传遍大江南北，备受好评。这是解放区文学史上继《王贵与李香香》之后又一部影响巨大的叙事诗，也是中国现当代诗歌史上叙事诗写作的一座高峰。阮章竞以其具有鲜明中国作风和中国气派的诗歌，以对中国故事的深情讲述，奠定了他在文学史上的地位。

从1934年冬天在南京《大道日报》发表第一篇小说《割稻的故事》起，阮章竞始终是时代进步的歌者。新中国成立后，他历任中国作协党总支书记、党组成员、《诗刊》副主编，工作十分繁忙。但是，祖国的新生和火热的社会主义建设使诗人激情满怀，他的创作迎来了又一个高峰期。1955年，他写出了优美、纯净的童话诗《金色的海螺》。1956年11月至1959年12月，阮章竞任中共包头钢铁公司党委委员和宣传部部长，深入工厂和矿山，先后写出了组诗《新塞外行》、长诗《白云鄂博交响诗》和《勘探者之歌》等一批优秀作品，展现了社会主义工业建设的宏伟图景和建设者们豪迈、高昂的精神风貌。尤其是《白云鄂博交响诗》，将几代人的奋斗串联成一幅多姿多彩、气势磅礴的历史画卷。茅盾曾高度评价这些作品“造句浑脱，想象瑰丽”“用字练句，兀突不群”“气势刚健”“奇特”“俊逸”。阮章竞的工业抒情诗吸收了中国古代边塞诗以及五七言歌行的传统，融会了新诗的句法、技巧和新时代的思想情感、想象方式，为新诗表现崭新的现代工业经验做出了开拓性的贡献。

20世纪60年代初期，阮章竞动笔创作构思已久的长篇小说《山魂》，他把这部小说视为自己必须完成的历史重任，不论在农村参加“四清”，还是在“文革”中历经磨难，总是把厚厚的书稿带在身边。《山魂》的写作如同推石上山，一次次被迫中断，一次次重新开始。写出《山魂》，以告慰牺牲的战友，这成为阮章竞的执着信念。党的十一届三中全会之后，阮章竞担任北京文联副主席、北京作协主席，他以时不我待的急迫感，积极推动首都文学事业的发展，同时投入《山魂》的创作。他在日记中写道：“留给我的时间已经不多了，让我把工作做完！”这位病弱的老人，每天凌晨3时就已端坐在书桌前，一字一步地与时间和生命赛跑。如此超负荷的写作状态一直持续到1984年心脏病突发才被迫停止。在生命的最后一年，阮章竞将新时期创作的三百余首诗歌初步编成《晚号集》，烈士暮年，壮心不已，时代前进的号音依然在诗人的心中嘹亮回荡。

“土厚根深叶繁茂，纵横老干发新蕾”，这是阮章竞一生的真实写照。他深深地扎根在人民生活的丰厚土壤中，人民在他心中始终占有最高位置。他曾说过：“人民大众是爱我们的，但要求我们说真话。”“说真话”，说出人民的心声，这是一个人民的诗人毕生践行的艺术信念，体现着一个革命者的高贵情操。在六十多年的创作生涯中，阮章竞取得了多方面的艺术成就，他在音乐、书法、绘画、篆刻上都有很高的造诣，转益多师，博采众长，创造性地吸收古典传统和民间文化的营养，写下了大量为人民大众喜闻乐见的优秀作品，成为我国革命文学传统的重要代表，为后人留下了宝贵的精神遗产。

同志们，朋友们，中国各族人民正在为实现中华民族伟大复兴的“中国梦”而团结奋进。“中国梦”是近代以来无数志士仁人为之前仆后继、不懈奋斗的理想，一代又一代中国诗人和作家，把他们的创作深刻地融入中华民族争取独立解放的伟大事业，深刻地融入中国人民对幸福美好生活的执着追求，由此，他们的作品获得了长久的生命。今天，我们在这里纪念和缅怀阮章竞先生，就是为了从先生的业绩和风范中汲取力量，在中国人民创造历史的实践中书写“中国梦”的最新篇章，推动中国文学的创造与发展，回报我们的祖国和人民。让我们以此共勉！

谢谢大家！

（原载《文艺理论与批评》2014年第3期）

漳河水，水流长

——纪念阮章竞百年诞辰

◎ 杜学文

阮章竞先生出生于广东中山一个贫穷的渔民家中。虽然是南方人，但对他一生来说最为重要的经历是抗日战争和解放战争时期在太行山区的岁月。可以说，正是因为有了在太行山十二年的战斗经历，为他的创作积累了丰厚的生活阅历，使他的人生观、世界观和艺术观发生了巨大的变化，也使他的创作和人生发生了质的变化。

在到太行山之前的岁月，是阮章竞认识社会形成自己人生观的时期。贫苦的家庭和学徒生活使他在懵懵懂懂之中产生了对另一种生活的向往。对知识的渴求、对艺术的热爱，使他自觉地汲取更为广阔的世界的思想文化。而在 20 世纪初期，广东，特别是中山，即当时的香山，正是旧民主主义革命的重要地带。这里不仅走出了辛亥革命的领袖孙中山，而且还有大批追随孙中山的革命者。一些在上海等地活动的接受了进步思想的文化人也对少年时期的阮章竞产生了影响。这一切使他决心要离开家乡，到上海去寻找新的生活。上海三年，阮章竞看到了更丰富的社会，开阔了视野，特别是接触到了冼星海、桂涛声等人，参加了左联领导的救亡运动，使他的思想发生了根本性变化，决心离开国统区，参加八路军，投身到抗日最前线血与火的战斗之中。1937 年年底，他辗转来到山西。这时的山西，正是抗日运动的焦点。红军接受改编，进入山西，开赴抗日前线。共产党八路军与以国民党为主的抗日民族统一战线在山西初步形成。牺盟会、战动总会等抗日组织先后组建。全国各地，包括热血青年、海外华侨等爱国人士大批涌入山西，参与抗战。其中就有许多文化界的知名人士如李公朴、冼星海、聂耳、丁玲、桂涛声等。山西成为聚集抗日义士、抵抗外族侵略的中心。年轻的阮章竞来到这个充满了激情、牺牲、斗志的地方，自然与这样的时代精神相契合，成为投身抗战第一线的战士。组织上曾经安排他到延安学习，但他认为只有在太行山上才能亲身参与抗战，面对面地与侵略者搏杀，放弃了在别人看来非常难得的机会。在血与火的战斗中，阮章竞虽然一直从事的是文艺宣传工作，但经常要面对血雨腥风般的生死考验。寒冷的冬天没有棉衣穿；在敌人的炮火中急行军；在出发之前仍然想再写几笔，以完成预定的创作计划；被敌人围困，生死一线之间；背部和臀部严重受伤；在著名的黄崖洞保卫战中九死一生，突出重围……在这艰难困苦但洋溢着战斗激情的严酷环境中，他与战友们一起高唱“起来，不愿做奴隶的人们……”，唱“红日照遍了东方，自由之神在纵情歌唱”。他们以坚强的意志和必胜的信念战斗在太行山上，发出中华民族不屈的吼声：敌人，从哪里进攻，我们就要他在哪里灭亡！

伟大的史无前例的抗日战争不仅使一个民族重生，也使像阮章竞这样的有志青年新生。在太行山上，以及在山西地区的抗日前线，桂涛声创作了激奋人心的《在太行山上》；田汉、聂耳创作了伟大的《义勇军进行曲》；光未然、冼星海创作了不朽的《黄河大合唱》；马烽、西戎创作了著名的《吕梁英雄传》等。而阮章竞，这位从南国而来的青年诗人、剧作家、画家在创作了大量的反映抗日战争的剧本、诗歌之后，终于写出了《赤叶河》《漳河水》等在中国现当代文学史上具有重要影响的作品。今天，当我们重新面对这些作品的时候，发现仍然有许多问题需要我们进一步探讨。

首先，从中国现代文学的发展历程来看，新文学运动一个最重要的特点就是对社会底层劳动者的关注。这种关注既有理论上的呼唤，如陈独秀、胡适、鲁迅等人的倡导，更有创作方面的努力，如鲁迅笔下的闰土、祥林嫂、人力车夫，胡适笔下的洋车夫等。这些作品在改变中国文学以才子佳人、贵族士人为主要题材的创作方面有开山之功。但是，作者与作品中的人物是分离的。他们站在知识分子的立场对自己笔下的人物表达同情、悲悯，或作为知识分子人格的对照，批判自身人性的弱点。另一些作家如蒋光慈等，在作品中描写了大量的劳动者形象。但是，这些劳动者是作者的观念性表达。他们的创作无疑具有非常重要的意义，使中国文学表现出新的空间和活力。但其总的特点是仍然与这些所谓的引车卖浆者之流保持了情感、身份，乃至思想上的距离。至20世纪40年代，以赵树理为代表的一批新兴作家的出现，才使这种创作者与作品人物的疏离现象得到了消解。这些作家描写的是“自己”的生活，而不是“另一种人”的生活。他们所描写的人物就是与作家自己有同样经历、情感、生活的左邻右舍。在这时，中国文学终于发生了具有深刻意义的改变，劳动者以自己而不是以知识分子的观察表达对象走进文学的殿堂。这批作家除赵树理及备受其影响的马烽、西戎、胡正、孙谦、束为等人外，还有诸如孙犁、周立波、柳青、艾青、田间等一大批在抗日战争及其之后步入文坛的作家。他们的创作风格不同，但有大致相近的人生经历，如出身贫寒，参加革命，在解放区工作，于40年代或之后成名。他们共同推动中国文学真正走入民间，成为普通劳动者的代言人。阮章竞就成名的时间来看，比以上作家稍晚，但就中国文学发展的进程来看，正是这种创作精神的重要组成。我们回顾中国文学的发展历史，可以非常清晰地看到包括阮章竞在内的作家在表现社会底层人物，或者说使文学真正体现出人民性方面做出的重大贡献。

其次，从作品表现的生活来看，正是从赵树理及其之后的作家开始把劳动者的人生境遇，包括他们的日常生活、思想精神、对未来的向往以及由此而来的努力奋斗表现得活色生香。这种表现不是外在的审视，而是具有民族文化意味的，进入人物内心世界和生活方式，并表现了其存在、发展的民族社会文化背景的描写。它不是简单的同情批判、观念性的外在设定，而是从人物生活的历史文化背景中表现他们的命运和精神世界。以《漳河水》为例，诗中的三位女性分别代表了三种不同的性格类型，因而也是三种不同命运的人生。但是，她们的不同境遇在一个最具变革意义的时代聚合，并发生了共同的转化。这就是，当社会生活发生了根本性改变，新的时代到来时，女性的社会地位、权利、人格等同样发生了具有根本性的变化。当然，我们可以说，新中国的建立并没有彻底地使女性从男权中解放出来。但是，我们同样不能否认的是，新中国，以及这一新政权的建立过程是伴随着对女性解放的努力和追求的，而且在新政权建立的地方也使女性的社会地位等发生了具有根本性意义的改变。阮章竞等人正是亲历了这样一个伟大的历史，并且感受到了这样的变革。所以，他以一个亲历者的眼光、情感来表现这一时代。他的情感、语言、表达是与这些女性一致的。诗人既是这个时代的歌者，也是来自这些女性切身命运的代言人。他，以及赵树理等一大批作家的创作使中国文学表现出一种崭新的面貌，这就是，文学终于成为时代，特别是劳动者的文学。

最后，我要特别强调一下这批作家对中国汉语言做出的巨大贡献。汉语具有强大的生命力、丰富的表现力和深刻的情感意义，是人类诸多语言形态中最优美的语言形态之一。其非常重要的特点就是能够随着社会生活的发展进步而不断地改变完善自己。当简洁上口的文言文难以适应现代生活的需要时，汉语开始向现代形态转化。在这方面，鲁迅、胡适等一代作家做出了筚路蓝缕的开创性努力，为现代汉语的建立、完善奠定了基础。但是，今天我们可以看到，他们的语言还不是完善的现代汉语，其中仍然流露出古代汉语和外来语言的影子，以及为汉语白话化而进行的刻意表达。或者也可以说，他们的语言仍然是从古汉语中脱胎而来的知识分子的语言。但是，一种语言的生命力不能局限在知识分子之中。它的发展和完善必须与最广大的普通民众结合起来。这一结合如果难以完成，其生命力就可能萎缩。而这种结合是由于出现了赵树理，以及阮章竞这样一大批作家才逐步完成的。他们使具有知识分子特点的语言与最具活力、最生动、最富表现力的劳动者的语言融合，同时又使那些生僻的方言、粗俗的口语、不好用文字来表现的俗话等得到净化，使现代汉语逐步形成了既有一定的规范，又具有丰富表现力的语言形态，真正完成了汉语从文言向现代的转变。在这一努力中，阮章竞面临的考验可能更加艰巨。现代汉语是以北方话为基础的语言，而阮章竞是南方人，他从小使用的是属于粤方言区的汉语。要能够自如地使用北方语言，比赵树理等人要困难得多。但是，我们今天读他的作品，仍然可以感受到其突出、生动、流畅，充满了生活气息的现代汉语之美。

漳河水，九十九道湾，
层层树，重重山，
层层绿树重重雾，
重重高山云断路。

这种对景物的描写，以及其中使用的暗喻手法在阮章竞笔下表现得非常自如。再如对女性境遇的描写：

断线风筝女儿命，
事事都由爹娘定。
媒婆张老嫂过河来，
从脚看到天灵盖。
爹娘盘算的是银和金，
闺女盘算的是人和心。

这里，诸如北方语言的习惯用法、韵脚的使用、对人物心态的描写等都十分自如、生动。我们完全看不出是一个南方人写出来的。而且，阮章竞对北方民间音乐曲调的掌握也十分自如。在《漳河水》中交替使用了大量的北方民歌曲式，极大地丰富了诗歌的表现力。这在中国现代文学史上也是不多见的。正是他们对中国民间方言，特别是北方方言的提炼、升华，使现代汉语的生动性、表现力、完美感得以统一。他们在中国现代汉语的发展完善进程中做出了不可磨灭的重大贡献。

（原载《山西文学》2014年第2期）

“阮郎风骨剧峥嵘”

——访诗人阮章竞

◎高　洁

阮章竞同志是读者所熟悉的著名作家、诗人。他的歌剧《赤叶河》，童话诗《金色的海螺》，长诗《漳河水》等优秀作品，至今为人所传诵。他的写作生涯，漫漫近半个世纪。现在已是年近古稀的人了，他的创作热情仍然很高，每天凌晨三点就要起来写作，其创作劲头，仍不减当年。

在访问中，我请他谈诗，他说：

“我写诗，还是到了有激情的时候才动笔。”

“我至今认为，写诗比写别的什么都要难些。”

“诗歌总归要走自己的道路。我们要‘拿来主义’，但我们更有责任把民族传统发扬光大。”他很矜持凝重地讲述他的见解。

“对一些青年人的诗作，您经常读一读吗？”我问道。

他笑了笑，点了点头。

“听说刘半农的六行诗，写了一年，果真要那么旷日持久吗？”

“是的，那倒不一定是故弄玄虚，长而无味的诗，写得快，群众不喜欢。当年邵荃麟同志就跟我讲过，‘有些人的诗写得那么长，实际没有必要’。”说到这里，他呷了一口茶，仿佛还要说些什么，我也希望他继续讲下去。希望这位老诗人详细地介绍一下他自己写诗的经验。可是，他不再开口了。他很谦虚。由于他身体欠佳，不久前才从医院出来，我不好再多要求。

近年来，阮老的足迹遍及豫东、淮北、皖南等地的农村。他不顾年老体衰，拄着拐杖，走访了十几个县。他多用诗歌记述他的见闻与感想。在反映新时期农村变化的配画组诗《老区行》中，他声言要：“心应辞老态，思想谢龙钟。”这不正是那种老骥伏枥、壮心不已的思绪吗?

谈话中间，阮老很有兴致地向我谈起了当年的大好形势，谈起了改革，谈起了对中青年作家的期望。他并没有因为年老而同沸腾的生活隔离，他在用作家的眼睛，观察着、捕捉着来自生活的信息，有着深沉的思考。

明天，他就要随全国政协的同志们一起到葛洲坝参观、视察了。他这种不顾病体、渴求深入生活的精神，是很令人感动的。

“阮老，我很想听听您今后的打算，您能谈一谈吗？”

他沉吟了一下，慢慢地说：“跟读者联系的纽带只有作品。我是要写东西的。我的长篇《群山》还要修改。不一定能够兑现的话，还是不要说了吧！”他说这些话，给我的印象是实而又实的。如果说年轻时的阮章竞像奔腾的大河，那么，现在的阮老是静静的小溪。自然法则是谁也抗拒不了的，年岁已经不允许他再宣泄。不过，从他近几年的写作来看，作为一位诗人、作家，他的心搏动的节奏，一天也没有离开过祖国和人民。

在我合起本子打算告别时，我无意中发现了茅盾同志20世纪60年代赠给阮章竞同志的一幅立轴字幅。茅公二十年前的楷书格外显得笔意遒劲，钩剔锋锐，力透纸背。我凝神地望着字幅，出了神。阮老在一旁感慨地说：“那个时候，我也才是个中年作家呀！”是啊！那字幅的左下角分明写着“茅盾、一九六〇年十一月七日、北京”的字样，茅公的四句题诗是：

漳河水唱翻身调，
出塞新诗颂有成。
指点江山抽彩笔，
阮郎风骨剧峥嵘。

当年的“阮郎”已成阮翁了，但愿宝刀不老，妙笔生辉，年年“新诗颂有成”。

（原载《北京文学》1983年第6期）

阮章竞同志谈戏剧

◎ 李乡浏

《雷雨》（曹禺著）、《窦娥冤》（关汉卿著）和《威尼斯商人》（莎士比亚著）一单元备课时，涉及了悲剧、喜剧、悲喜剧等的区别，大家热烈讨论，不由地让我想起了三十年前，我们曾在大学课堂展开讨论，作为文学概论课代表，我把争议和辩论问题，整理成信，向阮章竞同志请教。因为他是《赤叶河》大型歌剧的作者，我们在中学时代想要排演它。

信发不久，收到了阮章竞同志亲书的长信，用中国作家协会竖行信笺，墨笔行书，至今我仍珍藏着。为了解惑和释疑，我将原件展示于同仁，以作教学参考。

李乡浏同志：

从《戏剧报》转来你给我的信，我收到一星期多了，你所提出的问题，是关于文学形式的概念，这样的定义，常常各有各的解释，在我的能力上也解答不了。因为我自己只是学写过一两个剧本或一两个别的东西，文学工作现在仍只是小学一二年级的阶段，我自己是从事其他工作多于文艺工作，你这样的问题，应该找专门家来解答。

你们读的《文学概论》，我不知道是哪一本，十年前我曾读过叶以群写的。你这类的书，也看过一些。说老实话，这些书，只能得到一些常识，以现在来回忆，我也不晓得到底有什么印象。

我对文学的兴趣，是从有用、没有用，得到益处多少而定的，从来不注意文学中的概念、定义是什么，因为没有这样的时间，也不想在这些方面去浪费时间，故难以对你们有什么帮助，不过为了不做哑巴起见，把我自己杜撰出来的理解说一下：

喜剧，有好几种，有从头到尾都是给人以欢欣愉快的，它通过这些情节，让人们在这里认识一种道理，得到教育；有通过对人们感到应该是无情地鞭挞的事情或人，这种人或事件，在普通生活中是丑恶的，因而使读者（观众）感到可笑。读者（观众）在这笑声中认识这种阻碍人民事业前进的东西，这也可说是讽刺剧，作家基于真实的条件加以夸张，使人们更感到突出、集中、生动，因而感受也更深刻。

至于那些完全没有思想，没有新生活与旧生活矛盾的，完全是无理取闹的，只逗观众由于低级趣味而发笑的剧作，那不是喜剧。

悲剧，一般是指反抗不合理的生活，作品中的主人公们最后以失败或者死亡来结束，使观众（读者）因为感到这种生活的不合理而痛恨、憎恶，从而使人们产生对光明的向往，或者从失败中得到教训。

那些只能使人看后，感到无出路，渺渺茫茫的悲剧，是不好的作品。

悲喜剧，一般是以一种良好的希望，开始展开矛盾，从而展现悲苦的生活，再而得到幸福、欢乐的结果。

以上三种东西，在剧作中已是无法截然划界限的，因为我们戏剧不可能没有冲突，不可能没有光明与黑暗之争，很难在一个剧中找不到另一种形式的成分，往往是互相渗透，而构成喜、悲的结果，是看它的主导因素是什么。我以为可以这样区别，但这个区别也只能如此。

同志们问我国有无悲、喜剧之分，就可以说明这个问题。在中国戏曲中，很多是喜剧性的，如《三岔口》。悲剧也很多，如《梁山伯与祝英台》《孔雀东南飞》等。《梁山伯与祝英台》的情节是从良好的希望开始的，最后使人痛恨那个旧的社会。话剧中也有的，如《李自成》，是失败而结束，但给人以沉痛的教训。

悲喜剧，在解放后的作品中也是有的，地主使农民走上死亡的生活，而后农民在党的领导下解放了，享受幸福与光明的生活。

我以为仅用这三种形式，还是不能包括今天的全部剧作，因为新的生活，已打破了历史所没有的巨大变革，文学（戏剧当然在内）是反映每个时代的生活，而又是这样丰富多彩，硬以三种东西来套，往往是似是而非。因而我以为学习不要钻这种老规矩为好，对文学的研究，主要在于作品给了我们什么，是好是坏，哪些东西应打击，哪些东西应学习，作品中什么东西、什么人在鼓舞我们前进。

文学的教科书，它和科学不一样，它的名词定义不能用“水在摄氏零下就会成冰”的数字去说明。

我不是专家，所以我劝你们在学习中不要钻这种玩意儿。但你们的认真态度，我认为还是非常好的。

这三个问题我认识不清楚，只作为个人胡想出来的，对同志们不会有益的，只为了表表态度。

祝同志们学习进步，并致

敬礼！

阮章竞

1955年1月28日

这封信是前辈作家对初学青年洋溢热情的鼓励，不但以翔实的论据来阐述了三种戏剧形式的概念和特征，回答了我们的疑点和难点，而且以其亲历的读书和写作实践，警醒我们不要囿于概念的争论，要从实际出发，要去研究作品给了我们什么。这种学习方法上的指导，发人深思。当然，在教学过程中，有必要把喜剧、悲剧、悲喜剧的基本概念弄清楚，以便把握教材和辅导阅读。信中涉及这些文学基本常识，是深入浅出，简明易懂的。

阮章竞同志是非常谦虚的。处处表露循循善诱的启发，毫无架子，留人极为深刻的印象。他在百忙中为我们写了长信作复，却说“只为了表表态度”。记得当时同学们传阅此信，有抄录，有吟读，连主讲《文学概论》的郭荫棠先生，也赞扬说：“回复得很好，支持了我们教学！”是的，三十年前支持了我们教学，而今备课中涉及悲剧等问题，仍可重读此信，它还在支持我们的教学吧。

（原载《语文教学》1985年第2期）

作品阐释

释　文：补知贫室印　苦噪楼

创作时间：一九八七年

孩子都上山下乡了，我清闲了。回顾此生，岁月蹉跎，光阴虚掷，读书不多，何不借有病这个难得的机会，安安静静地读点书，补救补救知识贫乏？一时心血来潮，冒充风雅一番，给看书的房子取名『补知贫室』，并自刻一方室名章。未料想得美，烫了嘴：后街两户邻居强行各开一后窗，我住的十户的大杂院内，各家掀起了抢占地盘扩大房子搞厨房热。西邻院子有电锯，南面小学兼营旅馆的锅炉装了鼓风机，这样我便经常处在收音机、电锯、鼓风机、打孩子、骂街等等的烦人交响噪音中。

……

安静的地方是很难有的，要知足。余年赢得这个住所已经不错了，硬着头皮听下去吧。故又名书斋曰：苦噪楼。

——阮章竞：《余年赢得『苦噪楼』》

读《漳河水》

◎闻　山

最近重读了阮章竞的叙事长诗《漳河水》，我觉得在提炼语言、表达感情、汲取民间诗歌的优秀的表现方法等方面，这首长诗都有它成功的地方。

作者在漳河一带曾做过十几年的群众工作。漳河两岸风景如画，被称作“小江南”，但解放前，这一带的妇女却过着悲惨的日子。封建礼法像座大山似的压在女人头上，女人生来就被注定了“养孩儿抱蛋，洗衣裳做饭”。寡妇的命运更是凄惨，她们在更深夜静时常低声饮泣。可是，当敌人一次次残酷地“扫荡”山区的时候，也就是这些曾被虐待与奴役的妇女们，不顾生命危险，把八路军的伤员藏在自己家里，保护起来，亲骨肉般照顾得无微不至。作者在艰苦的战斗中和她们生活在一起，了解她们生活的痛苦和灵魂的善良，在将要离开太行山区的时候，长期的感受和惜别的感情，使他写下了《漳河水》。这首诗诉说妇女们过去所受的苦难，并歌唱了她们的解放的欢欣。

作者收集过许多民间歌谣，其中许多民歌的调子，都被用在《漳河水》里。例如紫金英诉苦情时说：

人人骂我根扎错，/开口闭口“不是货”，/有苦向谁说？

这就是用“四大根”调子写的。这调子适宜用于诉说。从诗中我们看到，作者运用民歌形式，不是只模仿字数、音节或韵律，而是根据内容的需要选择了适合的形式。再如在描写二老怪回家发脾气，以及写“夜训练班”那几大段，语言十分活泼生动，诗句的排列也就更为自然，使读者感到这与内容是一致的。能利用民歌形式的长处，而又不为形式所束缚，所以能真实地表达作品的思想内容。这与目前某些人斤斤计较每行每段的字数，机械地专在韵脚上下功夫，不惜破坏语法，生造无人懂得的词汇，或为了句段“整齐”，便硬凑字数行数的做法，显然是完全不同的。

诗歌，应该有优美的形式，有一定的音乐性；各民族的诗歌，应该有它自己独特的形式。但是，诗歌感动读者和听众，并不仅仅是靠它的音韵、节奏、旋律，而主要是靠它的思想感情。而形式，是和作者在凝成思想感情时同时产生，而且也从属于诗的思想感情的。《漳河水》里，有不少形式与内容很和谐的章节。例如写解放后妇女劳动生产的几句：

北点豆，南栽瓜，/河东河西种小麻，/早从东崖上，/晚夕下西坡，/生产的歌声永不落。

这几句诗，如果摘出作为一首独立的小诗来看，也是完整的。它所表现的整个气氛、情绪，令读者看到丰富的农村景色，感受到解放后农民在勤劳而又幸福的生活中欢愉的情绪。语言是朴素的，它的节奏和旋律，是轻松自然的。语言的自然、活泼，应该说是这首长诗在创作上获得成功的主要因素之一。

诗的第一节“漳河小曲”，很能说明运用我们民族语言的特点造成的强烈的艺术效果：

漳河水，九十九道湾，/层层树，重重山，/层层绿树重重雾，/重重高山云断路。

这里声音所形成的感觉，加强了语言的含义，使我们俨如面对一幅万山重叠、林木苍郁的泼墨山水画。

另外一些地方，我们也看到作者很好地运用了我们民族语言的特点，加重了内容的分量和气势。例如：

万代的脚踪要踏出路！/千年的水道看流成河！

这两句的内容，是很有分量的，最后四个字的节奏与声音，也随之而不同于一般的句子。它们传达了一种坚定不移的情绪。像“看流成河”的“看”字，就表现了坚强、豪迈的信心。全章诗到这里，描写妇女的苦痛已到最高潮，这一个“看”字，在这里造成了一种洪水决堤的声势。这两句话，是从民歌中“十年媳妇熬成婆，千年水道流成河”改造来的，作者在这里，也表现了他学习、提炼民间诗歌的能力。

这首长诗在语言形象的创造上也有一些特点。首先，诗中人物如二老怪、媒婆张老嫂的语言，是很生动而且符合人物性格的。人民总是运用他们在生活、劳动中最常接触的有特征性的事物，来准确地表达他们的思想感情。从这些形象的创造中，我们看到民族生活的特色。如果诗人的生活、语言、感受事物的角度和人民一致，他在表达自己的思想感情时，也就必然会运用人民所熟悉的事物的形象。在《漳河水》里，这样的运用几乎在每个章段里都能看到。例如：

常阴天，森罗殿，/自从关进那砖门院，/苦胆拌黄连！

用这来表现受封建压迫的妇女的生活遭遇，是深刻而有力的。

寄生草根缠树身，/日日缠缠日日深，/有刀割不断情！

以上几句准确地说出了紫金英对非所心愿的“爱情”的无可奈何的心情。如果在生活中没有深深的感受，而想要剽窃这些形象，是不可能的！

这首长诗之所以能够很好地利用了民歌形式，熟练地以人民的语言和形象来表达思想，最主要的是因为诗人对人民有深厚的感情，而且较深地感受了人物的内心世界。

作者对他的主人公的命运有深切的同情。作者对紫金英——这受折磨最多的中国农村妇女感情最深，写得也最感人。

紫金英是无辜的、善良的。在她的身上，我们不只是看到封建社会对这些最不幸的妇女的残酷迫害，同时，我们也体验到紫金英在各种各样的折磨之下，千万种的内心矛盾和顾虑。作者将他所看到的中国农村妇女善良的性格赋予了紫金英，在紫金英控诉旧社会的罪恶的时候，作者也喊出了他自己的愤怒。从“三月里，/花开娶过门，/十月初一上新坟，/紫金英，泪盈盈！”这一节诗开始，我们便开始接触到紫金英浸满眼泪的生活。“守节”，是封建道德给年轻寡妇筑成的牢狱，但紫金英不得不咬牙忍受，为的是“少受骂，少挨打”，少受改嫁时的侮辱，再往火坑里跳。但什么是守寡的生活？“看尽花开看花落，/熬月到五更炕头坐，/风寒棉被薄！”“吃水劈柴泥墙角，/桌坏椅倒要人拾掇，/偏偏门又破！”当受生活逼迫，被那些“不怀好心的”纠缠住了以后，外面又来了那么多的毁谤：“人人骂我根扎错，/开口闭口‘不是货’，/有苦向谁说？”封建恶习是如此顽固，即使民主政权成立了，大石头依然压在紫金英的心上，她并没有很快得到解放。当荷荷、苓苓已经参加了劳动，来帮助紫金英的时候，她还是非常怯弱。荷荷给了她鼓励，她才有力量喊出：

> “扪心自问我犯啥错？/难道寡妇就不该活？/妹妹呀，救救我！”/怒火烧心心要炸，/忽然惊醒了墓生娃。/拍拍孩孩乖乖睡，/眼泪滴落小嘴巴：/“咽了吧，莫嫌苦，/记住你娘是寡妇！”

人物痛苦的心情已达到极点。我们读到这里，感到紫金英开始反抗了。可是，长期受了伤害的人并不是一下就能站得起来的，作者又深入一步揭露紫金英内心的矛盾。当荷荷和苓苓劝她跟她们一块走的时候，紫金英还想到自己和她们不一样，觉得她们是“东坡向日葵”，自己是“麻池水”，并且说：

> 人都骂我是败东西，/跟上妹妹不坏你名誉？

在亲如姊妹的人们面前还有这种“异类”的感觉，在自己最痛苦时还想着别人，我们更感到紫金英精神上的孤独和她的善良性格。

紫金英跟着荷荷她们下地了。仿佛这株被压弯的小草第一次晒到太阳。姐妹们帮她推开了身上的石头，亲切地把她扶起。可是：

> 黄昏近，返门庭，/相好的人在家等。/满面春风走向前，/接过锄头又接锹。

对良善而又柔弱的紫金英来说，这一道关是难过的。第一，像这样的人，不会对长久亲近的人没有感情，紫金英对这种感情无法抗拒；第二，相好的人对紫金英是殷勤的，而且在她生活困难的时候对她有过帮助，根据她的性格和她的道德观念，她就很难“以怨报德”，和人家翻脸。作者在这一节中非常真实地刻画了紫金英复杂而痛苦的思想斗争。由于作品深入地揭露了人物内心的矛盾，并让读者看到思想矛盾合理地解决，人物的发展才显得真实。我们读到紫金英所说的决绝的话：

以后别再上我门，/紫金英要重新再做人！

从中可以体味到这平静而简单的两句话里，有多重的分量，多大的决心。

紫金英使我们想起许许多多古老的故事，这些故事里常出现这样的妇女，她们受尽千辛万苦，宁愿牺牲自己，也不愿损害别人，紫金英就是这样的。

在我们传统的诗歌里和民间歌谣里，大自然的景物常被用于烘托或直接表达诗歌中的思想感情，使之更加鲜明。《漳河水》成功地接受了这种有效的艺术表现方法，而且有所创造，使得全诗富于色彩和声音。诗中有不少地方，写得像优美的风景画，但这些画面却并不是孤立地被安插在作品中间，甚至也不只是烘托人物情绪，或被单纯地用作“舞台效果”，而是成为作品中有机组成的部分。我们把《漳河水》从头读下去，就会感觉到，每逢诗中描写自然景物的地方，就正是作品强烈的思想感情需要运用有力而鲜明的形象才能表达的地方。我们读到这些地方的时候，内心也正有这种要求。

在作者笔下，漳河是“人格化”了的；漳河经常在她的姐妹们痛苦时伴同她们哭泣，在她们诉说不平时插进来愤怒地大声讲话。例如在紫金英两次哭诉之后，诗中的情绪都发展到最强烈的程度。但第一次漳河是悲哀的：

声声泪，山要碎！/问句漳河是谁造的罪？/桃花坞，杨柳树，/漳河流水声呜呜！

第二次紫金英哭着对惊醒了的孤儿说："咽了吧，莫嫌苦，/记住你娘是寡妇！"紧跟着是下面几句：

> 摇山拔树风呼呼，/静静的漳河发了怒：/"怨命求人都不是路，/麻秆拐棍扶不住！/砸破封建的老笼头，/姐姐你跟俺们走！"

在这里，我们很难说，是漳河在发怒，是荷荷、苓苓在发怒，还是作者在发怒。我们只感觉到诗歌中激情汹涌，需要找强有力的形象来借以表达。

在三个性格不同的妇女诉说她们悲苦的命运的时候，景物的描写就具有人物性格本身的特点。例如在紫金英诉说的时候，作者是这样描写当时人物的心情的，这和写荷荷、苓苓时很不一样：

> 桃花坞，杨柳树，/河边草儿打觳觫！/风吹花飞落水面，/紫金英倒尽心头怨。

中间两句，给人以一种怯弱凄凉的感觉，使人仿佛看到紫金英这时的神态。作者之所以能够这样完美地描写，是因为作者对于生活的感受是真切的。

《漳河水》的这些优点，和作者一贯严肃的创造态度是不可分的。作者自己说："我没有天才，我四行诗写一星期。"他认为要敢于从完全相反的意见来看自己的作品，并且要不怕改。现在我们读到的《漳河水》，就经过作者许多次大的删改，和第一次发表在《太行文艺》上的样子，是大不相同的。作者这种刻苦劳动、严肃对待创作的精神，也正是这首长诗获得成功的重要原因。

（原载《文艺报》1954年3月30日第6号）

解放了的漳河永欢笑

——谈谈《漳河水》

◎ 谢 冕

时代的象征

万年的古牢冲坍了！/万年的铁笼砸碎了！/自由天飞自由鸟，/解放了的漳河永欢笑！

我至今还记得，全国解放不久，在东南前线一个小岛上，我第一次读《漳河水》的情景：脚下，澎湃的海水撞击着礁石，浪花似雪，雷电轰鸣。我把眼前的感受，自然地移入《漳河水》中，“漳河发水出了槽，/冲坍封建的大古牢！”我觉得，一个黑暗的时代结束了，一个“云霞红红艳”的美好时代到来了。我国人民——包括勤劳勇敢的妇女，犹如漳河流水，流过九十九道湾，冲出重重障碍，终于迎来了人民解放的新时代！

《漳河水》就是这个伟大时代的一朵浪花。这首长诗创作并定稿于中华人民共和国成立的 1949 年，描述的是太行山区妇女解放斗争的动人画面。浪花虽小，却组成了时代的喧腾。诗中主人公荷荷、苓苓、紫金英三个妇女从悲惨的遭遇中解放出来，走上了光明的道路。它从一个侧面描绘出人民解放斗争的胜利，它是一个时代的侧影。

妇女解放的斗争，是人民解放斗争的一部分。没有人民的解放，也没有妇女的解放。在旧中国，妇女身受的压迫是沉重的。她们除了受政权、族权、神权的压迫之外，还受夫权的压迫。妇女的解放，是我们时代无比光明的象征。

正是由于这个原因，我们今天重读《漳河水》，其意义就不限于诗歌艺术的欣赏，更重要的是它将帮助我们认识我们的时代，认识党领导的人民解放斗争所带来的社会生活各个方面的伟大变革，其中包括妇女的翻身解放。

这首长诗的创作，是在延安文艺座谈会的直接感召下进行的，在这个座谈会上，毛主席向文艺工作者发出了投身火热斗争的伟大号召。作者阮章竞同志深入生活在太行山麓、漳水之滨。他热爱这里的土地和人民，他把太行山称为“第二故乡”。《漳河水》传达了淳朴的乡音。我们读《漳河水》能够感受到，在诗中哗哗奔流的，是斗争的长流水；在诗中喧腾跳溅的，是时代的浪花。

鲜明生活的人物形象

人物形象的塑造，是叙事诗的核心。作为叙事的作品，要求人物的典型化，小说和叙事诗是共通的；作为诗，人物典型化的手段，又应有自己的特点。它要求精练，即要求以充分个性化的语言，抓住人物最主要的特点，用最简洁的笔墨来刻画人物。

《漳河水》人物不多，就人物之间的关系而言，线条清晰而不繁复。主要人物是三个农村妇女，她们有过共同的对朦胧幸福的向往，又经历了共同的幻灭的悲哀，有着共同的为创造新生活而做的斗争。她们的“毛毛小女不知道愁”，是共同的；她们的那种农村姑娘“低声拉话高声笑，好谈个心事又好羞”，也是共同的。这些是她们的共性。但是，当旧社会的封建桎梏迎面压来的时候，当党的温暖春风吹绿了漳河两岸、土改斗争的风暴涌向她们的时候，她们又是以多么特殊的个性化的神情出现在我们面前啊！

长诗作者始终没有描写过三个主人公的外形，也没有通过抽象的笔墨介绍过她们各自的性格特征，他只是让她们行动着，用各自对待生活的态度和感情来体现她们的个性。

我们从荷荷控诉封建家庭迫害的泼辣尖利的语言中，从她“漳河你为甚不出槽，给俺冲条道”的呼唤中，认识到她的斗争性格。她是个“快人”，说“快语”，干“快事”。解放了，她的第一个行动是与封建半老头离婚。她搞自由恋爱，提出“自由要自由个好条件”；她带头实行新式婚礼，“不坐花轿不骑马，/革命时兴是手拉拉”。她成为互助合作的带头人。与之形成对比的是紫金英，她的性格是柔顺的，缺少荷荷那种泼辣劲。她当初的理想只是找个“好到头”，但却嫁了个痨病汉，“一年不到守空房”。她怕改嫁再受折磨，而甘心当寡妇受摧残。她哭诉无门，只能对着怀中的孩子自语：“咽了吧，莫嫌苦，/记住你娘是寡妇。”紫金英的形象是用血泪塑成的，她的弱点，正是那个压迫她的社会的产物。

恩格斯指出，要“把各个人物用更加对立的方式彼此区别得更加鲜明些”。《漳河水》不仅用这种“更加对立的方式”来“区别”性格迥异的荷荷和紫金英，它还以这种方式来“区别”性格相近的紫金英和苓苓。

苓苓的性格特征中有紫金英的“柔”，但没有紫金英的“顺”，同时还带有锋利和机敏的特点。她的丈夫二老怪，“大男人的思想出色坏”。他有一套行使夫权的“老王法”，认为“娶来媳妇买来马，/任我骑来任我打”。但苓苓还是“一汤一饭想着他饥，/一冷一热惦着他衣”。苓苓绝不是贤妻良母式的一味温存，她柔中有刚。而她的斗争精神又和荷荷的锋芒毕露有所不同。当二老怪支差回家因为吃不上现成饭大吵大闹要“休”她时，苓苓的回答甚至是平心静气的：“你要休我没条件！/俺又不知你今天回，/上地劳动也有罪？”当二老怪威胁要和她“另过”时，她胸有成竹地向他算了一笔扬眉吐气的经济账，把二老怪弄得目瞪口呆。苓苓几乎是不动声色地通过一个“夜训练班”就“镇”住了气势汹汹的二老怪。二老怪第一次发现，站在他面前的是一个政治上、经济上、生活上都独立的人。

苓苓的性格是丰满的，作者把这个人物写活了。例如长诗结尾写二老怪转变，荷荷下令他给苓苓赔不是时，有如下描写：

> 举手额前脚立正，/二老怪今天像个民兵。/苓苓捂嘴低声啐：/“出什么洋相讨厌鬼！”

这几行诗，把小两口的神态写得活灵活现。特别是苓苓，她的复杂心情，表现得又细腻又简约。二老怪的觉悟，她高兴；二老怪的陪礼，她甚至感激；但是二老怪的这种冒失，她又气恼。这一切，全在一个“啐”的动作上，全在一声“讨厌鬼”的“骂”上体现出来，作品的这种描写，传达了农村生活醇酒一般的浓烈气息。

《漳河水》总是让人物用自己的言行展现性格，而不是作者代做鉴定。而且这种展现达到了可以称为精练的个性化的程度。例如写媒婆张老嫂，只用“从脚看到天灵盖”七个字，就把这个职业媒婆的丑恶形象勾勒出来。常说媒婆的嘴厉害，这里偏不用嘴，只是一个动作“看”——是把女人当货物的、买卖人的、阴冷无情的“看”！

《漳河水》所达到的人物个性化的经验，对我们今天的叙事诗创作，是有助益的。对比“四人帮”“三突出”之类的“恶劣的个性化”，正如恩格斯指出的，“这种个性化总而言之是一种纯粹低贱的自作聪明，并且是垂死的模仿文学的一个本质的标记”，《漳河水》在这方面，有其不可磨灭的光彩。

独特的构思和意境

《漳河水》构思的特点，是它不热衷于对客观事件做详尽的描述，也不拘泥于故事情节的发展过程，它只是按照作者对生活实质的认识，按照作品主题表达的要求，同时也按照诗的思想感情的波动起伏的需要，在构思上另辟蹊径。概括地说，就是不求全面、突出重点。这一点，对于当前叙事诗的创作，也有参考价值。目前有些叙事诗往往叙事太密、太实、太死。

《漳河水》设计了三个妇女的婚姻故事，用她们不同的经历，来概括我国劳动妇女不管在遭遇上如何千差万别，在旧社会，都一样地没有出路；在新社会，经过艰苦的斗争，都将获得自由解放。在第一部中，三姐妹出嫁前的情况，作者只用几笔概括带过，而立即把重点集中在对包办婚姻的恶果的揭露上。三个人有三种遭遇，三种遭遇又有不同的始末，有三种恶果，怎么处理？《漳河水》把三姐妹安排在她们憧憬过未来的漳河岸，通过三人的互诉衷肠来叙说她们的不幸。值得注意的是，这种分别叙说，不是报流水账，每个人都紧紧抓住扣人心弦的特点来展开。如荷荷着重揭露封建家庭的虐待，苓苓则抓住“俺是男人的破棉袄”的比喻来控诉男尊女卑的罪行，紫金英则重点抒写她死了男人之后改嫁与否的复杂心情。这样，就每个人说，都没有按照各自经历的首尾顺序说，并不全面。但由于每个人都突出了特点，综合起来，便构成了旧社会妇女苦难的全景。反之，若事无巨细，始终一贯地实录下来，全则全了，却一片模糊。

《漳河水》的笔墨是多变的。第二部虽然仍按荷荷、苓苓、紫金英三条线索写，但却不再是第一部写法的重复，如荷荷的故事，基本上按一个相对完整的故事写。

苓苓则突出了二老怪支差回家吃不上饭的一场风波，这场风波的核心事件是苓苓的“训练班”，整个诗章因之充满了诙谐的喜剧气氛。紫金英这一章，则以细致的笔触，揭开了一个受尽旧社会磨难、在新社会仍然无力摆脱传统桎梏的妇女的精神世界。这三个部分合起来，便呈现出在“解放”这个命题下，妇女在解放大道迅跑时的色彩斑斓的复杂画面。长诗的第三部，其构思是出人意料的。这一部除首尾两支小曲，只剩下一个《翻腾》。《翻腾》甚至撇开了荷荷、紫金英等主要人物，而着重写二老怪。第三部是全诗的高潮，它把高潮放在二老怪的转变上，是很大胆的。连二老怪这样的落后分子都进步了，则妇女解放的伟大胜利可知！一首歌颂妇女解放的长诗，便在完全可以结束的地方宣告结束。

诗无成法。叙事长诗的构思，应当是千差万别的，完全不存在什么固定的套数。应当为各具特色的题材，寻求各具特色的艺术表达。

《漳河水》艺术上的另一成就，是对于诗的意境的创造。诗的意境，其实就是主观与客观、情与景在诗中的统一。诗有意境，便有诗味。王国维崇尚被他称为“境界”的意境，他在《人间词话》的开头就说：“词以境界为最上，有境界则自成高格，自有名句。”我们谈抒情诗，常谈意境；而对叙事诗，则很少谈。其实，大凡是诗，为造成某种艺术境界的努力，应当是毫不例外的。只不过，叙事诗讲求的意境，其背景更为广阔罢了。《漳河水》是一首有着自己独特意境的叙事长诗，这在叙事诗创作中还是不多见的。

> 漳河水，九十九道湾，/层层树，重重山，/层层绿树重重雾，/重重高山云断路。
>
> 清晨天，云霞红红艳，/艳艳红天掉在河里面，/漳水染成桃花片，/唱一道小曲过漳河沿。

读过《漳河水》的人，都会记住这支漳河小曲。八句诗，画出了非常迷人的漳河景色。上阕，从远近看，漳河蜿蜒曲折，流动多姿；从上下看，高山丛树，云遮雾障，构成了浓淡相宜的层次，是一幅浓郁的水墨山水。下阕，是雾散后的晨景，河水清澈，红霞流影，微波荡漾，仿佛流动的是瓣瓣桃花。此时，漳河彼岸，正飘过清悠的山歌……这是一幅明丽的水彩画。上下阕互为映衬，写尽漳河两岸风光。表面看来，这歌中只有景，虽有“唱一道小曲”之句，并不出现唱曲的人。然而，仔细凝思，便觉情满山水。画中有意，歌中有情，蕴藉含蓄，不说自明。这小曲有独特的意境，是高度情景交融的。

读《漳河水》，我们感到始终沉浸在浓郁的诗情之中。它的人物，与人物所生活斗争的自然环境，完全融在一起，仿佛通篇都被“漳河水，九十九道湾”的旋律支配着。这种反复出现的旋律，造成了长诗那种一唱三叹、荡气回肠的诗情，并且直接有助于抒写主人公对她们生活的态度和激情。漳河的流水，漳河的杨柳岸、桃花坞，乃至河边的草儿，都不仅是作为景物而存在，而且是作为能与诗中人物、与读者悲欢与共的同情者、见证人而存在。主人公发出不平的呼声时，“静静的漳河发了怒”；主人公泣诉悲惨身世时，“河边草儿打觳觫”；主人公决心走上新道路时，长诗唱“送出门，送出院，/梨树花开月明天”，仿佛梨花为她而开，月儿为她而明。这是写景，更是抒情。

应当说，《漳河水》所叙述的三个妇女翻身的故事是典型的，也是动人的，但是，要是没有作者所刻意营造的那种漳河沿岸风光的诗意的烘托，要是没有它那种借景抒情的朗朗上口的谣曲的吟哦，它的故事，可能会因之失去很多风采。

富有特色的语言

《漳河水》的诗歌语言，有鲜明的特色，它散发着喷香的泥土味。构成这种特色，一方面，是作者认真学习了漳河流域的民歌小曲。太行山麓，漳河沿岸火热斗争的动人场面，给作者以丰富的思想营养，而那水滨山崖传来的娓娓悠扬的歌声，又给作者以丰富的艺术营养。他为这些动人的群众的歌声所激动，“找人口述，录下些片段的歌儿，自己又模仿着编了些”（《漳河水·小序》）。作者自述，这首长诗“是由当地许多民间歌谣凑成的”。从上面的叙述中可见，《漳河水》的音乐性的语言，与民歌有极密切的关系。

另一方面，是他认真向人民群众学习语言。作者善于提炼那些生动活泼的、表现实际生活的群众语汇入诗，像荷荷谈恋爱的对话，“种谷要种稀留稠，/娶妻要娶个剪发头”“种玉茭要种‘金皇后’，/嫁汉要嫁个政治够”“荷荷的巧嘴实在香”“三好的条件够对象”。这些便是从群众口语中提炼的充满生活气息的语言。像“一根麻绳抛上梁，/ 吊住她头发才揍他娘！/ 数这玩意儿最利索，/ 二老怪是老手旧胳膊！”通过这富有表现力的寥寥数语，活活地画出一个打老婆的行家里手的形象来。阮章竞同志是广东人，驾驭北方农村语言到这么纯熟的地步，可见他为此下过多么艰苦的功夫。

《漳河水》的语言风格，不仅表现为通俗淳朴，而且还有典雅清丽的一面，这两方面得到了统一。能做到后者，主要是认真学习古典诗歌语言中“有生命的东西”的成果。这方面除了前引漳河小曲外，如“看尽花开看花落，/ 熬月到五更炕头坐，/ 风寒棉被薄”也是生动的例子。

《漳河水》相当注意诗的韵调和谐动听，但它换韵自然，并不刻板。长诗的句型，基本一致而有变化，由于三五七言错落使用，在节奏上造成跌宕起伏的效果。这些方面，都使整首长诗形成一种流动活泼的气氛。长诗的语言形式，为内容服务得恰到好处，像三个妇女哭诉苦难时用的句式，基本上是由七、七、五字组的三句一节，这种句式，造成了长吁短叹、欲诉又止的情调。

既学习群众口语，又学习古人仍有生命力的语言；既学习民歌，又学习古典诗歌，在上述基础上的推陈出新，使《漳河水》成为具有浓厚的中国作风、中国气派的作品。二十多年来它为读者所喜闻乐见，语言的突出成就是一个重要原因。

（原载《北京文艺》1977 年第 9 期）

◆ 漫话《漳河水》

◎ 黄仲文

阮章竞同志的《漳河水》写于1949年3月，改定于同年年底。这是诗人继《圈套》之后创作的又一长篇叙事诗。它不仅标志着诗人在创作道路上的重大发展，而且也是延安文艺座谈会后出现于解放区诗坛的一颗绚丽夺目的明珠。

《漳河水》写的是太行山区漳河边上妇女翻身斗争的故事。它通过对三个妇女在旧社会所遭受的苦难、翻身斗争的历程和解放后的幸福生活的描绘，深刻地表现了妇女解放的主题。

在形式上，长诗创造性地运用了漳河一带的民歌形式和格调，同时又批判地继承了我国古典诗词的优秀传统，为创造我国新诗的民族形式开辟了又一蹊径，因此深为广大群众所喜。为了繁荣和发展新诗的创作，《漳河水》这一长诗，无论是思想和艺术方面，都是很值得学习和探讨的。现就长诗中人物形象的塑造、结构情节的安排及其他艺术表现手法等方面谈点粗浅的看法。

人物形象的塑造

《漳河水》在人物塑造上是相当成功的。诗中三个主要人物：荷荷、苓苓、紫金英，各具个性，富有典型意义。读过长诗的同志，都会对诗人笔下栩栩如生的人物留下深刻的印象，从这些人物身上看到旧社会的罪孽，新社会的幸福；看到旧传统、旧习俗的崩溃，新思想、新风尚的胜利；看到风云变幻的时代。

诗人在塑造他的人物的时候，十分注意人物和社会的血肉联系，把握住时代的特征，以鲜明的对比，真实地描绘了三个妇女在新旧社会中截然不同的命运，以她们翻身斗争的曲折历程，形象地揭示出妇女解放不能离开社会革命的真理。长诗中的荷荷、苓苓、紫金英，原都是天真纯朴的农村姑娘，共同的愿望是要求婚姻自主，有个美满的家庭，过人的生活。但是在旧社会，妇女压根儿就没有半点自由和权利，婚姻大事哪能由得自己做主。“断线风筝女儿命，事事都由爹娘定”，结果“三人的心事都走了样”。荷荷配了个“半封建”老富农，苓苓许了个“狠心郎”二老怪，紫金英嫁了个痨病汉，“三月里，花开娶过门，/十月初一上新坟”。她们出嫁后过的是牛马般的日子，挨尽打骂，受尽屈辱。诗人让她们在回娘家时聚在漳河边上，声泪俱下诉说各自不幸的遭遇，强烈地控诉了旧社会封建思想和习俗对劳动妇女的迫害。这三个妇女的不幸，其实也是广大劳动妇女悲惨命运的写照，是很有概括性的。她们的这种命运，是在“毛主席领导把天地重安”的伟大时代里才得到彻底改变的。解放后，她们和千百万劳动人民一样，在斗争中获得了翻身，走上了光明的道路。诗人以酣畅的笔墨，欢快的调子，描绘了她们当家做主，参加劳动生产，建设新生活的英姿，展示出人物的新思想、新品质的成长，赋予人物崭新的精神面貌。我们从人物不同的遭遇中，可以清楚地看到新旧社会本质的区别，体会到这些形象所蕴含的深刻的思想。

诗人塑造人物，还善于从生活实际出发，从人物不同的处境、不同的生活经历出发，运用不同的笔墨和色彩，真实可信地勾勒出人物不同的性格特征，展现出她们不同的斗争历程，使他笔下的人物各具风貌，丰满扎实。例如写荷荷用的是浓墨重彩，从正面着笔，直贯而下，一气呵成。先写荷荷敢于自主，跟半封建的富农离了婚；继写她受过封建婚姻的痛苦，因此很明确地提出找对象的条件，结果找到了劳动好、政治好的对象，结成了美满的婚姻；最后写她带头组织妇女生产互助组，生产支前，并且热心帮助苓苓、紫金英摆脱封建的枷锁，走上新的生活道路。通过这些描绘刻画，塑造了荷荷这个性格开朗、敢于斗争、有觉悟的先进妇女的典型。写苓苓用的是曲折有致，风趣幽默，极富生活气息的笔墨，描绘了苓苓与丈夫二老怪之间的矛盾冲突及其解决。以苓苓对二老怪的封建思想所做的针锋相对的斗争，充分展示出她那乐观、开朗、热爱劳动的性格和品质。

紫金英的生活道路与荷荷、苓苓不尽相同，相对来说她的遭遇更为不幸。诗人以十分细腻的笔触，深刻入微地刻画了她那善良而又有点柔弱的性格，展示出她经过复杂的思想斗争，最终挣脱封建传统的枷锁，坚定地投入新生活的洪流的曲折过程，使读者仿佛听到人物感情深处掀起的波澜，看到人物从苦难的深渊中跃起的身影。紫金英出嫁后几个月就死了丈夫，娘曾劝她改嫁，但荷荷和苓苓的遭遇令她寒心，况且带着个孩子，“带犊的孩儿是路边草”，她在旧社会是不被当作人的，为了不再跳火坑，才咬紧牙根忍受千艰万难的守寡生活。正如她对荷荷诉说的那样：“寡妇的困难实在多，/一手难做千件活，/日子没法过。”处在这种境遇中，有男人来替她干活，帮助她过日子，这使她感激，自然也就产生了感情，以致招来一大堆的坏名声，她只得“厚着脸皮偷偷活”。她的心头该有多少恨、多少怨啊！所以当荷荷鼓励她“支起腰杆挺起身，靠自己劳动做自由人”的时候，她声泪俱下控诉旧社会的罪过，像“枯了的树发绿芽，/死了的灰堆迸火花”，从心底里迸发出“扪心自问我犯啥错？/难道寡妇就不该活？”的呼号，表现出她对新生活的强烈渴望。但是一想到自己是寡妇，又有所谓“坏名声”，顿时又气馁了。后来在荷荷等人的热情帮助下走出院门，参加了劳动生产，跟她相好的男人又来劝她待在家里，过“舒坦”的日子，引起她“情难断，心乱如同万针穿”。最后，她认清了这种糊涂日月再也不能继续下去了，她要“重新再做人”，坚定起来毅然和相好的男人分手，真正踏上了新的生活道路。这个在苦难中挣扎的善良的妇女，也终于在新社会中获得了新的生命。

结构情节的安排

艺术的高手，往往都十分注意作品结构和情节的布局，通过结构设计、情节安排来塑造人物，表现主题，使作品具有感人的艺术力量。

《漳河水》在结构上可以说是费了一番匠心的。在总的布局上，长诗分为三个部分：往日，解放，长青树。分别叙写三个妇女在旧社会的苦难生活，她们争取解放的斗争历程，以及她们在新社会的幸福生活。三个部分的内容各有侧重而又互相联系，构成长诗清晰明朗的总画面。在人物和故事情节的安排上，采用了可分可合、疏密相间的结构手段，舒卷自如、各得其所。比如第一部分，先写三个姑娘聚在漳河边上细声倾诉各人的心愿，继写她们出嫁分开，各人有着不幸的遭遇。但诗人并不是分头去叙写，而是让她们又回到娘家来，碰在一起控诉旧社会所造成的罪孽。采取这种有分有合的结构手段，既解决了人物之间的关系，也解决了这一空间与那一空间之间的矛盾，使诗篇显得十分精练集中。

长诗的第二部分写她们翻身斗争的历程，则是从生活实际和人物不同的性格出发，安排人物和开展故事情节。先从荷荷敢于自主冲破封建牢笼写起，并以荷荷这一最活跃的人物为线索，次第展开对苓苓、紫金英争取自由解放的描写，层次分明，不枝不蔓。其中有些情节经过诗人的着意渲染，放手铺陈，不仅使故事情节丰富动人，而且富有生活气息和时代特色。比如苓苓在姐妹们的帮助下开“夜训练班”这一极富风趣的情节，从二老怪支差半个月回来，不见苓苓在家侍候，气得两眼冒火、三尸暴跳写起，中间插进媒婆张老嫂的煽风点火，接着刻画了二老怪如何打老婆的心理活动，最后集中写苓苓开“夜训练班”，针尖对麦芒，与二老怪的大男子主义所做的斗争。这一情节的安排，既有别于荷荷冲出封建牢笼所做的斗争，也和紫金英所经历的曲折的思想感情的矛盾斗争不同。它是根据人物彼此之间矛盾冲突的性质、所处的地位、各自不同的性格特征来设计的。因此，既“别开生面”而又符合人物的身份，在娓娓动人的故事叙述中，人物也就被刻画出来了。

此外，在结构情节安排上，诗人还十分注意章节之间的内在联系，过渡照应，使长诗的结构严谨紧凑，情节发展合情合理。比如第一部分中《三个姑娘》的开头部分，写三个姑娘在漳河边上倾诉各自的美好愿望，结句是“毛毛小女不知道愁”。接下去的另一诗节是“断线风筝女儿命，/事事都由爹娘定”。显而易见“毛毛小女不知道愁”在两个诗节之间起了过渡的作用，既承接了上文又开启了下面的叙写。这是诗节之间的过渡照应。有些诗节从总的布局来看，则是部分与部分之间的过渡照应，像第一部分最后一个诗节：“声声泪，山要碎！/问句漳河是谁造的罪？……万代的脚踪要踏出路！/千年的水道看流成河！”既是对上文控诉旧社会的总的概括，也表明她们已经觉醒，要求打破封建旧规程，踏出新道路，为第二部分写她们的翻身斗争做了过渡。这样就使得长诗气脉贯串，浑然一体，有若神龙云隐，首尾相连；有如摩诘画泉，断而不断。

比、兴手法的运用

文艺作品的思想，必须通过形象来体现，这是艺术创作的特殊规律。如何才能做到形象鲜明，使作品的思想内涵更好地为读者所理解，就诗歌创作来说，比、兴是一种惯用的表现手法。

《漳河水》继承了我国民歌和古典诗词传统的表现手法，在比、兴两法的运用上多式多样，丰富多彩。有时比、兴独立运用，有时比、兴结合；有时出现在一个诗节的开头，有时也会出现在一个诗节的中间；有时是单纯起带头作用，和下文的正意不一定有关，有的是“触物以起情”，和下文正意有着不可分割的联系。但无论哪一种情况，诗人都注意从人民的生活习惯出发，从周围事物取譬引喻，指事造型，穷情写物，使“味之者无极，闻之者动心”（《诗品序》）。

像诗中一些描写旧社会妇女的悲惨地位的诗句：“媳妇是块烂锈铁，/揣在怀里暖不热。”“俺是男人的破棉袄，/冷就披，热就脱，/不用就扔角落。”这些用的都是比法。用来做比的“彼物”和所要比的“此物”同时出现在诗中，而“烂锈铁”“破棉袄”等则是群众所习见的不值一文的东西。这就不仅十分形象而又通俗地道出了旧社会妇女不幸的遭遇，而且饱含着诗人对旧社会糟蹋人的控诉。

又如这样的一些诗句：“断线风筝女儿命，/事事都由爹娘定。”“沙里澄金水里淘，/荷荷看中了王三好。”第一句可以说是发端，即起兴，以引起所咏之词，但它又不是单纯的起兴，还具有比喻的性质。“断线风筝”的不由自主，这正是旧社会妇女命运的写照。“沙里澄金”也正好说明荷荷挣脱封建牢笼之后挑选对象的严格。这里用的是比、兴结合的手法。

长诗中更大量运用的是兴法，像这样的诗句“桃花坞，杨柳树，/东山月儿云遮住。/漳河流水水流沙，/荷荷一泪一声诉”，用的是一种“触物生情”的兴，以当时所见所闻的景物为发端，带起下文对旧社会的控诉。

长诗中有些诗节，就其本身来看是比，但将其放在整个诗章中来考察，它又起了发端的作用。例如荷荷鼓励紫金英“支起腰杆挺起身，/靠自己劳动做自由人”，诗人接下去写道：“枯了的树发绿芽，/死了的灰堆迸火花。/不老的心儿，未了的情，/铁锁锁不住春风门……”这里的枯树发芽，死灰迸火花，锁不住的春风，反复比喻紫金英的觉醒，接着写的便是紫金英对旧社会血泪的控诉，因而这一诗节又可以看作起兴，带起其所咏之词。

诗人为了表现人物的深情，往往还在一些诗节中交替使用比、兴两法。例如：“河边栽瓜搭瓜架，/连心隔水丢不下。/窗棂棂开花用纸糊，/相思的心儿关不住。”前两句是比喻，以拟人的手法，赋予所写之物人的思想感情，表现恋人的心心相连。第三句是兴，带起“相思的心儿关不住”。这种比、兴交替的手法，对人物的感情有着强调和深化的作用。

类似这样的例子，诗中比比皆是。总之，比、兴手法的运用，大大增强了诗的形象性和艺术魅力。

叙事、抒情、写景的结合

《漳河水》在艺术表现方面的成功，还在于诗人把叙事、抒情、写景三者完美地、有机地结合起来。作为叙事诗，自然是以人物故事为中心来描绘、叙述的；但浓郁的抒情可以使叙事具有鲜明的感情色彩和感人的艺术魅力；而出色的写景又可为叙事抒情创造出富有特色的环境，以烘托人物的行动和内心的感情活动。这三者的有机结合，使事、理、情、景糅为一体，无疑能更好地增强艺术的感染力。

长诗中自然环境的描写是优美的、有力的，它能和故事情节的发展起配合作用，也有助于人物性格的表现。像长诗开篇的“漳河小曲”：

> 漳河水，九十九道湾，/层层树，重重山，/层层绿树重重雾，/重重高山云断路。
>
> 清晨天，云霞红红艳，/艳艳红天掉在河里面，/漳水染成桃花片，/唱一道小曲过漳河沿。

这里所描写的景色，红霞绿树，水色山光，是那样绚丽，那样旷远，富于韵味，这不仅是一幅传神的着色水墨卷轴，也是为全诗叙述故事、刻画人物着意安排的典型环境。

在诗中我们还可以读到一些情中有景、景中有情的诗句，故事情节的发展，人物思想感情的起伏和景物的变化互相呼应，和谐统一。例如，三个妇女回到娘家聚在漳河边上诉说她们的不幸时，诗人写道“东山月儿云遮住”“漳河流水声呜呜”。画面是阴晦凄清的，感情是沉郁悲愤的。而当她们经过斗争获得翻身解放，走上光明大道的时候，诗中则出现“满天云雾风吹散”“漳河流水唱得欢”的明朗的画面，欢愉的感情。画面的转换，感情的变化，意境的不同，也正好烘托出人物在新旧社会中迥然不同的命运。

此外，诗人为了表现人物在特定环境中的强烈感情，渲染气氛，创造诗的意境，往往在叙述故事的进程中，插入写景抒情的诗句，把叙事、抒情与写景糅合在一起。例如，紫金英诉说寡妇生活的辛酸痛苦，她的哭声惊醒了孩子，泪珠滴落在孩子的小嘴巴里，这种情景使紫金英的内心深处翻起滚滚的波澜，她再也不能忍受这种生活的折磨了。为了烘托人物的思想感情，诗人在叙述故事的中间写了这样的诗句：“摇山拔树风呼呼，/ 静静的漳河发了怒。”然后又再转入叙述荷荷对紫金英的鼓励。这种情景交融的手法，确实使长诗具有强烈的感人力量。

语言的锤炼

《漳河水》的语言多采自群众的口语，运用比喻也是群众习闻常见的。老百姓一听便懂，且富于生活实感。但它不是群众口语的原始材料，而是经过诗人的严格选择、锤炼加工的诗的语言。因此它朴素、清新、洗练、形象，而且富于感情色彩和音乐美。

例如这样的诗句：“一锅要做两样饭，/ 婆婆骂硬，小姑嫌烂，/ 啪啪三巴掌！”没有华丽的辞藻，也没有夸张和形容，信手拈来，质朴自然，而旧社会妇女的处境的不幸跃然纸上。又如这样的诗句“妹妹俩是东坡向日葵，/ 你姐姐好比是麻池水”，比喻十分通俗，从紫金英口中道出，其中蕴含着多少辛酸，多少泪水，真是言短而意深。

还有写妇女获得解放，参加劳动生产的场面：

北点豆，南栽瓜，/河东河西种小麻，/早从东崖上，晚夕下西坡，/生产的歌声永不落。

……

苗苗出土绿油油，/瓜秧露芽肥展展，/花不棱棱手艺巧，/头有头是道有道。

节奏多么明快，感情多么欢愉，此中洋溢着获得解放的妇女的欢欣，也饱含诗人对这种新的生活的赞美。

《漳河水》中诗的句式虽然不等，有五言、七言、杂言。由于诗人在运用语言时注意节奏、韵律，所以读起来朗朗上口，听起来悠扬悦耳，很富于音乐美。像前面提到的“漳河小曲”。这八句诗用韵密，每两句一叶，而且平仄互叶，加上运用叠字和反复的修辞手法，所以不仅画面瑰丽，意境优美，而且节奏和谐，韵律悠扬，富有民歌和旧体诗词的韵味，然而它不是民歌式的旧体诗，而是地道的新诗。

阮章竞同志曾经说过：“我没有天才，我四行诗写一个星期。”这固然是自谦之词，但也正好说明了他的创作态度是极其严肃的，这当然也包含着在语言上的千锤百炼。正是由于这种认真的态度、刻意的追求，才能在艺术创造上取得可喜的成就，具有自己独特的风格。

（原载《暨南大学学报》1980年第1期）

谈《漳河水》的人物塑造

◎ 王东华

阮章竞的《漳河水》，是继《王贵与李香香》之后，解放区叙事长诗创作的又一丰硕成果。长诗以太行山区劳动妇女在旧社会的悲苦命运和在新社会的幸福生活为题材，塑造了荷荷、苓苓、紫金英三个生动的妇女形象，控诉了旧社会和封建制度的罪恶，歌颂了解放区党和政府给劳动人民带来的美好生活和光明前景。

《漳河水》分为“往日”“解放”和“长青树”三部，长诗的第一部是一篇对于旧社会的控诉书，着重表现的是罪恶的封建包办婚姻给主人公们带来的共同的悲剧命运。三个姑娘的个性特征尚不鲜明。“解放”和“长青树”则描写她们在新社会以自己独特的道路获得了幸福。在这两部里，三个主人公则表现出不同的性格特征和气质，给人留下了深刻的印象。

荷荷，是解放区先进妇女的形象。在旧社会，由父母包办，她嫁给一个“半封建”富农。她的丈夫与她年龄不相当（“十七的闺女四十的汉”），样子令人作呕（“马骡锅，骆驼背，/塌鼻子吊个没牙嘴”），心肠尤其狠毒（“老婆是墙上一层泥，/你要死了我再娶”）。在这个家庭里，荷荷备受丈夫、婆婆和小姑的欺凌。“半封建”对荷荷的狠毒不仅仅缘于夫权思想，而且带有明显的剥削性质，表现出了剥削阶级的惨无人性。在这个家庭里，荷荷只不过是“没头长工”、使唤丫头和丈夫的“玩物”。正因为如此，这个家在荷荷眼里就是“常阴天、森罗殿”，同时在她心里培养起了强烈的仇恨和反抗情绪。她从心底发出了这样的呼喊：“漳河你为甚不出槽？/给俺冲条道！”可以说，荷荷的反抗性格在这里已初露端倪，这也是她以后成长为先进人物的重要思想基础。荷荷的命运和性格在旧社会是有代表性的，许多民歌里就记述了劳动妇女类似的悲惨遭遇和由此产生的反抗心理。下面一例可见一斑：“陕北的一个妇女所作的一些‘信天游’，在反对旧式婚姻的作品中是表现了最高的反抗性的。这个妇女的历史本身就是一个很动人的故事。她原来是一个贫苦的农民的女儿。她的母亲曾经嫁过三次，她的第三个父亲是炭窑上的工人。她才两三岁时，就被这个父亲作为一笔赌注一宝输了出去。十三四岁，赢家来娶了她。十六七岁，她常常在做饭或纺线的时候编些‘信天游’来自己唱，或者和同村妇女同编同唱。她这样表示着她要求婚姻自由的决心：‘杜梨树树开白花，/至死还要说离婚的话！/老麻子开花结疙瘩，/改朝换世寻好汉！/先死上婆婆后死汉，/胳夹上鞋包包再寻汉！’”[①]应该说，《漳河水》从民歌中吸收的不仅是语言、形式和技巧，而且有人物的感情和气质。这也是荷荷这一形象给人以相当的真实感的原因。那个陕北妇女把实现自己的理想寄托在“改朝换代”上，而荷荷恰恰碰上了这样翻天覆地的时代，所以，一旦党和人民政府给了她新生的权利，她就义无反顾地冲出了“半封建”的家门。对于荷荷来说，新社会给她的是一片无限宽阔和美好的天地，真有走出“阎王殿”成了“自由人”的感觉。作为新生活的主人，她表现出了解放区先进妇女的思想和品格。在长诗的第二部里，作品着重表现的正是荷荷的进步思想和热情、大胆、有主见的性格。荷荷的积极进步首先表现在她思想上冲破了封建旧习俗的束缚。她大胆地自由恋爱，并以新的标准选择爱人：要“是庄稼人”“是新英雄”“能给群众办好事”。她敢于新事新办：“不坐花轿不骑马”“不拜天，不拜地”。她在获得了新的家庭之后，并没有沉溺在个人的幸福生活中，而是以先进人物的姿态投入解放区火热的社会生活中去。她在新婚的第二天就送丈夫上了前线，并以极大的热情组织了妇女生产互助组，积极支援前方。她出主意巧妙地帮助苓苓治服了大男子主义的丈夫二老怪，帮助紫金英甩脱了二流子的纠缠，走上了新的生活道路。《漳河水》通过荷荷的遭遇揭示了妇女解放的阶级内容，歌颂了中国共产党领导劳动人民推翻封建统治的光辉业绩，肯定了劳动妇女的斗争精神。荷荷这一形象是《漳河水》的核心，正如作者所说：“要有像荷荷这样的女子，才能使苓苓治服了二老怪，才能领着紫金英走上新天地。”[②]荷荷的形象决定了《漳河水》的主题高度，使作品具有强烈的时代特色和现实意义。

苓苓则表现出了另一种性格：聪明、活泼、伶俐。苓苓解放前的遭遇也很悲苦，

---

① 参见何其芳：《论民歌》，《中国民间文学论文选》（中），上海文艺出版社，1980年版。

② 阮章竞：《漫忆咿呀学语时——谈谈我怎样学习民歌写〈漳河水〉》，《文艺研究》，1982年第2期。

丈夫二老怪是个顽固的大男子主义者，对妻子“好就要，恼了就是打”奉行的是“娶来的媳妇买来的马，/任我骑来任我打”的“老王法”。可是二老怪和荷荷的“半封建”丈夫相比，却有着本质的不同，首先，他是个正经的劳动农民，生产上还有一套（后来妇女互助组准备请他当“生产指导”就是明证）；其次，此人脾气虽古怪，但如他所说，他“一不浪，二不偷”，为人正派，且有个知错能改的长处；最后，他年轻，与苓苓也年龄相当。正因为如此，苓苓没有和他离婚，而是在荷荷的帮助下，对他的大男子主义进行了坚决而又巧妙的斗争。苓苓的性格是在“夜训练班”这一情节中塑造成功的。她伶牙俐齿、不紧不慢地数说着二老怪，有理有据，滔滔不绝，真给人以“大珠小珠落玉盘”的感觉。“嗤嗤两声钻进被窝，/露出半个头来轻轻说：/‘二老怪，不用发呆，/你的老规程如今没人买！’”这是个心灵嘴巧的女人。作品幽默风趣地描写了二老怪的“老规程”在新社会处处碰壁的情景，揭示了封建夫权思想与新的社会制度的冲突。二老怪大男子主义的基础是看不起妇女，他认为女人种地是“瞎闹腾”，可是当他看到妇女们种的地“苗苗出土绿油油，/瓜秧露芽肥展展”时，他的大男子主义的基础就垮掉了。苓苓的遭遇带有更多的喜剧色彩，长诗在她经过斗争赢得了夫妻恩爱的新家庭的欢笑声中结束。苓苓这一形象，给《漳河水》增添了不少生活气息，丰富了长诗的抒情色彩。

在《漳河水》的三个女主人公中，紫金英是刻画得最为细致生动的一个。特别是长诗的修改稿，大大增强了这一形象的感人力量。紫金英在旧社会的遭遇更为凄苦，更令人同情。她婚后半年死了丈夫，因为惧怕自己和孩子因改嫁所要忍受的侮辱，也担心重新走上荷荷和苓苓的路，只得孤苦一人带着“墓生孩”守寡。精神上长期的压抑使她的生活变得灰暗和无望。这种长久的精神折磨，使她没有像荷荷、苓苓那样将在新社会里迅速进步起来。她被一个二流子勾引，走上了一条不名誉的路。长诗写到她精神的寂寞：“看尽花开看花落，/熬月到五更炕头坐，/风寒棉被薄！/灰溜溜的心儿没处搁，/水裙懒去绣花朵，/无心描眉额！”也写到她生活的艰难：“吃水劈柴泥墙角，/桌坏椅倒要人拾掇，/偏偏门又破！/寡妇的困难实在多，/一手难做千件活，/日子没法过！”她也知道自己的行为不光彩：“人前人后俺低头过，/厚着脸皮偷偷活……”可是又陷在感情的泥淖里不能自拔。作者对紫金英的遭遇是怀着深厚的同情的，喊出了她满腔悲愤的心声：“扪心自问我犯啥错？/难道寡妇就不该活？”在荷荷和苓苓的帮助下，紫金英终于挣脱了二流子的纠缠，参加到集体生产劳动中去。长诗细腻地描写了她与二流子决裂时复杂、矛盾的内心活动："缘分绝，情难断，/ 心乱如同石针穿。""到底哪是光明道？/ 面前摆着三岔口！"可是她毕竟下了"走新路，走新道，/ 好马不吃回头草"的决心，终于斩钉截铁地宣布："以后别再上我门，/ 紫金英要重新再做人！"紫金英是《漳河水》中性格较为复杂的一个人物。这个人物的成功塑造，扩大了作品表现的生活广度，加深了作品主题的深刻性。

《漳河水》在人物塑造上，有其独到之处。

首先，是对比手法的运用。《漳河水》的主题决定了作品主人公的命运大致相同。荷荷、苓苓和紫金英都曾是聪明、善良、活泼的少女。对生活，她们都抱着美好的愿望，希望能有个理想的配偶，温暖的家庭。但"断线风筝女儿命，/ 事事都由爹娘定"，每个人的希望都落了空。解放后，她们又都获得了新生。显然，大致相同的生活道路和身份，为她们的形象塑造造成了困难。但是，《漳河水》巧妙地运用对比手法克服了这一困难，塑造出了三个性格不同的妇女形象。作者在人物生活道路的相同中安排了具体的不同，形成对比。三个姑娘在解放前虽然都因父母的包办婚姻毁灭了自己青春的理想，但荷荷遭受的是封建富农无人性的剥削和蹂躏，苓苓遭受的是大男子主义丈夫的欺凌，而紫金英遭受的则是守寡的孤苦。在长诗的后两部里，作者集中刻画了人物性格中最突出的个性特征，形成了对比。荷荷和苓苓同是在新社会迅速觉悟的人物，对新生活充满了热情。作者写荷荷突出写了她同旧习俗、旧势力的斗争精神，以及果断、坚定、有主见、敢做敢为的性格。苓苓，则没有过多写她在社会中的进步，而是尽力描摹她风趣、乐观、活泼、聪明能干的一面，与荷荷的沉稳、成熟形成了对比。对紫金英，作者着力刻画的是她内心的痛苦和矛盾，与荷荷、苓苓明朗、活泼的色调对比更强烈。正是因为成功地运用了对比的手法，《漳河水》里的人物给读者留下了鲜明的、各不相同的印象。

其次，利用环境描写渲染气氛、烘托人物的性格。诗的本质是抒情。叙事诗虽然必须有较完整的情节，但毕竟与小说不同。它具有强烈的抒情性。因此，好的叙事诗也必须充分发挥诗歌的抒情特长，把叙事、抒情、写景巧妙地结合在一起，《漳河水》在这方面是相当成功的。尤其突出的是，作者利用环境的描写烘托了人物的性格，揭示了人物的心理。长诗第一部的"漳河小曲"，似是全诗的序曲，描写了漳河岸边"层层绿树重重雾"，朝霞把"漳水染成桃花片"的秀丽风光。这美丽的景色同时衬托了三个少女朴质、秀美的形象，和她们对未来充满着美好憧憬的“毛毛小女不知道愁”的欢乐的心情。河边诉苦一节是《漳河水》最成功的片段之一。它之所以感人至深，除了主人公们对自己悲苦命运的哭诉外，成功的环境烘托也是一个重要原因。伴着主人公们声泪俱下的倾诉，河边的景物也染上了悲哀的感情色彩：乌云遮住了月亮，河水掀起了层层波浪，发出了呜咽的声响。而当紫金英讲述自己的不幸时，“桃花坞，杨柳树，/河边草儿打觳觫”，草木也为之心颤，在这里，情与景完全交融在一起了。再如长诗的第二部，当紫金英终于割断情丝，送走自己的旧情人时，长诗有一句写景，“梨树花开月明天”，虽然只有一句，但却准确地揭示了紫金英终于彻底甩脱了二流子的纠缠时内心的轻松感和感到前途有望的情绪。

最后，成功的心理描写。善于刻画人物的内心活动，是《漳河水》人物塑造的一个重要特点。自《王贵与李香香》以后的解放区叙事长诗，比较侧重于通过人物的语言和行动刻画人物性格，一定程度上存在着忽视心理描写的倾向，而《漳河水》在这方面则做了成功的尝试，这一点在紫金英形象的塑造上最为突出。有时是直接的心理描写。如紫金英和她的旧情人分手前的一段，写她“缘分绝，情难断，/心乱如同万针穿”的内心活动，她反复思考与这个二流子的厮混，只不过是自己受了欺骗和玩弄，独自担了坏名声，终于下定了“走新路，走新道”的决心。整个心理活动过程写得曲折、真实、有层次。有时，作者借助主人公的独白，揭示人物的内心世界。例如紫金英在向荷荷、苓苓倾诉了自己满腹的苦楚和委屈之后，“拍拍孩孩乖乖睡，/眼泪滴落小嘴巴：/‘咽了吧，莫嫌苦，/记住你娘是寡妇！’”准确地揭示了紫金英凄苦无靠的心情，产生了催人泪下的艺术效果。在长诗中，人物的许多大段对话，如河边诉苦，紫金英对荷荷、苓苓的哭诉，都带有一定的内心独白的性质，因此，也都较深刻地揭示了人物的内心世界。

《漳河水》在人物塑造方面的成功经验是值得重视的。它不仅有助于我们了解解放区以至建国后叙事长诗的发展脉络，总结其经验和教训，而且对今天的诗歌创作也有着可资借鉴之处。

（原载《镇江师专学报》1985年第1期）

阮章竞《漳河水》的独创性

◎ 刘 烜

在引起过社会注意的文学作品中，有的轰动一时，却很快成为过眼烟云；有的经过历史的冲刷，却越来越显出久远的生命力。阮章竞的《漳河水》属于后一种情况。所以，直到今天，我们仍然需要加以认真的探讨，研究它的独创性在什么地方。

《漳河水》是一首叙事诗，发表于1949年。它的艺术独创性，表现在自觉地运用和提炼民歌的形式、人民的口语，在“诗中有画，画中有诗”的艺术境界中创造了明丽凝练的艺术风格。它用饱含诗意的笔触描绘中国妇女在历史发展的一个关键时刻心理上得到解放和飞跃的历程，从而具有史诗的美。这首诗无论在艺术形式、题材、思想内涵上都带有鲜明的民族的印记，这使它在中国古典诗歌和中国现代诗的发展长河中成为一个发光的连接点。

这首叙事诗的中心，是写荷荷、苓苓、紫金英三位姑娘经受了封建包办婚姻的灾难。然后，随着人民的解放，三位姑娘不仅获得婚姻的自由，又进一步争取到参加农业生产的权利，获得了真正的解放。“五四”以来的中国新诗，叙事诗不发达。这是因为新诗的形式还在探索的阶段，用这种形式去表达历史性的重大的生活内容，有赖于诗人的反复思索和长期实践。叙事诗的数量在20世纪40年代多起来了。《漳河水》并没有开叙事诗的风气之先，而是以自己的艺术品质震撼诗坛。

“五四”以来的中国文学，有同情底层人民的进步传统。当时站在历史潮流前面的先行者，更是“哀其不幸，怒其不争”。阮章竞生活在人民解放的时代。他有幸看到原来生活在最底层的千万个紫金英站起来了！从社会底层的奴隶，变为国家的主人，变为能主宰自己命运的主人，其间人的精神世界经历了翻天覆地的变化。这一点，正是《漳河水》要着重表现的；这一点，也正是诗人要着力歌颂的。叙事诗中人物的性格特点，正是在她们精神世界的发展中得到了有力的表现。荷荷的敏锐、爽朗，苓苓的风趣、幽默，紫金英的细腻、深沉，一一跃然纸上。《漳河水》表现了中国妇女的解放是中国社会进步的缩影，从而揭示出个人命运的变化与历史发展的内在联系。一种深切的历史创造者的自豪感洋溢在整个诗篇中，增添了乐观的气氛和英雄主义的色彩。这些，使这首诗具有史诗的特点。《漳河水》是中国妇女解放的史诗。

有一次，意大利友人问阮章竞：他的创作道路有什么特点？阮章竞回答说："我的作品是和祖国的命运、人民的命运休戚相关的。"细心的读者也许会想到，《漳河水》最初发表时，题目下有一段小序，点明"献给全国第一次妇女代表大会"。这就是说，他的诗是与人民的实际生活连在一起的。这使我们想起阮章竞的一首《妇女自由歌》。1949 年 8 月，阮章竞去匈牙利参加世界青年联欢节，火车在西伯利亚茫茫林海中奔驰。民歌手郭兰英一时找不到合适的歌词，阮章竞即兴写了《妇女自由歌》。郭兰英从火车上一直唱到布达佩斯，在大会上荣获二等奖。可见中国妇女的解放是全世界人民关心的问题。诗人当时正在修改《漳河水》。这首歌可以说是《漳河水》的姐妹篇。这些诗篇的诞生，与诗人在太行山生活十二年，和人民朝夕共处，关心妇女的命运是分不开的。其实他早在少年时期，就亲眼看到亲戚和周围邻居中，有不少妇女被封建婚姻制度迫害致死，从而同情妇女的不幸。所以，阮章竞有时会激动地说："《漳河水》中的妇女不全在太行山。"一个诗人，关心人民的命运，他创作上的独创性，才能充分地发挥出来。

《漳河水》以"诗中有画"明丽凝练的风格，为新诗的画廊提供了一幅有中国特色的水墨画。开头的"漳河小曲"不少人能自然成诵：

漳河水，九十九道湾，/层层树，重重山，/层层绿树重重雾，重重高山云断路。

清晨天，云霞红红艳，/艳艳红天掉在河里面，/漳水染成桃花片，/唱一道小曲过漳河沿。

这几行诗就创造了“漳河晨雾”的画面，将晨光一下子拍摄下来了。诗的画面还具有音乐的美。它用明快的节奏，传达了一种欢快的情绪。这首诗第一次发表时，开头几句以诉苦为基调，标题是“苦难曲”。诗人经过反复思索，改成“漳河小曲”，以后就再也没有改动过。这几句诗似乎定下整首诗的基调，带有序诗的性质。因为，从内容上说，诗人看到了人民的解放，更为乐观了；从艺术上说，诗人自觉要求写山光水色，如歌如画。他用有声有色的画面表现人民的精神面貌。看来，这与《漳河水》叙事的因素并不突出有关。另一方面，吴静波创作《漳河水诗画册》，用水墨画表现诗意，获得很好的社会影响。显然，吴静波体会到了《漳河水》“诗中有画”的艺术境界。用这种艺术手法写诗，当然能使诗更为凝练。《漳河水》初次发表为810行，1950年重新发表为739行。长诗写了三个妇女的命运，还有其他有关人物，概括了巨大的历史内容，可以说是凝练之作了。艺术上的创新与诗人的艺术素养有联系。在阮章竞的同代人中间，可贵的是他在艺术上有较全面的素养。我们默诵《漳河水》，可以品味到乐府诗的浓重质朴、唐诗的开阔奔放。他学过画，当过画工，直到现在还在画国画。他是歌手，他是从参加冼星海领导的歌咏活动开始而投身抗日战争的。他能编剧，能演戏，当过剧团负责人。《漳河水》中有画，有音乐，有戏剧性的场面，显示了诗人全面的艺术素养对诗歌创作上的艺术创新的促进作用。

《漳河水》的独创性还在于善于提炼不同的民歌的曲调和人民的口语。阮章竞在太行山区一贯注重搜集民歌。1939年，他用简谱记下民歌的不同曲调，订成一个大本。在传达了毛泽东的《在延安文艺座谈会上的讲话》精神之后，1943年，诗人又到工厂去搜集民歌。1947年阮章竞遇上一个盲人宣传队，其中有位五十岁左右的民歌手，熟悉漳河流域许多民歌的曲调。诗人虚心地拜他为师。现在的《漳河水》“小序”中提到漳河边的许多曲调可以统称为“漳河小曲”，这个提法实际上就是这位盲人歌手提供的。《漳河水》选用了多种民歌形式，第一次发表时，诗中署有“开花调”“四大恨调”“割青菜调”。在原稿上还选用过“刮野鬼调”。实际上，光是“开花调”就有许多种，阮章竞听过的就有五六种之多。现在《漳河水》的版本，改掉了曲调名，读起来更为顺畅。但是，如果知道诗人在一般的抒情处用“开花调”，在哭诉处用“四大恨调”，韵律的高低、节奏的疏密更能传达出不同的韵味。《漳河水》用于哭诉的诗句，每个诗段是三行，末行似有小结前两行的意味。末行五个字，单音节结尾，造成节奏局促，用之哭诉，颇为合适。“开花调”的节奏灵活、舒缓一些，这原是情歌的曲调，用于表现漳河流域的山光水色和人的精神面貌，比较切合。诗人应该熟悉多种民族的曲调，大量的人民的口语，加以选择和提炼，从中汲取营养。《漳河水》在这方面为我们提供了有益的经验。

（原载《北京文学》1991 年第 2 期）

诗苑双璧　各有千秋

——《王贵与李香香》和《漳河水》艺术成就比析

◎ 周希沼

20世纪40年代，在解放区的诗坛上，叙事诗大量涌现，以新的内容与形式，丰富了中国现代文学诗歌宝库。其中，李季的《王贵与李香香》和阮章竞的《漳河水》，更是光耀我国叙事诗诗坛的杰作。它们共同体现了解放区诗歌创作的新风貌、新特点，但同中有异，各有千秋。两诗相比，还可以看出《漳河水》比之《王贵与李香香》在艺术上有进一步的发展，显得更为成熟。认真研究这两首长篇叙事诗在艺术表现上的一些特点，总结它们的经验，对于繁荣和发展我国的新诗创作，特别是叙事诗的创作，是大有益处的。

“五四”文学革命后的二十多年中，叙事诗成就不如抒情诗突出。在仅有的一些叙事诗中，往往着重于故事情节的叙述，没有集中笔墨去刻画人物性格，更没有能塑造出新的劳动人民的动人形象。《王贵与李香香》和《漳河水》，在这方面做出了自己的贡献。

《王贵与李香香》成功地塑造了两个新型农民的形象，在他们身上表现了我国劳动人民要反抗、要斗争、要革命的崭新的精神面貌。王贵是个具有高度阶级觉悟和坚强革命意志的青年农民。长诗不仅生动地描写了他的阶级素质、反抗性格和革命热情，而且还着重表现了他在斗争中的成长。对崔二爷的吊打非刑，他坚强不屈，视死如归；革命胜利了，他能正确处理个人幸福和整个革命利益的关系，婚后三天就参加游击队，“打算长远闹革命”。李香香是个美丽、刚强的农村姑娘。她形貌俊美，勤劳善良，爱憎分明。共同的阶级地位和命运，使她对王贵产生了忠贞不渝的爱情。而对崔二爷的威逼利诱，调戏侮辱，她愤怒反抗，勇敢斗争。她忠于爱情，更忠于革命，坚决支持丈夫参加游击队。在“五四”以来的叙事诗中，还没有出现过像王贵、李香香这样鲜明、真切的革命农民形象。他们的成功塑造，给叙事诗人物画廊增添了新的光彩。

长诗始终把人物放在特定的历史时期、广阔的社会背景和严酷的阶级斗争中来塑造，使人物在苦难的考验中，迸发出精神美的光彩。诗里反复抒写王贵和李香香陷入敌手时的精神状态，他们不绝望、不哀叹、不消极等待救世主的降临，而是威武不屈、英勇斗争，充满胜利信念，显示出平凡而又崇高的英雄本色。诗人一方面把主人公放在严酷的斗争中，来塑造他们的英雄性格；另一方面又通过对爱情生活的描写，揭示人物的精神世界，从而使形象更为丰满。王贵的刚毅不屈，香香的纯洁坚定，就是在这场与爱情有关的矛盾纠葛中表现出来的。特别值得提出的是，长诗在抒写王贵与李香香的纯真爱情时，既不羞羞答答，也不低级庸俗，而是站在革命的立场上，大胆地、正面地、直率地加以表现，为我们提供了如何描写爱情的范例。

《漳河水》是一曲妇女解放的颂歌。它出色地塑造了三个农村劳动妇女形象，反映了妇女社会地位的变化，歌颂了党领导下的人民革命斗争的胜利。荷荷大胆泼辣，敢于斗争。解放前，她配了个“半封建”老头子，受尽折磨和凌辱。解放后，带头“反倒了封建离了婚”，搞自由恋爱，和王三好结成美满夫妻。同时，她还帮助姐妹们翻身求解放，创造新生活，表现了农村先进妇女的美好精神面貌。苓苓热情爽朗，机智稳健。旧社会，她嫁了个“狠心郎”二老怪，经常挨打受骂。时代变了，在荷荷的支持下，苓苓对丈夫的“大男人主义”展开了曲折、诙谐的说理斗争，终于打破了二老怪的封建意识，建立了平等幸福的新家庭生活。紫金英柔顺善良，忧郁懦弱。当初她想找个“好到头”，但却嫁了个痨病汉，“一年不到守空房”。丈夫死后，没有勇气改嫁，决心咬牙守寡，“把墓生孩守大”。由于抵挡不住旧情人的纠缠，落了个“破鞋”“浪女人”的坏名声，抬不起头来。在妇女翻身的热潮中，在荷荷、苓苓的帮助下，紫金英最终也摆脱了沉重的精神枷锁，参加了集体生产劳动，走上了新的生活道路。

《漳河水》比之《王贵与李香香》，在人物性格个性化上显示出更高的成就。它没有去描写人物的外貌，或抽象介绍他们的思想性格。而是抓住人物最主要的特点，用他们各自对待生活的不同态度，以及独特的语言行动、表情神态，表现出鲜明的个性特征。如三个妇女在漳河岸边各自哭诉自己的不幸时，荷荷诉说：

"'老婆是墙上一层泥，/你要死了我再娶！'/放他娘狗屁！""哪年才把头熬到？/漳河你为甚不出槽？/给俺冲条道！"苓苓诉说："天上的云彩千变化，/汉子对我好就要，/恼了就是打！""俺说好狗不咬鸡，/好汉子不打自己妻，/上社去说理！"紫金英诉说："有意守节心难下，/俺娘劝我另改嫁，/改嫁我嫌怕！""咬牙咬牙守寡吧，/少受骂，少挨打！/把墓生孩守大！"从她们的话语里，鲜明地表现出三种不同的性格：荷荷斗争性强，敢于反抗，大胆责问漳河水为啥不出槽，给自己冲条道。苓苓质朴豪爽，柔中有刚，不一味屈从丈夫的打骂。紫金英柔弱善良，安分守己，听从命运摆布，只想咬牙守寡。在人物描写过程中，诗人根据每个人物的特点，采取与之相适应的方法。对荷荷着重从正面着笔，赋予她大量的足以表现其性格的行动。对苓苓则更多地运用烘托对比和夸张的喜剧手法，把她那机敏爽朗的性格表现得栩栩如生。而对紫金英，则着重挖掘其内心深处的矛盾、痛苦等复杂感情，运用细腻的心理描写手法予以揭示。总之，长诗的三个妇女，有着共同的悲苦命运，共同为创造新生活而做斗争，但性格特征却互不雷同。《漳河水》所取得的人物个性化的经验，为今天的叙事诗创作提供了有益的借鉴。

诗歌反映生活的一个基本特点，就是它的抒情性，叙事诗也不例外。"五四"后出现的一些叙事诗，在叙事和抒情的关系上，都解决得不太好，一般是写出了故事，但缺少诗情、诗味。《王贵与李香香》和《漳河水》，都能以抒情的调子来叙事，读后给人一种激动人心的诗意美。

《王贵与李香香》这部长篇叙事诗，把叙人民之事和抒人民之情交融在一起，在故事情节的进展里和人物形象的刻画中，倾注火热的感情，达到了"五四"以来叙事诗中少有的叙事和抒情的高度结合。如《掏苦菜》一章，写王贵与李香香之间的倾心爱慕："大路畔上的灵芝草，/谁也没有妹妹好！""马里头挑马不一般高，/人里头挑人就数哥哥好！""樱桃小口糯米牙，/巧口口说些哄人话。""交上个有钱的花钱常不断，/为啥要跟我这个揽工的受可怜！""烟锅锅点灯半炕炕明，/酒盅盅量米不嫌哥哥穷。""妹妹生来就爱庄稼汉，/实心实意赛过银钱。"这段对话就像抒情小曲一样，情真意切，优美动人。在《羊肚子手巾》一章里，写王贵去打游击，香香落入虎穴，她对王贵朝思暮想，渴望他来搭救自己。这一段也写得充满感情波澜，读来沁人肺腑，把香香对王贵的思念、期待、坚贞不渝的爱，表现得淋漓尽致。长诗既有生动的情节，鲜明的形象，又有浓郁的诗情，自始至终几乎都是便于歌吟的抒情诗行，洋溢着一种爱憎分明的阶级感情。写叙事诗不能单纯而平淡地叙述故事，不能见事不见情，让叙事淹没抒情。只有把叙事和抒情结合起来，才能产生动人的艺术魅力。这是《王贵与李香香》给我们的有益启示。

《漳河水》与《王贵与李香香》相比，它不仅以抒情的调子来叙事，同时又借景抒情，把叙事、写景、抒情有机结合起来，充满诗情画意，有着独特的意境，显得更为精美。在诗里，诗人常将深沉的感情，凝结在叙事和写景中，从而使人受到有力感染，产生强烈共鸣。紫金英在哭诉时说："妹妹俩是东坡向日葵，/你姐姐好比是麻池水，/人前人后俺低头过，/厚着脸皮偷偷活……""话儿没完头低下，/有语难明啃指甲。/窗外呼呼风阵阵，/甚时能吹断那万恨根？/甚时能吹断那万恨根？"这里在诉说自己的不幸遭遇，字里行间又流露出无穷的哀怨和对新生活的热烈向往之情。室内的哭诉与室外的风声相映衬，再加上低头啃指甲的姿态神情，构成一幅情景交融的生活画面，意境深邃，震撼人心。它还常借景物来烘托人物情绪，做到了景随情变、物随意迁，使作品中的自然景物都带有人物喜怒哀乐的不同色调。主人公泣诉悲惨遭遇时，"桃花坞，杨柳树，/漳河流水声呜呜！"人民受难，江河也为之哭泣。主人公进行反抗斗争时，"摇山拔树风呼呼，/静静的漳河发了怒。"人民反抗，山河也发出愤怒呼声。主人公获得自由解放时，"自由天飞自由鸟，/解放了的漳河永欢笑！"人民解放，整个大自然都为之欢笑。这里融情入景，景随情迁，景物和人物共悲欢，使读者始终沉浸在浓郁的诗情画意之中，有很强的艺术感染力。更难能可贵的是，诗中的景物不仅随人物感情的变化而变化，而且带有人物的不同的性格特点。同一条漳河水，斗争性强的荷荷诉苦时，"漳河流水水流沙"，愤怒反抗的情绪，犹如江河奔流，泥沙俱下。柔中有刚的苓苓诉苦时，"河底不平掀巨浪"，倾诉出在夫权压迫下的满腹委屈和怨愤不平。善良懦弱的紫金英诉苦时，"河边草儿打觳觫"，这正是她软弱性格和悲苦命运的真实写照。

"五四"以来的新诗，冲破了旧体诗词格律的束缚，实现了诗体大解放。但当时主要是学习外国诗歌形式写新诗，缺乏中国作风和中国气派。不少诗过于散文化，不押韵，不顺口，随意走笔，忽视对民歌和古典诗歌形式的借鉴。《王贵与李香香》和《漳河水》的作者，都注意向传统的民间文艺学习，采用民歌形式写新诗，促进了新诗的民族化、群众化。

《王贵与李香香》创造性地运用陕北民歌“信天游”的形式来叙写陕北人民的革命斗争生活，内容和形式得到了完美的结合，在中国新诗发展史上起到了开路先锋的作用，具有里程碑式的意义。周而复赞誉它“是中国土壤里生长起来的奇花，是人民诗篇的第一座里程碑”[①]。茅盾称它“是一个卓越的创造”“是民族形式的史诗”[②]。“信天游”两句一节的基本格式，浓郁粗犷的地方色彩，纯朴深厚的思想感情，流畅谐美的音乐节奏，以及比兴手法的广泛运用等长处，在李季的笔下都应用自如。但同时又根据表达内容的需要，有所突破和发展。“信天游”多用来抒写男女之间的爱情，诗人把它的传统主题和时代风云结合起来，描绘了人民革命的斗争生活；“信天游”本为两句一节，表达一个独立的意思，长诗适应内容的需要，往往几节表达一个意思、一幅情景，具有更大的容量；“信天游”多为抒情短诗，诗人发扬了它长于抒情的优点，又扩大和提高了其叙事的功能，写成了一部有丰富故事情节、复杂斗争场面和完整人物形象的长篇叙事诗；“信天游”多在自然背景下描写人物和事件，诗人却把曲折的传奇情节，放在广阔的社会背景下展开。另外，长诗还采用了新诗分部、分章的结构形式。李季热爱民歌，学习民歌，把民歌引入新诗创作领域，使新诗形式发生了重大的美学变革，但又不拘泥于民歌的传统形式，刻意追求创新和突破，这是他的创作获得成功的重要原因之一。

《漳河水》比之《王贵与李香香》在民歌形式的运用上，又有新的创造和发展。它不止用一种民歌形式来写诗，而是采用流传在漳河两岸的多种民谣形式“开花调”“四大恨”“漳河小曲”“牧羊小曲”等，加以改造，杂采成章，使叙事、抒情显得自由灵活，富于变化。正如作者所说，它“是由当地的许多民间歌谣凑成的”。诗中根据表情达意和刻画人物性格的需要，运用不同的曲调，为内容服务恰到好处。如三个妇女诉苦时，用的是哀怨幽深的“四大恨”的调子：“男人原是常病身，/ 爹娘重财不重命，/ 贪人有钱银！”“过年养下墓生孩，/ 只有娘亲没爹爱，/ 春天花不开！”“有意守节心难下，/ 俺娘劝我另改嫁，/ 改嫁我嫌怕！”这种曲

① 参见周而复：《〈王贵与李香香〉后记》，《周而复六十年文艺漫笔：1935—1936》，北京：中国工人出版社，1997 年版。

② 茅盾：《再谈“方言文学”》，《大众文艺丛刊》，1948 年第 1 辑。

调，每节基本上由七、七、五字组成，能造成一种长吁短叹的情调，很适宜抒发她们内心的痛苦和愤懑。歌颂妇女翻身解放时，用的是欢快、含蓄的“牧羊小曲”的调子：“漳河水，九十九道湾，/ 漳河流水唱得欢：/ 桃花坞，长青树，/ 两岸踏成康庄路。/ 万年的古牢冲坍了！/ 万年的铁笼砸碎了！/ 自由天飞自由鸟，/ 解放了的漳河永欢笑！”这里把解放了的妇女那种欢乐、兴奋的情绪，充分表达了出来。因为它不是按照一种调子来写，所以节奏旋律活泼多姿。句型以七言为主，间以长短句，错落使用，造成一种跌宕起伏的效果；每节诗句多少不一、错综相间、变化多端，利于表现比较复杂的生活和人物感情的变化。长诗虽然采用不同的曲调，但又注意在多样化中求统一，并无拼凑割裂的痕迹，始终回荡着“漳河水，九十九道湾”的旋律，保持着一种基本的格调——“漳河小曲”的韵味，读起来感到完整和谐，清新优美。《漳河水》熔铸各种民间歌谣形式，来抒写漳河两岸广大农村妇女的翻身解放，为新诗向民间文艺学习开辟了新的途径。

诗歌是一种更为精美的语言艺术。“五四”后的诗人采用白话进行创作，写出了不少好诗。但也有一些诗，或存在洋腔洋调倾向，脱离群众欣赏习惯；或故意雕琢，晦涩难懂，缺乏劳动人民思想感情；或冗长松散，平淡寡味，缺少音乐美感。《王贵与李香香》和《漳河水》以自己纯朴自然、通俗易懂、优美和谐的语言风格，赢得了广大人民群众的喜爱，产生了深远的影响。

《王贵与李香香》采用的是经过提炼的陕北人民的口语，在质朴中具有形象美、音乐美的特点。如用“山丹丹开花红姣姣，/ 香香人材长得好”“一对大眼水汪汪，/ 就像那露水珠在草上淌”来比喻香香的美丽。用“一颗脑袋像个山药蛋，/ 两只鼠眼笑成一条线”来形容崔二爷的丑陋。诗句都明白如话，朴素自然，恰如其分地描绘了事物的形象，极其传神地写出了人物的特征，同时也表现了诗人对不同人物爱憎分明的态度。“山丹丹”“山药蛋”等词汇，都来自陕北民间，农民口中，和他们生活紧密相连，显示了特有的地方色彩和生活气息。长诗韵律优美和谐，节奏流畅明快，特别是叠字的运用，更显得谐美动听。如“一人一马一杆枪，/ 咱们游击队势力壮”“马蹄落地嚓嚓响，/ 长枪、短枪、红缨枪”，句句押韵，顺口好听，易于吟唱，具有很强的音乐性。李季的这种语言风格，是他长期下功夫学习群众语言和民歌的结果。

《漳河水》的语言，既通俗朴实、清新活泼，又精练含蓄、柔婉典雅，兼有民歌和古典诗词的优长。如“北点豆，南栽瓜，/河东河西种小麻，/早从东崖上，晚夕下西坡，/生产的歌声永不落”，摄取群众口语，质朴无华，自然顺畅，散发着泥土气息，富有民歌情调。而开头的“漳河小曲”，语言则绚烂清丽、精练优美、蕴藉含蓄，达到了珠圆玉润的境地，显然有古典诗词的韵味。请看：“漳河水，九十九道湾，/层层树，重重山，/层层绿树重重雾，/重重高山云断路。”“清晨天，云霞红红艳，/艳艳红天掉在河里面，/漳水染成桃花片，/唱一道小曲过漳河沿。”这支小曲，短短八句，写尽了漳河两岸的迷人风光，给我们描绘出了一幅层次分明、色彩鲜艳的山水画，从中我们可以感受到诗人对漳河山水的热爱，对解放了的漳河两岸人民自由幸福生活的赞美。作者把眼前的高山丛树、山光水色、红霞流影，与清悠的歌声融会在一起，诗中有画，画中有诗，构成一个诗情画意的优美意境，为全诗定下了一种明丽欢快的基调。这已不完全是民歌的语言格调，而是融合了中国古诗词的语言特点。又如寡妇紫金英哭诉的几段：“看尽花开看花落，/熬月到五更炕头坐，/风寒棉被薄！”“灰溜溜的心儿没处搁，/水裙懒去绣花朵，/无心描眉额！”“吃水劈柴泥墙角，/桌坏椅倒要人拾掇，/偏偏门又破！”这里把紫金英孤独悲伤，度日如年，心灰意冷，无心梳洗打扮，苦上加苦，难以生活下去的情景，表现得淋漓酣畅，也显示出了长诗语言的典雅、细腻、含蓄和精致。《漳河水》的作者既学习群众口语、学习民歌，又学习古人有生命的语言、学习古典诗词，在此基础上，创造出了一种具有民族化、群众化和个人独特风格的语言形式。比之《王贵与李香香》《漳河水》在语言运用上，同样为新诗提供了新的可借鉴的经验。后来不少诗人，都注意在民歌和古典诗词的基础上写新诗，取得了一定成就。

《王贵与李香香》和《漳河水》，堪称现代叙事诗创作中的双璧。它们都是用民歌的调子写成，作品的生活内容和艺术形式之间和谐一致，结合得相当完美。但比较起来，《漳河水》在艺术上又进行了新的探索，获得了新的突破，为新诗的发展，特别是叙事诗的发展开拓了更广阔的道路，对于提高新诗创作的艺术水平做出了积极的贡献。

（原载《南都学坛》1989 年第 4 期）

◈《王贵与李香香》和《漳河水》的比较

◎ 石　锋

在20世纪40年代解放区文学创作中，两首叙事长诗《王贵与李香香》和《漳河水》以其浓郁的民族风味、鲜明的时代感与地域特色脱颖而出，成为文学（特别是诗歌）民族化、大众化的优秀代表作，甚至被称为“现代新叙事诗创作中的双璧”[①]。这种赞誉是两首诗与同时期众多叙事诗相比较而获得的，那么，如果将此“双璧”做比较分析，又会获得些什么呢？

一、印象：民俗风情与时代画卷

当两首长诗刚刚拉开序幕，扑面而来的便是那淳厚的民族风味与清晰可辨的地域特色。这既是两首诗在20世纪40年代能轰动一时的成功之处，更是它们作为叙事长诗能深深感染读者的艺术魅力之所在。民歌，成了两位诗人在艺术创作上的试金石，李季选择了陕北的“信天游”，阮章竞则以熟悉的太行歌谣为主要形式。在这里，形式本身已经包含了长期积淀下来的民族文化心理与审美习惯，从而以语言、情感与思维方式等传达出鲜明的民族特色。

到过黄土高原，听过嘹亮的“信天游”的人们，必定会对《王贵与李香香》感受得极为深切，但即使对那些甚至不知“信天游”为何物的人，这一首诗仍会向他们展示出西部特有的民俗风情画卷。因为诗人写的是陕北的人、事、景、物，

① 安锐：《〈漳河水〉的历史地位》，《光明日报》，1982年6月15日。

传达的是三边人的爱、恨、悲、喜。诗中虽然没有集中写景的片段，但处处可见陕北农村寻常的一景一物："一眼望不尽的黄沙""百灵子雀雀百灵子蛋""玉米结子颗颗鲜""二道糜子碾三遍"……这里的人也与这里的一草一木密不可分："山丹丹开花红姣姣，/香香人材长得好。""地头上沙柳绿蓁蓁，/王贵是个好后生。"还可见到反映民俗风情的生活内容与劳动经验："大米干饭羊腥汤""烟洞里卷烟房梁上灰""铜锣里筛面落面箱""羊群走路靠头羊"……而王贵与香香在山洼里对唱山歌互诉衷肠一段，既体现了"交好的心思两人都有，/谁也害臊难开口"的民族心理特征，更表现出陕北地区农民爱唱山歌的特点，极具地方色彩。这些朴素的形象的语言，来自广泛流传的民歌"信天游"，也来自陕北人民活泼的日常口语；鲜明生动的生活情景，源于诗人在三边生活的日日夜夜，更源于这里独特的风貌与民情。

取材自太行山区的《漳河水》也描绘了漳河两岸的风貌和人们的生活习俗与劳动情景，但在地方色彩和民俗意义上，没有《王贵与李香香》那样突出。这与诗人的构思、采用的民歌形式及生活原貌都有很大关系。不过，在鲜明的时代性及思想性和教育性上，较之后者，《漳河水》则毫不逊色。郭沫若在1947年为香港版的《王贵与李香香》作序言时称它是"文艺翻身"的"响亮信号"[①]。而"翻身"一词也正可以概括这两首叙事长诗的主题：《王贵与李香香》表现的是人民在政治权利上的"翻身"。诗中第二部第四节"自由结婚"中王贵发自内心地感慨："不是闹革命穷人翻不了身，不是闹革命咱俩也结不了婚！"而《漳河水》反映的则是农民继改变受剥削的状况，获得平等自由的政治地位后，在思想上的一次大"翻身"——打破传统封建思想对妇女的束缚，使女性获得与男性平等的真正的自由。正如诗中"自由歌"所唱："妇女飞出铁笼来""冲坍封建的大古牢！"这是又一次深刻的革命，是一场不用刀枪的战争，它的胜利是人民革命进一步深入，在思想领域取得的成果。

① 郭沫若：《关于〈王贵与李香香〉》，李小为编：《李季作品评论集》，长春：时代文艺出版社，1986年版，第3页。

二、人物：理想化塑造与漫画式描绘

也许是为了寄托人们的理想和愿望，优秀的民间文学总是乐于塑造理想的人物形象，并把最美好的结局留给他们。汲取了民歌精华的《王贵与李香香》和《漳河水》也正是以鲜明而富有特色的理想人物传达出时代的气息与人民的愿望。在这一点上，前者表现得尤为突出。

王贵与李香香都是在苦水里泡大的穷孩子，在长期的苦难生活和繁重劳动中，他们互相帮助，互相体贴，建立了深厚的感情。在长诗跌宕起伏的情节中，两个人的爱情受尽了挫折与考验，但他们始终坚贞不渝，并最终获得了大团圆的结局。王贵的性格中有淳朴忠诚、吃苦耐劳的特点，但更突出的是他强烈的反抗性与革命坚定性，这缘于他朴素的阶级仇恨和参加革命的经历。遭到崔二爷毒打后，他毫不动摇，说出“我一个死了不要紧，/ 千万个穷汉后面跟”这样的豪言壮语，表现出不寻常的英雄气概和革命觉悟。新婚之夜，他更道出“我打算长远闹革命”的心声，并在三天后就报名参加了游击队。诗人塑造的王贵既是一个充满阶级仇恨、具有反抗意识的农村青年，更是将自己的命运与革命事业紧密相连的时代英雄形象。

李香香更是一个外在美与内在美统一的理想的女性形象。“山丹丹开花红姣姣，/ 香香人材长得好。/ 一对大眼水汪汪，/ 就像那露水珠在草上淌。”新鲜贴切的比喻，加上那动人的名字，生动地描画出一个朴实自然、纯洁美丽的农村少女形象。她有着农村姑娘的吃苦耐劳精神，也有着传统女性的内向羞涩和忠于爱情的美德。她虽然未参加革命，但她有着和王贵一样的爱恨分明的阶级感情：“香香自小就爱庄稼汉”“自幼就把有钱人恨透了”。王贵惨遭毒打，她首先想到的是去找游击队，过门三天她就送王贵报名参军，这既体现出她对爱人的理解与支持，也说明她对革命队伍的信任与向往。

《漳河水》中同时塑造了三个善良、单纯、美丽的女性形象，在她们身上同样寄托了诗人的理想。诗人“赞扬荷荷的明快勇敢，欣赏苓苓的活泼单纯，对紫金英则是充满同情，为她的痛苦而悲愤”[①]。但这首长诗在人物塑造的理想化方面，主要还是表现在对人物命运的刻画上。三个人曾有相同的愿望：嫁个理想的爱人，

① 阮章竞：《漫忆咿呀学语时——谈谈我怎样学习民歌写〈漳河水〉》，《文艺研究》，1982年第2期。

过上幸福美满的生活；却又不约而同地尝到了封建买卖婚姻带来的恶果。解放后，封建枷锁被打破，“妇女飞出铁笼来”，三人的命运发生了巨大的转折，过上了独立、幸福的生活。这种新旧社会截然不同的人生态度与命运，固然是诗人有意安排，带有一定的理想化色彩，但也确实在一定程度上反映了当时妇女翻身得解放的新面貌，具有明朗欢快的格调。

在反面人物的刻画上，两首诗也有一个共同点：采用漫画式的手法充分揭露其落后、腐朽、丑陋的本质，在喜剧气氛中达到嘲笑与讽刺的目的，并显示出人民革命的胜利和新思想的胜利。这种漫画式描绘反面人物的方法体现在多个方面。

一是外貌描写。崔二爷是“一颗脑袋像个山药蛋，/ 两颗鼠眼笑成一条线，/ 张开嘴了见大黄牙”；荷荷的丈夫“半封建”是“光秃秃脑壳长毛脸，/ 活像个琉璃蛋！ / 马骡锅，骆驼背，/ 塌鼻子吊个没牙嘴，/ 黑心肝像鬼！”极其丑陋的嘴脸，想见同样丑陋的内心世界。

二是神态动作描写。如“崔二爷气得像疯狗，/ 撕破了老脸一跳三尺高”，是他在听到王贵毫不妥协的回答后脑羞成怒的反应；“越想越甜赛砂糖，/ 涎水流在下巴上”形象地表现出崔二爷对香香垂涎三尺的好色嘴脸。苓苓的丈夫二老怪，“大男人的思想出色坏”，当他支差回家发现没饭没水，媳妇也不在家，顿时“憋得两眼冒火星！”“三尸暴跳满院蹦！”即使在他思想转变后，也仍是个喜剧人物，只不过诗人的描写温和了许多：“举手额前脚立正，/ 二老怪今天像个民兵。”这时已不是讽刺的笑，而是喜气洋洋地笑了，体现出妇女对封建思想的胜利。

三是语言描写，包括人物口语和内心语言。崔二爷的语言无耻、蛮横，如调戏香香时他说：“小娇娇你不要恼，/ 二爷早有心和你交。/ 大米干饭羊腥汤，/ 主意早打在你身上。”遭到拒绝后他说：“死丫头你不要不识好，/ 惹恼了二爷你受不了！”“井绳断了桶掉到井里头，/ 终久脱不过我的手。”《漳河水》里阮章竞在刻画二老怪的封建思想时则侧重他的内心语言。在二老怪找苓苓不归自己回家后，想起“老规程”：“猪不离圈，狗不离院，/ 母鸡不离个破篮片。/ 自由平等怎能行？ / 女人都惯坏成了精！”极端落后的语言令人忍俊不禁。

以上这些描写形象地刻画出一各个落后或反动的丑恶嘴脸，运用漫画式的喜剧手法大胆揭露，有力鞭挞，充分揶揄和嘲笑一切腐朽落后的东西，显示出胜利的姿态，并使诗歌洋溢着乐观向上的情绪。

三、民歌：朗朗上口与娓娓悠扬

这两首民歌化的新诗，既在音调、语言、手法上保持了民歌的原汁原味，又使侧重抒情的片段歌谣有机地连接为一个整体，并游刃有余地承担了长篇叙事的任务。《王贵与李香香》不仅继续采用了比兴、叠字、两句一节等传统“信天游”的格式与手法，甚至保留了许多歌谣的原字原句，如“捏泥人”一段和“羊肚子手巾”一节中的许多句子。但诗人进行了一定的删改，并使它们在长诗中得到恰当的位置，因此，既让人觉得熟悉亲切，又不影响整体叙事。单纯采用“信天游”来完成整部作品，也使这种原来就极富特色的西部民谣凸显出来，并给长诗带来浓厚的民歌风味，被茅盾赞为“民族形式中的史诗”[①]。

但钟敬文1948年在《从民谣角度看〈王贵与李香香〉》一文中就该诗提出两点意见：一是认为“信天游”这种“一句比兴一句赋”的表现法，使用起来，容易造成“破碎”的印象；二是提出“采用民间形式是否要拘执一体”的疑问，建议“对应着内容的多样，似乎不妨兼采取各种的形式”。不知阮章竞是否研读过这篇文章，但我们看到，在《漳河水》中已经没有了这样的问题，也许我们可以推测：诗人在努力做着取长补短的工作。《漳河水》是运用太行山区多种民歌曲调写成，改写后将原稿的两句或三句一节按思想情节分章分段，进行合并，并删去所附的曲牌名，使它“成了纯文学的东西”[②]。

《漳河水》同样采用了比兴手法和两句或四句一韵的形式，同样运用当地人民的口头语言，保持了民歌的山风野气，天真烂漫，纯朴自然。但相比较而言，由于《王贵与李香香》采用“信天游”这种单一形式，显得更加工整，读起来更朗朗上口；而《漳河水》在语言上同时汲取了古典诗词的营养，采用了一些简练典雅的句法，如“梨树花开月明天”“层层绿树重重雾，/重重高山云断路”，并且由于严格按照不同的曲牌写作，突出了“能唱”的特点，对于熟悉当地歌谣曲调的人们来说，必然更能体会歌声的娓娓悠扬了。

---

① 茅盾：《谈李季的〈王贵与李香香〉》，李小为编：《李季作品评论集》，长春：时代文艺出版社，1986年版，第7页。

② 阮章竞：《漫忆咿呀学语时——谈谈我怎样学习民歌写〈漳河水〉》，《文艺研究》，1982年第2期。

四、风格：扣人心弦的故事与声情并茂的歌剧

读过两首有着那么多共同点的长诗，却能留下截然不同的感觉和印象，并不仅仅是人物与情节内容的差异，两首诗叙述事件、安排情节与结构的不同方式也是一个重要原因。整体来看，《王贵与李香香》像是一个人在娓娓述说一个扣人心弦的爱情故事；而《漳河水》更像一群女人们在排演一出翻身的歌剧。

《王贵与李香香》一诗显然重在叙事，这从一开头就能体会到："公元一九三零年，/有一件伤心事出在三边。"通篇以王贵与李香香的爱情发展为主线，由两个人的身世一直写到大团圆。虽然革命斗争也是一条辅助线索，但它总是在两个人的爱情遭受挫折时起逢凶化吉的作用，与主线同步发展，并整合为一。全诗情节跌宕起伏，前后出现了两次高潮：第一次王贵惨遭毒打，香香找到游击队解救了王贵，吓跑了崔二爷，使农民得到解放；第二次崔二爷带回白军，向农民反攻倒算，香香落入崔二爷手中。在她即将被逼与崔二爷成亲的千钧一发之际，王贵带来游击队救了香香，重新解放了死羊湾。两次高潮之间是王贵与李香香结婚，王贵报名参军等平稳发展的欢快情节，是在紧张的冲突中间舒缓、松弛的部分，使情节发展有张有弛，引人入胜。

《漳河水》围绕三个女主人公有三条既各自独立又紧密联系并平行发展的线索。三个人命运相同，在诗中都围绕一个转折而展开，这使作品主题突出，故事也显得单纯。与《王贵与李香香》相比，《漳河水》更侧重抒情。诗人自己也说："我想诗总归是诗，所以决定进一步打破自己的常规，不侧重曲折的情节，而侧重她们的内心生活，不侧重故事而侧重抒发感情。"[①]第一部"往日"中荷荷、苓苓、紫金英各诉心事一段，充分表现了她们凄苦哀怨的内心世界，这又分明是歌剧当中的主人公表白心声的大段独唱。每部开头的"部首诗"和结尾的"终曲"分明是歌剧中渲染气氛、阐发主题的合唱。如终曲"牧羊小曲"："漳河水，九十九道湾，/漳河流水唱得欢：/桃花坞，长青树，/两岸踏成康庄路。/万年的古牢冲坍了！/万年的铁笼砸碎了！/自由天飞自由鸟，/解放了的漳河永欢笑！"那昂扬的声调，欢快的情绪，使人仿佛能听到如雷的掌声，看到大幕缓缓落下的情景。

---

① 阮章竞：《漫忆咿呀学语时——谈谈我怎样学习民歌写〈漳河水〉》，《文艺研究》，1982年第2期。

阮章竞在刚刚走上文学道路时写的就是剧本，也包括歌剧。他曾在学习民歌的基础上写成独幕歌剧《比赛》，又在1947年完成了他的另一部代表作：反映土改反霸斗争的民歌体歌剧《赤叶河》。所以，《漳河水》这部叙事长诗带有歌剧风格也就不足为奇了。

（原载《沈阳教育学院学报》2004年第2期）

◆ 阮章竞与赵树理

——纪念阮章竞诞辰一百周年

◎ 成葆德

讲到太行山革命根据地的文学，必须讲到赵树理和阮章竞。抗日战争一爆发，赵树理从阳城县、阮章竞从陵川县同时上了太行山，开始了他们的革命根据地文艺生涯。赵树理一边编报，一边关心戏曲工作。阮章竞则在剧团工作，编导歌剧、活报剧。赵树理说，20世纪40年代是他创作最顺畅的时期。阮章竞说，太行山时期是他创作作品最多的时期。赵树理写出了《小二黑结婚》《李有才板话》《李家庄的变迁》，阮章竞创作了《圈套》《赤叶河》《漳河水》。他们的作品是根据地文学创作的经典，同时也使他们成为根据地文学的代表作家。

一、太行山上的不同

在太行山，赵树理与阮章竞二人的创作理念和文学主张既有相同处又有不同处，这种不同，主要暴露在阮章竞晚年的反思中。从阮章竞未出版的口述回忆录《太行山》（暂定名）中，可以看出他对1942年1月的太行山文化人座谈会有自己的表述和看法：

> 赵树理也在会议上讲了文化普及的问题。过后，便比较沉默。会议结束后，他常找人谈话，当时他的情绪不大高。赵大我十岁左右，搞“旧瓶装新酒”不大成功，缺乏艺术性。《小二黑结婚》写成后，没有人愿意发，一直到彭德怀题了字之后，才得以面世。

在这次会议上，赵树理确实发了言，当年参加会议的华山等同志都有生动的回忆。“比较沉默”，符合赵树理的性格，说他“常找人谈话”——是第一次，说他“情绪不大高”有可能。当时，赵树理的发言引起激烈的争论，许多人不同意他的大众化的创作主张。和徐懋庸的回忆录一样，阮章竞把太行山文化人座谈会的时间和《小二黑结婚》的时间搞混了。太行山文化人座谈会是1942年1月，而《小二黑结婚》出版是1943年9月。说“《小二黑结婚》写成后，没有人愿意发”，是不符合实际的。许多当事人回忆，《小二黑结婚》的出版是比较顺利的，没有人压制《小二黑结婚》的出版。

赵树理编辑《黄河日报》的副刊《山地》时，发表了许多群众喜闻乐见的作品。人们争相阅读，不少同志写了回忆文章，告诉了我们当年的情况，“贴到哪里读者就挤到哪里”。但阮章竞却认为赵树理和老舍的“旧瓶装新酒”都不成功，是“生搬硬套”“甚至无批判地接受其中落后和庸俗的东西，或者将旧形式和新内容极不调和地结合在一起”……把阮章竞的回忆录和徐懋庸的回忆录结合起来读，联系到阮章竞推荐剧团演大戏的情况，则可以看出，在关于大众化的创作观点的争论中，阮章竞和徐懋庸是比较一致的，就在赵树理发表了《小二黑结婚》等小说之后，在成功地开创了根据地文学的新文风之后，我们也没有看到阮章竞对赵树理的赞许之词，这是值得深思的。当时，反对赵树理创作观点的人很多，我们可以理解阮章竞。

在进入太行山抗日根据地的文艺青年中，许多人来自城市，他们怀着满腔热血，响应党的号召，投入到了抗日的洪流中，实践着报效国家的壮志。但是他们面临的是一场血与火的考验，面临的是极其艰苦的环境。陌生的地域、陌生的生活、陌生的人群，使得他们许多人在短时间内很难熟悉太行山的斗争生活，特别是不熟悉太行山群众的语言。而赵树理则不一样了，他生在太行山、长在太行山，太行山的人，太行山人民的语言，他都非常熟悉，太行山的农村文化哺育了他。在接受了“五四”新文化、新思想之后，他走上革命道路，在革命的实践中又使他产生了用通俗化的文艺占领农村文化阵地的思想。赵树理通俗化的创作思想萌芽很早，但只有在从事了抗日文艺宣传后，他才如鱼得水，使他由一个成熟的作家成为一位具有新颖独创的大众风格的人民艺术家。1942年，我们党正领导人民进行艰苦的抗日战争，还没有制定出一个革命文艺的路线、方针来，还没有一个完整的革命文艺理论，广大文艺工作者思想还比较混乱，这从延安当时文艺界的状况可以看出来。思想没有统一，特别是为什么人的问题没有解决，要让大家接受赵树理大众化的文学主张是不可能的。刚从城市学校毕业和尚未毕业的青年学生，接受赵树理以北方农村语言为基础的文学语言，是不可能的。阮章竞和徐懋庸、高咏等从城市来的作家不接受赵树理的主张，就是很正常的。

二、根据地“能长艺术”

走上太行山以后，赵树理与阮章竞都接触了戏剧。不同的是，赵树理关心的是传统戏曲，创作了历史题材的戏曲《韩玉娘》和现实题材的戏曲《万象楼》。他深知戏曲在群众中的作用，一生把编戏和看戏当作自己生命中的重要内容。抗战初期，新文艺在动员群众、教育群众方面发挥了积极的作用，阮章竞直接参与了新戏的创作排演活动和组织领导工作，编导了不少的活报剧、歌剧和话剧。这些创作活动对于阮章竞这个天性热爱音乐的人来说，无疑是难得的文学创作实践，不但在剧本的构思和情节安排上得到了锻炼，而且在歌词的编织上，也是重要的锻炼。尽管他很快离开了剧团，但这一段新戏创作活动，为他今后的诗歌创作打下了重要的基础。

和赵树理不同，阮章竞明智地及早离开了戏剧，离开了剧团。甚至在以后半个世纪的生涯中，他和戏剧很疏离。他到了太行文联，可以像赵树理那样自由地从事创作了。而赵树理却一生钟情于戏曲，不断地看戏，一有机会就编戏、写戏，在受到批判和封杀后，仍然毫不悔改，最后“死于《十里店》”。阮章竞很早就看出了戏剧的麻烦，用他的话说是“好菜太多，消化不了”。从他这不无情绪的话里，联系几十年来我们的戏剧发展历程，可以看出，戏剧，特别是新编剧目与政治形势关系极大，干预的人太多，和体制捆绑太紧。赵树理则很憨直，始终没有从戏曲中拔出身来。

1944 年至 1946 年，阮章竞确实没有写什么东西，但在 1947 年 1 月担任太行文联戏剧部长一个月后，他就写出了俚歌故事《圈套》，9 月写出了《赤叶河》。在 1949 年召开的第一次文代会上，周扬在报告中把阮章竞的这两部作品和赵树理的三篇小说都列为解放区文艺的成功作品。是什么使他的创作获得了成功呢？

整风使他心灵的创伤平复了吗？不是。整风使他看到了阴暗面，这个阴暗面影响了他一辈子。但整风的光明又照亮了他前进的道路、创作的道路。他在《太行山》中没有谈到学习《在延安文艺座谈会上的讲话》（以下简称《讲话》）给他造成的影响，但这个影响对于一个作家来说，一定是深刻而远大的，一定是影响一生的。《讲话》的学习，对作家来说是精神洗礼。而《讲话》是整风中必学的文件，是共产党领导文艺的纲领性文件，阮章竞会服膺于这个《讲话》的，并且会按照《讲话》的要求来进行创作，这是革命文艺工作者的职责和使命。

阮章竞参加完整风后，沉寂了一段时间，这是很正常的。他苦闷过，甚至气愤过，但他没有动摇对党的忠诚和对革命事业的信念，当他回到太行文联后，革命队伍中的同志之情又一次温暖了他，特别是当时太行区党委的领导者们，从李雪峰到彭涛，宽容大度，平等待人，营造出一个自由的环境，平复了他精神上的伤痕，这是他重新开始创作的一个重要原因。

就在阮章竞参加整风学习和停笔的 1944 年到 1946 年，赵树理的《小二黑结婚》《李有才板话》《李家庄的变迁》三篇重要作品问世，这在太行山根据地成了一件大事，在当时的文艺界也引起极大的反响。小说不但受到彭德怀、李大章、张磐石、杨献珍等领导人的肯定，而且受到周扬、郭沫若、茅盾等文坛巨头的高度赞扬，评价文章大量出现。不光在解放区，甚至在国统区，小说也广为传诵。特别是当《小二黑结婚》改编为戏曲上演后，它的影响就更大了。晋冀鲁豫边区文艺大会召开后，陈荒煤把“赵树理方向”提出来了。一边是神圣的《讲话》，一边是前进的方向。赵树理作为一个榜样，出现在文艺界，也出现在阮章竞的面前。虽然并未完全同意赵树理大众化创作主张的，但是阮章竞把赵树理的成就作为鞭策、激励、比赛而又正视承认，于是方有了他的“老三篇”：《圈套》《赤叶河》《漳河水》。阮章竞没有用小说，而是用新诗写成了根据地代表性作品，并且使他成为根据地文学的代表作家。

其实，阮章竞在太行山根据地的十二年，不仅收获了丰厚的诗歌创作的素材，而且他还收获了诗歌创作的艺术形式，这就是民歌。太行山的民歌是我们宝贵的文化资源，特别是太行山根据地中心的左权民歌，它和陕北民歌、晋北民歌一样，是民间文化的奇葩。千百年来，它在民间传承、发展，成为有独特魅力的歌唱曲调。特别是抒发和倾诉男女哀怨之情，它又独具特色。田间地头、河边树下，它已成了左权人民的重要生活方式。左权民歌不拘格律，不计段落、句式、字数，只要是触景生情，只要是托物寄志，只要是心中的喜怒哀乐，或叙述，或议论，灵活巧妙，声声动人。南国才子阮章竞刚到太行山，不管他多么聪颖灵悟，总是不服水土，不会像赵树理那样如鱼得水。他在剧团工作后，由于业务的关系，他开始接触并注意了左权民歌，并且派人加以搜集。

再看《漳河水》的创作，实际上阮章竞也走上了文学大众化的道路。

> 我没有去学习旧剧，而是在新话剧的形式上，适当汲取一些民歌、小调、民谣。我的诗歌创作受民歌小调民谣影响较大。……我走的是向民歌学习的道路，我是极想把民歌和新文化运动的成果结合起来的。从我的经历看，我受“中国作风、中国气派、中国的老百姓所喜闻乐见的形式”这个讲话的精神的影响很大。

赵树理说：“广大的群众翻身以后，大家都有了土地，这土地不但能长庄稼，而且还能长艺术。”太行十二年，给了阮章竞生活，给了他艺术，给了他创作的激情和冲动，给了他创作的成果和收获。阮章竞能以一个优秀的诗人出现在诗坛，就在于根据地“能长艺术”。在根据地，赵树理和阮章竞都创作出了各自的“老三篇”。

三、“逃”“跑”不忘太行山

解放后，阮章竞和赵树理都来到北京。华北局撤销后，阮章竞来到中国作协，赵树理在北京文联和中宣部待了几年也来到作协。阮章竞和赵树理都定为行政十级干部，只不过阮章竞是有实际领导职务的作家，而赵树理成了不享受双重待遇的“专业作家”。短短几年，阮章竞经历了一些政治风波，他深感“这个地方不能再干了”，他要“逃离”。他找到李雪峰，他到了包头。赵树理呢？一如既往地跑，跑晋东南，跑农村，跑合作化。1956 年，他的《三里湾》获得极大声誉，周扬称他和茅盾等人是语言艺术大师，他成了文坛旗手式的人物。

阮章竞到了包钢。作为宣传部部长，有责任用自己手中的笔去描写包钢，宣传包钢；作为有影响力的诗人，有责任去歌颂包钢的工人阶级和他们正在进行的社会主义事业，于是，他写了《白云鄂博交响诗》。但是，他没有找到足够的素材，也没有找到能够表现工业生产的艺术形式。有评论指出："至于叙事诗《白云鄂博交响诗》没有达到《漳河水》那样的高度，则明显是因为诗人对内蒙古兄弟民族的生活并不像太行山区漳河一带的人民生活那样熟悉，诗中生活不足的表现是很明显的。"[①]

由于身体原因，阮章竞回到《诗刊》编辑部。在战战兢兢地担任了两年副主编后，他又一次选择了"逃离"，来到了新组建的华北局，又一次来到老领导李雪峰的麾下。李雪峰这样交代属下："章竞同志是文化人，在太行山写了不少东西。现在提出要写太行山的小说。为便于写作，照顾他来华北局工作。""少布置他具体工作，他要写书。"（阮援朝采访黄道霞记）。他利用这段时间，整理出版了两本诗集《勘探者之歌》《四月的哈瓦那》，出版了《白云鄂博交响诗》，写了说唱剧《红松山》，他多次去太行山，为写作长篇小说做准备。

难道农村就真的是淳朴无邪的天地，是桃花源，逃到那里就天下太平了吗？阮章竞只逃出了作协机关，而又进了党政机关，他们不知道农村也进入了多事之秋。赵树理呢，他跑到了农村，跑到了农民的地头。《三里湾》出版后，他继续跑，飞速发展的合作化运动引起了他的注意。他赞成初级合作社，但对于一夜就变成高级社，他接受不了。1955 年夏季以后，农业合作化开始出现问题。生产关系的超前变革，影响了农村生产力，部分农村出现了缺粮、缺草、缺钱的问题，他一面给上级领导写信，反映基层的问题，一面放下了手中的笔。在生命的最后岁月，赵树理没有放下手中的笔，他写了七篇小说。在党的工作和人民生活出现困难的时候，他没有美化生活，他没有写出《艳阳天》。

解放以后，阮章竞和赵树理努力配合政治形势，努力创作符合时代要求的新的作品，但始终没有写出像《圈套》《赤叶河》《漳河水》和《小二黑结婚》《李有才板话》《李家庄的变迁》那样优秀的作品。

解放后，阮章竞虽多次回太行，可我没有看到关于他和住在山西的赵树理交往的文献资料。但我想，他们是有神交的，因为在太行陵川县，当年的"第一山林场"

① 孙绍振：《阮章竞的艺术道路》，《福建师范大学学报》，1979 年第 1 期。

场长桑永林保留下了1963年二人同游陵川的佳话，阮章竞、赵树理诗词唱和：

赵树理写下了诗两首，其一：

辛勤经营已数秋，英雄日日展宏筹。
不矜鳞甲披丛岭，愿促松荫复石头。

其二：

栉风沐雨种油松，日计无多岁计半。
莫道眼前犹似昨，重游过客识英雄。

阮章竞也写了诗两首，其一：

蒙蒙紫雾罩翠峦，袅袅炊烟上春川。
连云百里晨天号，绿化太行第一山。

其二：

朝花烂漫群峰青，故垒岭头春练兵。
东崖报数千谷应，万山骄松万山鹰。

（原载《先锋队》2014年1月号上旬刊）

抗战史诗的青春书写

——浅析阮章竞小说创作及其当下意义

◎ 赖洪波

阮章竞的《霜天》等小说，是完成于“新时期”的抗战小说。考虑到20世纪80年代文学场的创作和评论氛围，阮章竞在这一时代关于抗战题材的写作，显示出他性格中执着的一面，也显示出抗日战争这一历史事件在他们这一代人生命中占据的极为重要的地位。在他的小说中，能见到作者本人的影子，他的真诚、执着，他的知识分子文人气以及他对融入这段历史的真挚无悔的情感。这是一部关于抗日战争的历史书写，也是关于青春的一次历史书写。对于今天这样一个被人称作“小时代”的时期，这份书写自有它存在的价值和意义。

一、一种叙事的变迁：写什么和怎么写

在《我为什么要写〈霜天〉》这篇短文中，阮章竞记录了自己着手写《霜天》的心路历程。他想要用小说的形式反映抗日战争的想法始于1945年：“我在焦作县城，曾是英国、日本掠夺者住过的豪华洋房里对几个一起抗战八年的战友说：‘我要把我们所亲自经历的所见所闻，摘其心有深感的东西糅成小说，留给后代。’诸友问为什么用小说时，我说小说容量大，而且宽广自由。诸友称是，故决定写部长篇小说。”这是作者创作小说《霜天》的缘由。有感于心，不得不写，决定了这部小说必将融入作者深厚的情感。建国后行政事务繁多，作者一直没有机会动笔。直到1965年夏天，作者才开始草拟这三部长篇的提纲，可是“文革”很快来临，小说提纲被红卫兵搜去，幸好后来被退回，但也不敢再写。“文革”结束，当作者重新写这个长篇时，已经六十二岁。1984年，作者生病住院，此后每年都

要住几回医院。此时他不仅知道，要完成从抗日战争到解放战争的一百多万字三卷书，是不可能的，并且也清醒地意识到：“现在写这样的题材、用这样的手法写的书，根本不可能出版。”

反复品读这份写作的心理历程，笔者心中不禁感慨万千。从1945年小说创作的缘起，到1997年小说的出版，时间跨度为半个多世纪！这部小说，该蕴含着作者多少期待、包含着多么深切的情感！或者说，这部小说的写作与出版，已成为阮章竞晚年重要的情感寄托。在“为什么写”和“写什么”问题上，作者的态度非常明确，也非常执着。自己经历的抗日战争历史，不仅是对青春时代的缅怀，而且在这段历史中牺牲的无数年轻的生命，实在太值得书写。在作者看来，必须运用小说这一形式，把这段历史加以记录和展现，才是铭记这一历史的最好方式。

但是，在新时期的写作思潮中，关于抗战的题材，无疑是一个寂寞的题材。那个时代的文学主潮中，关于社会主义现实主义的创作原则从整体上受到挑战。作家们在忙着反思“文革”，弥合内心的“伤痕”，在思考文化走向，寻找民族文化之根。批评家们则在热切地吸收来自西方一轮一轮的文学理论思潮。“先锋文学”大行其道，叙事的圈套引起理论家们热烈的讨论。在这个时候，运用社会主义现实主义创作原则进行抗战的书写，无疑是极为寂寞的写作，无怪乎作者也意识到它的出版几乎是不可能的。

《霜天》的写作过程，从另一个侧面向我们展示了20世纪80年代的文学场众声喧哗中的一种寂寞。小说始于“十七年”、完成于“新时期”的背景，显示了当代文学史上一种叙事的历史变迁。

新中国成立之后，对新中国成立历史的书写曾经是一个重要的小说创作题材。在当代文学史上，这类小说往往存在着一个从个人主义到集体主义的规训过程。例如《青春之歌》，以一个女性的成长过程，描写出个人主义最终融入集体力量之中。在当代文学史上很长一段时间，个人主义都是一个危险的信号。如何把个人主义纳入到集体的约束中，往往是作家必须注意的一个问题。

完成于“新时期”的《霜天》，在“怎么写”上，已经趋向于“十七年”批评家所要求的把个人主义融入集体主义的规范。在《霜天》中，我们几乎找不到个人主义英雄，即使是指挥军队作战获得节节胜利的刘伯承师长，也谦虚地把自己称为革命事业的一名“挑夫”。小说以林穆、项骊珠这对青年的成长为主线，但是大量的群众描写和议论，已经明确革命的根本力量在于人民。如在战争中穿插普通群众郎两峰组织自卫队，带领群众与地主贾忠国、贾有道斗争的故事；主人公林穆、项骊珠始终坚持依靠群众、依靠党组织与军阀陈经天的斗争，都突出了战争的人民性，集体的群众力量得到最大程度的凸显。这样的书写，与80年代的突出个人、高举“欲望的旗帜”的书写，形成了鲜明的对照。但正是这样一种达到“十七年”文学规训要求，在80年代的文学场域中又被边缘化的对照中，我们可以清晰地看到当代文学史发展中极为吊诡的一面。或许，这正是今天我们重新认识这部作品的意义所在——它作为一个见证，不仅记录了作者个人参与抗战的所见所感，而且记录了半个多世纪以来，中国当代文学史乃至社会发展的重大变迁。

二、知识分子的心态：矛盾与融合

20世纪80年代以来，现当代文学研究一直在关注、在“打捞”一部分作家和知识分子在面对主流话语时的对抗、规避、抵制的心路历程，并成为现当代文学史的热门话题。但是，另一方面，我们对“融入”主流话语的知识分子的心路历程的关注与研究，显得很不够。如何更深入地理解融入当代文学主流话语的一代作家的心路历程？这确实是当代文学史研究中应该深入讨论的一个问题。

1991年5月，阮章竞在给《中国解放区诗歌回顾——中国解放区文学书系·诗歌卷》所作的序言中表达了自己对解放区知识分子的认识和情感：“他们不是清唱家、演唱家、旁观者，而是在血与火中搏斗的直接参战的战士……解放区的诗人，是通过战火的熔炼才自我完成为诗人的。我亲眼看见这些当年正处在朱颜青鬓、风华正茂的诗人、文学家、艺术家，直面一切艰难困苦，坚持斗争，毫无怨尤；我亲眼看见不少英才，直面日寇的枪口、刺刀、皮鞭、军犬的牙齿，毫无惧色，为民族、为人民流尽最后一滴血。”

在作者看来，解放区的文艺家、知识分子，虽然由于客观条件所限，在艺术创作上“难以做到一字捻断三根须”，但无怨无悔献身祖国壮丽的民族解放事业，成为他们艺术创作最炽热的情感和最鲜明的特色。

作者也是很早投身于民族解放事业的文艺家。在文艺的社会功能上，他认同在民族解放时期知识分子创作的文艺作品要对群众起宣传动员作用，但是这并不意味着作者从内心放弃了知识分子本身固有的某种传统，包括对传统的研习、生活情趣、表达情感的方式、生活方式和习惯等。

在小说《霜天》中，作者的知识分子文人气表现得非常明显。在每一章的开头，作者都赋词一首，虽然是“旧瓶装新酒”，但是古诗词的形式明显地表现了现代知识分子对古代文化的继承，使小说创作具有强烈的文人气息。小说主人公林穆、项骊珠是一对典型的知识分子情侣。从他们相识、相思，到相恋、相别，都是典型的知识分子做派。例如，他们是在颇具文人气息的、对诗词的品鉴争论的场景中相识的。林穆因不满国民党军队在日寇面前的退却，以赋词一首的形式表达内心的愤懑。而项骊珠则进行了极为专业的点评，认为这首《西江月》“写得很好，华北的战争形势，被这五十个字生动地勾绘出来”，并直率地指出，如把“羞煞当今委座”改成“委座惨输巾帼”，会进一步达到“既讽刺了独夫，又弘扬了中国女性”的目的。项骊珠的品词和改词，突出了现代女性不仅具有良好的文化素养，而且具有独立意识和全局意识的现代品质。

林穆和项骊珠的会面颇具意味。两个知识分子，相聚在战火纷飞的五台山，以填词、改词的方式，对眼前紧张的战局加以评述，用笔墨文字表达对民族命运的关切。这一场景形象地表达出一个时代的知识分子在民族危亡的关头，以其独特的方式参与民族解放事业，并高度认同党的领导。这一场景深刻地表征了一代人对革命、信仰、战争等一系列重大事件的认知方式和情感结构。

在凸显知识分子“文人气”的同时，作者对知识分子的定位、对战争性质的理解，显示了文学创作与主流政治的阐释相融合的一面。在小说中，作者借八路军某将领之口说出了对知识分子作用的认识：“没有文化的军队是打不败敌人的。我们非常欢迎大批知识分子参加八路军，提高我军的文化水平，给人民群众做好宣传工作。”这指明了知识分子在战争中所承担的重任在于“宣传和教育”。不仅要做好对老百姓的宣传，而且还要在老百姓中培养出高素质的干部。但同时也指出了知识分子的弱点：“当然，知识分子，也有另一面，就是容易热，也容易冷。就像电灯泡一样，敏锐、热情，一揿开关就发光，可是又太脆，压不得、碰不得、摔不得。”依据对知识分子的作用和特点的认识，《霜天》的上半部分展现宏大的战争场面，后半部分则以林穆和项骊珠依靠群众与军阀陈经天等恶势力斗争的情节为主线，让两个知识分子在严酷的现实斗争中成长为坚定的革命战士。

《霜天》也努力展示了那一时代的知识分子的政治觉悟。林穆、项骊珠都从政治的高度认识到革命战争的真正力量在于人民。在涉及农民问题的处理时，林穆勇敢地站出来与统一战线中的上级辩论，历数历史上农民起义的事实，又引用毛主席的话来阐明这场战争真正的力量："至于讲到抗日战争，毛主席说实质上是农民战争。农民是主力军。建立抗日农村根据地，就要依靠农民……明天，从自己的家门口，把日本侵略者打出中国去的主力军，还是伟大的农民！看不起农民力量的人，明天，可是不要忘了这一点！"这些语言，体现了一个时代的知识分子对政策、对革命形势的清醒认识，写出了知识分子在战争中主动受教育、接受改造的心理过程。在描写抗日战争时，小说集中表现的是人民在战争中的伟大作用。表现谁、依靠谁、谁是历史的主人，在小说中都有清晰的指向。

《霜天》记录了以林穆为代表的知识分子融入人民战争的过程。知识分子林穆的成长过程，同时也是一个时代的青年成长的历程。在现代革命话语中，"青年"这一词汇往往指向"革命"和"国家"的未来。从梁启超的《少年中国说》开始，青年就与国家、民族的未来建立了紧密的联系。新文学的民主、科学话语，把青年从传统家族中解放出来，融入现代民族国家话语。青年与未来之间的联系，使这一群体与青春、爱情、生命的意义、奋斗的目标这样一系列的词汇紧密地联系在一起。《霜天》的作者，以半个世纪的时间，记录的是自己的青春历程，也是一代青年生命意义的呈现。

在市场经济逐步建立和发展的今天，青年面临的时代话语已经出现了极大的不同。但是青年作为一个重要的社会群体所承担的面向未来的责任没有变。今天，在人们试图给青年披上华丽的物质外衣，把他们命名为"小时代"的一员时，上一代青年留下的精神遗产，值得当下的青年，仔细地检视与思索。

（原载《文艺理论与批评》2015 年第 4 期）

论阮章竞文学创作对战争记忆和民间叙事的坚守

◎ 曹亚明 阮援朝

阮章竞的长篇叙事诗《漳河水》是20世纪40年代解放区文学的代表作，被称为中国诗歌探索“民族形式”的艺术结晶。这首长诗因为与时代主题的高度契合和高超的艺术水准，也被看作延安文艺座谈会上毛泽东讲话精神的产物。早期阮章竞研究中比较有影响力的论文有孙绍振的《阮章竞的艺术道路》、刘增杰的《走向诗歌的漫长旅程——阮章竞谈话录》和刘守华的《艰难的探索——论阮章竞的叙事诗》等。由于重写文学史的呼声渐起，在新时期的文学史叙述框架中，对于解放区主流文艺的评价形成了比较大的落差。于是，不论是在中国现当代文学史还是诗歌史的书写中，对于阮章竞的文学成就几乎都是一笔带过，除了《漳河水》之外的创作成就更是鲜有提及。

直到2013年，《阮章竞评传》一书的出版才打破了阮章竞研究沉寂的局面。这部评传通过大量未刊文献和私人口述史料，全面展现了阮章竞在近一个世纪生命历程中的人生选择和创作道路。2014年1月，由中国作协主办的“阮章竞诞辰百年纪念暨阮章竞艺术人生学术研讨会”在中国现代文学馆召开，学术界不少专家学者与会，会后发表了一系列相当有价值的阮章竞研究成果。如屠岸《阮章竞的非凡文艺成就》、谢冕《〈漳河水〉的写作与艺术风格》、涂途《心中流淌漳河水——纪念阮章竞诞辰百年》、艾斐《感应时代脉动，激扬民族精神——论阮章竞文学创作的思想特质与价值取向》、阮援朝《战争的回声——阮章竞的怀人诗作及抗战书写》、杜学文《漳河水，水流长——纪念阮章竞百年寿辰》、陈培浩《阮章竞诗歌的民族化探索及悖论》、赖洪波《抗战史诗的青春书写——浅析阮章竞小说创作及其当下意义》、尹一之《党性的光辉——阮章竞同志在〈诗刊〉》

等，这些论文多通过史料考证或全新的视角重新发掘阮章竞艺术创作中的艺术价值和思想价值，让我们看到了一个全新的、丰富的、多面的阮章竞——一个“艺术领域里的多面手”。除了为世人所熟知的诗人身份之外，我们还发现了作为剧作家、小说家、画家、篆刻家的“全新的阮章竞”。近几年来，有不少阮章竞研究论文发表在《中国现代文学研究丛刊》《新文学史料》《文艺理论与批评》等重要刊物上。不过，总体来说，阮章竞研究成果还不够多，仍然有很大的研究空间，还有很多有价值的问题有待我们去探索。

一、太行山——战火中的诗剧演绎

阮章竞走上诗歌创作道路，曾经历过漫长而又艰辛的艺术探索，他是在战火中成长起来的一位诗人和剧作家，他一生的创作都离不开战争岁月中的记忆，一直到晚年依然念念不忘太行山。“1938 年 5 月，一支艺术的新兵诞生在太行山上。红五月是她的生日，太行山是她的名字，民族战争的烽火，武装锻炼了她的灵魂……”这首振奋人心的太行山剧团团歌，把我们又带回到那炮火连天的抗战岁月。阮章竞一生中最难以忘怀的就是抗战岁月，他曾经这样说：“抗日战争，是决定我一生的最重要的历史时期。它决定我对祖国、对人民、对爱好、对工作和对人生的根本态度。”①

抗日战争时期是阮章竞写作最勤、作品最多的时期，正是在这样艰苦而又残酷的战争环境中，他创作了大量鼓舞人心的戏剧作品。从 1937 年直到 1949 年随军进北京，阮章竞曾经在山西太行山度过了十二年时间。根据太行山剧团团史记载，由阮章竞编剧的剧本有话剧《周年》《太阳出来了》《打鬼子去》《保卫抗日根据地》《红巾》《和尚岭》《登记》《圈套》，歌剧和歌舞剧有《红星旗下》《民族的光荣》《比赛》，还有《反对慕尼黑协定》《茂林事变》《保卫华北》等活报剧。令人惋惜的是，由于日本侵略者疯狂地推行“三光”政策，除了话剧《转变》（仅见记录，书已轶落）、《未熟的庄稼》，短剧《糠菜夫妻》，秧歌剧《比赛》，新歌剧《赤叶河》几部作品得以印刷出版以外，解放区时期所有创作的其他剧本、

---

① 阮章竞：《阮章竞诗选》，北京：人民文学出版社，1985 年版，“序”第 2 页。

诗和歌词都没有留下文字资料。战火中的剧团创作条件非常艰苦，从他早期创作的话剧《未熟的庄稼》书稿就可以知晓当时创作环境的残酷。这部书稿从动笔到完成初稿，用了将近十个月的时间，全部是在战火之余完成。在1942年的年关大“扫荡”中，阮章竞随身携带着这部书稿，生死存亡的时刻一心牵挂的还是一定不能丢掉手稿。最终，真正得以保存下来的只有《未熟的庄稼》《糠菜夫妻》和歌剧《比赛》三个剧本。

在阮章竞从编剧走向诗人的创作道路上，《柳叶儿青青》这首叙事诗的创作过程尤其值得关注。《柳叶儿青青》是阮章竞1943年春以诗剧形式试写的一首演唱长诗，后来改编成小歌剧，更名为《比赛》演出。在1985年出版的《阮章竞诗选》中，曾收录过五首叙事诗：《柳叶儿青青》《圈套》《漳河水》《草原风雪》《白云鄂博交响诗》。其中《柳叶儿青青》创作时间最早，比1947年创作的《圈套》要早了四年，甚至比李季创作于1945年的叙事诗《王贵与李香香》都早了两年。根据阮章竞的叙述，他的不少作品还是60年代重回太行山时，从一些同时代的老同志那里找到几个残缺不全的油印本子，还有哼哼回忆起来的小演唱，根据这些资料整理出来的，如《秋风曲》《民兵之歌》《姜四娘》等。《柳叶儿青青》这首叙事诗就是根据60年代重回太行山时的口述资料，并参考1944年太行韬奋书店出版的小剧本《比赛》复原而成，其间跨越了四十来年的风雨岁月。也就是说，这首长诗既是歌剧剧本的创作基础，又从歌剧剧本和亲历者们的口述史中脱胎而出。可以说，这一时期阮章竞的诗歌创作与戏剧创作是融会于戏剧演出中，叙事诗《柳叶儿青青》和秧歌剧《比赛》是水乳交融，不能分割的。

那么，是什么原因导致阮章竞放弃了戏剧创作，有意识地开始写作叙事诗歌的呢？在农村戏剧运动中，阮章竞编导《上前线》《和尚岭》等几部戏剧时，都曾因为各种复杂的原因受到了“政治不强”的批评。面临戏剧编导过程中各种政治因素的规约，诗人坦言，战争胜利之后不再写剧本了，不是不想写，而是怕要求他这样改那样改的，在创作上他不喜欢被这样“随意摆布”。诗人这样回忆道：“1947年以前，我不常作诗，写过一些歌词。1947年，我开始写一些短诗。这些诗，有的后来收在诗集《漳河水》里。我用民歌体写的第一首长诗是《圈套》，发表在太行文联办的《文艺杂志》上。由于《圈套》通俗易懂，故事情节完整，发表后很受群众欢迎，特别是劳动妇女，很爱听这首诗。”[①] 其实，这一时期，他不仅在写诗，同时也还在写剧本。1947 年 2 月创作了叙事诗《圈套》，9 月完成了大型歌剧《赤叶河》的写作。阮章竞把“土改”斗争生活写成歌剧《赤叶河》，写的是农民王大富一家悲欢离合的故事，洋溢着贫苦农民翻身求解放的战斗激情，诗意浓郁的歌词具有极大的感染力，富有浓烈的时代色彩。“但是，诗歌创作无疑在我的生活中越来越占有重要的位置。绘画以及其他民间艺术形式对我的熏陶，写作剧本时在人物刻画、情节安排等方面的训练，抗日战争、解放战争丰富的现实生活的积累，使我终于有可能完成了叙事诗《漳河水》的创作。”[②] 由此，阮章竞从戏剧创作逐渐转向诗歌创作的道路，而创作于这一时期的新歌剧《赤叶河》和叙事诗《漳河水》也奠定了他在解放区文艺界的重要地位。

时隔多年，诗人回忆太行山剧团团史时满怀深情地说：“我怀念太行山，更怀念那个风雨岁月。”[③] 在《漳河水》这首长诗中，阮章竞为荷荷、苓苓、紫金英三位女性的痛苦和新生欢呼，其实也是对他的第二个故乡——太行山，倾吐心中的依恋和深情。回顾起太行山剧团的农村戏剧活动，阮章竞说“永不后悔”。在农村戏剧活动中，他们从民间搜集了很多民歌和民谣，学习通俗生动的群众语言。农村戏剧活动的体验使满怀报国热忱奔赴延安的知识分子抛弃了原有的“腔调”，走上了解放区文艺创作的大众化、通俗化道路。正是太行山剧团编剧导演的经历为阮章竞的诗歌创作积累了丰富的经验，形成了他独特的创作风格和民歌体式，颠沛流离的战争岁月也将一个渔乡出身的小漆匠锻造成了一名解放区文艺战士，为日后创作出《漳河水》这样优秀的民歌体叙事诗奠定了扎实的基础。

二、故事性——对民间叙事传统的坚守

阮章竞一再强调文学作品“一定要有故事性，没有就不成为文艺作品”。其实，这一创作观念的形成有其独特的时空背景，是阮章竞在那个战火纷飞的年代，

---

① 刘增杰：《走向诗歌的漫长旅程——阮章竞谈话录》，《许昌师专学报》，1985 年第 3 期。

② 刘增杰：《走向诗歌的漫长旅程——阮章竞谈话录》，《许昌师专学报》，1985 年第 3 期。

③ 阮章竞：《风雨太行山——太行山剧团团史》，《新文学史料》，1998 年第 2 期。

在条件艰苦的晋冀鲁豫边区，在以边区人民作为接受对象的解放区文艺创作实践中总结出来的。同时，这一观点也与阮章竞早期从事戏剧创作的经历息息相关，正是战争时期在太行山剧团生涯使他形成了一套独特的创作观念。

尽管决心不再写戏剧，但太行山剧团的经历对他此后的创作有着非常深刻的影响，尤其不能忽视的是其叙事诗创作与剧团编导经历的密切联系。1942 年，当赵树理《小二黑结婚》的问世震动整个解放区文艺界时，阮章竞正在边区养伤，在这期间他听闻了许多闻所未闻、见所未见的故事，都是边区人民的国难家仇与悲欢离合，赵树理的成功创作为阮章竞处理这些生活素材指明了创作的道路和方向。阮章竞在一开始创作叙事诗的时候，受到剧团生活经历和解放区文艺导向的影响，显然更重视作品的戏剧性。实际上，无论太行山剧团时期创作的戏剧作品，抑或是后来的叙事诗创作，他都一直坚持文艺作品“一定要有故事性”这样一个异常朴素的观念。他历来仅把自己的创作当作一种“工间操”“思想散步”而已，未料到被误认成“诗人”。他一直认为《圈套》就是“俚歌故事”，而不是诗。“近年来，有些论者对它感到缺抒情，我从不计较。抒情不是首首诗和处处都要有的。情绪需要即抒一番，如处处都抒，像有的诗能抒一二千行，我只能佩服。要我就变成‘无病呻吟’，读之自己也害臊。”[①]1947 年，阮章竞回到文艺战线后，有意识地运用群众语言、民歌、俚语，结合中国传统诗歌技法，把在黄河北岸的斗争生活，写成叙事诗《圈套》。赵树理的《小二黑结婚》第一次出版的时候就在封面标明了是通俗读本，而阮章竞的这首《圈套》也以俚歌故事为标题，采用生动活泼的群众语言写成，表明了向民间学习的自觉。但是由于刚刚开始尝试这种艺术形式，在处理叙事与抒情的关系时较为生涩。阮章竞认为，短短十二天时间写就的《圈套》，用区区四百来行诗句把那么复杂的事态讲清楚，就已经是非常难能可贵了。他认为诗评家丁力对他的叙事诗的评述是以真的诗来要求，认为丁力“忽视了革命斗争的情况，也未看清故事中的情节。这本来不是‘诗’，开宗明义不想登大雅之堂”[②]。确实，叙事诗最重要的任务是叙事，忠实地记录那个时代的真实历史风貌，而不是空洞的抒情。

---

① 阮章竞、刘守华：《阮章竞与友人论诗的信》，《长江学术》，2007 年第 2 期。

② 阮章竞：《阮章竞与友人论诗的信》，《长江学术》，2007 年第 2 期。

不少学者认为，阮章竞写于1949年的《漳河水》是一个“新的突破”，认为这首诗是用民歌体反映更为复杂的现实生活的一个新的尝试。《漳河水》这首叙事诗叙述的是三位农村女性的婚姻遭遇，在叙述方式上有比较大的突破。这首诗作分为“往日”“解放”“长青树”三部分，以荷荷、苓苓、紫金英婚后回乡在漳河边哭诉彼此婚姻的不幸开篇，以三条线索分别叙述了她们在新政权新政策的影响下寻求自由婚姻和独立地位的故事。如果站在叙述故事的立场上看，三条故事线索平行、交错发展，在更为广阔的背景下展现了妇女解放时代主题的丰富性和复杂性，显然超越了《王贵与李香香》单一情节的直线叙述方式。这或许也是茅盾把《漳河水》当作“长篇叙事诗最早的成功之作”的一个重要缘由。其实，对女性命运的持续关注，也是阮章竞诗作的一个重要特色。在民间开展农村戏剧运动，搜集民歌民谣的活动中，太行山剧团搜集了不少民歌，许多男同志无法搜集到的材料，都是妇女坐在炕头上，悄悄地低声甚至流着泪唱给搜集素材的女演员听的。“我们的女青年们，搜集到男同志很难搜集到的、藏在灵魂深处的农村妇女的心声。”[①]这对于阮章竞来说是非常重要的创作素材，他的许多作品都是讲述女性命运遭际，从女性视角来叙述故事。值得一提的是，周扬在看了《太行文艺》上刊登的诗歌《漳河水》之后，曾对阮章竞说：“这首诗似乎太强调妇女，好像没有男人也可以似的。”虽然阮章竞后来根据这一意见修改了诗歌，但是对于妇女命运的关注依然是阮章竞文学创作的重要主题。《漳河水》通过新旧对照的方式讴歌了新生活给妇女带来命运转折，是一首妇女解放的颂歌，形象地展示了妇女解放与社会解放，个人命运遭遇与社会整体变革的关系。尤为重要的是，诗歌提出并回答了较之于《王贵与李香香》更为深刻和复杂的问题：妇女在政治上翻身以后，仍须与封建礼教、传统观念做坚决斗争，同时还必须获得相应的经济独立，这样，妇女的彻底解放才真正成为可能。阮章竞创作的《妇女自由歌》，在解放初期不胫而走，广为流传。1988年，他登上昆仑山之后，还曾根据当地妇女的倾诉，写下长篇叙事诗《胡杨泪》，在诗歌中依然坚持现实主义的创作方法来表现当地妇女的不幸遭遇。对“故事性”的坚守，贯穿了阮章竞一生的创作道路。

让人困惑的是，尽管叙事诗的写作在解放前后蔚然成风，叙事诗《漳河水》

---

① 阮章竞：《风雨太行山（代序）》，《新文学史料》，2001年第2期。

的艺术价值和文学史地位也得到认可，但是批评家们评判叙事诗的一个重要标准，却是抒情意味是否浓厚，是否将生活场景和矛盾冲突的叙述与新的生活风貌的抒情完美地融合在一起。叙事与抒情的完美融合成了诗评家们评论叙事诗成功与否的一个重要标尺。陈世骧曾在《中国的抒情传统》一文中指出，中国文学相较于西方偏于史诗与戏剧之传统，可称为一种“抒情的传统”。由于抒情传统此前被发展得过于壮大，因此不少的叙事文本被遮蔽和忽略，甚至以一种是否重视“抒情”的评价标尺来衡量叙事文本的艺术价值。而且因为叙事长诗的题材是全新的，诗的语言也是全新的，所以，叙事诗的发展缺少可资借鉴的文化传统。正是因为叙事长诗传统的薄弱，使得初期叙事长诗的创作还在摸索之中，民族形式的叙事长诗的艺术规格，主要靠我们自己在批判地继承和借鉴的过程中自己来创作。其实，不仅仅是诗人们还在叙事长诗的道路上摸索着，诗评家们的评价标准也依然需要调整和反思，只有这样才能拯救“叙事”这一失落的传统，才能发掘出被湮没和被忽略的叙事诗歌的艺术闪光。

与诗评家们的评判标准相区别的是，阮章竞把民间大众的反应当作检验作品成功与否的标尺。他认为在当时的农村，尤其是农村妇女喜欢听，就算愿望与效果统一了。解放区文学的特征，首先体现在它服务于时代政治任务的功利性。以广大农村为依托的解放区，决定了它的艺术受众主要是没有经过文化教育的、以农民为主体的农兵大众。阮章竞坚持为人民而写作，他认为戏剧作品是否受到观众欢迎是衡量戏剧作品是否成功的重要标准。

在阮章竞的诗作中，除了戏剧、叙事诗外，还有一类影响很大的文体，那就是童话诗。他创作的《金色的海螺》《马猴祖先的故事》《牛仔王》等童话诗都具有很大的影响力，丰富了中国现当代的儿童文学创作。他创作的一个重要原则就是得让孩子听得懂这些诗。1986 年，阮章竞在《文艺报》上发表了一篇《与青年朋友讨论儿童文学》：“我写给孩子看的东西，虽然不多，但我每个东西，都要先读给孩子听，从而观察他们的接受能力和反应，凡是孩子听了不笑，也不动情（如喜欢、同情或害怕），就感到这个东西没有味道。孩子是最坦率的文学批评家。”[①] 其次，阮章竞还坚持一个写作原则：不写没有见过的人和事，不写没

① 阮章竞：《与青年朋友讨论儿童文学》，《文艺报》，1986 年 1 月 18 日第 2 版。

有直接参加过的斗争，不写不是发自内心的真实感情。在那样一个特定的年代，诗歌，除了为解放战争服务之外，没有第二个选择。不反映这个处在战争中的时代，不反映这个在浴血战斗中的人民、战士和劳动者，而只是抒发个人的情怀和个人的哀愁、离合悲欢、爱好、情趣，这样的世外桃源，在当时的敌后是根本找不到的。

建国后，已经在中国作协担任重要职务的阮章竞竟然主动要求调到包头钢铁厂深入生活，创作反映内蒙古草原巨变和钢铁基地建设的组诗《新塞外行》《乌兰察布》和叙事诗《白云鄂博交响诗》。其中，最具代表性的是《白云鄂博交响诗》，这部长诗把几代人保卫草原的斗争串联起来，编织成一幅历史的画卷，是一曲反映钢铁工业基地宏伟建设面貌的赞歌。1976 年，已经六十二岁的阮章竞还曾沿着当年军队出征及刘邓大军千里跃进大别山的路线进行了两次实地考察，用《溯河千里行》和《大军之路》记述了这两次旅行。阮章竞七十岁访问新疆时，拄杖四次进天山，两次上昆仑。他这样说："只有照这样获得真实感才敢写东西，虽然多数未能写好，但我的心，总感到踏实些。"确实，诗歌永远无法脱离生活，尤其是民间生活。诗歌与生活之间关系的断裂是诗歌走向边缘化的一个重要因素。①

另外，阮章竞的诗歌与"民间"立场相对应的艺术风格还有一个重要特点就是易传易唱，这一特点也是适应抗战特殊历史时期环境的，是阮章竞向民间艺术学习的结果。他发现群众不习惯朗诵，能唱的诗倒是影响较快较好。早期的《柳叶儿青青》本来就是一首演唱长诗。《圈套》是俚歌故事，《漳河水》是"小曲"，而不称其为诗歌，可见这些作品都是适合歌唱的。而新歌剧《赤叶河》的唱词中所包含的音乐性就更加不言自明了。这一特色与他早期在上海参与抗日救亡歌咏运动时所积淀的音乐素养有着密切联系。1935 年至 1936 年这两年间，阮章竞在上海投身抗日救亡歌咏活动时，曾受到著名音乐家冼星海的音乐训练和指导。阮章竞受冼星海的影响非常之深，冼星海非常重视民间音乐的艺术价值，阮章竞在后来的创作道路上善于从民歌曲调中汲取营养，其代表诗作《漳河水》就采用了漳河水两岸的许多民间歌谣的曲调，节奏感强、能诵能唱、易于流传。他的诗既有民歌的质朴、清新、活泼，易传易唱，又有古典诗词抑扬顿挫、情景交融、幽

① 周根红：《失落的传统：诗歌的民间叙事资源——读霍竹山的信天游体长篇叙事诗〈金鸡沙〉》，《延安文学》，2012 年第 3 期。

远蕴藉的韵味。“成也民间，败也民间，这就是一个被誉为《讲话》以后代表着文艺‘方向’的作家所走过的道路。”[1]陈思和这样评价从太行山走向北京的赵树理，同样，这句话也适用于阮章竞的创作道路。民间的叙事资源是他们艺术创作取得成功的关键，可是，他们晚年的命运也因其民间立场而波涛浮沉。

三、晚号集——1949年后的创作困境与艺术探索

“近年来，我们对于1949年走进新时代之后的文人心灵转折，有了越来越多的关注。我们看到沈从文的转向，看到穆旦1958年短暂重现后的噤声，看到被批判的胡风……我们看到很多被排斥者的故事，可是，那些批判的实施者，很多也是文化人，他们又是何种心态呢？”[2]建国后，不少已经成名的作家都面临着普遍的艺术困境。阮章竞便是其中的一员，和许多在解放区成长起来的作家一样，他也是在投身于中国共产党领导下的革命运动之后才逐渐走上文学道路的。从创作了民歌体叙事长诗《漳河水》之后，他才真正以一个“诗人”的身份出现。他并没有经历过诗歌观念和艺术方法的宽大转变的阶段，而从一开始就接受在解放区所确立的诗歌观念，更多地从民族民间文化中取得借鉴，力求实现艺术风格上的“中国作风、中国气派”。但是，即便如此，离开了滋养他艺术生命的太行山，离开了民间叙事的丰富资源，阮章竞的艺术生命也遭遇到前所未有的挑战。

1949年后，阮章竞也曾努力在多个领域内进行艺术探索，虽然在文学创作中再也没能重现《漳河水》《赤叶河》那样经典的作品，但是他一直通过多种艺术创作方式书写战争记忆，坚守民间叙事立场。“文革”结束以后，阮章竞已经年逾花甲，却依然保持对艺术创作的执着，创作了近三百首短诗、两首叙事诗《漫漫幽林路》《胡杨泪》，这些作品大部分收入《晚号集》中。这部诗集包括了叙事诗、分诗集《夏雨秋风录》《桑影集》《太行山不倒》四个部分。《漫漫幽林路》《夏雨秋风录》《桑影集》三个集子，都是拨乱反正后写的叙事诗和抒怀诗。

近些年来，研究者们更多地强调自由主义知识分子在20世纪五六十年代的

---

① 陈思和：《民间的浮沉——对抗战到文革文学史的一个尝试性解释》，《上海文学》，1994年第1期。
② 陈培浩、阮援朝：《阮章竞评传》，桂林：漓江出版社，2013年版，第13页。

创作困境，把文学史书写成了一部自由主义知识分子的受难史，这样的视角使得文学的场域变得愈加偏狭，被遮蔽的领域越来越多。与此相应的情形是，解放区主流作家却被放逐于重写的文学史之外。在新的时代中，阮章竞体会到了被边缘化的孤独与寂寞，也深深地体会到被读者忘却的痛苦。从《晚号集》中的组诗《枕畔吟》，能看出阮章竞晚年对自己的勉励，表现出一位老战士内心的顽强与坚毅，依然不失革命的乐观主义精神。其中有一首《古泉》："只要有你的涓涓滋润，/老草就不会失去光泽，/涓涓的古泉啊，/只要你不干涸，/老草会还你青青的绿色。"还有一首是表达被边缘化的孤独，一共才四句："你把孤独、幻想，/当作暗室的烛光，/就会有姹紫嫣红的蓓蕾，/在你心中咿咿呀呀开放。"在《郭小川十三年祭》一诗中，阮章竞用"月落团泊静，笔底惊雷鸣！化烟寄何处？淅淅秋雨声"表达了对于友人郭小川的怀念，诗人脑海中还铭刻着郭小川为不能写诗而痛苦焦灼的模样。可是，不被理解的痛苦或许更甚于不能写的焦灼，团泊洼淅淅的秋雨声，诉说的是诗人对老友的怀念和内心的无限怅惘，这样的诗句，也记录下共和国一代主流艺术家的悲剧命运。

正如王光明在《阮章竞评传》的序言中所说的那样，自由体诗歌创作并不是阮章竞的所长，"以概括凝练的民歌语言取胜的诗人，写自由体显得很平庸。阮章竞没有停止前进，他又对新诗的艺术形式、节奏不断地进行新的探索"①。20世纪50年代，阮章竞也曾经尝试过童话诗歌的创作，还深入生活创作了一大批工业题材的叙事诗。创作于这一时期的《白云鄂博交响诗》，"虽留下瑕疵和遗憾，却不失为一部试图用边塞歌行体把握工业题材，融合历史传说和现实题材的鸿篇巨制"②。孙绍振在《阮章竞的艺术道路》一文中这样说："至于叙事诗《白云鄂博交响诗》没有达到《漳河水》那样的高度，则明显是因为诗人对内蒙古兄弟民族的生活并不像太行山漳河一带的人民生活那样熟悉，诗中生活不足的表现是很明显的。"③

除了诗歌创作外，阮章竞还一直想把太行山革命写成一部长篇小说《山魂》，

---

① 孙绍振：《阮章竞的艺术道路》，《福建师范大学学报》，1979年第4期。
② 参见阮章竞：《晚号集》，北京：人民文学出版社，2001年版。
③ 孙绍振：《阮章竞的艺术道路》，《福建师范大学学报》，1979年第4期。

希望通过三部曲的形式记录下战士们在太行山的战争岁月。他在1963年1月与纪鹏的通信中写道："我过了春节，就重回太行山革命故乡去，打算把关于那里革命斗争的长篇，重新动手。因此不想写诗了，写不好，也顾不过来。"他把太行山当作自己的第二故乡，曾经多次重回晋冀鲁豫革命根据地，1965年甚至已经开始草拟这部长篇小说的提纲，可是"树欲静而风不止"，由于政治形势的变化和"文化大革命"的爆发，再加上繁忙的行政工作，阮章竞晚年身体状况也大不如前，这一写作计划只能一再搁置下来。阮章竞曾在《中国艺术报》上发表文章《我为什么写〈霜天〉》，详尽地交代了小说创作的动机和一再搁置、屡失战机的缘由。直到20世纪90年代，抗日题材长篇小说《山魂》的第一部《霜天》才正式出版，还留下了第二部《晴岚》的未完稿。1999年10月，阮章竞在《晚号集》的序言中写道："我已走到晚号吹彻、宿鸟鸣林的时刻。"他想通过《晚号集》的出版给读者一个交代。可是，后来由于病重住院，直到2000年2月11日逝世，也终未能继续写完这篇序言，更未能亲眼看到《晚号集》的出版。时至今日，诗人已经长眠于地下十七年，抗日战争爆发到今天也已经过去了八十年，一代人的战争记忆和革命理想将会在他的文字中传承，"涓涓的古泉"绝不会干涸。

阮章竞20世纪80年代以后的写作，恰如奏响于个人内心的苍凉晚号。作为执着而纯粹的革命理想守望者，即使在人生最后的日子，他依然念念不忘长篇战争小说《霜天》的创作，惦记着未能出版的《晚号集》，还有戏剧集、散文集和回忆录的出版计划也都没能完成。他在《赠友》诗中写道："剑老无芒莫认账，余年当学大江流。"尽管内心沉静，但依然不失思想的锋芒，终"不肯退却"，甚至"决不忏悔"。

阮章竞默默用自己的小说、叙事诗和诗画作品，坚守着那一代革命文艺家的美学理想，彰显着他那一代人在国难家仇中，用血与火锤炼出来的情操和胸怀，威武不屈贫贱不移，坚守着理想主义与乐观精神，即使被边缘化也在所不辞。[①]1985年，阮章竞回到阔别半个世纪的故乡中山，曾挥毫写下《回乡见白兰花开》："狼烟万里路逶迤，枕戈频梦故园枝。五十一年燕归日，岂忘白兰花开时。"这是写给昔日少年时代的恋人阿苹的一首诗，战乱冲散了白兰花般馥郁芬芳的爱恋，但

---

① 阮援朝：《阮章竞绘画篆刻选》，北京：人民美术出版社，2009年版，第143页。

是战争的洗礼也让阮章竞的文学创作走向成熟，更加内敛深沉，战争记忆的底色和民间叙事的立场也成为他艺术生命中永远不变的追求。

（原载《汕头大学学报》2018 年第 2 期）

战争的回声

——阮章竞的怀人诗作及抗战书写

◎ 阮援朝

在整理父亲的文稿时，看到了他生前没有发表过的一首诗和跋。这首诗以前读过，跋却是第一次看到。

《怀默君》：四十八年景犹存，月照忠魂有皖音，战死仍睁双怒目，重新破阵入敌群。头颅垫道下东海，载歌万首呼日昕，接力含山多子弟，雄风当继陈默君。

抗日战争中，我与陈默君（金隆芳）同志同在太行山战斗。

1942年5月，日寇出动三万余人，兵分三路，向太行山抗日根据地发动“五月大扫荡”。25日，默君随后方机关转移，在辽县（今左权县）偏城青塔、南艾铺一带，与万余日寇遭遇。我时患伤寒，隔在东山，亲睹敌人发现是我领导机关，缩紧包围圈，并出动飞机六架，轮番狂轰滥炸。激战竟日，入夜，我军突围，陈默君同志壮烈战死在十字岭附近。是夜，我未离东山，见千山孤日，万树悲风，为战死者默哀！此情此景萦绕于心，已近半个世纪，直至衰年，仍历历在目。

今应中共含山县委之嘱，书此缅怀默君，并告其含山子弟。

1990年2月26日

捧读着父亲缅怀陈默君烈士的这首诗和跋，感觉文中所写情感澎湃，意境壮阔，令人心动。随后我又查找了一些相关材料，以飨读者。

陈默君烈士是安徽含山人，生于1912年，1930年入党，1939年到北方局工作，曾任中华全国文艺界抗敌协会晋东南分会《文化动员》杂志编辑，晋东南文化教育救国会秘书兼组织部部长。1942年是父亲在太行山革命根据地参加抗战的几年中最为严酷的一年，在同一场战斗中牺牲的还有左权将军和总部机关的许多干部战士。父亲因为是病号，按命令编成小组分散行动，才有了这隔山观战的一幕。

偏城战斗的次日，父亲他们一组三人在山上找了几个土豆充饥后，开始在日军“梳篦战术”的缝隙中穿插，试图归队。父亲的挎包里还带着他在三个月前的“年关大扫荡”时，开始动笔的剧本《未熟的庄稼》。这个剧本后由太行山剧团排演，并在1943年8月由太行新华书店出版，是父亲仅存的三个抗战时期作品之一。父亲他们三人在林县摸到太行区政府隐蔽的山沟时，已经四天没吃过一口饭了。虽然伤寒复发，父亲还是略做休息，终于在第二天回到了太行山剧团。谁都没有想到，更大的考验在等待着剧团。

太行山剧团是个非战斗单位，有不少妇女儿童。1942年6月12日午后，剧团到达平顺县井底村，正在休息，突然与敌遭遇，密集火力中，战友在身边倒下，父亲也肩、腿两处受伤。他指挥全团，跳入几丈高陡崖下的深潭里，冲出重围。鲜血和潭水浸透了挎包中的《未熟的庄稼》。剧团遭受重创，伤亡人员近四分之一。突围后，父亲经受了一次麻药失效的手术，转到武乡养伤，完成了剧本的写作，也听到了很多战友和乡亲遇难的消息。

他写过一首诗和补跋，歌颂一位普通的武乡妇女：

> 胡蛮岭，土山梁，/芝麻绿豆的小山庄，/一棵古柏翠苍苍，雷击电劈不焦黄。/胡蛮岭，姜四娘，/挺立高岩腰不弯，/不回日本话，不吃日本饭，/直面刺刀心不颤。/日寇扫荡太行山，/杀光、抢光、村烧光，/梳篦抉剔不分日夜，/山头抓住姜四娘……发苍苍，姜四娘，/名字碰山叮当当；/手无寸铁不说话，吓死有大炮机枪的日本狼！/岁月流水不回还，/吃甜别忘了谁制糖；/不提“三光”惨景别忘了伤，/别忘了千万个/没留下姓名的姜四娘！
>
> 1942年，日寇疯狂反复“扫荡”太行山，在抉剔清剿时抓着武乡县胡蛮岭的姜四娘。她坚贞不屈，最后饿死山上。1963年，我重访太行山时，夜晚闲谈提到姜四娘，这位七十多岁的老人，栩栩如生浮现脑际。记得当时我听到她的事迹后，曾写过一首短歌，但早已遗失。此夜座中有个同志还能唱出“胡

蛮岭，姜四娘，挺立高岩腰不弯”一些段落。是夜，有感时光之易逝，人事之健忘，于是根据这些小节歌词的依稀印象，追忆下这首诗，以缅怀像姜四娘那样，许许多多宁死不屈又没有留下名字的太行山普通农家妇女。

1982 年 7 月，补跋。

就在 1942 年的那次“五月大扫荡”中，父亲熟悉的很多文化人牺牲了。他在回忆录中描述过半年前的一次聚会。1941 年“秋季扫荡”开始时，父亲正从区委党校毕业，学员们分散归队。剧团流动性大，通信工具缺乏，难以定位。他背着背包徒步走到太行山东麓邢台附近的六分区。分区的人用马把他送到了太行山北部的一分区，他在一分区又多住了几日，于是便有了陈默君做东的这次聚会。父亲写道：

在总部，我们碰见陈默君，他邀我和我的妻子、高咏、陈赓夫人刘稚灵、陆耕吃肉。大家都互相开玩笑，争抢着肉吃，高咏落落寡欢，没有参与我们的玩笑举动。这次吃肉的几个人在 1942 年“扫荡”中有一半牺牲。除高咏外，陈默君和刘稚灵也于 5 月份遇难。陈默君是晋冀鲁豫边区临时参议会议员，死时三十岁。刘稚灵同志只有二十六岁，是前方总政治部的干部，牺牲时正在党校学习。陈默君不大言谈，刘稚灵却生性洒脱、活泼。

父亲还用了专门的篇幅来回忆高咏：

高咏是湖北人，1938 年在武汉参加了青年记者协会，任总会学术部干事，从事新闻工作，活动于重庆、桂林一带，尽力于报道敌后的抗日斗争。曾经多次赴前线采访，很勇敢。抗战初期，曾发表了《随粮代征》《春天》两部长篇小说，是他计划要创作的《四十年代》第一和第二部。高咏到太行山后，担任许多文化职务，如晋东南抗敌协会分会理事等，并著有多篇文章。高咏很孤傲，对他带的小通讯员很严厉。我和王振华都很不以为然，因为通讯员年龄很小，又是贫苦出身，理应爱护。在当时，人们认为高咏有小资产阶级情调。1941 年秋，高咏已开始创作长篇叙事诗《漳河牧歌》，我没有拜读过。

> 该长诗达万余行，1942年5月完成后，高咏在反“扫荡”中背着书稿投入战斗，不幸在漳河一带身陷重围。他是于1941年以国际新闻社特派员的资格到晋东南根据地的，日本人见他胸前有国际新闻社的标记，要他跟他们一起行动，高咏严词拒绝，并大骂日本人和汉奸。敌人以刺刀直逼胸前，他愤怒与日本人肉搏，壮烈牺牲，表现出了一个正直爱国的知识分子威武不屈的民族气节。

父亲近百万字的小说创作，完全是太行山抗日斗争的描写。除了“文革”的干扰，每到抗战逢十的周年纪念，他都会写下抗战题材的小说，奉献在抗日战争的祭坛上。

1954年11月父亲开始了小说《太行山不会倒》的写作。这部九十万字的长篇，直到1997年才得以出版了第一卷《山魂·霜天》。第二卷《晴岚》和尾声《青春祭》至今还是手稿。1965年，他发表了中篇小说《清晨的凯歌》，并在1985年被改编为故事片《密令截击》上演。1987年是七七事变五十周年，他把1963年草拟的《八年烽火太行山人物志》改写成《抗日战争笔记新编》三篇，歌颂赵亨德、王小旦、郝福堂三位民兵英雄。其中王小旦一篇被《人民文学》退稿，未能与读者见面。1995年，他将另一位太行山少年女民兵的事迹写成中篇小说《白丹红》，却找不到出版单位，后通过沟通协调，才得以在两年后出版。

我在父亲的文稿中还见到过两页散稿，上面的字迹断续、颤抖，有的墨迹不匀。那是1993年7月将《霜天》送人民文学出版社，8月23日得到最终的拒绝答复时写下的。一页上写道：

> （横写笔已经没水了，还在写下去——作者注）有没有出版社愿出此书，不会影响我要把它写完的初衷和决心，不会影响我的决心。（换笔竖写——作者注）有没有出版社肯，都不会影响将此写完的决心。

另一页用很大字体分行写道：

> 向群山许诺／向青春许诺／青春无悔／许诺群山／青春无误／霜天晴岚青春祭／镌刻在群山

凝视这两页多处有笔尖划破纸面的手稿，不禁悲从中来。我宁愿相信这只是一位解放区老作家的个人悲剧，而不反映其他。

抗日战争的情景，时时出现在父亲的诗歌中，俯拾皆是，不胜枚举。1963 年重回太行山，遍访抗日故战场，他写道：

> 长乐沟，神头岭，/东阳关，响堂铺……多少这样的老战场，/今天遍地是花果树。/赤沟峪，黄崖洞，/桃花寨上桃花红。/痛歼敌人的老爷山，/漫山儿童在栽青松。

这八处地名后面，都藏有无数可歌可泣的流血牺牲。

走在新时期的太行美景中，他写道：

> 十月秋山似火焰，/十月清溪水流绢。/溪畔来去寻马踪，/马踪不见听秋风；/忽见桥西拴马树，/正是当年夜袭点名处。（《十月秋山》）

> 秋色染山红，/秋雨山迷蒙。/回忆战罢，解鞍溪水边，/卧看战马饮山泉。深谷风袭人，/高山云飞腾。/闻道彭总，在此深山道，/鞍头草令，还击朱怀冰。（《王屋山道写生》）

随着岁月的流逝，晚年的父亲更加怀念和他在太行山一起战斗过的老上级。父亲在《太行山回忆录》中写道：

> 1938 年 4 月，太行山剧团成立两三天之后，就随朱瑞开赴长治（潞安府）。长治是晋东南历史上军事重镇。朱瑞同志把我们交给在那里的八路军民运部长黄镇同志。黄镇是经过长征的红军画家，对艺术十分理解，为我们购置彩绸布料、汽灯乐器等，将剧团装备起来。大幕布的图案是我设计，由团内女同志一针一线集体缝制的。

黄镇逝世，父亲于1989年12月写了《告别黄镇同志》：

潞安初见黄部长，/京华更识外交家。/戎马倥偬尘未掸，/手持青果植天涯。/肝胆如炬照人子，/胸怀似海映云霞。/画册鲸风波千里，/茨屏噩耗语声沙；/强使眼前非真事，/趋庭堂上面黑纱，/翠柏依依忠魂远，/漳水悠悠印月华……

李达将军在抗日战争时期任一二九师参谋长，组织实施了该师几乎所有对日作战。为了长篇小说《霜天》的创作，父亲曾在1979年8月采访李达将军。将军给予很大支持，安排了相关指挥员参加座谈会，对父亲的创作帮助极大。1993年7月19日，父亲写了一首悼念诗《送李达将军》：

太行广布游击战，/淮海筹谋调风雷，/勒马江头向拉萨，/雄师百万扬军威。/刘邓首长左右手，/长胜大军参谋才。/悲送将军为云去，/漳河千古留光辉。

冲过战火硝烟、与死神擦肩而过的青春岁月，成为父亲的文学写作中最重要的创作冲动。在太行山间有他生死与共的战友，有待他如亲生的房东大娘，还有他幸福的爱情。1997年他写给我们母亲赵迪之的悼诗这样开头：

系马碾盘架，/倦卧卿怀下，/夏月白如纱。/千山外，/敌寇火舌，/卷啮万农家。

抗日战争，是决定父亲一生最重要的历史时期，决定了他对爱好、对人生的根本态度。这场决定民族命运的伟大战争，就像回声一样在他的文学创作中反复震荡，或低回，或激越，嗡嗡隆隆，自始至终，余音不绝。他把书写这场战争，视为自己的历史宿命。

一个民族不但要有危亡时刻的不屈抗争，也要有战胜敌人后的深刻反思。文学必须担负起这样的责任。我的父亲阮章竞先生这样做了。在每一次对往事的回忆中，他都不会忘记提醒下一代：故事讲来是要你们记住，外国列强不会自动放下屠刀，也绝不会立地成佛。强大的祖国要青年一代去建设，去保卫。甜蜜的谎言万万不可听信！

新时期国与国之间的竞争以新的更为激烈、隐蔽的形式展开，同样利益攸关，同样要面对生死存亡。虽然历史的表象大为改变，但仍需要新一代用和前辈一样坚忍不拔的意志去应对、去抗争。新一代必须挺起民族精神的脊梁，前辈们的文学经验必须继承，中国文学在建设强大国家的进程中不能缺位，不能退守。

中国人民抗日战争在胜利七十周年之际被以空前的规模隆重纪念，愿父亲和他同龄战友们的灵魂能听到，后辈对他们发出的战争回声，正在给予大声地回应！

（原载《文艺理论与批评》2015 年第 5 期）

谈阮章竞的叙事诗

◎丁 力

阮章竞同志一直在太行山老区做群众工作，抗日战争时期，他就在太行山从事过诗歌活动，写过不少的诗，可惜都在战争中遗失了。现在他的集子中只保存了唯一的一首《牧羊儿》，系 1940 年所作，是他后来默记下来的。这是我们所能看到的他最早的一首诗。从这首诗中，我们可以看出两点很重要的东西：一、作者一开始写诗，就注意刻画人物和安排情节，就是说露出了会写叙事诗的苗头；二、作者一开始写诗，就已采取人民大众所喜闻乐见的形式——民歌体来写。他后来的创作正是在这两方面的发展。

从诗人的创作道路来看，我们有理由说他是善于写叙事诗的诗人，是善于向人民和民歌学习的诗人。

他在叙事诗中，善于刻画人物和安排情节。就是抒情诗中，也常注意描绘人物和穿插某些小情节。

他在叙事诗中，往往带有抒情成分；在抒情诗中，也往往带有叙事成分。只有《圈套》是单纯叙事，没有什么抒情。

《圈套》是他的第一首长诗，表现农民在反霸的时候，地主阶级不甘失败，向农会主席反攻，利用女人做圈套，来陷害农会主席，企图攫取村政权。这首诗表现农民在这一场复杂的阶级斗争中，取得了严重的经验教训。

长诗以敌人摆下圈套、农会主席中了圈套为中心环节，而整个故事情节，都是一步步地展开的。

这首长诗非常生动地刻画了农会主席李万开忠厚老实的可爱形象，他的本质是好的，阶级立场是稳的，但由于斗争经验不足，上了大当。对当时已解放和尚待解放地区的读者来说，很有教育意义。

大地主头户“阎王”杨道怀是设圈套的主谋，诗人只在开头用很少的诗行，来揭露这个反面人物过去的气焰和现在的狡猾。后面一连串的故事情节，都是由这里发轫；但作者没有让他正面出场，他在幕后搞鬼，一切都指使狗腿去活动。他甚至在“捉奸”那天，躲藏起来，“失踪”了。情节这样安排，更能表现隐蔽的地主阴险、毒辣的狰狞面目。

诗人抓住了典型事例，来揭露地主阶级的本性，例如地主布置好“捉奸”那天的夜晚，自己“失踪”了；地主老婆“母夜叉”却要了这样一个花招：

> 披头散发像个鬼，/扑了东头扑西角：/“夜格儿点灯快睡觉，/农会叫道怀到村公所。/半夜不回找不到，/为东为西谁能摸？/万开家里找万开，/黄昏出去没回过。/东边寻遍西边找，/连个影子也没一个。/道怀不是他害了，/出来见我何必躲。/天呀地呀爹娘呀，/他要死了我也不活！”/扑到地上捣胸膛，/装得真像个疥蛤蟆！

这种地主老婆的形象，多么逼真，多么惟妙惟肖！这种花招，既可陷害农会主席，又可博得落后群众的同情。作者正是通过这些描写，来揭露地主的阴谋诡计的。

村长的老婆英娥娘这个人物，诗人只用了三十多行诗，写出了她的机智、勇敢。是她识破了圈套，是她逃出报信，搬来民兵救了村子。她那种爱憎分明的阶级感情，给读者留下的印象很深。

这首长诗故事性很强，有头有尾，合乎传统说唱的习惯，能够吸引读者。用的是民歌调子，语言也很口语化，都是群众现成的口头语言，通俗好懂。

这首长诗在艺术上还不够成熟，它的缺点是：一、单纯叙说故事，没有什么抒情。叙事诗虽然也允许单纯叙事，也有单纯叙事而叙得很好的；但我总觉得叙事的长诗，最好能带有抒情的成分，更能催动读者的感情，激起共鸣。如果单纯叙说故事，不带一点抒情味道，就会干巴巴的，难以见佳。二、在语言运用上，还嫌有些粗糙，没有经过很好的提炼和加工，好像顺口溜出来的，有的是诗，有的就不一定是诗了，因此，有些地方显得不够精美，诗意不浓。这两个缺点，在诗人以后的叙事长诗中，得到了克服。

《漳河水》这首长诗的出现，在新诗发展史上是个重大的收获。从阮章竞个人的创作道路来看，也是一个很大的发展。

它和《圈套》的不同在于诗人不仅向民歌学习了东西，而且向古典诗歌学习了东西，并把这个传统熔化在一炉，成为“掷地作金石声”的好诗。

《漳河水》，是新诗在民歌和古典诗歌基础上发展的第一首长诗。目前新诗歌的发展问题正在讨论，大多数人都主张应该在民歌和古典诗歌的基础上发展。而阮章竞同志是个较早的实践者，是一个善于继承并发展民歌和古典诗歌传统的诗人。诗人创造性的劳动，使新诗获得了新的途径、新的成就。

《漳河水》的主题，是歌唱劳动妇女翻身，不仅在政治上、经济上和男人一样平等，就是在劳动上也要得到解放。

在旧社会，农民受着地主政权、族权、神权三种权力的支配，农家妇女却受四种权力的支配，多一种夫权的支配。受最后一种权力的压迫，是妇女所特有的；诗人就是通过具体的生活形象来表现对这种压迫的反抗。

诗中非常生动地刻画了三个受压迫妇女的形象。荷荷，嫁了个封建富农老头子，受尽虐待；苓苓，嫁了个爱打老婆的汉子；紫金英，过门不久，就死了丈夫，守寡。这三个妇女，代表了受压迫妇女的三种典型，概括力是很强的。诗人并没有过多地去描写她们过去的反抗和斗争。长诗从写风景开始，给人一种光明、美丽的感觉。让她们在光明里，回忆过去的痛苦。她们从小都在漳河边上一块成长，三个姑娘有个共同的美好愿望——都想嫁个“如意郎”。可是出嫁以后，三个人的遭遇都很悲惨，遭遇虽不相同，在受封建压迫上却是一样的。在旧社会，她们是没有婚姻自由的，诗人非常概括地揭露了封建婚姻制度的不合理：

断线风筝女儿命，/事事都由爹娘定。/媒婆张老嫂过河来，/从脚看到天灵盖。/爹娘盘算的是银和金，/闺女盘算的是人和心。

不知道姓，不知道名，/不知道是老汉是后生。/押宝押在哪一宝，/是黑是红鬼知道！

偷偷烧香暗许愿，/观音菩萨念千遍。/心操碎，人愁死，/三天没吃完半合米！

这种“嫁鸡随鸡、嫁狗随狗”的婚姻制度，给妇女带来无穷的痛苦，从上面的诗中可以看出，姑娘们在婚前的猜测、许愿，是多么的焦急与不安啊！

三个人物，三种遭遇，在一首长诗中同时出现，这是不容易的。诗人却把它结构得很巧妙，三个人开始在一起，以后出嫁分开，有了不同的遭遇，诗人并没有分途去写，而是让她们在一个节日同时回到娘家，碰到一块，来诉说各自的遭遇、痛苦。这样写，一则可以避免分散，二则可以节省篇幅，三则可以把三个人物联系得更紧密。在情节的发展与安排上，是很恰当的。写她们受苦、斗争、解放，写她们翻身自由的新生活，诗人的情绪和人物的情绪完全融合在一起了。荷荷反倒了封建，离了婚，自由地找了个好对象。苓苓的男人二老怪，也不敢打她了，上“夜训练班”有了改变。紫金英也在她们的帮助下，成了新人。

有几个情节安排得非常好：荷荷因有过苦经验，所以自己找对象是那样地仔细、慎重；而与王三好恋爱又是那样有趣。她自由的条件是：

> 自由要自由个好成分，/荷荷戴见的是庄稼人；/自由要自由个好劳动，/荷荷戴见的是新英雄；/自由要自由个好政治，/能给群众办好事。

这是崭新的标准，这是新道德、新风尚、新婚姻制度下的自然产物。在婚姻上彻底自由了，完全打倒了凭媒人与聘礼的老规程。

苓苓对丈夫的大男人主义思想进行斗争是非常幽默的，男人不许她参加生产互助组，要和她到区上去写休书，而她抿嘴微微笑：“你要休我没条件……上地劳动也有罪？”男人说：“别吃我饭你另支锅，/明天咱就各自过！”她就跟他算账，之后就“嗤嗤两声钻进被窝，/露出半个头来轻轻说：/‘二老怪，不用发呆，/你的老规程如今没人买！’”这种绘影绘声的描写，真像活的人物展现在我们面前。

对苓苓的男人二老怪这个反面人物的形象，描写得很深刻，真是入木三分。当苓苓参加互助组开会去了，他进门见没人，就“两眼冒火星”“暴跳满院蹦”的行为，十分可笑。他想：“铁不打，不出钢，/不管教管教不像样！”这非常符合这个人物的性格。

接着诗人给他展开了一段思考如何打法的心理描写，非常细致有趣：

寻根棍，找条绳，/ 半夜打老婆是老规程。/ 一根麻绳抛上梁，/ 吊住她头发才揍他娘！/ 数这玩意儿最利索，/ 二老怪是老手旧胳膊。/ 哎呀呀，不能够，/ 她娘早剪成短发头！/ 不能吊，寻棍捣，/ 只寻到麻秆和镢头。/ 麻秆打她当搔痒痒，/ 镢头一敲会死他娘！/ 敲死人命可吃官司，/ 不是坐牢就挨枪子！/ 不偿命，也不成，/ 没有老婆要打光棍。/ 花钱再娶犯法令，/ 自由谁敢上我家门？/ 不准打，也不敢骂，/ 动她根汗毛也犯法！/ 哎呀呀，老规程吃不开，/ 二老怪碰到了新朝代！

把二老怪丑恶的内心活动描写得淋漓尽致，一种欲打不能、欲骂不得、无可奈何的心情，诗人把它挖掘出来了，活灵活现地让读者裁判。

《漳河水》和《圈套》还有一点不同的，就是叙事和抒情结合得很好，在叙事诗中带有浓厚的抒情成分，读起来诗味很足，很有感染力，例如：

声声泪，山要碎！/ 问句漳河是谁造的罪？

桃花坞，杨柳树，/ 漳河流水声呜呜！

就是这样写景的场面，也和人物的思想情绪结合起来了。这样的例子是举不胜举的。

《漳河水》有民歌和古典诗歌那样优美的意境，那种多样的表现方法，如比喻、夸张、衬托、对称等。有民歌那样朴素、自然，那样反复重叠的声调，容易传唱。有古典诗歌那样的精练、含蓄，那样声韵铿锵，朗朗上口。

它在形式上比较民族化、群众化。有民歌的调子，有旧体诗的调子，学习了民歌和古典诗歌，而又对五七言的形式，有了很大的突破。例如一开头的“漳河小曲”：

漳河水，九十九道湾，/ 层层树，重重山，/ 层层绿树重重雾，/ 重重高山云断路。

清晨天，云霞红红艳，/ 艳艳红天掉进河里面，/ 漳水染成桃花片，/ 唱一道小曲过漳河沿。

多么美的画面，多么富有民歌和旧体诗的味道，但又不是民歌或旧体诗，而是新诗。每节的行数，每行的字数，随意运用，毫不拘束。很多运用民歌中的曲调，常常变化，如诗人在小序中提到的“开花调”“刮野鬼”“梧桐树”“绣荷包”“打寒虫”“大将”“一铺滩滩杨树根”等，都有所容纳，不着痕迹。这样，就显得很多样、活泼，而不致单调、呆板。我觉得这是诗人在形式上创造性地运用。

《漳河水》是阮章竞创作上达到的一个高峰。写了十年了，它的声音，它的色彩，它的眼泪与欢乐，永远感动着我们，使人爱读爱唱。

童话诗《金色的海螺》，取材于民间故事，但没有被原故事束缚住，而是在这个基础上有了很大的发展和创造。它是我国童话诗中美丽动人的佳作。

诗人掌握了儿童诗歌的特点：富有幻想，富有孩子气。诗一开头，就显出了诗人的天真：

> 我记得是在芭蕉林里，/ 跟邻家婆婆学唱儿歌。/ 我学会一个又学一个，/ 天天都灌满两只耳朵。/ 这个金色海螺的童话，/ 现在还唱得一点不差。/ 如果问我那时候几岁，/ 反正很小还没有换牙。

“天天都灌满两只耳朵”，多么风趣而又带有几分稚气的语言。诗人唱完整个故事以后，末尾还有这样四句：

> 邻家婆婆教我唱这支儿歌。/ 我一字没掉唱过好几百回。/ 到底以后他们有多少孩子，/ 唉！就这最后一句没有学会。

我读到这里，感到风趣横生，滋味无穷。我看见了诗人天真可爱的性格，他是多么了解孩子们的心灵啊！

诗中没有着重描写少年和海螺姑娘的爱情，而故事的中心，是歌颂追求幸福生活的崇高理想和爱劳动、善良、纯朴、坚贞、勇敢的高尚品德。

少年对海螺姑娘的爱，是很单纯、朴素的；他们凭借互相间的友爱和信任，终于取得了美满幸福的生活。少年为了追求这种生活，为了坚贞的爱情，曾经受过多次可怕的考验，冲破黑暗、暴风、大浪的危险，这种不怕困难、不屈不挠的勇敢行为，才使少年赢得了胜利。

诗中凡是要突出表现的地方，就采用重叠的调子，这就是前人所说的“反复歌咏”，它可以加重读者的情绪，收到“一唱三叹”的效果。

另一本童话诗《牛仔王》，和《金色的海螺》相比，稍微逊色一些。

《牛仔王》也是取材于民间故事，也是塑造了一个勇敢的少年，也有纯洁的友谊与爱情。但故事情节所反映的生活面，却与《金色的海螺》完全不同。它反映了农民和封建统治阶级的斗争。这首诗在童话诗中，也还是比较优秀的。

《虹霓集》是阮章竞在全国解放后所写的短诗集，其中有抒情诗，也有叙事诗，有歌颂祖国的建设成就，有反映土改和农村的新人新事，有青春之歌，也有讽刺诗。从这些诗中，可以看出诗人对时代饱含思想感情，有时代的激情，跳动着时代的脉搏；对任何事物的乐观主义精神，也是很强烈的。许多想象丰富、构思新颖的诗篇，是诗人从强烈的时代感情里迸发出来的火花。

特别是诗人到包头钢铁公司的建设基地深入生活以后所写的《新塞外行》这一辑，正如《序歌》中所说的“黄沙衰草的悲歌，/在这里已经绝响”。而诗人“拨响最高的强音”，的确超过了写草原、写边塞的“历史的先行人”。这种厚今薄古的主人翁姿态，以及那种昂扬风发的精神面貌，正是我们所需要的。《黄河春汛》中的工人形象多么可爱：

抡镐打掉荒旱牙，/挥锹砍断旋风腿。/攀着抱子上高空，/刷净天上黄泥灰，/朝下笑问刮地风：/“到底是谁战胜谁！”

这里面有革命现实主义和革命浪漫主义的结合。荒旱是没有牙的，旋风也没有腿，但诗人把它们拟人化，说它们有牙有腿，读起来感到特别有味；而工人阶级藐视困难、战胜大自然的乐观情绪，建设社会主义的英雄气概和豪迈的感情，撼人心魄！

《蓝天碧野上的乐章》反映草原在英雄们的手下迅速地改变着面貌：

火车鸣汽笛，/大号吹响，白云飞。/钢轨隆隆声，/像狂风急雨过草原。/摩天的抱子似竖琴，/强音震上凌霄宫殿。/钢索辚辚，马达呜呜，/如同澎湃的春潮，/欢腾漫卷在乌拉山麓。/开山炮响回声起，/大轮唱，回荡群山山谷。/ 塔式吊车，扬起长臂，/ 指挥着千里黄河，/ 擂起震天的音鼓。……时代的金音符，/ 在蓝天飞，/ 在碧空舞，/ 迎接草原的大钢都。

这是多么高亢的声音，能够惊动天地，震撼山河！

《黄河渡口》一诗，描绘出昭君坟过去、现在和将来三种不同的景色：过去是“黄泥水，打转流，/ 礁石嶙嶙不露头。/ 旋涡深又大，/ 一个吞两牛！……风难猜，云难测，/ 千古黄河惹不得！ / 蛇群乱钻的昭君坟，/ 月昏昏，草黑黑。/ 谁曾给古老野渡头，/ 带来点春天的好颜色！”现在不大相同，我们的建设大军开来了：“大船横断水中流，/ 铁锚砸碎暗礁头，/ 钢钻探进黄河底，/ 战书下到老龙手！ / 浪低头，水发抖，/ 老艄公初次展眉头。”而在不久的将来，就会出现更新的景象：“古渡口，昭君坟，/ 人造湖水水如镜。/ 做伴不是昏昏月，/ 不是寒星和流萤，/ 而是繁灯千千万，/ 紫光不灭的钢铁城。”这种丰富的想象力，这样充沛的时代感情，这种革命浪漫主义的气氛，昭君如果有知，听到这样诗句，也应临春风而起舞了。

建设草原，并不是没有困难，没有艰苦，不过在英雄人物面前，这些东西变成了前进的力量。《风砂》一诗所描绘的困难和艰苦很大，但英雄们却把它踩在脚下：

天地，分不出来，/ 颜色，分不出来；/ 只有从人的眼睛和牙齿，/ 才能看见白色的光彩。

饭堂像盖在黄河水底，/ 火炉不发热，空气全是泥。/ 白米饭蒙着层黄粉，/ 不是肉末而是沙子。

诗人选择富有特征性的生活形象，来反衬风沙之大，例如说：“卡车拼命地响着喇叭，在黄风阵里寻找方向；失掉光亮的两只大灯，像泡在浓茶里的蛋黄。”这种典型环境中的典型事例，这种通俗、新鲜的比喻，对创造意境、表现人物，是非常有力的。我们想想：只有从人的眼睛和牙齿，才能看见白色的光彩，这是多么弥漫的大风沙！空气全是泥，白米饭蒙着层沙子，这是多么大的困难！但这又算得了什么！诗人紧接着通过革命浪漫主义思想的飞扬，把眼前的困难和美丽的理想现实联系在一起，写出了激动人心的最后两段：

> 不要怨天怨地皱眉头，/拿出今天人的本事：/把万古荒凉和风沙，/嚼烂在我们的嘴里！/明天吐还它一个泥团，/捏出一个叫人眼红的，/洁白干净没有风沙的，/万紫千红的钢铁城市。

这种联想很巧妙、自然，因饭里有沙，吃时，就联想到“把万古荒凉和风沙，/嚼烂在我们的嘴里”。这种叱咤风云的英雄气概，这种改造世界的英雄性格，非亲身经受过这种生活的诗人是不能想象得到的。

我们不仅看到克服《风砂》这种困难，还看到狂暴的《草原的风雪》和《风雪里的狼嚎》。

《草原的风雪》是首小叙事诗，描写一支青年管道队在暴风雪中克服困难的经过，特别对许家俊这个人物，在被风刮跑，迷失处所时的乐观精神，以及大家寻找他时那种关心、焦急的心情，都表现了伟大的阶级感情。

诗人在这一组诗中，告诉我们今天草原崭新的面貌，“荒凉捡起它的脚印，/永生永世从草原退出了！”“集中古今所有的事，/在钢铁大街走来回，/运走荒凉和干旱，/运走千古摇头的穷年代。……运进红砖和绿瓦，/一个令人眼红的时代来。”这是英雄们所创造的业绩。“红旗、绿草比颜色，/白杨、翠柳赛吐芽。”这是多么美丽的草原啊，简直变成了江南！

《新塞外行》还是在民歌和古典诗歌的基础上发展的。在创作方法上，却又是革命现实主义和革命浪漫主义相结合的。那时虽没有这两个口号，但在诗人的创作中却早已在创造、实践了。这一组诗，又可以说是包钢史诗的序幕。诗人的声调比以前更昂扬奋发；风格是粗犷、刚健、雄浑、豪放的，体现了社会主义时代万马奔腾的建设风貌。政治激情异常饱满，强烈地显露出战斗的抒情风格。它是狂风骤雨，惊涛骇浪！它是洪钟大吕，锣鼓齐鸣！它是包钢史诗的前奏！这个茁壮的苗头，使我们可以预测：诗人在不久的将来，就会产生出反映包钢建设的长篇史诗来，我们殷切地期待着，并预祝他成功。

（原载《诗刊》1959年第2期）

艰难的探索

——论阮章竞的叙事诗

◎ 刘守华

以《漳河水》而知名的诗人阮章竞，有着多方面的创作才能。他写过歌剧、话剧和许多抒情短诗，在叙事诗创作方面的成就尤为突出，代表作为1947年发表的《圈套》，1949年发表的《漳河水》，1955年发表的童话诗《金色的海螺》和1960年发表的《白云鄂博交响诗》。这四部叙事诗以各自鲜明独特的风格，显示了我国新诗创作在民族化、群众化方面所取得的巨大进展。笔者曾于20世纪60至80年代，追踪研究阮章竞叙事诗创作长达十余年之久，并有幸与诗人交往对话，将他的一系列论诗信札存留至今，从中深知他探求的艰苦。现将自己论析阮诗的文稿于近日改定，连同他当时坦诚抒怀的信件一并发表，提供给中国现当代文学和民间文学研究者参考。

（一）

收在“人民文艺丛书”里的《圈套》一诗，写于1947年2月。现在人们很少提起它，然而它是阮章竞叙事诗创作的一个良好开端，具有为群众所喜闻乐见的艺术特色。

《圈套》用六百多行诗，叙说了北方农村在翻天覆地的阶级斗争中发生的一个曲折动人的故事。长诗中激烈的阶级斗争和农民的日常生活、风俗习惯常常结合在一起，如地主借正月十五大闹花灯来破坏农会的威信；英娥娘把孩子拧得哇哇乱叫，借口要给孩子看病出外报信等，就由于有着浓郁的生活气息而显得亲切感人。它以“圈套”作为标题，以地主设下圈套来陷害农村干部和农民群众团结起来打破敌人的圈套作为叙述的中心。长诗所要告诫人们的东西虽然早已失去现实意义，它所揭示的我国农村在土地革命阶段的斗争风貌，却将永久地印在人们的脑海中，成为历史的生动记录。

《圈套》的体裁，诗人自注为“俚歌故事”。“俚歌”就是老百姓的通俗歌谣，“俚歌故事”就是我们通常讲的民间叙事歌谣。在艺术表现上，它主要汲取民间说唱文学的优点而有所发展。当时诗人学习了毛泽东关于创造为中国老百姓所喜闻乐见的中国作风和中国气派的民族形式的指示，同时又在实际工作中经常深入民间的盲人宣传队，与剧团艺人打交道，从他们演唱的许多节目中，深切感受到民间说唱文学的优点，因而借用这种形式写成《圈套》。它的特点在着重于故事的叙述：诗人从生活真实出发，精心结构故事；情节发展波澜曲折，有起有伏；粗看出乎人们意料之外，细想又在情理之中。例如，正当人们庆幸万开和金女这一对饱尝人世辛酸的男女幸福相会时，想不到半夜里鸡飞狗叫，闹出了一场捉奸的风波，原来那个狗腿子的女人热心为他俩穿针引线，竟是出于地主的指使，故意设下圈套。万开被敌人捉住打得半死，似乎槐树台村的天下要被他们翻过来了，接着是英娥娘出外报信，于是形势急转直下，地主阴谋大败露，有情人终成眷属。这样曲折波澜，充分反映了现实斗争尖锐复杂性的故事，自然是引人入胜的。

故事的叙述头绪简单，中心突出，首尾完整，这些地方也保持了民间说唱文学的优点而为群众所喜爱。但它又不同于那些只是粗略叙述故事的唱本，而是将粗略的叙述和对某些情景的细致描绘以及热烈抒情结合起来，从而造成了充沛的诗意。有些评论者曾批评《圈套》只是干巴巴地“单纯叙说故事”“不带一点抒情味道”，这个结论并不符合作品的实际。例如写万开和金女的爱情，就有很动人的抒情笔墨。那个不怀好意的女人在他俩中间穿针引线，立刻在万开心里激起了层层波澜，“头上喜鹊叫，/叫得万开心发麻。/喜鹊也是一对对，/说起万开不如它”，万开睡不着去街上逛，“逛来逛去一丈远，/一丈远近来回逛，/金女的大门还没关，/门缝瞧见有灯光”；他躺在炕上，更是翻来覆去睡不着，“心头总是短个甚……左边滚，右边滚，/炕上还是一个人……”这里对主人公复杂细腻的心理活动，就刻画得相当生动有力。但诗中的抒情笔墨多与叙述故事结合在一起，巧妙自然地将强烈的爱憎情绪渗透在对人物行动与环境特征的客观描述之中，读起来具有感人肺腑的力量。这一手法在后来的《漳河水》中得到了淋漓尽致的发挥。

《圈套》作为阮章竞的第一部叙事诗，自然还有它的缺陷。看来主要问题不在于有人批评的只是干巴巴地叙事，而要从艺术构思上去探究它的不足。我们已经指出过，它的构思特点是着重叙说故事，从而把敌我斗争的教训表达出来，以教育群众，这种构思方式有它的优点，也带来了一种不足，那就是容易忽视人物形象的塑造。

在语言上，该诗注意了俚俗上口，却失于精练含蓄。受构思的局限，为求故事的完整，不得不用许多句子来做交代、照应、说明，这些句子又要弄得有节奏、有韵律，这样，就造成有些句子枯燥生硬，缺乏艺术光彩，如“各个坦白认错误，/保证不敢再糊涂”“区长代表县政府，/接受要求作答复”等，从而削弱了作品的诗意和艺术魅力。

《圈套》是阮章竞在激烈动荡的战争环境中，用短短十二天时间写成的，由于它用群众喜闻乐见的形式反映了新区的群众斗争生活，立即受到包括不识字的妇女和老人在内的广大群众的欢迎，起到了教育群众的积极作用。然而这部为战争年代的人民群众所肯定的作品，许多年来却受到很不公正的待遇。着重叙述故事的民间说唱文学，本来是为群众所喜闻乐见的我国民间叙事诗的一种类型，湖北汉族的两部著名的民间叙事诗《双合莲》与《钟九闹漕》就是它的代表。《圈套》有意识地汲取这种民间诗歌的形式来写作新型的叙事诗，这是极有意义的尝试。有些论者却只看到它不足的一面而抹杀了它对于探索叙事诗民族形式的意义，在文学史上未给予公正评价，不能不使人感到遗憾。

（二）

阮章竞的第二部叙事诗《漳河水》，写于1949年3月，最初发表在当年4月出版的《太行文艺》上，年底又做了一次修改。它是继《王贵与李香香》之后出现的我国叙事诗园地里的又一颗璀璨的明珠。

《漳河水》写的是三个妇女翻身的故事。诗人多年在太行山地区做群众工作，对那一带妇女的斗争生活与思想感情有深切的体验。诗人从“她们歌唱自己的翻身，歌唱自己的劳动，歌唱自己的快乐”的漳河小曲里受到启发，受到感染，于是写成这一部叙事诗，记录下漳河两岸妇女在旧时代所遭受的苦难，抒写出她们在新时代挣脱封建枷锁的斗争和翻身的喜悦。

《漳河水》的创作，距离《圈套》虽只有两年工夫，在艺术上却实现了一个飞跃。

首先是在艺术构思上，它不再像《圈套》那样着重于叙说故事，而是着力于塑造人物形象，尤其是深入细致地去刻画女主人公的精神世界，使人们透过她们心灵的窗口，去感受时代的风云变幻。

这部长诗的主人公是三个生活道路不同的女性。“一个荷荷一个苓苓，/一个名叫紫金英”，她们三人的命运都像“断线风筝”一样，被父母包办的封建婚姻制度推入火坑，饱受苦难。可是时代变了，共产党、毛主席给她们带来了光明和希望。“漳河发水出了槽，/冲坍封建的大古牢！”三人用各自不同的方式进行挣扎反抗，努力创造新的生活。

荷荷、苓苓和紫金英的性格、遭遇，蕴含着深厚的历史内容，具有很强的典型意义。写她们往日的苦难，揭示了旧时代、旧制度以种种形式迫害妇女的罪恶。“声声泪，山要碎！/问句漳河是谁造的罪？”诗人发出了深沉有力的控诉。写她们的解放，固然是为了激励不同类型的妇女勇敢地投入新生活的激流，也是为了歌颂共产党、毛主席给人民群众开辟的光明与幸福之路。正是这个新的时代，使过去的被侮辱与被损害者充分意识到了自己的权利和尊严，她们挺起腰杆，勇敢地和封建势力做斗争，也同自己身上的旧意识决裂，女儿的命运就不再是“断线风筝”，可以由自己把握了。“自由天飞自由鸟”，这个结句是意味深长的。我们从《漳河水》所写的三个普通农村妇女的翻身史里，又一次鲜明地感受到革命的新时代在广阔领域内前进的步伐。其中特别是紫金英的形象，具有深刻的典型意义，这个被当时社会鄙弃的女人，却有着十分善良美好的心灵，她不仅遭受着一般劳动妇女身受的封建压迫，作为一个担上坏名声的寡妇，不得不为了自己的“墓生孩”在难耐的屈辱中讨生活，新的时代才使她摆脱这深沉的痛苦。民间歌手们曾为她们的不幸编过哀婉动人的歌谣。在紫金英身上，就有着《桂姐捎书》这类民间叙事诗中桂姐的身影。但诗人却是在社会革命的背景下，来刻画这个人物，从那些抒写她的怨恨情绪的撕裂人心的诗句中，我们似乎可以看到诗人举着千斤榔头向罪恶的“贞节坊”砸去的愤怒姿态。我国古典的、民间的和现代的叙事诗，曾塑造出一系列光彩照人的女性形象，紫金英以其独特的风采进入了这个画廊。

《漳河水》的突出成就还表现在用抒情的调子来叙事，叙事与抒情的高度融合。它的故事也是很生动的，但没有像《圈套》那样，去追求情节的曲折、完整。诗人将经过高度提炼的基本情节，做了巧妙的穿插安排。第一部分写三人拉手在漳河沿，哭诉她们的不幸和悲哀；第二部用不同的手法，分别叙述她们的翻身史：写荷荷，是大刀阔斧地闹离婚，自找对象；写苓苓给丈夫二老怪开“夜训练班”，反对他的“大男人主义”，充满讽刺和幽默；对紫金英，则用细腻的笔触，剖析她复杂的内心世界。这一部以荷荷组织妇女生产互助把三个人的活动贯串起来，第三部又把苓苓和二老怪这条线提起来，由二老怪参观互助组种地，转变思想，现身说法，结束了整个故事。故事相当生动活泼，然而情节线索和场面都不复杂，这就可以使诗人从容不迫地以抒情笔墨来刻画人物，渲染诗意，从这里可以看出诗人已经熟练地把握了叙事诗这种体裁的语言艺术奥秘。

《漳河水》充分发挥了诗歌艺术长于抒情的特点，特别难能可贵的是，它已经将抒情和叙事的笔墨融为一体，而不是在叙事之外，再穿插一些空洞的抒情诗句。第一部结尾中的“恨咱不能拔起山，/把旧规矩捣成稀巴烂”，大概是唯一以叙述故事的第三者的身份出面直抒胸臆的地方。本来是写得很自然有力的，然而即使是这样的写法，诗人也尽量避免，总是将热烈饱满的情绪凝结在刻画人物、叙述故事、描绘情景的诗句之中，往往是不着痕迹地使它们带上浓厚的感情色彩，从而产生震撼读者心灵的力量。请看：

抽俺的筋筋搓成线，/也买不下婆家心半片，/还骂没针尖！
看尽花开看花落，/熬月到五更炕头坐，/风寒棉被薄！

前者是荷荷对那个封建婆家的愤怒控诉，后者是紫金英对自己孤苦生活的低声诉说，都不是单纯叙说自己的不幸境遇，同时也从心底涌流出无穷哀怨与强烈愤恨。

还有，借描写自然景物来烘托某种情绪。当女主人公诉苦时“桃花坞，杨柳树，东山月儿云遮住”“摇山拔树风呼呼，/静静的漳河发了怒”。当她们走上新生活道路之后：“漳河水，九十九道湾，/满天云雾风吹散”“漳河流水唱得欢”，似乎漳河两岸的景色，也因主人公情绪的变化而显出喜怒哀乐的不同色调，有一节写道：

话儿没完头低下，／有语难明啃指甲。／窗外呼呼风阵阵，／甚时能吹断那万恨根？／甚时能吹断那万恨根？……

紫金英怨恨绵绵的姿态神色、内心活动和窗外的呼呼风声完全融合起来，构成了一个情景交融的画面，透出对吃人的旧社会的无穷怨恨。诗人在一个春夜里写这一节诗时，曾为强烈的愤恨所激动而全身震颤；我们至今读来，依然能产生强烈的共鸣。

诗是要以情动人的。叙事诗决不能干巴巴地叙说故事，而要做到情与事、情与景的交融，创造具有浓重抒情色彩的人物和意境。在我国民间叙事诗中，除了着重叙述故事，以故事的曲折完整来感染人们的那一类作品外，还有故事简单而着重抒情的，陕北民歌中的《兰花花》、山西民歌中的《桂姐捎书》就是例子。我国古代著名的两部民间叙事诗《孔雀东南飞》和《木兰辞》也属于这个类型。它们因经过文人的加工润色而变得精美绝伦，成为古典叙事诗的杰作。《漳河水》没有沿用《圈套》的艺术形式，而是另辟蹊径：它不追求故事情节的曲折完整，而着重于抒情，在情景交融的画面上，深刻揭示富有个性特征的主人公的内心世界，捕捉新旧时代在人物心灵深处的投影，并将自己真挚热烈的情绪融化进去。这种构思方式，显然是向上述古代的和现代的优秀民间叙事诗学习的结果。《漳河水》的动人之处，也就在这里。

在语言形式上，《漳河水》的诗句精练和谐，清新活泼，诗人谦逊地说它“是由当地的许多民间歌谣凑成的”，实际上他对民间歌谣做了加工提炼，而又很好地保持了民歌的韵味。《圈套》大体上是用民间说唱的格调写成的，《漳河水》则是以当地民歌中各种形式的抒情小调为基调。据诗人介绍，这些小调的名称有“开花调”“梧桐树”“绣荷包”等多种。它们的格调丰富多彩，有的适于诉说悲苦的情绪，有的适于抒写欢乐的心理。像三个姑娘在漳河沿诉苦的那个调子：“人人骂我根扎错，开口闭口不是货，有苦向谁说？”就叫作“四大恨”，用压抑的调子，深沉有力地抒发了女主人公的怨恨情绪。难怪诗人要把这部长诗的体裁叫作“漳河小曲”了。因为它不是严格按照一种调子写的，所以节奏旋律显得很活泼。句式以七言为主而加以变化，可长可短。章法灵活，四行一节居多，也可以两行、三行、六行以至十多行组成一节。基本上是两行一韵，在行数较多的诗节里，也可灵活自由地变换韵脚。诗人熟谙这些民歌的格调，得其神韵，用它们来表达不同的内容与变化的情绪，似乎毫无拘束。可是它们又并非硬凑起来的，在变化时总是保持着一种基本的格调，注意于多样化中求统一。作为一部长诗来说，读起来仍然感到十分和谐完整，具有鲜明独特的统一风格。显然，这是诗人下苦功夫熔铸民间歌谣形式的结果。

《漳河水》在语言上，很少套用民歌的现成词句，总是汲取群众口语的精华而加以锤炼，使它具有抒情写意的充分表现力。如长诗的开头：

漳河水，九十九道湾，/ 层层树，重重山，/ 层层绿树重重雾，/ 重重高山云断路。

清晨天，云霞红红艳，/ 艳艳红天掉在河里面，/ 漳水染成桃花片，/ 唱一道小曲过漳河沿。

短短几行诗，就描绘出漳河两岸的明媚风光，使人如身临其境。诗人平时喜欢画画，对自然界的山光、水影等往往有特别敏锐的感觉，绘声绘色，诗中有画。但他并不满足于描摹静态的景物，而是驰骋美丽的想象，巧妙地用“断”“掉”“染”等几个极为普通的动词，将眼前的云雾、山川、歌声联结成一个饱含诗情画意的优美意境，缘情写景，情景融合，深深地感染着读者，并给全诗定下了一种欢快明丽的色调。

《漳河水》的语言富有民歌风味，诗人融合了民歌清新自然的优点，同时又注意汲取我国古典诗歌运用语言讲求精练含蓄的技巧，反复锤炼自己的诗句，达到珠圆玉润的完美境地。它用八百多行诗，写出了一个新旧交替的时代和性格鲜明的三个农村妇女走向新生活的斗争历程，而且写得是那样富有诗意，富有中国民族诗歌的特色。多年来，在叙事诗新作中，似乎还没有一部作品，在精练与和谐上超过它。

（三）

新中国成立后，阮章竞由农村进入城市。1955年写成童话诗《金色的海螺》。它在1980年举办的第二次全国少年儿童文学创作评奖中，被评为一等奖，成为一部可与俄国著名诗人普希金的《渔夫和金鱼的故事》相媲美的中国童话叙事诗的杰作。

这部长诗取材于我国各地广泛流传的"田螺姑娘"这个古老而优美的民间童话故事，以渔家少年和海螺姑娘坚贞不渝的爱情为线索，来展开曲折动人的故事，抒写了人民群众对美好生活的渴望和坚强不屈的斗争精神。

民间流传的"田螺姑娘"，是一个将劳动人民的实际生活与浪漫主义的绮丽幻想巧妙融合的故事。由于黑暗残酷的封建社会制度极力扼杀青年男女的美好爱情，因此人们幻想劳动生活中经常接触的草木虫鱼能化身为美好的女性，主动给他们带来幸福的爱情和丰裕的生活。但"好事多磨难""田螺姑娘"的各种异文尽管情节千差万别，其中主人公的思想性格都是在这些斗争和考验中焕发出光彩。阮章竞充分把握了这个故事的精髓，并结合少年儿童的身心特点，完美地再现了它的内容。诗人没有去细腻地描绘他俩的爱情生活，而是把爱情写得像少男少女之间的友谊那样单纯明朗；也没有着力渲染那些神奇的情节和场面，而是以热烈深沉的感情歌唱少年不为狂风恶浪所屈，不为金银财宝所动，也不为其他美丽仙女所惑的崇高品质和坚强意志。

> 什么风险我都不怕，/ 什么苦头我都能忍受。/ 不管你跑到哪块天边，/ 我也要陪伴在你的左右。/ 你要夺走我的海螺，/ 我要把大海倒吊起来！/ 不还我活海螺，/ 我要把水晶宫砸成小块块！

诗中对海神娘娘的描写，在20世纪60年代，曾被一些人指责为抹杀了阶级斗争。民间口头传诵的原故事中，叙述这一对男女主人公反抗外来的迫害，曾分别采用两种母题：一种是"抗争母题"，即由拥有神奇魔法的女主人公出面，来惩罚企图抢亲的财主、县官或皇帝等人，以突出展现女主人公的不屈抗争和智慧；另一种形式就是像《金色的海螺》这样，由男主人公出面，战胜女方父母安排的种种考验，实现美满的结合。这就是在民间故事中十分普遍的“考验母题”。它侧重于赞扬男主人公的高尚品质，其艺术构思也十分精美。这两种形式都是以幻想的形象和情节，象征性地将现实生活的逻辑和民众意愿融为一体，不像一般文学作品那样，直接描绘现实生活的面貌。这是童话艺术的特征。《金色的海螺》借少年排除各种艰险和诱惑，最后赢得海神娘娘的赞许：

你赢了，你赢了，/赞美你的大胆和坚定，/赞美你对海螺的真诚，/你赢得了我女儿的爱情！

长诗很好地运用童话的象征手法，不仅歌颂了少年不为威武所屈的勇敢大胆，还歌颂了他不为金钱和美色所惑的坚贞。这一情节能够更充分地揭示主人公心灵的美，具有更广泛的概括意义，也更适合于童话叙事诗的要求。在这里，正表现出诗人对这个民间童话的内容与形式的深刻理解，显示出他利用民间文学素材进行再创作的卓越才能。诗人在给笔者的信中，曾提及他是看到中国革命取得历史性胜利，干部进城后喜新厌旧，换妻成风，无端造成许多寡妇孤儿，他是在这一社会邪恶现象激起的义愤的强烈驱使下，才写成《金色的海螺》一诗的。由此，我们便不难理解诗人笔下的古老童话为何那样贴近现实，渗透其间的诗人的爱憎情感为何那样真挚强烈了。

《金色的海螺》淳朴动人的主题和优美的艺术形式得到了高度的统一。它既有迷人的幻想，又巧妙地将诗人记忆中在南海之滨度过的童年生活的鲜明情景编进故事，使幻想与现实有机结合，构成绚丽多彩的图画。它的情节极为单纯，却用两个“三段式”结构构成曲折波澜，并采取与之相应的三度反复，以高度集中的手法，揭示主人公的性格特征，抒写出深沉浑厚的爱憎情感。全诗五百行，一气呵成，既单纯明快，又含蓄耐读。童话这种体裁，本来就饱含着诗意；诗人以诗的形式、诗的语言来叙述这个优美的民间童话故事，就更显得诗意盎然，沁人心脾了。

这里还应当特别提出诗人通过写作《金色的海螺》在诗歌形式上所做的极有意义的探索。

关于新诗形式问题，建国以来曾展开过几次讨论。1953 年、1954 年，我国著名诗人和文学评论家何其芳曾连续发表文章，倡导建立“现代格律诗”，其特征是以有规律的顿来造成节奏，有规律的押韵；不讲究字数的整齐，只要求顿数的规律化。它同我国古典诗歌和民歌在形式上的不同之处，主要在于每行收尾不要基本上是三个字的句法和调子，而基本上是两个字的词或短语[①]。诗的形式应当随着生活内容和语言的发展而变化，建立现代格律诗的主张就是为了使我国的新诗能更好地反映现代生活和适应现代口语的特点而提出来的。何其芳的主张虽然在很长一段时间内遭到人们的种种误解和责难，实际上它反映了诗歌艺术发展的客观趋势。《金色的海螺》就是按照现代格律诗的要求来解决诗歌形式问题的一次成功的尝试，一个出色的成果。它在诗体上的新探索，是一眼就可以看出的。

美丽的——姑娘——轻轻地——微笑
柔和地——闪动那——明亮的——眼光
慢慢地——理着那——阳光似的——头发
说话像——淙淙的——泉水——流淌
我家——住在——大海的——那边
父亲——姓海——我叫——海螺
我愿意——跟你——做个——朋友
能天天——跟你——学唱——好歌

每行四顿，不追求字数的整齐划一，而是以诗顿的有规律的安排来造成鲜明的节奏感；间行押韵，每行均以二字顿收尾，完全达到了现代格律诗的要求，有别于用一字顿或三字顿收尾的整齐的五、七言体，是一种吟唱的调子。《金色的海螺》则是一种叙说的调子。由于它突破了要求字数整齐划一及用单字收尾的限制（现代汉语中由两个以上的字组成的词居多数），因此更便于在诗里吸收现代口语。这种大胆创造，使它具有一种独特的艺术风格，既像老祖母讲故事那样平易朴实，又饱含诗的韵味，受到了广大读者的喜爱。

---

① 何其芳：《谈现代格律诗》，《新诗歌的发展问题》（第二集），北京：作家出版社，1959年版，第250页。

（四）

诗人在写成《金色的海螺》之后，即于1956年冬开始深入内蒙古包钢基建工地，实际从事党的宣传工作，并成为高炉建设指挥部的领导成员之一。他亲眼见到在曾经是黄沙漫天的草原，怎样出现童话般的奇迹，矗立起一座雄伟的钢都。除写作《新塞外行》等抒情短诗外，诗人用一年多的时间酝酿构思，终于在1960年写成了一部反映我国钢铁基地宏伟建设的长诗《白云鄂博交响诗》（先后发表于《人民文学》，1963年2月做出较大修改，1964年由作家出版社出版）。这部长诗曾引起广泛的争议，也是阮章竞在叙事诗创作上最为艰苦的一次探索。

长诗以阿尔斯朗这个人物为中心，将古老的神话传说和蒙古族人民几代人保卫建设草原的斗争联结起来，编织成一幅壮丽的历史画卷。千里草原，骏马奔驰；壮烈斗争，世代相继。活动在这广阔的自然与社会背景下的，是性格勇武刚强，有着威威烈烈经历，被渲染上传奇色彩的英雄人物。如果说，《漳河水》的调子像山谷的流泉淙淙，《白云鄂博交响诗》的调子则宛如草原上的马蹄嘚嘚。这样的格调，草原上特有的景物，同社会主义建设中海跃山飞的气氛密切结合起来，就形成了一种奔放豪迈的风格。尽管诗人力图通过《白云鄂博交响诗》，将社会主义工业化题材引进叙事诗领域，却未能取得成功。对它的评价当时就有分歧，现在来看它的得失就更为清楚了。诗人力图将内蒙古草原的历史与现实相联结，使之具有史诗的气势；赞美老一代英雄不惜用鲜血和生命保卫草原，笔力较为雄健；可是当转向工业建设，因完全不触及深层次的矛盾与纠葛，一味“歌德”，诗篇就在豪壮表层之下显得内容贫弱无力了。还有，构思长诗时，为了满足一些好心同志的要求，诗人力图把它写成一个全面反映包钢建设过程的“历史性的记录”，不仅写了蒙古族的第一代英雄，还想写出第二代、第三代的斗争事迹与性格，所以诗中不仅出现了老阿尔斯朗的儿子海日巴尔，还特地安排他的孙子去矿山开电车，孙女去开电阀，人物众多，头绪复杂；而诗人所要表现的又是工业建设这个新的领域，是在生活、语言上有着一定隔阂的兄弟民族的生活。这样，当后半部写到矿山建设者的生活时，就不免有浮光掠影之感，有些人物也就站立不起来了。不像写作《漳河水》时那样得心应手，拈一细节即可使人物呼之欲出。诗句也有缺乏锤炼的地方，像“矿石供应全保证”“为高炉运送好军粮”“盘山铁路电车通，五月通车闯矿关”这类生硬的句子，虽然修改时已去掉，痕迹依然有，不及《漳河水》的诗句那样通体精美动人。这不仅是因为初稿写得比较匆忙，也受到1958年前后“大跃进”时期不正诗风的影响。那时以虚张声势的豪言壮语来张扬所谓革命浪漫主义成为时尚。《白云鄂博交响诗》中的一些语句，如“黄河擂鼓夺钢铁，/阴山南北旗飘扬。/开礼炮，开礼炮，/迎铁迎钢迎朝阳！”等，“大跃进”诗风留下的印痕显而易见。诗人在给笔者的信中曾就《白云鄂博交响诗》的创作写过一段意味深长的话：“在一个极‘左’路线的池子里，即使跳了出来，但仍要湿淋淋，带着满身水珠。你只要写现实，你就不能跳出这个水池！”《白云鄂博交响诗》在叙事诗创作探索上的成就与局限，仔细体味这段话就不难理解了。

（五）

阮章竞在十来年的时间里进行艰苦探索，奉献给人民的四部叙事诗，在艺术质量上，除《白云鄂博交响诗》较为逊色外，大都进入了我国当代优秀诗作的行列。《圈套》和《漳河水》被文学史家称为“一首著名的反映农村斗争的诗篇”和“一首不可多得的好诗”[①]，《金色的海螺》则被儿童文学界誉为当时“中国少年儿童文学的重大收获”[②]，诗人在叙事诗创作上的成就是难能可贵的。

他在叙事诗的创作上给我们提供了哪些宝贵经验呢?

首先是对待生活的严肃态度。不论是在成名之前还是成名之后，他都是以一个实际工作者的身份扎根于群众之中。写作《圈套》《漳河水》时，他在太行山区做群众工作，和群众建立了血肉般的亲密关系。他曾回顾当时的情景道：诗中的男男女女，老老少少，都是在战争、土改和生产劳动中，一起共过事，同哭也同欢笑过的人；自己已进入他们的兄弟姐妹行列之中，心心相印。并说：“幸好我当时不是诗人，如真是诗人，那就糟了，我就不可能深入理解那些受压迫最深的妇女的内心。”

其次是在诗歌艺术上勇于探索，大胆创新。他称自己为诗歌领域的一个勘探

---

① 刘绶松：《中国新文学史稿》（下册），北京：作家出版社，1956年版，第237页。
② 严文井：《儿童文学选序言》，北京：人民文学出版社，1956年版。

者，这四部诗，就是他不停歇地向前探索所留下的脚印。他用叙事诗的形式来反映农村的斗争生活，也敢于尝试写社会主义工业建设和兄弟民族生活的新题材。还热情地为少年儿童写作，创造性地再现了劳动人民精心构造的美丽童话世界。他运用民歌体写作本来是得心应手的，当感到“一铺滩滩杨树根”“一根扁担软溜溜”的调子不适合于表现电光闪闪、机声隆隆的新的建设生活，也不适合于向孩子们叙说古老的童话故事时，即努力创造新的诗歌形式，使作品的内容与形式达到完美结合。《圈套》使我们仿佛置身在疾风骤雨式的农村阶级斗争情景中，《白云鄂博交响诗》把读者导向具有浓厚英雄传奇色彩的大草原，《金色的海螺》则用老祖母的口吻讲述故事，把读者带进童话的浪漫世界。尽管有的作品瑕瑜互见，诗人的这种创造精神却在文学史上永留光彩。

最后是诗人努力从民间文学和中国古典诗歌中汲取滋养，推陈出新。《圈套》汲取了民间说唱文学的形式，《漳河水》融进了民间抒情歌谣的调子，《白云鄂博交响诗》中借用了蒙古族的民间传说故事素材，《金色的海螺》更是取材于民间童话。他对有关民间文学的素材和艺术表现形式不是简单套用，生硬模仿，以求渲染上某些民间文学色彩，而是从追求作品内容与形式融为一体的要求出发，来吸收民间文学，把它们有机地融合在作品的血肉中。在《漳河水》中，几乎找不到一处民歌原词，然而它有浓厚的漳河小曲风味。据诗人自己介绍，写作时，简直没有感到是在“作诗”，而是自然沉浸在作品的艺术境界之中，看人有人，看物有色，似乎从中嗅到了泥土气息、草味花香，可以听到水声鸟语、虫鸣天籁。长诗所反映的思想感情和它以民歌为基调的语言形式之间，很自然地达到和谐一致，构成一个优美的艺术整体。这种情况，在他汲取民间传说和民间童话素材创作叙事诗时，也同样得到了表现。可以说，深刻理解民间文学内容与形式上的特征，得其神韵，融入自己的诗作，这正是阮章竞的叙事诗能以其民族化、群众化的艺术风格受人喜爱的重要因素之一。

诗人也十分注意学习和借鉴我国古典诗歌的优良艺术传统。《漳河水》和《白云鄂博交响诗》中的语言都表现出我国古典诗歌用语精练含蓄的特点。这里特别值得一提的是，他在作为语言艺术的诗里，常常融进音乐与绘画艺术的美感。这几部诗从追求音乐的美感来说，都是力求在一个和谐的旋律中有所变化，以各自不同的句法、章法，构成不同的主调，通过有规律的反复，造成音乐性的回旋，具有音乐的感人魅力。至于努力建构“诗中有画”的境界，在许多地方都可以看出，以“桃花坞，杨柳树，/漳河流水声呜呜”“送出门，送出院，/梨树花开月明天”为例，寥寥数语，就捕捉住客观景物中最富于特征的形态、色彩和声音，勾画出一幅幅动人的图景，使树影、水声、月光等，都来给人物倾诉内心的喜怒哀乐，造成情景交融的效果，透出浓郁的诗意。这一特点，就是由于诗人在学习古典诗歌的过程中，深深体会到中国传统的诗歌艺术与音乐、绘画互相渗透、密不可分的特点，因而有意识进行创造的结果。

1963年，诗人在谈到自己的诗歌创作时曾说：“如说我是诗人，不如说我是勘探者。我是在探索走路，很艰难地走着。”笔者长期从事民间文学的教学与研究工作，十分喜爱这类具有民族民间风格的叙事诗篇，曾就植根于中国民间文学传统的现代叙事诗的创作问题和阮章竞有过长达十多年的坦诚交流。现在将自己的粗略见解整理出来，连同阮章竞的多次来信一并发表，希望得到全国文学研究者的关注与批评。

2006年夏于华中师大桂子山庄

（原载《长江学术》2007年第2期）

精益求精 不断前进

——阮章竞解放前诗歌创作的艺术成就

◎ 李昌陟

阮章竞是大家熟悉的诗人。他解放前留存下来的诗歌数量不多，但叙事和抒情的技巧都达到了炉火纯青的地步。他的作品表现出来的鲜明的民族化、大众化风格，尤其受到了普遍的赞赏。阮章竞这些成绩的取得并不是一蹴而就的，他由开始崭露头角到完全成熟，是经历了一个探索发展的过程的。

阮章竞出生于贫苦的渔民家庭。十一个兄弟姊妹中，夭折三人，饿死两人，被封建势力打死一人。父亲也在战争年代里活活地饿死了。他从小就和群众痛痒相关，对劳动人民的困苦有深切的感受和了解。二十岁到上海，做了两三年群众文艺工作。1937 年年底到太行山革命根据地后，又在党的领导下，与群众同甘苦、共命运，一道战斗了十几年，和群众建立了深厚的情谊。早在青少年时代，阮章竞就对民歌、民间戏曲和古典诗歌产生了浓厚的兴趣。1939 年秋冬之际在山西辽县搞戏剧活动，曾搜集了不少民歌。毛主席《在延安文艺座谈会上的讲话》发表以后，他更是自觉地坚决贯彻文艺的工农兵方向。阮章竞的生活道路，为他用民歌体诗歌叙人民之事、抒人民之情，奠定了坚实的基础。

阮章竞解放前写的诗歌，目前见到的只有八首，除小诗《秋风曲》和《儿童拾粪》外，全数收在 1958 年编印的《漳河水》里，其中有两首是长篇叙事诗。

写于 1938 年的《秋风曲》，系剧本《保卫抗日根据地》的插曲。在阮章竞留传下来的诗歌中算是最早的一首。曲中纺线的妇女坚决支持丈夫杀敌立功，富有爱国主义精神，加上用民间小调写成，在群众中很受欢迎。1940 年写的《牧羊儿》，原为剧本《和尚岭》的一支插曲。内容写一个牧羊儿所受的压迫、剥削，以及他在难堪的折磨下投奔红军的事情。语言活泼晓畅，加上反复迭唱手法的灵活运用，造成回旋往复的旋律，开始显露了作者掌握民歌艺术的才能。

1947 年 2 月，揭露地主反攻倒算的叙事长诗《圈套》写成，立即受到了文艺界的重视，曾获当时晋冀鲁豫地区文艺奖，后被收入《中国人民文艺丛书》。

我国古代的叙事诗，从写法上看大体有两类。一类以《长恨歌》《琵琶行》《圆圆曲》等为代表，围绕人物的遭遇和命运反复咏叹，着重抒情。一类以《陌上桑》《孔雀东南飞》《石壕吏》等为代表，集中笔力讲述故事，刻画人物，偏于叙事。阮章竞是爱好乐府诗，特别是喜欢《孔雀东南飞》的，他的《圈套》，实际上采用了《陌上桑》和《孔雀东南飞》的写法。

在《圈套》里，作者紧紧扣住地主杨道怀谋害农会主席李万开这一线索来开展故事，笔力集中，不枝不蔓。杨道怀的“反革命”经验十分丰富。他指使狗腿子行贿，指使狗腿子怂恿万开强叫娘儿们扭秧歌，指使狗腿子撮合万开与金女的关系。他为这些阴谋设下了一个又一个的圈套，让万开去钻，故事也就一步一步地走向高潮，结构非常紧凑。李万开被吊打时，英娥娘经历了庙门紧闭、坠入雪坑、昏倒路上等困难和挫折，终于搬来了西联防民兵，救出了李万开，粉碎了地主的反攻倒算，情节曲折，引人入胜。只是最后两章事事都在读者预料之中，稍嫌平直。

长诗刻画人物的成就主要表现在反面形象上。作者善于选用典型情节来揭示他们的性格特征。杨金带向李万开行贿，本来已经碰壁，他还是要去钻万开娘的空子，而且料定李万开不敢忤娘，公然用歪道理去引诱万开，充分表现出他的狡狯。万开娘接受贿赂后，他立即怂恿大户都来送礼，弄得万开家“后门开了路，踏得平又平”。为了打倒万开，先把万开拉下水，搞垮他的威信，使他和群众分离开来，这突出地表现了杨金带用心的险恶，手段的毒辣。王玉枝女人出于不可告人的目的，在金女和万开之间穿针引线，用尽心机，耍尽花招。她的许多挑逗性的话，固然很恶劣，她向金女说的下面这一类“正经”话尤为恶毒：“如今男女兴自由，/ 平等恋爱怕哪个？……再说万开心底好，/ 俏女好男真不多！”表面看来这些话句句在理，但她陷害万开的阴谋诡计却正藏在这里面；话越动听，危害性就越大。这是玉枝女人特别奸黠的地方，也是作者巧于着笔之处。长诗对杨金带等人用实写，对于首恶分子杨道怀却用虚写，让他躲在幕后发号施令。没有哪一件坏事是他亲自动手的，同时又没有哪一件坏事不是他做的，这比把杨道怀推到前台来表演，更切合他的身份，更能揭露他的老奸巨猾，同时也更符合叙事诗要求简化线索的需要。

在正面人物当中，英娥娘的描绘特别精彩。她露面不多，但作者让她在关键时刻出现，并对扭转危局起着关键性的作用，这就使得她在读者的心目中留下极为深刻的印象。她到区上去报信，作者写她不是单纯救万开，而是从拯救全村着想，从而进一步提高了人物的思想境界。她机智，她勇敢，她富有自我牺牲精神。在她前往报信的路途上，作者通过重重困难来考验她，使她的高贵品质更加显得光彩夺目。李万开的描写，成功、失败都有。他从拒绝贿赂到听任他娘受贿的演变，以及他与金女一道上当受骗，都被处理得丝丝入扣。但是，杨金带的狼子野心，他原是一清二楚的。他不仅没有想办法对付，反而喜笑颜开听杨的话，硬叫娘儿们正月十五出来扭秧歌，这是他已从他娘的受贿中尝到了甜头、吃了人家的嘴软的一种表现。作者把它解释为“直心直肠的李万开，随随便便就答应了”，缺乏说服力。末尾的洗脸擦黑会，也没有从反腐蚀的高度点明万开的错误性质，有损主题的进一步发掘。

《圈套》在叙述描写上不能说是已经完美无缺，但总的来说，确实很出色。特别是它是用韵文写的，做到这样程度就更不简单。但是，叙事诗毕竟是诗，它的根本职能在于抒情。只有浓情似酒，才能使人陶醉。侧重叙事的《孔雀东南飞》之所以被人千古传诵，固然与它“历述十许人口中语，各个肖其声情”（黄节《汉魏乐府风笺》引陈胤倩语）大有关系，但它的叙事写人是渗透着作者强烈的感情的，这从字里行间随处可见。它还有意抓住一些抒情性的话语和情节加以渲染，借以加重感情的分量。这些才是它最为深入人心的地方。如刘兄逼兰芝再嫁，婚期前夕，兰芝与焦仲卿结下“黄泉下相见”的誓言，作者接着写道：“执手分道去，各各还家门。生人作死别，恨恨那可论。”后两句既是人物的心境，也是作者的感叹，描写和抒情密不可分。本是生人，竟作死别，语意极为沉痛，这段话的感染力正出在这里。《圈套》具有《孔雀东南飞》叙事写人的长处，却缺少《孔雀东南飞》的抒情魅力。它只注意怎样使故事更吸引人，怎样把人物写得惟妙惟肖，却没有抓住具有抒情意味的情节来加以渲染，气氛烘托也很不够。它的语言明白晓畅，保存了群众口语的特点；有些对话从人物刻画角度说还是很不错的，但诗的提炼不够，抒情气味不浓。《圈套》由于缺少抒情，尽管它的叙述和描写很到家，称得上是一部好作品，但从诗的角度说，还不能算是完全成功的。

与《圈套》的创作同时，阮章竞还写了短篇抒情诗《送别》；一个月以后，又写了另一首抒情诗《盼喜报》。两首诗都是鼓励儿子或丈夫英勇杀敌，与《秋风曲》的主题思想一脉相承。《送别》让一个老大娘尽情倾吐自己的革命情怀，语语都从肺腑中流出，纯真朴实，感人至深。这个老大娘是一个百分之百的农村劳动妇女，没有一点小资产阶级知识分子的气味。她向孩子说："如果捉住老蒋和刘明德，/替娘狠狠地咬他一牙！""要是你打得狗们胡窜来，/我拿茅房的扫帚来打他！"无论从情调、语气和词汇来看，都完全符合老一代的农民妇女的声口。诗中对于"开花调"的调式和民歌语言也都用得很熟练。从这些地方可以看出，作者对于农民群众及其口头文学的了解，已经达到怎样的深刻程度。《盼喜报》托为一个士兵的妻子给丈夫写信，篇中黄海的庆功场面写得有声有色。阮章竞的诗一般都比较精练。他主张把大量的内容压缩到很少的文字里，不赞成把一件事铺开来写，这个庆功场面是个例外。但全篇的主题就是鼓励丈夫杀敌立功，诗中的这个妻子的强烈愿望，就是黄海的庆功活动引起的，在这里实在很有必要作为重点加以突出。同时，作者虽做了一些铺张，也还没有人为地把篇幅拉长。庆功场面本是适于叙述描写的题材，作者却通过诗中人的眼睛看出来，这就染上了人物的主观色彩，从而达到与前后的抒情段落的协调一致。诗的第二节写得特别亲切：

那天给你剪鞋帮，/多大多小我不用想，/一揸揸长来再加三指，/不肥不瘦合脚样。

她对丈夫的一切是这样的熟悉，而这种熟悉，是建立在深厚的爱情的基础上的。《送别》和《盼喜报》是阮章竞在抒情方面取得的可喜收获，民歌味也比《圈套》更加浓郁。

1949年，阮章竞先后写了两首歌颂妇女翻身解放的诗篇，一是《漳河水》，一是《妇女自由歌》。《漳河水》是一首优秀的叙事长诗，它的出现标志着作者创作上的重大进展。

阮章竞生在广东，接近侨乡。许多华侨回国结婚后，一去几十年不归。妻子留在家里守活寡，稍有一点"不规矩"，即遭舆论的打击和压制。他对这类事情见得很多。他少年时代，当过几年油漆工，替人修房，得以经常出入别人的家门，亲眼见到过许多大妇虐待小妾、丈夫压迫妻子的惨况。后来到了太行山区，那里封建习俗很浓重。丈夫在房里打老婆，公公不制止，有的反在房外替儿子助威。妇女受了压，在家里不敢哭，跑到山坳水洼去哭。这类事情给阮章竞很大刺激。他耳闻目见很多，感触很深。《漳河水》就是在这长期的生活积累的基础上写成的。

《漳河水》通过荷荷、苓苓、紫金英的遭遇，有力地控诉了封建婚姻制度的罪恶，唱出了关于妇女解放的热烈赞歌，思想性很强。同时，它在艺术上也取得了很高的成就。《漳河水》的艺术成就主要表现在两个方面。

一、叙事和抒情的巧妙结合

叙事诗和抒情诗差不多，基本职能在于抒情。不同的是，它同时还要叙事，它的抒情必须通过特定的事件来进行，不能与事件脱离。好的叙事诗应该在着重抒情的前提下，充分发挥叙事和抒情两方面的长处，并使两者在作品中水乳交融，互相渗透。阮章竞凭着对于妇女苦难遭遇的熟悉和同情，以及高超的艺术技巧，使《漳河水》成了这方面一个成功的范例。

阮章竞本来就长于叙事，他的《圈套》在这方面非常出色，《漳河水》比起《圈套》来，又有了新的发展。

《圈套》集中写杨道怀谋害李万开的事件，虽然牵涉面很广，人物也很多，线索毕竟只有一条，比较容易组织。《漳河水》碰到了个新问题，它所写的不是一件事，而是三个妇女不同的苦难遭遇和翻身经过，一般来说，“话分两头说”的写法是很难避免的。但叙事诗不同于小说，它不允许线索过于繁复。阮章竞以他熟练的技巧，成功地解决了这个难题。对于荷荷、苓苓、紫金英解放前的苦难，他是通过她们回娘家的时候聚在一起，互相倾吐胸中的愤怨写出来的。写的是三个人的不同遭遇，在表现方式上却把它们当成了互诉衷肠这么一件事来写，这就简化了线索，压缩了篇幅，避免了结构松散的毛病。对于她们解放后的斗争，他又用互助组做纽带，把她们串联起来。先是荷荷翻了身，紫金英和苓苓陪送她做新人。接着是妇女成立了互助组，荷荷做了组长，互助组有意识地把帮助苓苓、紫金英的担子担起来。在互助组的大力支持下，苓苓对二老怪进行斗争，取得了胜利。荷荷、苓苓都已获得了自由以后，她们没有忘记紫金英，主动帮助她，动员她入组，使她也摆脱不怀好心的人的纠缠，走上了新路。这样，三人的翻身经过虽是分别叙述的，却被互助组串联成一气，并且作为互助组的一项集体活动来写，线索仍然是一条而不是三条。从这里可以看出阮章竞安排情节、驾驭题材的本领。

事件离不开人，叙事必然要写人。《漳河水》里的人物一般都个性鲜明，栩栩如生。特别是苓苓和二老怪，由于他们之间展开了曲折的斗争，他们的形象也就刻画得更加丰满。二老怪是个夫权思想很严重的落后农民。他对苓苓好就耍，恼就打，他那套别出心裁的打法特别表现出他“大男人的思想出色坏”。解放后，他的这一套行不通了。他想阻止苓苓参加互助组，碰了一鼻子灰，他无可奈何，而又不服气。长期形成的男尊女卑的偏见，使他不相信妇女真能种地。他偷偷跑到妇女小组的地上去，当他看到“麦苗出土绿油油”时，他口服心服了，自动向苓苓认了错。二老怪尽管怪，他毕竟是个劳动人民，还有承认事实、服从真理的勇气。作者的这种处理，完全符合他的阶级本质和性格发展的逻辑，令人感到入情入理，很有说服力。诗中对于二老怪的心理描写尤为精彩，二老怪准备打苓苓一段就是突出的例证。作者抓住二老怪想打而又不敢打的矛盾，从各方面加以渲染，描写得淋漓尽致。这不是一个表面的矛盾，它包含了十分深刻的历史内容。在社会大转变的时代，人们的思想往往跟不上形势的发展。一些在旧社会中毒很深的人，尤其舍不得丢掉旧思想轻装前进。当这些旧思想和他们的某些既得利益联系在一起时，就表现得更加顽固不化。二老怪就是这类人中的一个。他要坚持夫权和大男人主义，不愿放弃打妻的恶习，但社会已经发生了翻天覆地的变化，政策法令和社会风气都不容许他继续耍横，使他不能不顾虑重重，不敢动手。这是老规程与新社会的矛盾，封建传统与民主潮流的矛盾。作者紧紧抓住这个矛盾不放，用“哎呀呀，老规程吃不开，二老怪碰到了新朝代”准确地进行了概括。这段心理描写的生动性，已经有人注意到了，但它概括得深刻有力，却还没有引起人们的重视，实有加以强调的必要。除这个段落外，二老怪怪苓苓没有在家侍候他因而大发雷霆的一段也很动人：

> 支差半月走得累，／回到家来天已黑。／一进院子没人声，／推开房看没人影。／一想打破了他老规程，／憋得两眼冒火星！／揭开锅看冷冰冰，／踢踢水缸空叮叮。／二想打破了他老规程，／三尸暴跳满院蹦！／往日回家炕

上一躺，/要干有干汤有汤。/今天回来见了鬼，/要饭没饭水没水。/三想打破了他老规程，/芒硝进肚不能忍！

恼怒是一种感情冲动，看不见，摸不着，作者用眼冒火星、乱蹦乱跳的形象和动作加以形容，又用芒硝进肚作比，形象鲜明生动，立即赋予它具体的可感性。二老怪的三想不是平列的，而是一层比一层加重。按照他的逻辑：支差回来，劳累已极，苓苓居然不在家迎候，自然该发火。不仅不迎候，而且锅里缸里空空荡荡，吃的用的都没有，怎不令人火冒三丈，乱蹦乱跳。往常回家炕上一躺，要啥有啥，今天回来一切都得自己动手，越比越恼，牛性子当然更加按捺不住。作者用递进的手法，把二老怪的恼怒一步一步地推向顶点，他那暴跳如雷的神态给人的印象特别深刻。作者不但把二老怪这类火爆性格的人写得活灵活现，也很能描写苓苓这类不动气的人。二老怪嚷着要她“别吃我饭你另支锅”，她慢吞吞地说：“后天另过也不忙，/还得跟你算算账。”在算得二老怪开不得口时，她忽然：

嗤嗤两声钻进被窝，/露出半个头来轻轻说：/“二老怪，不用发呆，/你的老规程如今没人买！”

这既是寸步不让的斗争，又是饶有风趣的调谑，弄得二老怪收不了场，下不得台。作者描写苓苓的这个动作和态度出人意料，很有特色。各种不同性格的人都能写，而且写得神情毕肖，不把他们的思想、性格、神态、口吻都摸得一清二楚，是办不到的。

前面已经谈过，作者在两年前写的《圈套》，基本上只是叙事，缺少抒情。《漳河水》不仅克服了这个缺点，而且在抒情方面取得了优异的成绩。

读过《漳河水》的人，恐怕很少有不对它的景物描写击节赞赏的。《漳河水》里的自然景物，都不是以它本身的意义而存在，都是作为人物活动的见证，为了衬托人物的心情而存在的。因此，作者虽然也写景，有些地方还写得异常优美，但从它在诗篇里的地位和作用来看，它本质上并不是写景，而是抒情，这是《漳河水》的一大特色。如开头的“漳河小曲”对漳河风光的描写，既有绚丽的色彩，又有远近的层次，寥寥几句，把漳河两岸写得十分优美动人，堪称现代诗歌中的写景名曲。但作者的目的根本不在于写景，而在于借景言情，寓情于景。“漳河小曲”实际上是为烘托全篇的感情基调——解放后漳河妇女的欢乐气氛服务的。作者把它放在全诗的开头，具有统摄全局的作用，并与全诗的结尾“自由天飞自由鸟，解放了的漳河永欢笑”遥相呼应。至于篇中对漳河的多处描写，那就更是直接为抒情服务了。人的心情本来是与自然景物息息相关的。风和日丽使人心旷神怡，浓云密布使人郁闷不乐。另一方面，人又往往带着主观的感情去看外界的景物。同是一片自然风景，高兴时就觉得它充满生机，悲痛时就觉得它全无活气。阮章竞充分利用了这种情况。他笔下的自然景色，大都随着人的性格差异和感情起伏而变化，对人物的心情起着有力的烘托和渲染作用。如同是一条漳河，苓苓诉苦的时候是：

桃花坞，杨柳树，/北岸石鸡夜半哭！/河底不平掀起浪，/苓苓揭开冤家账。

紫金英诉苦的时候是：

桃花坞，杨柳树，/河边草儿打觳觫！/风吹花飞落水面，/紫金英倒尽心头怨。

这不仅烘托出两个人共同的悲苦的命运，而且还分别映衬出了苓苓隐藏着的反抗情绪和紫金英的柔弱善良的性格，正如李渔谈到《琵琶记·赏月》中的曲子时所说：“同一月也，牛氏有牛氏之月，伯喈有伯喈之月，所言者月，所寓者心。”（《闲情偶寄》）不仅如此，诗中的景物有时甚至直接参加到情节里面来，与人物的心一同跳动，如紫金英诉苦达到愤懑的最高潮时，室外恰好刮起了一阵风：

摇山拔树风呼呼，/静静的漳河发了怒。

究竟是人在发怒还是水在发怒，实在很难分辨。“静静的漳河发了怒”，成了紫金英由柔弱到刚强的转折点。写到这里，景物与人情已经完全融合，就像糖融化在水里一样无法分解了。

为了加强动人的艺术效果，作者对荷荷、苓苓、紫金英过去的苦难遭遇，不是通过对客体事件的细致描述写出来，而是化叙事为抒情，让三人在各自的诉苦中，带着切身的主观感受和悲愤心情倾吐出来。三人中尤以紫金英的遭遇写得最成功。紫金英的苦不出自丈夫的压迫，而在于丈夫的早死。她不仅忍受着无爱的凄凉，还独立承担着生活的重担。不怀好心的男人乘机来“帮助”她，她无法拒绝，却又因此受到舆论的责骂。她的一字一泪的申诉饱含着无限的辛酸，像一块块石头往下投掷，激起我们心田的震荡。“扪心自问我犯啥错？/难道寡妇就不该活？/妹妹呀，救救我！”这是紫金英走投无路、忍无可忍中逼出来的义正词严的诘问，同时又是她的心灵深处迸发出来的惨痛呼声。她的话惊醒了“墓生娃”，她的眼泪滴落在孩子嘴里，“咽了吧，莫嫌苦，/记住你娘是寡妇！”她的悲苦和愤懑是如此强烈，又表达得如此含蓄，使读者的心情久久不能平静下来。眼泪不滴到别处，偏偏滴在儿子的嘴里，这是作者为了让她迸发出这句撼人灵魂的语言而精心安排的。这种化叙事为抒情的手法，从叙述描写的角度来说是有一些局限的，但它所产生的抒情魅力，却可补偿损失而有余。它还能把抒情和叙事融合为一，达到事中有情、情中有事的境地，令人体味无穷。这些都是叙事诗所非常需要的。紫金英是个内向人，不是事件的积极参加者，作者对她的描述不及荷荷、苓苓多，她给人的印象却反比荷荷、苓苓深刻，这是很值得我们深思的。

声音节奏是宣泄感情的直接媒介。诗的音节是由语音高低缓急的变化形成的，好的声音节奏常常能与语义包含的诗情高度配合，从而更加有力地引起读者感情的共鸣。我国的古典诗词多有采用这种办法作为抒情的辅助手段的，如史达祖的悼亡词《寿楼春》：“裁春衫寻芳。记金刀素手，同在晴窗。几度因风残絮，照花斜阳。谁念我，今无裳。自少年、消磨疏狂。但听雨挑灯，攲床病酒，多梦睡时妆。”词中多采用平声字，特别是用了“寻”“晴”“阳”“裳”“年”“狂”这许多声调低沉的阳平字，对于传达作者沉郁悲痛的感情很起作用。阮章竞认为：“诗是有文字的画，无音符的乐。诗应该用画面、旋律和音响来震撼读者的心灵，否则不成其为诗。”（引自笔者访问阮章竞的记录）可见，他是注意到了声音节奏传达感情的妙用的。《漳河水》里不乏声情协调的句子，如：

北点豆，南栽瓜，/河东河西种小麻，/早从东崖上，晚夕下西坡，/生产的歌声永不落。

轻快的调子正好传达出了妇女互助小组集体劳动的喜悦。又如：

春夜短，知心话儿长，/夜是嫌短话不嫌长。/针连线，线连针，/自由的对象恩爱深。/恩情话儿热辣辣，/说起它来把人羞煞！……

柔婉和谐的旋律与新婚之夜缠绵的欢悦极为合拍。还有如下的几句：

寄生草根缠树身，/日日缠缠日日深，/有刀割不断情！

这里用藤树相缠喻男女相缠。在一、二两句里，作者把“缠”字反复运用，第二句又把“缠”字重叠使用，并把它嵌在“日日—日日—”的句式里，使这一句除最后一个“深”字外全是叠字，这就从语音上突出了“缠”的形象。第一句加了“生”“根”，两个句中韵与句尾的“身”字相呼应，好像一根藤子绕树三匝，同样刻画了“缠”的音乐形象。这是利用旋律和音响震撼读者的心灵最成功的例证之一。

二、民族化、群众化的艺术风格

《漳河水》具有鲜明的民族化、群众化的艺术风格。民族化、群众化的风格不是民歌所独有的，古典诗歌也有，但民歌体现得最集中。阮章竞从小就对古典诗歌和民歌产生了浓厚的兴趣，对民歌尤为熟悉。他不仅熟悉劳动群众的民歌创作，而且是在熟悉劳动群众本身的过程中，熟练地掌握了民歌创作的特点，这就是《漳河水》能够具有民族风格的重要原因。《漳河水》曾受过古典诗歌的某些影响，但主要是从民歌中汲取营养的。

首先，《漳河水》认真向民歌的形式学习，并创造性地加以运用。作品里的诗节，都是直接按照民歌曲调写成，逐一标上曲牌名的，只是后来为了使段落更加分明，才根据思想、情节重新加以合并、调整，并把曲牌名删掉。但它虽据民歌曲调写成，却又没有自始至终死守某一种曲调，而是同时采取了很多曲调，根据内容表现的需要灵活运用，不拘一格。如写简短的对话，常用两句一个单元的“开花调”“太平调”等形式，便于开门见山，互相唱答；在倾吐内心的愁苦时，往往采用两长一短的“割青菜”“绣荷包”等，以便畅叙衷肠。每行的字数也无严格的规定，由五字到十来个字不等，伸缩幅度较大。由于作者能够灵活运用多种民歌，不拘于某一曲调，就使得诗的形式一方面能够随内容的转换而转换，和内容做到高度的统一，另一方面又显得错综变化，丰富多彩，毫不单调。在这当中，还必须特别指出一点：尽管在一首诗里同时使用了很多曲调（单是作者在“小序”里作为举例提到的就有“开花调”“刮野鬼”“梧桐树”“绣荷包”“打寒虫”“一铺滩滩杨树根”等六七种），由于作者运用得很熟练，组织得恰当，因此，它们能够互相配合，形成一支完整和谐的交响乐，丝毫没有杂乱和硬凑的毛病。

其次，《漳河水》汲取了民歌的传统手法，来丰富自己的表现力。我国诗歌很讲究比、兴。比，在世界各国的文学作品中都用得很普遍；兴，却是我国诗歌尤其是民歌特有的手法。所谓兴，就是“先言他物以引起所咏之词”（引自朱熹《诗集传》），它的生活根据就是触景生情。在《漳河水》里，要写一件事情，往往先用一两行写漳河景物，然后再写这件事。这在很多情况下实际上就是兴。至于像“红皮萝卜紫皮蒜，/他有老婆我没汉”“河边栽瓜搭瓜架，/连心隔水丢不下”“天上的云彩千变化，/汉子对我好就要，/恼了就是打”等诗句，起兴手法的运用就更为明显了。用起兴手法引起下文，能使诗情较为委婉曲折，不致给人以生硬突然的印象。有些兴还带有比的成分，有助于烘托所咏的事物。但兴也有局限性。不直接说出所写的事物，另用别的事物起兴，这就要多费文字。这种手法用多了，容易把诗拉长。阮章竞写诗是很注意精练的，在《漳河水》里，他虽汲取了民歌的起兴手法，却远不如“信天游”等民间歌谣用得普遍。因此，它既有浓郁的民歌风味，又毫无冗长松散之嫌，掌握得恰到好处。我国民歌还常用反复迭唱的手法，如海丰山歌：

丢只阿妹多日久，/好过一年无干长；/今日有缘相遇到，/恰似兰花开合香。

内容谈男女相爱，全诗共五章，每章都用“丢只阿妹多日久”开头，反复歌唱，即是一例。前面提到，在《漳河水》里，作者往往用漳河景物引出其他事物。诗篇一、二、三部的开头和全诗结尾的“牧羊小曲”都从“漳河水，九十九道湾”写起，加上篇中其他提到漳河的地方，全诗用漳河起兴的十余处。这就每一处的写法说，固然是兴，但把十余处联系起来看，却又成为反复迭唱了。它们在篇中此起彼伏，互相呼应，造成一唱三叹、回还往复的情味，从而在读者的心灵上保留着持久的影响。《漳河水》的某些表现手法，还可能与古代民歌有关，如下面一段描写：

鸡飞狗叫猫儿跳，/孩儿们追着喊“快来瞧！”/纺花的放下花不纺，/担粪的撂下箩头筐。/到底为了啥事情？/听听二老怪在演讲：/“娘儿们是生产还是玩？/叫这老草驴坦白一番！”

写二老怪的转变，主要从其他人的反应着笔，这和汉代乐府诗《陌上桑》用“行者见罗敷，下担捋髭须。少年见罗敷，脱帽著帩头。耕者忘其犁，锄者忘其锄。来归相怨怒，但坐观罗敷”来衬托罗敷的美颇有相似之处。这种写法，有时比直接从被写的人物本身着笔更富于表现力。

最后，《漳河水》从人民生活和民歌中汲取了大量群众语言，并对它进行了提炼和加工。阮章竞在《群众对诗人的要求是什么》一文中曾经说过：“诗的语言很重要，如果语言不是中国气魄和人民的语言……就是五七言，还不是民歌。”由此可见，他在学习民歌时，对于语言的群众化是非常重视的。他并不堆砌方言词汇来装饰作品，但却非常注意按照群众口语和民歌语言的特点来写诗。《漳河水》里许多诗句常用农业生产和农村生活里常见的事物进行比喻和形容，如“种玉茭要种‘金皇后’，/嫁汉要嫁个政治够”“猪不离圈，狗不离院，/母鸡不离个破篮片”“妹妹俩是东坡向日葵，/你姐姐好比是麻池水”，这就是群众口语和民歌语言的一贯特色。《漳河水》里的许多诗句常常利用字眼的重叠和词语的儿化来造成和谐婉转的音节，如“没眼的针针纫不上线，/我家是他的歇脚店”“白生生的脸儿花朵朵，/三天晒成个黑老婆”“干蒿草，偏偏和烈火碰，/热得个心儿扑腾腾”，这也是我国北方许多地区的民歌习用的办法。但是阮章竞并不停留在群众口语的自然形态上和民歌语言的现有水平上，而是以它们做基础，根据群众说话的习惯和规律，进行诗的提炼。他的语言既具有人民口头语言那种清新、活泼、单纯、明快的特点，又比群众语言乃至民歌语言更为精练，更富于形象性。如前面谈过的“寄生草根缠树身，/日日缠缠日日深”两句，就借鉴了民歌而又青出于蓝。广西民歌里有这样一首：

出山只见藤缠树，/入山又见树缠藤，/树死藤生缠到死，/藤死树生死也缠。

民歌的作者不仅从语义上塑造了“缠”的形象，而且从语音上把“缠”字翻来覆去地运用，后两句还把“生”“死”二字反复运用，从而表现出音节上的“缠”，并使它和意象上的“缠”互相渗透，融合无间。《漳河水》里的“寄生草根缠树身，/日日缠缠日日深”使用了广西民歌同字反复的技法，再加上同字的重叠运用，同样塑造了“缠”的音乐形象，使与“缠”的视觉形象融为一体。但它却没有这首广西民歌包含的“四大皆空”的思想，音节的柔婉和谐、语言的简练生动也都超过了广西民歌。又如：

万代的脚踪要踏出路，/千年的水道看流成河。

这后一句显然出自民歌“十年媳妇熬成婆，千年水道流成河”。但作者加了一个“看”字，用作展望未来的诗句，却表现了豪迈的气质和坚强的信心，比民歌原句的单纯陈述事实、缺乏鲜明的性格更为有力。至于开篇的“漳河小曲”，更是兼有民歌的清新活泼和古典诗歌的精练浓丽的一首十分优美的抒情小诗，好些同志都曾论述过，这里就不详谈了。

民族化、大众化的风格既从诗歌的形式表现出来，更从诗歌的内容表现出来。《漳河水》不仅熟练地掌握了民歌的语言形式和表现手法，而且真正表现了我国劳动人民的思想感情。作者笔下的农民无论是进步的或落后的，都是地道的中国农民，绝不是衣服是农民，思想感情却是小资产阶级知识分子。如写王三好与荷荷相恋：

互助小组起得早，/戳破了窗纸把荷荷瞧。/“戳破张麻纸费五块钱，/等我开门你进里面。”/“话不多来只半句，/上地绕来瞧瞧你。”/“瞧我绕了一大个弯，/误了上地要丢模范。”

一望而知是新农民的爱情，它不仅和生产劳动的光荣感连在一起，和劳动人民的质朴性格连在一起，就是感情的表现方式也显出了农民直来直往的特点。但又是有节制的，与欧美人的尽情表露不同。再如荷荷诉苦的一段话：

秃汉要鞋，小姑要裙，/贴工容易难贴线，/俺没买花钱。
抽俺的筋筋搓成线，/也买不下婆家心半片，/还骂没针尖。

这种烦恼和痛苦，与荷荷的社会地位密切相关，不只是一个婚姻、家庭的问题。我国原是封建宗法社会发展最充分、持续时间最长的国家，夫权、族权的压迫确实很严重。但不是出于社会底层而又嫁到地主、富农的家庭，就很难遇到既要替婆家缝补衣裳，又要在身无半文的情况下自己设法贴补针线的问题。这里面不光有夫权、族权的压迫，同时还含有阶级剥削的成分。话只几句，对于我国劳动妇女的痛苦却挖得很深。《漳河水》还对我国的风俗习惯做了描绘，如紫金英谈到寡妇再嫁时的情景：

断头香纸烧过后，/出门泼水哭着走，/村边上牲口！
……
水流擀杖没根梢，/带犊孩儿是路边草，/进门爬墙头！

风俗习惯常常是民族的心理状况和生活方式的突出表现。作品生动地描绘出一幅幅的风俗画，必然会发出扑鼻的泥土气息。值得注意的是，《漳河水》里的风俗习惯不是作为装潢出现的，而是作品的有机组成部分，对于加强作品的表现力起了积极的作用。寡妇再嫁，不但本人要遭受难以想象的精神折磨，连子女也要受到异乎寻常的歧视。作者只勾勒出这两个风俗，就深刻地揭示了封建婚姻制度的残酷和紫金英“改嫁嫌怕”的严重程度。

通过以上的分析我们可以看出，阮章竞正式从事文学创作后，一直是沿着毛泽东同志的教导，沿着为工农兵服务的文艺方向前进的。他解放前的诗歌创作不仅有力地反映了解放区人民保卫革命成果的坚决意志和广大妇女反对封建压迫的翻身要求，而且取得了高度的艺术成就。他一开始就注意向民歌学习，越到后来越能多方面汲取民歌艺术的特长加以创造性的发展，使作品具有新鲜活泼的中国作风和中国气派。他叙人民之事，抒人民之情，两方面都很擅长，越到后来，作品的抒情味越加浓郁。在他解放前的诗歌创作中，《漳河水》是他最为光彩夺目的诗篇。

《漳河水》不仅代表了阮章竞解放前诗歌创作的最高成就，同时也是当时整个解放区民歌体叙事诗第一流的优秀代表作。“五四”以来的新诗在反帝反封建的斗争中，成了鼓舞人民前进的响亮号角，艺术上也日臻成熟，积累了丰富的经验。但是毋庸讳言，新诗对于民族民间传统的继承、发扬是很不够的。抗日战争后期和解放战争时期，在毛泽东同志工农兵文艺方向的指引下，解放区出现了一个民歌体叙事诗的创作热潮。这个运动把新诗的民族化、大众化向前推进了一大步，有力地鼓舞了广大人民抗日、反蒋的战斗激情，在现代诗歌发展史上占有一个重要的地位。当时不少学习民歌的诗人如张志民、田间、李冰、贺敬之、魏巍等都在这一运动中做出过贡献，取得过不同程度的艺术成就，但从生活血肉的丰满，抒情的深刻，以及民歌艺术潜力的多方面发挥来看，阮章竞的《漳河水》应该说是处于同类作品的领先地位的。它和《王贵与李香香》可称解放区民歌体叙事诗的双璧。《王贵与李香香》的贡献和成就在于：它有效地提高了民歌语言的表现力，第一次用民歌体大规模地反映群众的革命斗争，刻画了真实丰满的农民形象，技巧也十分纯熟，从而引起了文坛的轰动，为民歌体叙事诗打开了局面。《漳河水》在斗争场面的壮阔、革命气息的浓烈上不及《王贵与李香香》，但艺术表现上却超过了《王贵与李香香》，取得了几个重要的突破。它对民歌语言进行了大幅度的提炼和加工，直接录用民歌语言的情况与《王贵与李香香》相比显著减少。它从内容的表现需要出发，依据多种民歌曲调来写诗，并把它们组成一个完整和谐的有机体，不像《王贵与李香香》那样严守一种民歌曲调，通篇没有什么变化。它以抒情为主，把叙事和抒情有机地结合起来，不像《王贵与李香香》那样侧重于叙事。《王贵与李香香》写于1945年，在学习民歌尚未蔚为成风的时候摸索前进，闯出一条路子来，成了解放区民歌体叙事诗的奠基作。《漳河水》写于 1949 年，这时已是全国解放前夕，文艺界已有不少学习民歌的经验教训可资借鉴，它后来居上，不愧为解放区民歌体叙事诗艺术上集大成的作品。《漳河水》和《王贵与李香香》在现代诗歌史上先后辉映。与《王贵与李香香》一样，它所取得的成就和做出的贡献，是不会随着时间的流逝而湮没的。

从《漳河水》问世到今天，不觉又是三十多个年头了。在这漫长的岁月里，新诗又取得了很多新的成就。但民族化、群众化的问题还没有很好地解决，抒情气味不浓仍然是一些诗作的共同缺点。回顾阮章竞走过的道路，研究阮章竞的创作经验，是可以从中汲取不少有益的借鉴的。

1982 年 3 月初稿，1983 年 2 月改定

（原载《中国现代文学研究丛刊》1983 年第 4 期）

重读《四月的哈瓦那》

◎彭龄 章谊

从《文艺报》上看到1961年4月著名诗人阮章竞访问古巴时创作的诗集《四月的哈瓦那》，于2015年9月28日中古建交五十五周年纪念日之际首次推出中文、西班牙文对照版的报道，颇感振奋。忙打开书柜门，在存放诗集那一格里翻找，耳边似乎又响起当年流行的有关古巴歌曲的旋律："当我离开可爱的故乡哈瓦那，你想不到我是多么的悲伤。"啊，这是19世纪西班牙作曲家依拉蒂尔创作的抒情歌曲《鸽子》，曲调优美缠绵。另一首曲调比较激昂慷慨：美国佬要侵略我们伟大的古巴，他们永远不可能呀，古巴不是危地马拉！Cuba yes，Yangkee no！这首名叫《要古巴，不要美国佬》的歌，是1960年哥伦比亚青年阿莱汉德罗·戈麦斯为在古巴召开的拉美第一届青年代表大会创作的，迅即走红整个拉丁美洲，并传遍全世界。当年走在北京的胡同里，常可碰到戴红领巾的孩童，一边唱着"Cuba yes，Yangkee no"，一边向学校走去……我们终于在一本本珍藏的诗集中，找到了这本人民文学出版社1964年2月出版的诗集《四月的哈瓦那》。摩挲着那已经泛黄的书页，就像见到久违的老友般兴奋。阮老这一首首激情澎湃的诗歌，又把我们带回20世纪五六十年代，亚、非、拉美反对新、老殖民主义，争取民族独立解放斗争风起云涌、蓬勃发展的时代。特别难能可贵的是，阮老在创作这部诗集时，不时沿袭他的著名长诗《漳河水》中早为中国读者所熟知并喜爱的"漳河小曲"式的民歌体，来讲述他的见闻与感触，让我们感到分外亲切，也一下子拉近了我们与那个遥远国度之间的距离。

古巴是北美加勒比海北部墨西哥湾中的岛国，除有"墨西哥湾之钥"的古巴岛外，还包含萨瓦纳、卡马圭、科罗拉多斯、王后花园及卡纳雷奥斯五个群岛。

古巴的名称源于泰诺语“Coabana”，意为“肥沃之地”。它除盛产烟叶之外，还盛产蔗糖。然而，1494 年 6 月西班牙航海家哥伦布的船队抵达皮诺斯岛，宣布它为西班牙的领地；1510 年西班牙又派远征军前往古巴。从此，古巴这个“世界上最甜的国家”的印第安原住民，被西班牙殖民者惨无人道地迫害、杀戮，成了“世界最苦的人民”。阮老在《阿托埃依祭》与《多宝湖之花》中对这段悲惨历史有深刻描述。阿托埃依是 16 世纪西班牙入侵古巴时，当地印第安部族一位与西班牙殖民者进行殊死抗争的族长，因伤被俘后，西班牙牧师捧着《圣经》，苍蝇似的在他耳边嗡嗡嘤嘤：

天堂的大门为你开了，/ 阿托埃依，你把头低下来！/ 你一呼一吸都有罪，/ 天父还是会宽恕你。/ 最后的一个印第安人呀，/ 忏悔吧，免得入地狱！

阿托埃依却大义凛然地回答：

我不问天堂住着鬼，/ 我不问天堂住着神，/ 我只问天堂有没有，/ 从西班牙去的人？……印第安人跟西班牙，/ 活着不能共一天，/ 死了不能共一地。/ 西班牙人能进天堂？/ 我永远不忏悔，情愿入地狱！

阿托埃依，古巴最后一个印第安人就这样从容就义。

“多宝湖”是古巴最大的淡水湖，位于古巴岛西南萨巴塔沼泽地带。相传 16 世纪初西班牙殖民者占领古巴后，疯狂杀戮印第安人及阿土耶人等原住民，他们被迫将金银财宝投入湖中，自那以后，此湖便得名“特索罗湖”，意译“多宝湖”。该湖面积约 16 平方公里，呈椭圆形，状似人头。湖水顺着几条弯曲的溪流注入大海，宛如人头上飘拂的银丝，堪为奇观。阮老写道：

多宝湖，多宝湖，/ 蓼花红似火，/ 芦花白如雾。/ 印第安人曾在这里，/ 绿水青萍上搭茅屋，/ 儿歌咿咿涟漪笑，/ 月光静静洒满湖。

多宝湖边花，/朵朵有泪痕。/湖边老树的桠杈上，/绞绳留下千道纹。

多宝湖，多宝湖，/殖民主义的火和剑，/何曾把多宝湖征服？/印第安人用血和泪，/冲成湖形似人头颅！/愤怒的眼睛如喷火，/复仇的牙齿咬着须，/支流滔滔如怒发，/临阵迎风在飘拂！

古巴革命胜利后，“多宝湖”被开辟成旅游胜地。阮老前往参观时，“多宝湖”已一改昔日的荒凉景象，于是他热忱地讴歌道：

开垦良田的铁铧犁，/翻开沉睡的黑泥土。/咯咯蛙声欢，/油油湖水绿。/水上重新竖木桩，/按照原形搭茅屋，/儿歌的咿呀随月光，/夜夜在银波上飞舞。

不曾屈服过的多宝湖，/水比哪代都更碧绿，/像头发后掠的支流水，/似昂向晨风在飘舞。

实际上，五百多年来，古巴人民反抗西班牙殖民主义的斗争从未停止过。1790年何塞·安东尼奥·阿朋德领导的农奴起义，更揭开了古巴人民反对西班牙占领，争取民族独立解放的序幕。1868年、1895年又先后爆发了两次独立战争。后来被选作古巴国歌的《巴亚莫之歌》正是在1868年古巴独立战争中诞生的。巴亚莫是古巴格拉玛省省会——当年起义军的出发地，它的词曲作者皮德罗·费圭雷多虽然在战争中牺牲了，但这首歌却像加勒比海不息的波涛一样，为一代代起义者所传唱。

世界各地风起云涌的独立运动，大大削弱了西班牙、葡萄牙、英国、法国等老牌殖民主义国家的势力，而早就对西班牙统治下的古巴、波多黎各、菲律宾等垂涎欲滴的美国等新殖民主义者也乘虚而入。美国先以一亿美元的价码向西班牙购买古巴宗主权遭拒，继而于1898年2月以派往古巴护侨的军舰“缅因号”在哈瓦那港爆炸为借口，对西班牙采取了军事行动，史称“美西战争”。1902年5月，在美国扶持下成立了“古巴共和国”，从此，古巴便由美国扶持的傀儡政府统治，古巴人民依旧过着贫困的生活。1934年巴蒂斯塔发动军事政变上台后，古巴更陷入军事独裁统治之下，老百姓的贫苦生活比之西班牙殖民统治时有过之而无不及。在亚、非、拉美一浪高过一浪的民族独立解放斗争浪潮激励下，1953年

7月26日，以卡斯特罗为首的一百五十余名古巴革命青年发动起义，虽被残酷镇压，卡斯特罗等起义领导者被捕入狱并被流放，然而在国内外反对声浪的压力下，巴蒂斯塔政府被迫宣布对卡斯特罗等起义领袖实行“大赦”。在“七二六精神”鼓舞下，卡斯特罗等一批流亡墨西哥的古巴青年于1955年5月正式成立了“七二六运动”组织。同年11月底，卡斯特罗、切·格瓦拉等八十三名流亡墨西哥的爱国青年搭乘“格拉玛”号游艇，于12月2日抵达古巴拉斯哥罗拉达斯这片野藤、荆棘遮天蔽日，人迹罕至的海滩，面对的则是巴蒂斯塔军队的炮艇和士兵的围追堵截。阮老在诗集《四月的哈瓦那》开篇的这首《自由古巴诞生地》以及《马埃斯特腊山麓下》等诗中，细腻、生动地描述了古巴革命的艰苦历程：“背着大海面对着火，/夜黑林深难迈步。/难迈步，从海、从火、从荆棘，/朝前踏出一条路！”当他们重新聚集时，只剩下十二个人、七支枪。他们揩干了血迹，祭奠了战友，又义无反顾地继续向马埃斯特腊山前进，在那里开辟了根据地，并不断发展壮大。经过近三年的努力，终于在1959年1月1日一举推翻了巴蒂斯塔军事独裁统治，取得了古巴革命的胜利。

古巴革命胜利具有划时代的意义。它极大地鼓舞了亚、非、拉美正蓬勃兴起的民族独立解放运动，更是给一直觊觎着古巴的、巴蒂斯塔军事独裁统治的后台老板美国以当头棒喝。1961年1月，美国宣布与古巴断交，并将其招募与培训的一千五百余名古巴流亡分子组成包括步兵、重炮、空降、摩托化等多兵种的、代号为“二五〇六突击队”的雇佣军，准备随时对古巴实施策划已久的“猫鼬行动”。4月15日清晨，身在哈瓦那的阮老亲身经历了美国军用飞机的空袭，他写道：“椰树落叶，路灯灭，/房倒墙坍梁柱折，/摇篮着火奶瓶飞，/哈瓦那，在流血！……”目睹了机枪射手、民兵埃杜尔·多赫尔克虽然“腹部中弹血如泉，/依旧从颤动的土地上站起来，/最后的一枪打上天”。4月16日清晨，“哈瓦那城下半旗，/哀钟沉沉慢慢起。/浅蓝的棺木雪白的花，/盖着无辜的被害者。/雪白的鲜花青青的叶，/母亲心似钝刀切。”人们抬着遇难者的棺木，涌向哈瓦那大学。那里有一座1895年古巴第二次独立战争的民族英雄马西奥将军母亲的铜像，她的七个儿子都在战争中牺牲，她说：“恨我没有第八个儿子，为祖国的自由而战死！”英雄母亲的话，像不灭的火焰激励着古巴人民前仆后继，为维护祖国独立而战斗。市中心卡德纳斯广场上，卡斯特罗与十万军民集会誓师。阮老见证了这盛大场面："钢铁臂膀十万双，/ 旗帜十万杆，/ 像风吹怒浪，/ 忽然拔海卷上天！"他赋诗赞道："飞机锁住天，/ 军舰锁断海，/ 封天断海锁不住，/ 古巴前进的路！"对美国佬大规模的入侵，古巴人民更严阵以待："两千公里的大海岸，/ 两千公里在磨钢刀，/ 七百万人民振臂呼：/ 来吧，美国佬！"古巴人民早已料到，空袭哈瓦那只是美国干涉古巴的前奏。果然，4 月 17 日凌晨，美国训练的一千五百余名雇佣军，在美海、空军协同下，多批次轮番向古巴科奇诺斯湾（或称"猪湾"）大举进攻。

作为抗日战争时期一直坚持在太行山抗击日寇的老战士，阮老对美国的强盗行径怎能不感同身受、义愤填膺！他多想和十万古巴军民一起，奔赴科奇诺斯湾，痛击美国佬啊！但他毕竟是古巴请来的中国客人，在主人的再三说服下，他只好默默叹息一声："只恨此身是客人！"在阮老的强烈要求下，甚至来不及办"通行证"，他被破例允许去前方。阮老多兴奋啊！他一路走，一路看，一路歌吟；把所见所闻、所思所感，通通化作一首首激情澎湃的诗行：

战云没散烟没消，/ 我沿着战车的轮辙行。/ 战友何须通行证，/ 只听沿路欢呼：中国人！/ 中国人民感谢你，/ 英雄古巴的骨肉情！

战云没散烟没消，/ 我沿着战车的轮辙行。/ 弹坑、焦土、碎瓦上，/ 剑光组成凯旋门。/ 被烧毁的蔗田田埂边，/ 笑谈如何捉伞兵！

他终于来到一周前刚刚造访过的科奇诺斯湾，看到的却是：

弹痕满树，炮洞满墙，/ 新居民点半成炭，/ 第一所初级小学校，/ 塌墙压碎了嫩花坛！

罪证重重，血迹斑斑，/ 蓝海风怒浪如山，/ 攀上云天又落海，/ 冲击着半沉的破军舰！

沿着科奇诺斯湾的长滩——吉隆滩一路采访，阮老赞颂了坚守在第一线的堑壕里，"挺立着二十二面铁胸膛，/ 拦住火箭，顶住弹雨，/ 挡住坦克的铁牙齿"，最后全部光荣牺牲的二十二位古巴士兵；他采访过民兵、蔗农、泥瓦工、水手、船工和打铁匠，就像当年那么熟悉并深爱着太行山的乡亲们一样，他深爱着古巴的这些普通百姓："我爱看出炉的熔钢水，/ 什么色彩都没有它美。/ 我爱看云层飞出的电，/ 什么光亮也没有它纯。/ 我爱你炮烟熏黑的脸，/ 弹洞满衣襟，/ 烈日晒红的古巴人！"唯有如此，他才会满怀深情地像描述《漳河水》中荷荷、苓苓、紫金英那三位漳河边的妇女一样，描述他遇到的一位十四岁的古巴少年："不满十四岁，/ 乳牙刚换完，/ 可是三天三夜忍着渴，/ 三天三夜忍着饥，/ 三天三夜在一起，/ 突击，冲锋，冲锋，突击！/ 那被荆棘刮破的小脸蛋，/ 那被海风吹皱的小嫩嘴，/ 使我话从心里喊出来：/ 古巴呀，你笑得多么美！"

按美国中情局策划的原方案，是让他们训练的雇佣军抢占科奇诺斯湾的滩头阵地后，一面向纵深发展；一面迅速修建临时机场，让在迈阿密的古巴流亡政府官员飞抵古巴并发电向美求援，为美的正式干预制造"体面"的口实。然而，他们显然大大低估了卡斯特罗领导下的古巴军民捍卫独立、自由的信念与决心。自美雇佣军登陆的那一刻起，没容他们站稳脚跟，便陷入拼死抵抗的十万古巴军民的汪洋大海。经过三天激战，美国精心策划的"猫鼬行动"便以失败告终。正如阮老诗中所说："看杀人发家的美国佬，/ 这回在古巴折了本。/ 两年准备在三天半，/ 全军覆没鬼吹灯！"

拉丁美洲素有美国"后院"之称。"猫鼬行动"的失败，给拉美各地蓬勃发展的民族解放运动以莫大的鼓舞。为孤立与消除古巴革命的影响，1962 年 1 月，美再次纠集"美洲国家组织"通过将古巴排除出该组织的决议，并开始了前所未有地持续了半个多世纪的对古巴封锁、禁运与全面制裁措施，然而却一直未能征服它眼皮子底下的这个"弹丸小国"。直至 2015 年 7 月 20 日，美、古两国分别在对方首都重开使馆，两国中断五十四年之久的外交关系才正式恢复。

《四月的哈瓦那》或许算不上阮老最成功的作品。阮老女儿援朝与陈培浩合著的《阮章竞评传》中说，这本诗集"从主题到技巧、风格都有着浓厚的时代印记，艺术上并无突破"。记得 1999 年 8 月我们同阮老谈起这本诗集时，阮老摇头笑笑，说："因为出访时间短，而访问期间又突遇美军机轰炸和雇佣军入侵，更多的是想着将看到的真实情况和切身感受尽快赶写出来，没工夫细打磨。因而有些诗难免显得拉杂、空泛，缺乏艺术感染力……"然而，当今天我们重新翻阅这本诗集时，仍被阮老那一行行炽热的诗句感动。正如前面提到的，阮老在创作这种国外题材的诗歌时，仍采用了他熟悉的、也为中国读者所喜闻乐见的民歌体，读来朗朗上口，意深，韵美，情浓，却又浅显易懂，没有丝毫的洋腔洋调、生涩聱牙。这正体现了他一贯强调的“要时时想着读者”。在他1982年出访意大利时创作的组诗《意大利之歌》也同样保持着这种风格。老诗人朱子奇在《世纪诗人阮章竞》一文中说：“不是所有的人都要写民歌体，但民歌是个丰富的资源。我把他的诗和苏格兰的大诗人彭斯去比较。章竞同志的作品也都变成民歌在民间流传，都分不出哪是文人创作，哪是民间的东西了。”

用民歌体写作，是阮老诗歌创作的特色；而用中国的民歌体尝试创作国外题材的诗歌，《四月的哈瓦那》无疑是有益的范本。更主要的是阮老此访是在新生的古巴刚刚摆脱新、老殖民主义统治不久，而访问期间又突遇战事，身为一位经历过抗日战争的“白发兵”的阮老毫不犹豫地担负起一位老战士的责任，不顾年高、体弱与连日奔波的疲惫，时刻关注事态发展，急于记录真实情况和切身感受。在得到许可之后，来不及等候“通行证”，便急忙奔赴战地，边采访，边写作。而正是这些“没工夫细打磨”的耿直、朴素的文字，一如阮老那一行行炽热的诗句，凸显了这位老诗人、老战士在当年那遍及亚、非、拉美的“一处处奴隶奋起，一顶顶王冠落地”的民族独立解放运动风起云涌的大时代中的坚韧个性与担当精神。诗中传递的从加勒比海、从古巴爆出的那一声声惊雷，依然会在我们心中引起强烈的共鸣……

（原载《世界文化》2016年第4期）

◆ 不忘过去是为了未来

——读阮章竞的《夏雨秋风录》

◎ 尹一之

老诗人阮章竞从1976年到1986年这十年间，走了很多地方，写了不少诗，编成《夏雨秋风录》，由重庆出版社于1993年10月出版。当这本书寄到案头时，我异常兴奋，见诗如见人，当年教我们“不要脱离生活”的话语又在耳边响起。诗品即人品，不仅口头上说，老诗人自己也是这样做的。

20世纪60年代我就知道老诗人有一个计划：沿着抗日战争和解放战争的征战路线、著名战场和老根据地分期进行访问，写作战争题材的诗篇。没想到经过十年动乱，老诗人年事已高，居然还是完成了自己的写作夙愿。

诗集共收录91首诗，虽然也有一部分其他题材的作品，但分量最重的还是对战争年月的回忆。我读过这些诗后，掩卷冥思，那些为了打败日本帝国主义、为了新中国的诞生而英勇牺牲的烈士的形象，那些为了支援大军宁肯自己忍饥挨饿的大爷大妈的形象，经过诗人的艺术加工，全都感情真切、有声有色地再现在眼前。

古人写诗，讲究“宜远不宜近”，这里讲的远，我体会不光是空间的远，还有时间的远，这是符合美学上“距离感”的要求的。“飞流直下三千尺，疑是银河落九天。”如果不是有很大的空间距离，是写不出这样的诗句来的。“流血涂野草，豺狼尽冠缨。”仅仅一个“尽”字，就把距离拉开了。由时间和空间的距离，造成一种震撼人心的力量。我们再看阮章竞的《洪河夜灯》这首诗中的一段：

天黑、地黑、断桥黑，
人声、马声、小心声，
只听到声音看不见人。

风雨不肯停，黑夜更心狠，
天上、地下，一片黑沉沉！

忽然断桥上，亮起一盏灯，
紧接是桥北桥南灯火明：
一盏、五盏、十盏、几百盏？
杨集镇，家家店铺都点灯，
哪里顾得上，盏盏去数清。

这是诗人对战争的回忆，也是表现军民鱼水不分的感情。诗中的艺术感染力，是由时间和空间的距离造成的，是站在高处远处看的。这种对“盏盏长照到天明”的夜灯的描写，既给人以艺术的美感，也给人以很深的寓意。没有人民群众的支援，我们不能取得革命战争的胜利，仅仅用“盏盏长照到天明”一句就够了。诗，既要表现生活，也不能过分贴近生活。诗人并没有如实描写大军怎样在人民群众的支援下，在风雨中渡过洪河，取得了战争的胜利。而是在诗的结尾处，写他告别当年支援战争的老大妈，在蒙蒙秋雨的泥泞路上，自己的一种感觉：

车哗哗、马咯咯、号呜呜，
仿佛前军已在接火。
前军接火在何处？
似觉是在汝河，
大军浴雨浴血正强渡！

在那种秋雨蒙蒙的泥泞路上，诗人产生这种感觉，和他访问洪河时的情景，达到了水乳交融、以景生情、主客相融合的境界。老诗人写诗的功力，于斯可见。长久以来，对诗中的写主观，一直存在着争论，我们看这首诗，就可得出明确的结论。理论上的争吵不能离开创作实践。

他在《强渡汝河》一首中，对那些英勇牺牲的战士的描写，给人一种悲壮的感觉，但是这种悲壮渗透着艺术美，所以并不低沉。昂扬、乐观是阮章竞诗的主旋律。

战士的鲜血，渗进棉田豆地，
春天的鲜花，从这吐芽发育，
每天鸟儿在汝河上空，
啾啾唱起一首晨光之曲。

这一部分对战争回忆的诗，因为是在十一届三中全会以后采访的，所以始终把现在农村的景象与过去战争年代的景象相对比，通篇都充满乐观的情绪。农村的变化、农民的喜悦，与大军来到、战争必胜，融为一体。即使今天的农民争公路，他们不管公路的作用，把公路做了打谷场，诗人也还是带着微笑，写下了“大军之路，千里丰收忙”的诗句。

这一部分诗中，不仅描写了普通的战士，而且也描写了我军的高级将领。如《淮河徒涉》，就是描写我军的高级将领，亲自手拄竹竿，去探淮河的深浅。又如《秋菊》中所描写的两位老红军，尽管两位老人说不出姓名，但从对外形的描述中，一看就知是刘邓。几十年过去了，两位红军将领亲切的话语，仍然深藏在老人的心中，就像菊花的暗香一样，“闻了，闻了，还是想再闻。”以菊花的暗香，比喻红军领导人的话语，这个比喻用得确切而且意味深长。

唐人作诗，很讲究“赋比兴”的手法。老诗人自己很注意，也经常谈起，并且要我们很好地学习。如李白的“桃花潭水深千尺，不及汪伦送我情”，诗的前一句是赋体，直陈其事，后一句才以桃花潭的水，来比喻汪伦的深厚情谊。又如白居易的《赋得古原草送别》中的“又送王孙去，萋萋满别情”，以春天的草来比喻送别的情谊，令人回味无穷。

这本诗集中，还有一些别的题材的诗，也都写得气势磅礴，充满乐观情绪，诗人始终是带着微笑看生活的。他已经八十高龄，对待自己的态度仍然是“剑老无芒莫认账，余年当学大江流”。我相信他一定还有好诗问世。有人说，人老了，容易回忆过去，这是向后看。读过阮章竞的诗，我深深体会到不忘过去，正是为了未来。

（原载《文艺报》1995年8月25日）

嘹亮晚号 诗心不老

——评阮章竞的《晚号集》

◎ 伍夫榲

新世纪头一年，人民文学出版社出版了诗人阮章竞的诗总集《晚号集》。里面除了少数作品，大部分是20世纪80年代后近二十年间创作的。集子中选录了诗人的一部分书画、篆刻作品，形成诗画相映的格局。但主要还是诗歌作品。诗人在创作、修改、整理这些诗作的过程中，常因病不得不住院治疗。出院后，诗人又拿起笔来，继续他的艺术追求。可谓矢志不移，百折不挠。正如集子中他的一方印章刻写的那样："剑老无芒莫认账，余年当学大江流。"[①] 诗人不向疾病和困难屈服，要像大江大河那样奔流不息。诗人以可贵的顽强的创造精神，凝聚了《晚号集》。这部诗总集是诗人感人的歌唱，是诗人倾情吹响的人生嘹亮的晚号。《晚号集》内容丰富，题材、体式多样，从多方面描写了生活，抒写了诗人丰富的感受、感情。

诗人参加革命后亲历了抗日战争、解放战争。对这段时期的斗争生活，心萦神系，有着至深的感情。从20世纪60年代初开始，诗人便花了半年时间，两次访问了晋东南、冀西和豫北。党的十一届三中全会之后，诗人又沿着抗日战争和解放战争的征战路线，继续访问。"远路坐车，近路策杖，步行山间，踯躅河畔，履霜踏月。"[②] 诗人追踪1937年9月间，朱德总司令和彭德怀副总司令挥师东渡黄河，开进华北抗日的渡口，写了《秋风楼渡口》一诗，缅怀为了中华民族的解放，"热血洒战场，忠骨埋青山"的东征将士。诗人沿着黄河西行，访问了老大娘、老船工、

---

① 阮章竞：《晚号集》，北京：人民文学出版社，2001年版，第92页。

② 阮章竞：《晚号集·夏雨秋风录》，北京：人民文学出版社，2001年版，第91页。

老农、复员老兵和老战友等，体验、感受了解放战争中刘邓大军突破黄河天险，驰师中原，挺进大别山的锐不可当之势。写了《蒙蒙小雨茅津渡》《溯河千里行》《渡沙河》《洪河夜灯》《强渡汝河》《淮河徒涉》《秋菊》等诗，描绘我军渡过黄河，飞越黄泛区，军民团结一心，克服重重困难，击破敌人的前堵后追，表现了解放军将士奋勇作战、克敌制胜的英勇事迹和英雄气概，也刻画了我军高级指挥员艰苦朴实、亲切平易、运筹帷幄、决胜千里的将领风范。这些诗作，是壮丽的战斗画卷，又是革命英雄主义的高昂之歌。

诗人跋涉大军之路，也访问了沿途的农村，怀着深情写了一些反映农村今昔变化的诗歌。黄泛区昔日是“生产低、生活苦、人叹气”，改革开放后则是“忙秋收，忙欢笑，忙嫁娶”“绿柳映红墙，红树藏新居”(《豫东道上》)。《野桥》一诗，浓墨重彩地活现了改革开放初期山村的新景象：

> 长虹飞落溪水头，/欢欢山雀啾啁啾，/洋灰野桥过黄牛。/左边一篓青青菜，/右边一篓黄黄韭，/换布换烧酒。
>
> 长虹挂在两山腰，/山泉叮咚唱小曲，/洋灰野桥走毛驴。/一驮两筐红青椒，/一路争红又斗绿，/撒欢小驴驹。
>
> 长虹高架清水河，/野桥山道谁唱歌？/三辆自行车后座，/三个年轻媳妇逗欢乐。/气煞了老蛤蟆！

三节诗每一节首句重复中又有变化，吸收了我国民歌的轻快节奏和格调，反复咏唱，韵味悠扬地传达出山村农民带着自己生产的东西赶集时的欢乐气氛，深刻地勾画了我国农村经济搞活后带来的鲜活欢欣的图景。诗人善于捕捉农家生活的情趣。《枣坡人家》便让我们目睹了一幅意趣盎然的画图：

> 枣林半坡瓜一架，/饭后歇晌林荫下，/老汉老妻和两小子，/还有两个年轻的“孩子家”。
>
> 大儿子买回电视梦里笑，/二儿子，擦好车子去卖甜瓜，/大儿媳妇在喂奶，/二儿媳妇巧绣花。
>
> 忽然，枣子乱落叶纷飞，/一家惊叫暴雨下！/蛇咬过见井绳心害怕，/

割惯了“尾巴”怕“割尾巴”。

老小心慌回头看，/ 唉，是长房小孙儿偷把枣儿打 !/ 穿叶阳光似金钱钱，/ 依旧在枣林悄悄下。

整首诗笔调活泼，刻画真切传神，充满生趣，既有画意，更含诗情。浓厚的时代和乡村生活气息，流荡在诗行之间。此外，《庙会》《山村大道》《小学门前》《布谷》等农村题材的诗作，都生动可喜。以上这些反映农村经济改革后鲜活生活的诗歌，在当今诗坛，已经很少见了，这个现象值得我们深思。

对新诗创作中的一些不良现象，诗人也以诗的形式表达自己的真实态度。他把那些空虚浮泛的诗歌，称为“泡沫诗”。以“而今兴泡沫，壅塞大江河”(《忆丁力》) 形容此类“诗”的泛起，抒写了自己的感慨。诗人把标榜“现代”却实际上“拾人牙慧”的人，讥为“礓石”“可怜虫”(《礓石——赠现代主义小贩》)。诗人还形象地比拟晦涩难读的诗歌：“看，不用眼睛，/ 听，不用耳朵，/ 要像猫舔爪子那样，/ 就能品出诗的幽默 !”(《仓颉与诗神对话》) 语含辛辣的讽刺。不可否认，中国当今的新诗，大面积滑落，大量流失读者，重要原因：一是疏离现实，沉湎自我，晦涩迷离；二是空虚浮泛，浅直平庸，了无诗意诗味。诗是高度浓缩升华的审美艺术，必须具有鲜活而美的意象，耐人寻味的意蕴，滋润和动人心弦的情感。这样的诗歌，出自诗人对现实生活的深切体验、发掘和发现，来自对诗意诗美的灵动的把握和巧妙的构思、表现；绝非拼凑拉扯一些散碎的物象和卖弄晦涩，或无遮拦的矫情呓语，就能达到。当今许多诗歌读后毫无美感，令人生厌，有的甚至无法耐心卒读。由于冷落了读者的审美期待，读者反过来疏离和冷落这些诗歌，这是理所当然的。阮章竞对新诗创作中不良现象的针砭，反映了众多读者共同的感受和心声，能促使人们深入思考当代新诗的发展与走向。

热情洋溢是《晚号集》中许多诗歌的共同特点。诗人访问所到之处，目睹了祖国的建设和山川风物之美，写了不少热情描绘、赞美祖国建设和河山秀美壮丽的诗篇。诗人来到葛洲坝，看到大坝横断江流，西陵峡上，白云舒卷，南津关前，绿波轻盈，于是激情地写了《葛洲坝》一诗，畅想水坝建成，发电发光的美好图景。《壶口》一诗，热情歌唱了壶口瀑布“风狂雨骤声更壮，地塌天崩不退休”的奔腾磅礴的气势。诗人的大山、昆仑之行，饱览了迷蒙飞扬的天山飞雪，品味了充满“美色风韵”的天山晚晴，感受了开凿天山之路和征服风大沙狂的塔克拉玛干的勇士们的坚强意志和英雄气概，写下了《风雪》《晚晴》《天山路之歌》《剑阵》《天山雪溪》《赛里木湖》《塔克拉玛干》《荷花》等感人诗篇。诗人西行所写的诗篇中，还有的是表现日夜守卫祖国边疆的战士的，诗人赞美战士明亮的眼睛，是“一颗颗特殊的恒星”(《特殊的恒星》)。有些是描写、歌唱西部边疆地区少数民族的生活和风情的，如《迁场》《牧场欢舞》《姑娘追》《叼羊》等，这些诗篇主要描写哈萨克人的生活和习俗。诗人用生动多彩的笔触，刻画出一幅幅充满欢乐气氛的民族风情画。现实主义诗歌的魅力和表现力，在这里又一次得到有力的显现。诗人出访意大利，同样以热情的笔墨，写了反映异域风情的诗歌。或表现中、意两国艺术家的友情，或描写意大利少女吹奏乐队出色的演奏，或刻绘令人深思的罗马古斗兽场，更多的是描绘名城威尼斯的风光、风物。如《威尼斯》《晨》《水乡》《小街》《晚钟》《夜》等，这些诗作写得美而动人，颇有吸引力。

诗集中还有一些咏物诗，短小精警。诗人借咏物述志抒怀，也有蕴味，如《古柏》：“虽然我没服过任何营养品，也没有服过任何长生液，别说我肢残身裂，可我仍是，满头青枝绿叶。”这是观赏了东岳庙的古柏之后写下的感受。诗人在吕梁山看到历经三千年风霜雨雪的“周柏”，仍然“枝干盘桓欲腾空，舒卷开阖意从容”，因而引发了“心应辞老态，思想谢龙钟”(《吕梁山周柏》)的人生思考。诗人看到一盘快要干枯的藤，倚仗有长着青枝的树干树身的支撑，顽强地生长。由此心有所悟：“只要你能支撑着我，/我就不塌倒泥尘。”(《枯藤峙》)诗人觉得自己心中还有“丁点儿的光”“只要微光永不消失，/我就不会无所作为”(《微弱的光》)。这些诗歌，喻志励志，让读者感受到诗人顽强的意志、不懈的追求和创造奉献的精神，表现着诗人积极的人生态度，也感受到诗人跃动着的一颗永不衰老的诗心。

此外，集子中其他题材的作品，如故乡行、香港回归、怀人赠友、题画诗等，因篇幅所限，这里恕不一一论及。总之，《晚号集》让读者一睹诗人的创造，领略了丰富的诗美和书画美，感受了诗中透露出来的诗人的高尚品格和情怀，得到艺术的熏陶和启迪。这是诗人留给读者宝贵的精神财富，应该加以充分肯定。

（原载《广东教育学院学报》2001 年第 4 期）

论阮章竞的戏剧创作

◎ 杨一中

阮章竞是我国当代著名的诗人和剧作家。他不仅有《漳河水》《金色的海螺》《新塞外行》等优秀诗作，而且还有《赤叶河》《在时代的列车上》等优秀剧作。现在，有许多研究者在论及阮章竞的创作时，注重诗作较多，而对他的剧作则关注不够，甚至有所忽略。这种现象对于研究一个作家来说，至少是不够全面的。其实，阮章竞的文学生涯是从创作戏剧开始的，只是在走过了很长一段路程之后，他又转向了诗歌创作。阮章竞是中国共产党培养起来的作家，他从事戏剧创作活动主要是在太行山革命根据地。因此，研究阮章竞的戏剧创作，不仅对于全面了解一个作家是十分必要的，而且对于探讨解放区的文艺创作也有重要的意义。

阮章竞的戏剧创作是从1938年开始的。根据他自己的回忆，主要作品有：独幕话剧《周年》、二幕话剧《太阳出来了》、三幕话剧《保卫抗日根据地》、四幕话剧《红巾》和《和尚岭》及《关大爷的路子》、活报剧《茂林事变》、歌剧《民族的光荣》和《柳亭郊》（未完稿，在反“扫荡”中丢失）。以上这些剧作，除《柳亭郊》外，都曾排演过，大多数剧本也油印过，但均已佚失，只有《保卫抗日根据地》和《和尚岭》各留存下来了一首插曲。我们现在能见到的阮章竞的剧作有五部：二幕话剧《未熟的庄稼》、短歌剧《比赛》、独幕话剧《糠菜夫妻》、大型歌剧《赤叶河》、四幕话剧《在时代的列车上》。就这五部作品来看，阮章竞的戏剧创作确有其比较突出的特点。

一

真实地生动地反映现实社会生活，创作人民群众喜闻乐见的文学作品，是阮章竞戏剧创作的一个重要特点。

阮章竞曾说："诗不能离开时代，不能离开人民。写诗的时候，不是自己在伸手问天，而应看见人民，他们在如何生活，想什么问题，想说什么话。我不管写什么诗，不管写得怎么样，总是多往这方面想。"这段话真实地反映了阮章竞的创作思想，虽然是讲诗歌创作的，但也适合于他的戏剧创作。阮章竞是一位严肃的、对人民高度负责的作家。他对劳动人民的困苦有深切的感受和了解。他出生于贫苦的渔民家庭，坎坷的生活道路，使他从小就与人民群众休戚相关。他到太行山革命根据地以后，在党的领导下，与人民群众同呼吸，共命运，在为中国人民的解放事业浴血奋战的过程中，同人民群众建立了深厚的战斗情谊。太行山麓、漳河两岸火热斗争的动人场面，给了他丰富的政治营养，人民群众的生活和斗争是他取之不尽、用之不竭的创作源泉。毛泽东同志《在延安文艺座谈会上的讲话》发表以后，他更是自觉地坚持和贯彻文艺的工农兵方向，努力为人民大众创作。他的剧作取材于现实社会生活，自觉地、及时地、直接地反映人民群众的火热斗争，并帮助他们提高思想觉悟。阮章竞的剧作，的确成了团结人民、教育人民，打击敌人、消灭敌人的有力武器。

《未熟的庄稼》完成于1942年10月，反映的是日寇铁蹄蹂躏下的沦陷区农村生活。这部作品以马家坪和褚家庄保护庄稼与割庄稼的矛盾为线索，揭露了日本侵略者和汉奸的罪行，说明了这样一个道理：中国人民只有团结起来，敢于斗争，才能打败侵略者，求得生存。当时，中国人民的抗日战争正处在异常艰苦的阶段。日本侵略者为实现其"以华制华""以战养战"的罪恶目的，推行所谓"治安强化运动"，奴化和屠杀中国人民，制造了一起又一起骇人听闻的惨案。马家坪和褚家庄两村人民的械斗和残杀，正是日寇"以华制华"这条毒藤上结出的苦瓜。然而，"怒焰，燃烧着奴隶的心，是永恒不息的"。中国人民在血的事实面前睁开了眼睛，认清了斗争的方向。作品的现实意义，就在于用生动感人的艺术形象展示了团结抗战的主题。"这就告诉我们，敌占区人民斗争的方向，同样也正是我们全中国人民斗争的方向。在对敌的意味上说，全国人民的遭遇，还不是和敌占区人民一样吗？”[①]

创作于1943年的《比赛》和《糠菜夫妻》，都是以懒汉转变为题材的，但二者又有不同。《比赛》中的大东子，不愿参加生产劳动，经常同妻子吵嘴。在强大的社会舆论面前，在妇救会长和农会主席的批评教育下，在妻子和儿子的帮助下，大东子认识了自己的错误，下地劳动，并提出要同老婆、孩子比赛，争当劳动模范。《糠菜夫妻》中的科子也不愿参加生产劳动，但科子的老婆金梅则是由于女特务仙花的挑拨而怀有二心。在仙花投毒被抓以后，金梅才大吃一惊，知道自己上当受骗，追悔莫及；科子也在农会主席的教育下认识了自己的错误，立志重新做人。在抗日根据地，民主政府实行新法令，土地还家，鼓励农民积极生产，但像大东子这样的人，好吃懒做，不务正业，如不转变，即使有了土地，也还是要挨饿受冻，而且懒汉二流子的家庭很难和睦，这就容易让敌人钻空子，金梅就是突出的一例。在这两部作品中，作家用现实主义的笔触描写了生活，有其深刻的社会意义。

阮章竞于1947年创作了《赤叶河》。关于这部作品的创作动因，作者曾有过这样的阐述："1947年，当土地改革运动更全面、更深入地发展的时候，地主阶级及其代言人说：'开天辟地，分纸占单，谁有命谁有土地。''命里有八斗，一石溅了口。'我在工作中，经常听到土地是怎样来的和社会财富是谁创造的问题。这使我想起'王大富'在破屋中，对着夏天雷雨，向我讲了一个山沟的土地历史和他一家的悲惨遭遇，也使我想起我长期在农村中所见到的残酷的封建压迫。由于现实斗争的需要和太行山剧团的工作需要，在党的鼓励下，我学习写作《赤叶河》。"[②]《赤叶河》以王大富一家的悲惨遭遇为主线，揭露了地主阶级、国民党反动派和日本侵略者残酷压榨劳动人民的罪行，表达了广大人民群众盼望共产党、渴求解放的心情，回答了"土地是怎样来的和社会财富是谁创造的问题"。在当时的历史条件下，这部作品的主题是有其普遍意义的。

《在时代的列车上》是阮章竞在全国解放以后创作的剧本。1952年，他随同中央工作团到上海参加"五反"运动，之后，创作了这部作品。作家在太行山革

---

① 高沐鸿：《写在幕前》，《未熟的庄稼》，太行新华书店，1943年8月。

② 阮章竞：《赤叶河·后记》，《赤叶河》，北京：人民文学出版社，1959年版，第172页。

命根据地生活了十几年，对农村生活非常熟悉，现在要写反映城市生活的作品，不能不说是遇到了很大的困难。但是，阮章竞在深入体验生活的基础上，还是进行了有益的探索，取得了很大的成功。作品以国家在过渡时期对资本主义工商业进行社会主义改造为题材，通过对东方橡胶厂在接受国家订货以后矛盾斗争的描写，揭露了不法资本家的“五毒”行为，赞扬了工人阶级主人翁的精神。在“五反”运动中，工人阶级击败了资产阶级的进攻，工厂实行公私合营，“上了新时代的列车”“向前开去”。作品形象地告诉人们，谁要是拒绝走社会主义道路，或者妄想阻拦社会主义列车的前进，那只能落个粉身碎骨的下场。作家的眼光是敏锐的，作品对生活的描写是真实的，像这样表现过渡时期工业题材的戏剧作品还是不多见的。

阮章竞的剧作，真实生动地反映了人民群众当时的生活和斗争，表现了他们的思想和情感，描写了他们关心和感兴趣的问题，有着鲜明的时代精神和浓烈的战斗气息。作家的心和人民群众是相通的。对于这样的作品，观众当然是欢迎的。就阮章竞的剧作而言，现在看来有些地方略嫌粗糙，但在当时还是很受欢迎的。因为人民群众宁可欣赏较为粗浅的与自己有密切关系的作品，也不愿意接受高雅的与自己毫无关系的东西。关于这一点，阮章竞自己是有深切体会的。太行山剧团成立之初，演的都是从上海、武汉等大城市来的节目，尽管轰轰烈烈，但人民群众看不懂。在纪念七七事变一周年时，这个剧团演出了阮章竞的处女剧作《周年》，深受人民群众的欢迎，原因是真正看懂了。

阮章竞的戏剧创作在真实地、及时地、直接地反映社会生活的同时，在形式上还努力向民间戏曲和民歌学习，刻意追求民族化大众化风格，创作人民群众喜闻乐见的戏剧作品。阮章竞在这方面是具有突出成就的作家。对于民间文艺形式，他有继承、有革新、也有创造，在不断地探索中前进。1938 年，他创作第二个剧本《保卫抗日根据地》时，就试用当地小调“卖扁食”填过一首《秋风曲》。这首插曲很快在群众中传唱开了。1939 年，阮章竞在从事农村戏剧工作的过程中，深深地被当地丰富多彩的民歌小曲感动，曾进行过认真的搜集整理和学习，并借用这些形式编写过歌舞、活报剧，群众很喜欢看。1940 年，他创作了剧本《和尚岭》。现在我们所看到的《牧羊儿》一诗，就是这个剧本里的一支插曲。这支插曲也是用民歌曲调写成的。1942 年，延安文艺座谈会的召开和毛泽东同志《在延安文艺座谈会上的讲话》的发表，使阮章竞深受鼓舞，更坚定了他继续沿着这条创作道路走下去的决心。当年，他就用民歌曲调创作了反映减租减息斗争的歌剧《柳亭郊》，但未完稿却在反“扫荡”中丢失了。1943 年，他在学习民歌的基础上创作了歌剧《比赛》。1947 年，他又运用民歌体创作了歌剧《赤叶河》。由此我们可以看出，阮章竞在学习民间文艺方面探索前进的足迹和所花的气力。正是他这种严肃认真的态度和锲而不舍的精神，才使他在学习民间文艺的道路上获得了成功。这种成功，既表现在他的剧作上，也表现在他的诗作上。太行山区娓娓悠扬的歌声，给了阮章竞丰富的艺术营养。阮章竞的剧作，从思想内容到艺术形式真正做到了具有民族风格和民族气魄。

阮章竞的剧作，在反映社会生活方面带有明显的时代印痕。我们在谈到它的成就的时候，也应注意到它的不足，这主要表现在有些作品由于过分强调了配合革命斗争的需要，在艺术上显得比较粗糙，有公式化、概念化倾向，如《比赛》《糠菜夫妻》。当然，这与当时的历史条件是分不开的。

二

善于描写和安排戏剧冲突，注重人物之间和人物自身的心灵交锋，是阮章竞戏剧创作的又一个重要特点。

戏剧冲突源于生活矛盾，但并不是将生活矛盾直接搬上舞台，而必须经过提炼和艺术加工，只有这样，才能做到真正有“戏”。《未熟的庄稼》在戏剧冲突的提炼与安排上颇具匠心。作品所展示的矛盾是多方面的：中国人民与日本侵略者的矛盾，马家坪与褚家庄的矛盾，马元山与褚天根的矛盾，董其昌和村长与马元山等人的矛盾，马元山与妻子、岳母的矛盾，马之妻与褚天根的矛盾，马家坪与西河沟的矛盾。这些头绪繁多的矛盾互相交织，推动着戏剧情节向前发展，而在情节发展中这些矛盾也都逐一得到解决，最终使人们看清了中国人民与日本侵略者的矛盾是其他矛盾的根源，是主要矛盾，这就深化了作品的主题，增大了作品的思想容量。作品在舞台处理上也很有特点。没有正面描写马家坪与褚家庄械斗的场面，而是采用暗场处理的办法，通过剧中人的口交代了这一情节。这是十分成功的。如果对两村群众的械斗和马元山之死正面描写，不仅会给演出带来诸多不便，而且效果也不一定理想。这不能不说是得益于作者丰富的舞台经验。

心理冲突最有震撼力量。阮章竞的剧作，在描写人与人之间的思想交锋方面也有显著特点。《在时代的列车上》里的方云洲与张飞龙，一直处于尖锐的思想冲突之中。方云洲是东方橡胶厂的副经理兼总工程师、市政治协商会议的委员。在旧社会，他饱尝了创办民族工业的艰辛，解放以后，通过亲眼看到的事实，加深了对中国共产党的认识。“解放的时候，我是要看看共产党把这台戏怎么唱下去的，仅仅不到一年，国民党二十年不能解决的物价，共产党解决了，从广州到满洲里，一张火车票就通行无阻。我赞成共产党，就在这些方面。”方云洲的这段话说得多么好啊！人民看一个政党、一个政府，不是看他们说什么，而是看他们做什么。这时的方云洲尽管“不是个共产主义者”，但他热爱祖国，对共产党和人民政府表现了极大的信任。东方橡胶厂的董事长张飞龙则不同。他对共产党和人民政府抱着极度不信任甚至敌视的态度。所以，在许多问题上，这两个人物之间总是免不了发生尖锐的思想冲突。诸如，在“申请书”问题上，在对待工人意见和政府派来的采购代表的态度上，在关于产品掺假问题上，在对待“五反”运动以及工厂公私合营的态度上，等等。在这一系列的戏剧冲突中，展示了人物的灵魂，塑造了栩栩如生的形象。不管是方云洲还是张飞龙，他们都是生活中的人，不是干巴巴的思想图解。在全剧结尾，工厂实行公私合营时，张飞龙拒绝参加大会，并要抽掉全部股金，公然对抗社会主义改造。张飞龙在滚滚向前的社会主义历史巨轮面前，只能“买棺材，做寿衣”“准备后事”，而方云洲“买了直达终点的列车票”，乘着“新时代的列车”，飞奔向前。这样的结局是戏剧冲突发展的必然结果。

《赤叶河》里人物之间的思想冲突也表现得很充分。王大富、王禾子等人与吕承书、吕秋贵的矛盾冲突贯穿全剧。在第一部里，开荒种地、辛劳一生的王大富，总算给儿子娶上了媳妇。正当他们盼望光景一天比一天好的时候，地主吕承书和二东家吕秋贵上山来了。吕家要盖祠堂，向穷人“化布施”，硬逼王大富借债出了五块大洋。在第二部里，吕家以“修祠堂，手头紧”为借口，对王大富敲诈勒索，重利盘剥。在第三部里，吕承书前后两次调戏、侮辱燕燕儿。王禾子既恨吕承书，又对燕燕儿起了疑心，一气之下，离家出走。燕燕儿有苦难言，跳河自杀。在第四部里，当地解放了，王禾子回到家里。吕承书丧心病狂，想枪杀王禾子，但阴谋未能得逞。吕承书被人民押上了历史的审判台。这些矛盾斗争构成了戏剧的主要冲突，表现了人物的心理特征。除此而外，王大富和王禾子父子之间也进行着激烈的思想斗争。王大富对地主阶级敲骨吸髓的剥削敢怒不敢言，对吕承书、吕秋贵处处赔小心，既让座又买金丹（鸦片），就在他气愤至极的时候，也只能说句“还有命，要吧”。王禾子则不同，他具有反抗精神。吕家修祠堂“化布施”，王禾子说：“哼！咱要有二十块钱，我要给老母狗修个窝哩！”王大富要王禾子给吕承书去买金丹时，王禾子说：“我不去！给他买金丹，包些驴粪蛋给他吃吧，把人糟蹋死啦！”在王禾子看来，“不造反是不行了”。他敢夺吕秋贵的账本，敢用大石头砸吕承书，他“想去当兵回来报仇”。这些思想和行为王大富是不可能有的。所以，他们之间的思想冲突是不可避免的。也正是在这种思想冲突中，表现了父子二人各不相同的心理特征。

阮章竞的剧作，在描写人物之间心理冲突的同时，还交织着描写了人物的自我心理冲突。《未熟的庄稼》里的马元山之妻，一直处在尖锐的自我心理冲突之中。马家坪和褚家庄都有她的亲人。两村之间的矛盾本来就使她很痛心，谁知又发生了褚天根报告马小山参加抗日军的事，因此而挑起了丈夫与弟弟之间的矛盾，而且矛盾的进一步发展，必然出现悲剧的结局。不管是谁，不管是矛盾的哪一方面，都与她有着比别人更直接、更亲近的关系。她出于对弟弟的爱护与信任，对丈夫说：“我想这样的事情不会是天根干的。”她劝丈夫：“这样的年头，就是‘打掉门牙都要往肚里咽，打断胳膊也得往袖里藏’，你看不见这里是谁的天下么？”当丈夫被人杀害之后，她悲恸欲绝，一心想问清楚仇人是谁。但当人们把弟弟推到她面前时，起初她不相信自己的眼睛，说：“呵……黑小，他是谁？”当儿子告诉她“妈，他是舅舅”时，她“呵”了一声，昏倒在地。人们要杀褚天根，她说：“我要他，先杀了我。”她母亲从褚家庄赶到马家坪，跪在她面前：“孩子哟！救救你的弟弟吧，跟他讨个情吧！”丈夫被弟弟所杀，难道现在又要杀弟弟吗？何况还有母亲的跪求，不杀弟弟，丈夫的仇怎么报？她拾起匕首，牵过儿子，跪在弟弟面前：“天根！……你杀了我母子吧！”这种情形，撕心裂肺，人物的自我心理冲突达到了极点。看到这里，观众的心也为之颤抖、流血，戏剧效果是十分强烈的。

《在时代的列车上》里的方云洲，在“五反”运动中，在到底坦白不坦白工厂“五毒”行为的问题上，也曾有过激烈的自我心理冲突。“不说，不得了；说了，就了不得呀！”他思前想后，痛苦万分。在工会的督促下，在妻子和儿女们的帮助下，最后他还是做了坦白交代，得到了政府的宽大处理。方云洲这里的内心冲突是符合他的身份与性格的。

阮章竞的剧作，在戏剧冲突的描写与安排上也还存在着一些不足。《比赛》和《糠菜夫妻》的戏剧冲突不够深刻。《在时代的列车上》的第三幕，正面展开矛盾冲突不够，方珏、方薇与方云洲之间的冲突，有些牵强。《赤叶河》里老宋等几个人物似有游离于戏剧冲突之外的感觉。这部作品先后修改过四次。1983年冬天我们在北京访问阮章竞时，他谈起这部剧作，仍感不够理想，认为别人一提意见就改，改来改去，还是没有改出个好作品来。这确是经验之谈。

三

语言是剧作家描写戏剧冲突、塑造舞台形象的基本材料和基本手段。高尔基曾说：“剧本（悲剧和喜剧）是最难运用的一种文学形式，其所以难，是因为剧本要求每个剧中人物用自己的语言和行动来表现自己的特征，而不用作者提示。”正如高尔基所说：“剧本不容许作者如此随便地进行干涉，在剧本里，他不能对观众提示什么。剧中人物之被创造出来，仅仅是依靠他们的台词，即纯粹的口语，而不是叙述的语言。”这两段话正好说明了语言对于戏剧的特殊重要作用。阮章竞戏剧语言所具有的鲜明特色，构成了他的戏剧创作的另一个重要特点。

戏剧语言的首要任务在于显示剧中人物的性格特征。由于人们的社会地位、生活经历、文化教养和情趣爱好不尽相同，所以个人的语言不仅表达的思想感情不同，而且运用的词汇、句式和语气也各异。阮章竞的戏剧语言来自生活，来自群众，而又经过反复锤炼加工，是充分个性化了的语言。《未熟的庄稼》中的马元山，是一个深受反动统治阶级剥削与压迫的农民，有朴素的阶级意识，不甘心当亡国奴，但是，他没有受过教育，没有文化，性情急躁，思想方法简单，愿意认“死理”。他的语言正符合他的这种性格。马元山一出场，妻子告诉他伪特务队长王理来过，要他把弟弟马小山找回来。马元山说：“行了，行了，不要说下去了，就是这一回事情。那全是你兄弟干的好事！亲戚就做到今天吧。”妻子劝他要把事情问清楚，他说："问清楚？只有王八才这样的脾气！我马元山从来不欺负人，可是有人来欺负我，就不行！给我眼睛还眼睛，给我牙齿还牙齿！"王理第二次找过马元山之后，妻子劝马元山要忍着这口气，马元山说："忍着这口气，丢了脑袋都不敢哼。我已经当了四年亡国奴了！日本人站在我们的头上，现在当亲戚的也来叉住我的喉咙……我不能叫小山回来，小山没有错。要我去我就去。……可是我不能白去！"在日本侵略者的逼迫之下，褚家庄的人又来割马家坪的庄稼，马元山力主要打，对村长与董其昌的劝阻置若罔闻，并且说："闹出人命也得干！"马元山的语言，既表现了他性格坚强、疾恶如仇的一面，又表现了鲁莽、不听忠告的一面。王理是一个死心塌地替日本人卖命的汉奸，他的语言与马元山的就迥然不同。王理第一次来到马元山家，当马之妻说明马小山外出情况时，他说："还说什么呢？你以为这样对我多说几句话，我会觉得你的声音好听么？漂亮么？动人么？标致么？快活么？舒服么？妙么？美么？好么？香么？甜么？"在这里，王理一连说了十一个"么"，尽管思维混乱，前后矛盾，但正好表现了他奴仗主势、欺压同胞、侮辱妇女的丑恶嘴脸。

戏剧语言还必须富有动作性。戏剧中的人是动作中的人，戏剧冲突的发展过程就是剧中人物的动作和反动作的过程。在《赤叶河》第一部里，吕秋贵要王大富花二十块大洋的"布施"为吕家修祠堂，王禾子听到后气愤地骂了一句："哼！咱要有二十块钱，我要给老母狗修个窝哩！"吕秋贵以此为把柄，要抓王禾子去见吕承书。在这里，王大富同吕秋贵有一段十分有趣的对话：

王大富：求二东家饶他这回。给我写上三块吧！

吕秋贵：三块？不行！我要抓这小子去见大先生！

王大富：（拦住）三块可不少了。

吕秋贵：两个巴掌——十块！好小子，你出来！

王大富：（惊）十块！吓死我了。

吕秋贵：好小子，出来跟我到衙门去！顶少也得五块！

王大富：（打拱作揖）二东家，我没有钱呀！

吕秋贵：我先借给你。好小子，快出来！

王大富：（把吕秋贵挡送到坡前）多担待点，多担待点！

吕秋贵：不行，我要抓他去坐牢！

王大富：饶他这一回！（把吕秋贵送到坡路上）

吕秋贵：饶他不得！五块！（欲走）

王大富：（打拱作揖）多担待！我顶多出三块。

吕秋贵：（复返回来）饶他不得，好小子，出来坐牢！说定了，我借给你五块。

王大富：（惊）三块，三块！

吕秋贵：小子呀，出来跟我去坐牢！一个巴掌——五块！

这段对话妙就妙在各怀心事，各有目的。吕秋贵为了多要钱，抬了根鸡毛当令箭，抓着王禾子的一句话不放，要挟对方；王大富为了少出钱，别无他法，只得苦苦哀求。这些带有动作性的戏剧语言具有强烈的戏剧效果，不能不引起观众的浓厚兴趣。

阮章竞的戏剧语言，既是群众口语，又有音乐性，还富有诗意。在阮章竞的剧作中，剧中人的对话很少长篇大论，也绝不堆砌辞藻，而是日常口语，新鲜活泼，朴素自然。关于这一点，我们前面引用的例子就是最好的证明。阮章竞曾说："我是南方人，初到北方时，普通话说得很糟。听懂偏远山区的语言，并且使之用于写作，是花了很大的气力去学习和积累的。"从阮章竞的剧作中，我们完全可以看出他在学习语言上所下的功夫。

阮章竞的音乐功底本来是很深厚的。他从小就爱好戏曲，童年时代学唱儿歌、歌谣，稍大了，学唱戏曲、粤讴段子。1934 年，他到上海以后，参加了抗日救亡歌咏活动，在工人、店员和学生中既教唱歌又当指挥，还创作歌词，也谱曲。1938 年，他来到太行山革命根据地，在剧团从事导演工作，这就进一步提高了他的音乐水平。他创作的歌剧作品就不必说了，因为歌剧没有音乐性就无法谱曲演唱；就是他创作的话剧作品，也是节奏分明，声调铿锵，说来顺口，听来悦耳，有极强的音乐性。

阮章竞的诗歌素养也是很深的。我们不是说他成为我国当代著名诗人的时候，而是说他开始戏剧创作的时候。他从青年时代起，就酷爱我国的古典诗词，读了许多这方面的书。他有诗人的气质。他的戏剧创作，总是以诗人的心灵去感受生活，开掘生活，处理题材，塑造人物，描写冲突。他的歌剧当然是诗，就是他的话剧也不是没有诗。他把诗歌创作的一些特点熔铸到戏剧艺术之中了。

在谈到阮章竞戏剧语言的时候，还有一个需要提及的问题，就是他的剧作中的一些有关舞台布置、布景设计和说明性文字，也都写得十分成功。这当然是因为，一方面，他是剧团导演；另一方面，他又是画家——我们知道，他1927年到涌头两合油漆店学画画，三年满师，在家乡当了几年画工，在以后的漫长生活道路上，他从未停止过绘画练习，就是在他年已古稀的今天，也还不时挥笔作画。这两方面的丰富实践经验，使他具备了一般剧作家很难具备的条件。

阮章竞戏剧创作成就的取得，并非出于偶然。他从小深受民族文化，尤其是民间艺术的熏陶；步入文坛后刻意追求民族化、大众化的文学艺术；非常熟悉所描写的生活和人物；有较深厚的文学、戏剧、音乐、美术的修养和丰富的舞台经验；善于学习群众语言和民歌小曲，这一切都是阮章竞戏剧创作取得成就的原因。中国共产党领导的革命根据地和人民当家做主的新中国，为他提供了发挥艺术才能的广阔天地。他有创造，也有提高，在不断地创造和提高中前进。我们研究阮章竞的戏剧作品，既可以从中看到一个作家的成长过程和前进足迹，又可以受到思想启迪。这对于我们今天的文艺创作不是没有借鉴意义的。

（原载《西北师院学报》1985年第4期）

童真与诗心的空间：阮章竞的童话诗探微

◎ 黄雪敏

作为20世纪中国现当代文学中的著名诗人，阮章竞有两重身份引人注目：其一，他是民歌体叙事诗的大家，《漳河水》是体现毛泽东《在延安文艺座谈会上的讲话》精神，探索新诗大众化、民族化的成功之作；其二，他是童话诗的热心作者，《金色的海螺》以清新、优美又富于传奇色彩的意境，在几代读者心中留下了深刻的印象。然而，相比起民歌体叙事诗得到的普遍好评，阮章竞的童话诗创作尚未引起足够的重视。就成果而言，阮章竞的童话诗创作数量不多，时间也相对集中，在其诗歌创作的生涯中，仿佛是一个小小而精致的插曲；放在中国当代儿童文学的花园中，则又显示出风格的独特性，自有其一席之地。这些童话诗，虽然不可避免地带有那个时代的政治和文化的烙印，但诗中流露的童心、童趣和家园之思，今天读来仍亲切可感。究竟是什么原因，使得这位革命诗人在耄耋之年仍对多年前的童话诗旧作牵肠挂肚？这些童话诗的创作，寄予了他怎样的厚望？这是值得我们揣摩和深思的。若将阮章竞的童话诗创作纳入其诗歌创作的整体当中进行考察，或许能帮助我们更深入地体会诗人的心路历程。

一、从现实出发的诗学理念

世界上较为著名的作家，几乎都有过创作儿童主题作品的经历，如巴尔扎克、高尔基、狄更斯等。儿童形象代表着天真、可爱的审美客体，同时也寄寓着作家自身的怀旧情感和美学倾向。当然，从社会心理学角度看，“儿童文学之所以能作为一种独立的文学门类，在人类文学艺术版图中占有不可或缺的位置，自然应有其远比纯真、稚拙、儿童情趣更丰沛的艺术内涵,更为深刻和重要的美学原因。"[①]

阮章竞影响较大的几首童话诗皆创作于1955年。这一年,共青团中央和全国妇联发起号召,要求文学工作者多创作儿童读物,中国作协还讨论通过了发展少年儿童文学创作的计划[②]。许多作家都投身其中,努力改变少年儿童读物"严重奇缺的状况",涌现了一批表现集体主义精神和集体力量的伟大,以及赞美新时代新事物的儿童文学作品。阮章竞的《金色的海螺》《马猴祖先的故事》《牛仔王》等诗,虽是响应号召之作,却不是简单地顺应时代潮流、配合时代需要的作品。这部作品取材于民间"传说",却立意批判,有鲜明的现实针对性,创作的出发点自然有别于当时其他的作品,也由此引发了一些颇有意味的争议。

《金色的海螺》是在民间耳熟能详的田螺姑娘的传说基础上,创造性地增添了少年与海螺的离别、少年努力争取幸福的过程。这一改写,为古老的传说注入了新鲜的元素,使全诗跳出了简单的道德训诫的模式而成为一个有血有肉、内容生动的故事。诗中后半部分的大量篇幅以少年三次搏击海浪风暴、对抗海神娘娘来反复渲染少年百折不挠的坚定信念和执着的爱情追求,使全诗的主题由"结亲报恩"的民间范式转向了颇具现代色彩的"爱情坚守",甚至遮盖了作家创作的本意,更被一些不相识的同志批判为"立意爱情至上主义"。多年以后,作家披露自己的创作意图,不无感慨地道出:"全国解放后,换妻空气正浓,许多不全是感情不和、性格不合,诸多是见异思迁,造成不少不应该出现的寡妇孤儿。《金色的海螺》包含了对此的不满,许多人未看出。"[③]作家的原意,是针砭当时社会上"贪新厌旧""见异思迁"的不良风气,出发点和立足点都非常现实;在"获救—报恩—离别—重聚"的故事情节中,特别设计了海神娘娘将海螺变丑、又以美貌仙女迷惑少年的情节,这一严峻的考验无疑带有鲜明的针对性和时代色彩。但这种立意却隐藏至深,它被包裹在一个非常古老而传统的爱情传说中,以一种充满梦幻和浪漫的方式传达出来,无意中造成了创作和阅读(批评)的错位。而这种错位,或许还有更值得思考的时代的原因。

① 王泉根:《论儿童文学的基本美学特征》,《北京师范大学学报(社科版)》,2006年第2期。

② 中国作家协会:《关于发展少年儿童文学的指示》,《儿童文学论文选》,北京:中国少年儿童出版社,1981年版,第5页。

③ 阮章竞:《阮章竞与友人论诗的信》,《长江学术》,2007年第2期。

对现实生活中爱情婚姻问题的处理，一直是革命文艺中十分敏感的话题。在此之前，有《霓虹灯下的哨兵》，有萧也牧的《我们夫妇之间》，都涉及了建国之初党最为重视的革命队伍的“拒腐防变”的问题，当时和后来的作家了解这类题材的创作风险所在。因此，阮章竞在落笔之时，转而大胆地启用民间的神话传说，并将批判深深地隐藏在赞美和歌颂之后，则在相当大程度上规避了这类题材带来的负面描写。这种选择和处理，使得《金色的海螺》一诗，得以从比较正面的角度得到大部分人的认可，但也是造成作品产生歧义的不争的原因。就作家的创作意图而言，这首诗，是完全现实主义的诗歌；而读者所认可的，却是完全浪漫主义的一种想象。如果不是多年后作家的“夫子自道”，恐怕这种“看不出来”还要继续下去。这番遭遇，也颇能折射出当年的创作境况。

由对现实的不满出发，《金色的海螺》一诗，指向的是一种人格上的“真诚”而非爱情上的“执着”——“故想通过少年的真诚，影响新的一代”。阮章竞自称：“我原来就不着重于爱情。”此诗也并未以少年与海螺姑娘的爱情为线索，而是“突出纯真的友情与正直勇敢”，提倡少年与海螺之间真心实意、坦诚相待的相处之道。作家认为自己在爱情问题上绝不是保守的。在他看来，见异思迁的关键在于不真诚——对情感不忠诚、对自己的良知不忠实。“真诚”“真实”“真心”等词多次出现在阮章竞的诗文中。对于半辈子追随革命步伐、在人生的起落当中见识了政治酷烈与人事复杂的诗人而言，这番关于爱情的道白，事实上也在很大程度上体现了作家人格上的操守和坚持。阮老在20世纪90年代有一首儿童诗《我要学好》，全诗四节二十二行。其首尾两节是：

> 我要学好，/ 不用靠聪明，/ 不用靠灵巧，/ 只要自己，/ 下定决心要学好，/ 哪个孩子都能做到。
>
> ……
>
> 只要从小到大，/ 牢牢记住“我要学好”，/ 好孩子，就一定能做到。/ 只要从小到大，/ 一辈子做好事，/ 就一定为人高尚，/ 品德好。

这是阮老创作生涯中的最后一首儿童诗，读来颇有意思。如果从教育和宣传的角度而言，该诗未免太过直白粗糙。但是，联系诗人的人生经历和艺术追求，则不难看出，这既是对儿童的谆谆教诲，更可看作诗人一生创作与生活的自我总结。在晚年的回忆录《故乡岁月》中，老诗人深情地回忆了自己少年时期仅有的一次“赌钱”经历——母亲用他赌钱赢来的“六元钱”给他做了一身新衣服，然后用很沉重很认真的语气教导他说：

> “阿竞，就赌这两回，以后可不要赌钱了！千万不要再赌钱，一定要记住妈的话！”她停了一会儿，脸色更严肃了，“你一定要学好，坏的事，一定不能学、不能做！”
>
> 我完全理解妈从高兴到不高兴的原因：高兴的是我没有输钱，不高兴的是我去学赌钱。我低头，不敢看妈的眼睛，但坚决地说：“妈，我一定记住的！”
>
> 真的，从母亲说这句话起，到现在写这篇回忆文字止，我都七十一岁了，我一次都没有再赌过。所以，我得出了一条道理：一个小孩子，凡是坏事都不学，凡是坏事都不做，谁都可以做到的，这不需要任何聪明才智，能干不能干，只要从小下定决心，就能做到。

从文艺心理学的角度看，这段文字包含着创作主体的丰富的创伤性体验。阮章竞是童工出身，十三岁就到油漆店当学徒，艰苦的生存条件、繁重的工作压力、悭吝冷漠的老板，这些都让年少的阮章竞深深地感受到世态炎凉、人生困顿。但是，艰苦的物质环境，却从未动摇他精神空间内追求“真善美”的信念和激情。他的一生，见惯了兵荒马乱、混乱污浊乃至挣扎死亡，坎坷多变的人生际遇在他敏感的心灵上留下了难以磨灭的痕迹，但他坚持在作品中鞭挞丑恶、坚持向儿童展示一个充满希望的“真善美”的世界。这份执着是难能可贵的。所以高尔基才说：“心灵由于过早熟悉生活中的某些东西而受到毒害；为了使人不变得胆小、变得庸俗，不熟悉这些东西倒是一件大幸事。”①

晚年的老诗人有感于社会上的不正之风对少年儿童的腐蚀和影响，想起了母训，想起了自己的亲身经历，语重心长地写下《我要学好》一诗。诗中朴素的道理，其实正是他一生“为人为文”的追求。儿童文学最讲究“真”，借助儿童文学的

① 高尔基：《苦命的巴维尔》，《高尔基妙语录》，兰州：甘肃人民出版社，1989年版，第232页。

形式来讲述“真诚”的故事，保持一份心灵的警醒和精神的坚守，是阮章竞的童话诗在思想上的闪光之处。

二、构建童真的审美空间

阮章竞的童话诗，出发点是对现实的思考，落脚点是对美好、良善的品格的赞美——正直、真诚、勇敢、机智、勤劳、坚毅……而其背后的情感归属，则联结着更为广袤深厚的家园情怀。家园是空间的一种生命承载体，也是生命情怀的寄托对象。

据《阮章竞评传》① 一书记载，阮章竞二十岁的时候离开故乡广东香山（即广东中山），自此走南闯北，辗转祖国各地。20 世纪 50 年代，他和家乡亲人重新恢复了联系，又得享与家中妻儿的团聚，长期被压抑和自觉冻结在心底的家园之思渐渐地得到了释放，并借着当时儿童文学的创作热潮，自然而然地流淌在这一时期的童话诗当中。《金色的海螺》中“朝着大海歌唱”的打鱼少年对“绿绸被子似的”“像一簇一簇的素馨花”的大海的亲近，《马猴祖先的故事》中那间飘散着粉果清香的乡间草屋，《牛仔王》中“珠江江水呜咽流”的深情和哀叹，《小姑娘与乌猿婆》中屋后光滑的井台……特别是这些童话诗当中那位在“芭蕉林里”唱儿歌、讲故事的“邻家婆婆”的身影，无不充满着岭南特有的“山气”和“海味”，浸透着诗人的乡情乡思，沉淀着他遥远又亲切的故乡经验。晚年的诗人，不仅完成了回忆录《故乡岁月》，作画时更喜欢落款“珠江老人”“珠江阮章竞”，这份思乡的情怀可谓深厚浓郁。在阮章竞的童话诗中，这份乡情乡思更具体地体现为人与人之间亲密、和谐的关系，透露出一股浓浓的人情味。

《牛仔王》创作于 1955 年，1958 年由少年儿童出版社出版，时隔三十九年后，诗人仍念念不忘，并于 1996 年 5 月重新改写。整首诗的情节并无多大的增删，但人物之间的关系网络搭建得更为密实。原作是诗人在配合中央广播电台朗诵录制《金色的海螺》一诗时，为说服中央广播电台的编者而“许诺”的以“阶级斗争的那套模式”来写的一首童话诗。既是按要求写作，创作时则自然把重点放在牛仔王

---

① 陈培浩、阮援朝：《阮章竞评传》，桂林：漓江出版社，2013 年版。

和庄园主、地主、肥土地的斗争上，重点表现的是矛盾双方的阶级对立，讴歌牛仔王反抗压迫的勇气，表现人民群众的智慧和力量，带有那个年代的儿童文学“配合时代需要”而创作的“通病”。1996 年的改写，则力求突破模式的限制，使得人物形象更为丰满，人物性格更加立体。作品中的牛仔王、放牛老阿公、水红菱、小牛倌、飞禽走兽等山野“居民”与珠江母亲等共同组成了一个富有人情味的民间世界。特别是其中的珠江母亲，化身渡江不得的阿婆，在得到牛仔王的帮助后，“捧着牛仔王的脸蛋，亲了额头又亲笑脸”，让人备感亲切。如果说《金色的海螺》一诗中的海神娘娘代表的是手握大权、法力无边、高高在上的掌权者，那么珠江母亲则少了几分神秘的色彩，多了几许人间的情怀，成为人们战胜劫难的美好祝福。放牛阿公病危前的磕头恳求、牛仔王为帮助水红菱而昏倒在水边、水红菱哭足三天三夜求珠江母亲的搭救……所有这些，都编织起人物间充满人情味的关系网络，构成了与另一个人物序列（庄园主、地主、土地、黑将军）的对比，给人留下了深刻的印象。

在阮章竞影响比较大的三部童话诗当中，《金色的海螺》故事单纯、意境优美；《马猴祖先的故事》诙谐幽默、精简生动；《牛仔王》则倾注了作家最多的心血，寄托了最深的期望。作者在 1996 年的《牛仔王》“重写后记”中，仍念念不忘当年“发表和出书之后，自己觉得写得不好，未把自己心里所想的、要说的写出来，对不住小读者，总想找个时间把它重写，但我始终挤不出时间[①]”。

此时，时过境迁，创作的风尚已经不再严格地捆绑在阶级斗争这面旗帜上了，有关儿童文学创作的主题、题材、表达技巧和艺术风格的讨论也更趋多样化。作家的改写显然更流露出他的真实想法和个人趣味。对乡情乡思的眷恋和怀念、对童年岁月中充满人情味和平民气息的人际氛围的重塑，使作家的心灵进入了一种温馨柔谧的丰富性体验中，成为他精神上的寄托和慰藉，成为他寻找真诚、自由和诗意的心灵的居所。“这首重写的《牛仔王》，改写得是好是坏，我自己也不敢苛求了，因为我已经是个八十二岁的老人，总算圆了三十九年的梦。”这种改写，这种圆梦的诉求，其意义自然是不一般的。更进一步说，亲情、乡情的纽带使诗人能暂时从喧嚣的尘世中、从人事的旋涡当中抽离出来，以一个乡间孩童的身份

---

① 阮章竞：《〈牛仔王〉重写后记》，《中国儿童文学名家精品文库——金色的海螺》，石家庄：花山文艺出版社，1998 年版。

来看世界，强调“童心”“童真”，追求“童言”“童趣”：

> 我每为儿童写东西，一定会回到孩子年月里去。这时，我返老还童了。就是说，我是把自己成人后的阅历，经过理性的思考，写来交给现在的儿童。处处是用孩子的目光和心理，在观察、分析现实世界。我常说这种情况是“返童”现象。用孩子的心理、孩子的感情、孩子的语言，不用少用大人话，不用少用书面语。①

这是阮章竞从事儿童文学创作的自觉追求，与著名的儿童文学家陈伯吹在20世纪50年代提出来的“善于从儿童的角度出发，以儿童的耳朵去听，以儿童的眼睛去看，特别以儿童的心灵去体会”②的目标是一致的。这样一种创作姿态，也为读者提供了更多回味的余地和想象的空间。儿童文学的纯美、纯粹和真挚，由此得以建构。

进一步来说，在经历了自身外在的革命风雨之后，阮章竞的童话诗创作还有内在另一番考虑。儿童是纯真的，是一个民族的未来，如果能采用童话诗的形式，给孩子们一个美好而有趣的成长空间，避免种种邪恶的、斗争的、荒谬的思潮影响，那将是非常令作家期待的一件事情。因而，别林斯基提出，“儿童读物的宗旨应当说不单是让儿童有事可做和防止儿童沾染上某种恶习和不良的倾向，而且更重要的是，发扬大自然赋予他们的人类精神的各种因素——发扬他们的博爱感和对无尽事物的感觉。”③在这一点上，颇受苏俄文学影响的阮章竞是较有心得的。

三、重返诗意的家园

在童话诗中，阮章竞以一颗诗人之心、赤子之心来体味人间冷暖、呼唤人间

---

① 阮章竞：《与青年朋友讨论儿童文学》，《文艺报》，1986年3月。

② 陈伯吹：《谈儿童文学创作上的几个问题》，《儿童文学论文选》，北京：中国少年儿童出版社，1981年版，第57页。

③ 别林斯基：《新年礼物：霍夫曼的两篇童话和伊利涅依爷爷的童话》，周忠和，《俄苏作家论儿童文学》，北京：少年儿童出版社，1983年版，第7页。

真情。细读他这几个童话诗篇，分明可以体会到童心、诗心、爱心的交汇。这当中，既有诗人对艺术的追求、对人格的坚守，亦有诗人对社会责任的不离不弃。纵观阮章竞的童话诗创作，时间虽然比较短暂（集中），其价值却值得充分的肯定。对诗人而言，这一时期的童话诗创作，既容纳了他对现实的思考和批判，又承载了他的故园之思，且发展了他在叙事诗艺术构思上的探索，其意义是多方面的。

阮章竞是一位彻底的现实主义者，是社会责任感很强的诗人。他和他同时代的诗人，写的诗都很有时代感和使命感。强烈的感时忧国精神和高度的意识形态化色彩使诗歌的面孔变得严肃而压抑。这一时期，倒是童话诗这种比较特殊的诗歌样式，显得更本真一些，可以满足作家的某种私人情感的释放和宣泄，也可以更自由地容纳阮老性格中的诙谐、幽默的一面。似乎在这种比较纯粹的艺术样式中，他的诗心和技艺可以得到比较自由的舒展。这些童话诗的语言风格其实是那个年代比较难得的个人话语，它与“一体化”进程中建立在对现代民族国家的想象基础上的全新的诗歌话语是很不一样的，它淳朴、真挚，较少携带阶级和意识形态的色彩。童话诗的创作领域虽然也出现了一些应制之作，但毕竟由于自身独特的文体属性，受到的牵制和规范不像其他文体那么明显。可以说，在这种体裁的创作上，作家相对来说还是比较自由的。

阮章竞童话诗的创作，从题材上看，是和前期以《漳河水》为代表的民歌体叙事诗完全不一样的类型，但具体到诗歌的想象方式、艺术构思，特别是在叙事诗的人物塑造和叙述策略上，则有更多内在相通的地方。早在20世纪70年代就有评论家指出：“《漳河水》在艺术上有较高的成就，主要表现在比较好地解决了叙事与抒情结合的问题，这得益于长诗的结构和语言。”[①] 以民歌体叙事长诗奠定诗坛地位的老诗人阮章竞，在《圈套》《漳河水》等诗的写作中，已逐渐摸索到了比较适合自己情感抒发和故事讲述的一种构思方式。这既体现在他所采用的“多重对照艺术”和“总分结合模式”[②] 上，也体现在诗人对典型场景的剪裁和对叙述节奏的把握和控制上。事实上，童话诗《金色的海螺》的艺术魅力，很大程度上就得益于这种结构上的探索。

---

① 孙绍振：《阮章竞的艺术道路》，《福建师大学报》，1979年第4期。

② 陈培浩、阮援朝：《阮章竞评传》，桂林：漓江出版社，2013年版，第89页。

《金色的海螺》故事情节集中、人物单纯，全诗除了首尾两节外共分四个部分，分别对应了四个相对独立的情节——少年搭救海螺、海螺化身报恩、少年与海螺许下盟约、少年三赴仙岛赢得祝福。这四个情节的“起承转合”设置得非常巧妙，衔接顺畅、收放自如，在紧凑的结构当中产生了一种灵动的跳跃的美感，有效地调节了叙述的节奏，让人感觉既干净利落又意犹未尽。例如该诗的第二节，写海螺向少年表白心意，“呜呜咽咽的声音”打动了少年，使他决心把海螺留下，当作“我家的一个人”。这部分最后定格在一个温馨又含蓄的画面中：

少年跑出门去，/采野花，割草兰，/野花铺成百花床，/草兰织成青纱帐。

月亮光，穿过了天窗，/屋子里像银粉洒满地上。/少年甜甜地睡在木床上，/海螺香香地躺在花床上。

这样优美而清新的描写，既烘托出打鱼少年结识海螺姑娘的欢喜、快乐的心情，又向读者展示出一幅幸福的未来图景，将传奇性的情节和诗的抒情和谐地统一起来，并自然而然地过渡到后半部分的“考验”和“挑战”，从而使《金色的海螺》一诗更显清新隽永。无疑，《金色的海螺》一诗是成功的。精巧的构思、出色的剪裁、细腻的心理刻画配上充满诗意和韵味的语言，使全诗宛如一个精致的艺术品，构建了一个清新自然的艺术空间，令读者读之流连忘返、回味无穷。就叙事技巧而言，这首诗其实是阮章竞继《漳河水》之后的又一次新的尝试，结构上的匀称、平衡与内容上的单纯、集中相呼应，成就了《金色的海螺》一诗。这种比较定型的叙事模式，其实也是儿童文学作品中常用的模式。而当叙述的内容超出了传说、神话的范围而企图容纳更多的现实题材时，这种结构上的安排则面临着新的调整。《牛仔王》的创作（及 20 世纪 90 年代的重写），更体现了诗人为新的诗歌体裁（童话诗）寻找更恰当的表现形式的努力。

《牛仔王》在人物塑造和情节构思上都体现了作家超越此前童话诗创作模式的一种设想和追求。在人物塑造上，他希望将牛仔王写成一个“比孙悟空更受儿童少年欢迎的神通广大的人物形象”，既包含了时代特色、彰显了时代精神，又更能体现作家的想象力和心灵寄托，也更富有现实针对性和教育意义的人物形象。这样的艺术典型显然需要有更生动、形象的故事情节来烘托和塑造。因此，《牛仔王》在情节设置上则更加跌宕起伏：牛仔王勇救水红菱，为小牛倌出谋献策，珠江母亲授以芦笛，牛仔王惩治肥土地、勇斗黑马将军，牛仔王被钉海岛洞……可以说一波三折，将传说与现实、奖励与惩罚、友情与爱情等诸多要素糅合在一起，既要容纳更为复杂的戏剧性情节，又必须保证结构的严谨和统一，还要充分考虑儿童小读者的接受能力，这就对作家的艺术构思提出了更高的要求。作为一名对诗歌形式孜孜不倦的“勘探者”，阮章竞想努力摆脱原有的叙述模式和语调，将更多的头绪、更充实的内容、更立体的人物、更丰富的心理变化熔铸为一炉。他尝试通过取消《牛仔王》原诗“一二三四”的结构划分来追求全诗更浑然一体，显然是想超越《金色的海螺》一诗比较定型的艺术结构，但这种尝试却没有成功。特别是全诗的开端部分，内容显得较为松散、臃肿，影响了全诗的艺术效果。这种遗憾由于时代的原因没能在其后的童话诗创作中得到弥补，却能启发人们对童话诗的艺术规律做进一步探寻。

阮章竞曾说过：“每一个成功的作品，总要有作家的想象力、心灵寄托；通过想象达到艺术的美，进而也反映了作家内心追求的世界实质。写给孩子们看的文学作品，更是寄托这种美和心灵的追求。”① 阮章竞比较集中创作童话诗的时期，正是他在作协工作中疲惫不堪，深感“这个地方不能再干了”的时候，也正是他即将踏上去包钢的列车，踏上新的人生、艺术征程的时候，在他不满足于已有的创作成就而又尚未找到新的艺术形式来继续放歌的时候。童话诗既为阮章竞提供了慰藉灵魂、安顿诗心的精神栖息地，又为他诗艺的丰富提供了一个探索的全新空间。在政治运动尚未乌云压顶的短暂的1955年，阮章竞以其数量不多却风格独特的童话诗创作，开辟了他创作生涯上的一块新的领地，与前期的民歌体叙事诗、后期的古风歌行体工业叙事诗共同构成了阮章竞诗歌创作道路上“百花齐放”的局面。

（原载《广东技术师范学院学报》2014年第5期）

---

① 阮章竞：《与青年朋友讨论儿童文学》，《文艺报》，1986年3月。

◆ 精神家园的守望者

——阮章竞童话诗歌人物“原型”探微

◎ 徐亮红

阮章竞是中国现当代文学史上一位重要的诗人，他的童话诗歌是其诗歌创作的重要组成部分。1955 年，阮章竞创作的童话长诗《金色的海螺》产生了较大影响。下面以《金色的海螺》《马猴祖先的故事》《牛仔王》和《小姑娘与乌猿婆》这四部具有代表性的童话诗歌作为研究对象，从“智慧老人”和“童神”这两个“原型”来探讨阮章竞童话诗歌的特色与成就。

一、故乡记忆与原型心理

阮章竞的童话诗歌以丰富的想象力和精彩的故事情节而脍炙人口。在这些诗歌中，阮章竞精心营造了一个童话世界，这个世界的中心地几乎都在珠江流域。据地理记载，珠江流域的五桂山繁花似锦，芳香四溢，因此得名“香山”，后为纪念孙中山先生而改名“中山”，即今天的广东省中山市，也就是阮章竞的故乡。从阮章竞的四部童话诗歌来看，故事的发生地都集中在“珠江”和“大山”，它们或与山有关，或与水有关，或者干脆写明“珠江”。在《金色的海螺》中，故事的发生地是“大海的那边”；他在《牛仔王》的开头写道：“天上有条银河，/人间有道珠江。/银河银光闪闪，/珠江闪闪发光”；在《马猴祖先的故事》与《小姑娘与乌猿婆》中，他也分别写道：“很高很高的大山下，/有一条发光的小河”“在很远很远的地方，/有座很高很高的山”。也就是说，阮章竞的四部童话诗歌总是离不开“故乡”。阮章竞一生投身革命，从小远离家乡，但故乡依然停留在他的记忆里，从来没有离开过他的思想，当他执笔创作童话诗歌时，故乡的山水、风情、人物和古老的传说都一一走进他的诗里。可见,故乡是他精神世界里永远的“情结”。

1970年,在“文革”斗争异常激烈的时候,阮章竞感到身心疲惫,一时陷入迷惘,便萌发了写作故乡题材回忆录的想法,于是《故乡岁月》诞生了。在这部作品中,阮章竞详细描述了自己的童年生活:虽然贫困,但隔着几十年的光阴,留下的净是点点滴滴的欢乐。他疲惫的身心在对故乡的怀旧梦境里得到了欢娱,因此超越了现实,也诗化了童年。当童年的不快和痛苦被净化,而快乐的记忆则更为真实,故乡成了“心象”的故乡,是精神的家园。在这个家园里,阮章竞回归了中国传统文化的精神和意念,如对正义、勇敢和善良的坚持,对理想人格的仰慕,对美好未来的向往。这种回归,是人类伊甸园情结的“无意识”反刍,是挥之不去的“原型”梦境。

高尔基说,“原型”是人类世世代代不断复现、类化的模式和主题。作为一种活动的心理力量,它在同一民族的世代遗传中具有连贯性,构成为一个民族伟大的童心。在文学史上,作家常常自觉不自觉地返归这颗童心,受到“原型”力量的牵引,重复前人描写过的母题。阮章竞的《金色的海螺》在民间世代流传过程中就有多个版本,“海螺姑娘”的化身形象也多有不同,花草虫鱼皆可以幻化成“海螺姑娘”,这都是得益于“原型”的力量。荣格认为“原型”的意义在于“把个人的命运纳入人类的命运”,唤起“亲切的力量”,而且“通过给它赋予形式的努力,艺术家将它转译成现有的语言,并因此而使我们找到了回归最深邃的生命源头的途径”①。因此,“原型”作为一种共通的“原始意象”,它的显现总是透露着一个民族深层的文化心理意涵。这种“原型”现象,常常通过梦、幻想、想象、童话、传说、民间艺术等曲折地呈现出来。

故乡构成了阮章竞童话诗歌的“原型”情境。他童话诗歌中的“故乡”,作为故事的承载体演绎了曲折生动的童话传奇。这个故乡,从地理意义上来说,是诗人的出生地,但从审美功能的意义上来看,已然原型化、审美化了。在四部童话诗歌里,“珠江”和“大山”生命常青,如诗、如画、如梦,生活其间的男男女女既有生存的艰辛,又有非凡的神力,各自带有某一方面的类型特征,或善,或恶,或美,而且善恶有报。它们和阮章竞的童年生活有相似之处,却又相去甚远。也就是说,故乡已然成为“原型”的梦境,它的存在时间更为久远,是中华民族

① 叶舒宪:《神话:原型批评》,西安:陕西师范大学出版社,1987年版,第101页。

繁衍生息的最初憧憬之地。

在阮章竞的童话诗歌中，与这种“原型”故事浑然一体的是无处不在的隐形叙述者——“邻家婆婆”。在《故乡岁月》里，诗人记载道：“夏秋的晚上，凉风习习，就在房屋檐前、大榕树下、芭蕉林边，享受听邻家老阿婆们讲故事的快乐时光。有位八十多岁的缪家老阿婆经常给我们讲故事，什么芭蕉姑娘、海螺姑娘、牛仔王造反、乌猿婆吃小孩、水牛怎么从天上被土地引诱推下人间为人耕地等，她讲得有声有色，加上表情手势，把每一个听故事的孩子，都引入到一个神奇的世界里去……这些不识字的老阿婆，都是优秀的口头文学家、诗人，她们把故乡的庙宇、奇山异石，都附加上一个美丽动人的神奇童话。”①

在《金色的海螺》中，叙述者说：“我记得是在芭蕉林里，/跟邻家婆婆学唱儿歌。/我学会一个又学一个，/天天都灌满两只耳朵。”“邻家婆婆教我唱这支儿歌，/我一字没掉唱过好几百回。/到底以后他们有多少个孩子，/唉！就这最后一句没有学会。”同样，在《小姑娘与乌猿婆》里也有这样的“婆婆”：“记得是在一个夏天的晚上，/荷塘里，泡着一个圆圆的月亮，/凉风儿，吹来阵阵清香，/我外婆，讲了一个非常聪明，/又非常胆小的姑娘。”在这些作品中，“邻家婆婆”讲的故事和“我”讲的故事套叠在一起，“邻家婆婆”是给“我”讲故事的人，“我”再把这个故事写成文字讲给别人听。

因此，阮章竞的四部童话诗歌最初都来自“邻家婆婆”的民间叙述，来自她的原初记忆，“我”是故事的讲述者，在“我”讲述的时候，“邻家婆婆”是隐形的叙述者。“邻家婆婆”营造了“故乡”故事的情境，使故事像梦一样萦绕在接受者的心头。“邻家婆婆”具体是谁并不重要，也无须考证，她只是民间文化的承载者和传递者，她讲述故事的场景再现暗合了人类童年记忆的快乐片段，也是对过往时光中众多拥有类似场景的人类原初梦境的观照，这种场景具有普遍性，具有“原型”特征。对于接受者来说，隐形叙述者讲述的故事难免掺杂了民间传统文化的糟粕，但这似乎都无关紧要，最紧要的是由“邻家婆婆”支配并参与营造的画面和场景的原初性、神秘性与梦幻效果。它让接受者认可和向往那故乡的伊甸园，而“邻家婆婆”就是那颗“伟大童心”的见证者和传递者。如此，“故乡”和童话的隐形

---

① 阮章竞：《故乡岁月》，北京：人民文学出版社，2012年版，第7页。

叙述者——“邻家婆婆”共同创作了阮章竞的童话故事，形成了故事的“原型”效应。

二、智慧老人：精神类型的转换

（一）“智慧老人”的由来

在爱沙尼亚童话里有这样一个故事：一个被虐待的小孤儿放跑了几头奶牛，小孤儿因为害怕，就离开家乡一个人到处流浪。有一天他晕倒了，醒过来一看，有个长着很长很长白胡子的老爷爷在用一个奶瓶给他喂奶，并告诉小男孩：“你必须寻求新的命运，但我无房、无家、无妻、无子，所以不能给你更好的照顾，只能给你一些建议。”于是，小孤儿按照老人所说的一直往前走，七年后，终于到达了一座预示着好运的“大山”，孩子安定了下来。

用“原型”分析这个故事，荣格认为“精神”的心理具体化具有“原型”的性质，“精神类型作为老人出现在童话中的频率几乎与出现在梦中一样”[①]，老人总会在孩子处于孤苦无援、绝望危难的时候出现，但由于内在或者外在条件的缺乏，故事中的主人公凭借个人的力量无法实现目标，老人就以人格化的思想的形式出现了，给主人公的匮乏做一些弥补，这种类型的老人，荣格把他命名为“智慧老人”“智慧老人”在故事中是以实体的人物形象出现的，荣格认为老人本是对道德和身体力量的有意识的思考和集中，这些力量自发地出现在意识之外的心理空间之中[②]。也就是说，老人实际上是一种精神和意念，上述童话中的白胡子老人就具备相应的特征。

阮章竞的四部童话诗歌和这个故事具有相似性，如《牛仔王》中的老阿公和老阿婆，“牛仔王，牛仔王，/ 生下就没有爹，/ 出世就没有娘”，牛仔王和小孤儿一样，身世凄惨，无父无母，但老阿公待牛仔王视如己出，给了这个可怜的孩子无私的温暖和呵护。老阿公死后，牛仔王再次饱受庄主老爷和肥土地的欺凌，老阿婆在此时出现了，给了牛仔王一支小芦管，也等于赐给了牛仔王神奇的斗争力量。这里的两个老人，分别对应着“智慧老人”的“原型”特征：老阿公如普

---

① 荣格：《原型与集体无意识》（第 5 卷），北京：国际文化出版公司，2011 年版，第 173 页。
② 荣格：《原型与集体无意识》（第 5 卷），北京：国际文化出版公司，2011 年版，第 174 页。

通老者一样，善良、热心，给了牛仔王祖父一样的慈祥和温暖，和上述童话中白胡子老人用奶瓶给小孤儿喂奶具有情节的雷同，充满着人性的温暖，具备“人”的特征；而老阿婆却具备了神的特点，她是哪路神仙，她如何知道牛仔王正在受苦，她的法力从何处得到，作品没有详细交代，只提及“我不是天上的神，山中的仙，/倒是珠江孩子的母亲”。老阿婆说自己是“珠江孩子的母亲”，可以肯定，这个“母亲”是庇佑孩子成长的保护神，她不是凡胎肉体的人，但却化身为普通的老人来指点牛仔王如何摆脱命运的困境，也和上述白胡子老人告诉小孤儿“必须一直往前走”的故事情节具有相似性。虽然老阿婆的形象更接近神仙人物，白胡子老人具有真理的意味，但他们都具有未卜先知的智慧，老阿婆叮嘱牛仔王：“千万别骄傲，别脱离好朋友，千万别像牛祖先，失掉警惕信甜言。”但牛仔王获得小芦管以后，很快就骄傲起来，果然被老阿婆说中了，而爱沙尼亚童话中的白胡子爷爷让小孤儿“一直往前走，直到遇见大山”，也被言中了，因为“山的高大是孩子的成年人格的隐喻”[①]，小孤儿因为白胡子爷爷的指点才开始了新的生活。因此，“智慧老人”一方面代表着知识、智慧和直觉，另一方面又代表着善良、正义、助人为乐等道德品质。“智慧老人”是精神主题的种种变体，在神话与童话中讲述其自身的故事，“原型”的交互作用显示在其自然情势之中，是一种精神类型的转换。

（二）“智慧老人”的对立面

在童话故事中，为了使“智慧老人”的形象引起读者的反思和对道德力量的思考，“智慧老人”的性格往往具备没有好坏之分的一元化人格特征，他几乎是“人”和“神”的完美统一。而在荣格看来，“智慧老人”确有其对立面。再以爱沙尼亚的童话为例，荣格认为“关于那个弄丢了奶牛的受雇男孩，大有帮助的老人碰巧那么机缘巧合地在现场，让人怀疑他为了给被保护人一个极佳的逃跑借口，已然事先秘密赶走了奶牛”[②]。也就是说，白胡子老人运用非正当的手段故意要置小孤儿于绝境，然后赶巧出现来指点他，虽然白胡子老人的出发点或许是拯救小孤儿，但荣格的分析透露出一个重要的信息：“智慧老人”的一元化人格特征要

---

① 荣格：《原型与集体无意识》（第5卷），北京：国际文化出版公司，2011年版，第175页。

② 荣格：《原型与集体无意识》（第5卷），北京：国际文化出版公司，2011年版，第180页。

进行分化，邪恶也有其表征的必要性。

在阮章竞的四部童话诗歌里，故事人物主要由老人和儿童构成，他们相互之间构成一个对立：老人（善）→儿童←老人（恶），善良表征的老人极力帮助儿童，邪恶表征的老人则欺辱儿童，而推动情节发展的却是邪恶的老人。例如，《金色的海螺》中的海神娘娘，《牛仔王》中的肥土地、国王、庄园老爷和黑马将军，《小姑娘与乌猿婆》中的乌猿婆，正是这些“邪恶”表征的老人对小孩造成了压迫和伤害，才激起了孩子的反抗，从而推动故事情节的发展。

再以《金色的海螺》为例，故事讲述的是捕鱼的少年和海螺纯真的爱情遭到了海神娘娘的反对，海神娘娘从一出场就是具有“邪恶”表征的老人形象：“海神娘娘立在岩石上，/眼睛射着恼怒的光芒。/两条凶恶的鳄鱼护兵，/立刻捉住少年的臂膀。”海神娘娘不但凶狠，而且手段也非常毒辣，用金钱、美女和使海螺容颜枯萎等方法来迫使少年放弃和海螺的爱情，但因为少年的忠贞不渝，海神娘娘终于答应了少年和海螺的爱情。

从叙事的角度来看，如果没有海神娘娘的出现和参与，故事将会平淡无奇，既不能刻画少年为了爱情可以抛弃一切的勇气和忠诚，也不能凸显爱情的纯洁和伟大，海神娘娘是这个美妙爱情故事的陪衬者。但从文化和审美的意义上来说，海神娘娘的“邪恶”表征最终烟消云散，她答应了少年和海螺的爱情，并且赞许了少年的勇气和忠诚。这就是“智慧老人”的精神类型的转换：海神娘娘从一个破坏美好爱情的杀手成为赞许美好爱情的祝福者。这种精神类型的转换是很有意味的，因为“智慧老人”本身代表着道德品质，同时也在检验着别人的道德品质。少年对爱情的忠诚、对困难的无畏感动了海神娘娘，海神娘娘被纯粹的爱情力量和人性的光辉震撼，她褪去了邪恶的外衣，从高高在上的“神”变成了温情的“人”，海神娘娘的性格也从单一的“邪恶”表征而变为有感情特征的“善良”。这种明亮的、向上的、有利于他人的精神品质无疑是《金色的海螺》最震撼人心的色彩，也是深藏于中国民间文化的“原型”心理效应：善必然会战胜恶，光明终究会赶走黑暗。

同样，在《牛仔王》中的牛仔王战胜了肥土地、国王、庄园老爷、黑马将军等邪恶的大人，牛仔王从此吹着小芦管，到处给穷人排忧解难，说明正义必然战胜邪恶。而《小姑娘与乌猿婆》中的小姑娘，虽然胆小如鼠，但当她发现乌猿婆不是阿姨而是个坏人时，小姑娘又很快变得很勇敢，她带着年幼的弟弟，设计打败了乌猿婆。这个故事也很有意味，一个非常胆小的姑娘，却打败了一个拥有魔法的乌猿婆，小姑娘的坚定、勇敢、智慧是她的武器。可以说，这个故事一方面彰显了童话故事的“原型”效应，即善战胜恶的主题；另一方面也对“智慧老人”的对立面，即邪恶的一面进行了有力的嘲讽和鞭挞。

三、童神：理想和未来

（一）“童神”的由来

荣格认为由于“原型”的存在，人类必须要把过去的生活与现在的生活联系起来，如果过去消失了，那么现在也变得微不足道，救世主也消失了。因为救世主通过一次又一次的“神祇的变形”，作为先知或者新的一代人而出现，“他常常通过意义含混的形式出现，如孩童”[①]。在一些时候，孩童类似于“童神”，而另一些时候更像一位少年英雄，“两种类型的共同点是非凡的出生以及童年初期的逆境，他是半神的”[②]。非凡的出生说的是一种心理的起源，它必须非经验地发生，如奇迹怀胎、非自然器官出生等，它是强调童神起源时“神”的一面。

所以，“童神”的概念包括两个外延：类似少年英雄的“儿童”和基督教的救世主，他联系着过去和未来，当“神”尚未被人类的集体无意识具体化时，英雄的“神”性就包含了人性，是人类无意识的内在激发力量。

在阮章竞的《金色的海螺》《马猴祖先的故事》《牛仔王》《小姑娘与乌猿婆》这四部童话诗歌中，有一个引人注目的现象，即出现了一些聪明勇敢、神通广大的少年英雄。例如，《金色的海螺》中的少年，为了和海螺的爱情，敢于违抗海神娘娘的命令，单枪匹马应战大浪、黑暗和暴风；《牛仔王》中的牛仔王，为了穷人只身斗肥土地、国王、庄园老爷和黑马将军等邪恶的大人；《小姑娘与乌猿婆》中的小姑娘，虽然很胆小，但面对凶狠的乌猿婆，却想办法斗赢了她。少年、牛仔王和小姑娘都具有少年英雄的特征：机智、勇敢、坚韧、不畏惧恶势力，在面对困难时从不退缩。因为具备坚定的意志力和大胆勇敢的行动力，这些孩子创

---

① 荣格：《原型与集体无意识》（第 5 卷），北京：国际文化出版公司，2011 年版，第 126 页。
② 荣格：《原型与集体无意识》（第 5 卷），北京：国际文化出版公司，2011 年版，第 132 页。

造了一个又一个奇迹，表达了创作者的希望和理想，所以被喻为“童神”。

“儿童主题是一个人对其童年的残存记忆。”①“童神”们都有着差不多的童年。例如，《金色的海螺》中“在大海的那边，/有过一个少年，/他没有父母，/也没有远亲”；《牛仔王》中“牛仔王，牛仔王，/生下就没有爹，/出世就没有娘”。少年和牛仔王都有着非常悲惨的身世，自童年开始就孤苦无依，但他们的命运往往都是以卑微开始，以荣耀结束。这些“童神”的身世无疑具有创作者的童年烙印。

阮章竞出身贫寒，他在《故乡岁月》里写道：从小目睹父亲和大哥大清早去卖鱼，寒冷的冬天冻得打哆嗦。这段经历和《金色的海螺》中的少年为了填饱肚子而每天早起打鱼是很相似的，阮章竞只读了几年书，由于家贫早早退学到两合油漆店做学徒，起早歇晚，除了做学徒外，还要打扫、做饭、挑水，即使他患了红白痢疾也得不到休息。阮章竞童年的贫苦生活在少年和牛仔王身上得到一一的呈现，但阮章竞很幸运地遇到了他的“智慧老人”——艺术之神。因为对艺术的热爱，他在几十年的光阴岁月中，一直持有一颗仁义、善良之心，成长为他想要成为的自己。

童年生活的记忆是一种投射，“儿童”由于向前发展的独立性，必须在成长过程中从“冲突”转入“救赎”。也就是说，在人类历史的长河中，人类的童年也如此困苦和不堪过，少年和牛仔王的童年是代代相传的集体无意识的清晰体现，因此“童神”需要这样的童年，它是品格的磨炼。人们为了改变自己的困窘处境和生活状况，刻意做这样一个梦：贫困无奈的少年因为某种际遇而变身为“神”。

（二）童神：人格化的未来

“童神”是“儿童”和“神”的结合。“儿童”是一个普通的少年，他卑微、贫困、甚至饱受欺辱；而“神”则是神话中无所不能的英雄，他不但可以解救自己，而且拥有拯救群体或者人类的能力。

再以《金色的海螺》为例，作品从一开始就交代了少年贫困的生活，“一年三百六十个早晨，/他从来不肯贪睡懒觉。/不管大海涨潮和退潮，/天天比太阳起得都早”。少年非常勤劳，而且生活得非常快乐，“年年都有十二个月，/不管天冷还是天热，/他天天用好听的歌，/把太阳娘娘来迎接”，不仅如此，少年还

① 荣格：《原型与集体无意识》（第5卷），北京：国际文化出版公司，2011年版，第129页。

很善良，看到一只小金鱼搁浅在沙滩上，他轻轻地把金鱼放到水里，救了金鱼的命。这是一个普通少年所具备的品格：勤劳、乐观、善良，后来小金鱼为了报恩，化身为一个美丽的姑娘来到少年家，两个人逐渐产生了美妙的爱情，可是，他们的爱情遭到了神通广大的海神娘娘的反对，少年为了捍卫他和海螺的爱情，克服重重困难，面对威逼利诱和收买丝毫不动心，最终赢得了海神娘娘的赞许。“你赢了，你赢了！/赞美你的大胆和坚定，/赞美你对海螺的真诚，/你赢得了我女儿的爱情。”

少年缘何获得成功呢，他拥有怎样的神力？少年不同于牛仔王，他没有获得“智慧老人”的指引，也没有得到“老阿婆”赐予的小芦管，他是以肉体之身来对抗法力无边的神仙，而“人”最终还是战胜了“神”。作品中写道：“什么风险我都不怕，/什么苦头我都忍受，/不管你跑到哪块天边，/我也要陪伴在你的左右。”少年的成功在于坚定的爱情，因为对海螺姑娘的真诚，决不放弃爱情的永恒信念，少年才从一个普通人变成了一个浑身闪耀着“英雄”之光的勇士，他独自冲过大浪的拍打，穿过黑暗和暴风的恐吓，坚决拒绝海神娘娘的收买和诱惑，铿锵有力地喊出：“我不爱金银也不爱珠宝，/什么也比不上海螺好。/我只要我的活海螺，/我不管她年轻和年老！”尽管少年没有获得“智慧老人”赐予的任何法宝，但坚定的爱情信念已经使他发生了蜕变，拥有普通肉体的凡人才具备了超乎寻常的力量，“人”才可以战胜“神”。

荣格认为“儿童的主题之一是其未来性”①，儿童是潜在的未来。少年在个人心理学中通常代表着对未来开发活动的一种参与，尽管乍看其似乎是一种缅怀过去的结构，生活是一种变动不居，是走近未来的一种流动，而不是停止或者逆流。但是，“童神”的救世主形象完全吻合人类童年积淀的集体无意识。《金色的海螺》是人类的一个梦境。这个故事的雏形来自民间，在民间流传着多种说法，由于劳动环境的不同，有人认为是“海螺姑娘”，也可以说是“田螺姑娘”。少年阮章竞的家乡人多以打鱼为生，生活贫困，整日与大海相伴，普通的劳动人民往往无法改变生活的现状，“海螺姑娘”是他们的一个幻想，草木虫鱼皆可以化身为美丽的女性，这个美丽的女性知恩图报，单纯善良，她可以带给某个普通人安宁幸福的生活，而这样的普通人因为“海螺姑娘”的到来，可以让意念中的自己勇敢、

① 荣格：《原型与集体无意识》（第5卷），北京：国际文化出版公司，2011年版，第131页。

大胆、轰轰烈烈地活一次，从一个普通的少年变成“神”一般的勇士和英雄。这个意念中的自己恰恰是在贫困生活中不敢为也无法为的自己，少年正好成全了普通劳动人民的梦境，他是底层劳动人民的梦想，是人类的理想和未来。

人类的未来发展依靠的是少年般的人，因为他身上集中着人类所推崇的美好品质，是理想人格化的典型表征对象，如年轻、勇敢、坚定、善良等。底层老百姓长期生活在困苦之中，无法改变自己的命运，所以将希望和理想寄托在无数个类似的少年身上，少年就是救世主，就是“童神”，他联系着过去和未来，是人类梦境的人格化体现。

四、童话人物“原型”的现代价值

综上所述，阮章竞童话诗歌里对“智慧老人”和“童神”的人格化表征，是他对中国传统文化精神和信念的推崇，对理想和未来的守望，他传递给接受者的是无比宝贵的精神财富，每个故事中都饱含了对正义、勇敢、善良的坚持，而对邪恶、贪婪、自私都大加审判。所以，与其说阮章竞的童话诗歌是写给孩子看的，不如说是他的宣言书，是他对美好精神家园的守望。

人类文明发展到今天，文化的发展琳琅满目、鱼龙混杂，传统的美好道德发生了蜕变，民间文化的精髓逐渐被边缘化，阮章竞的四部童话诗歌无疑具有较强的针砭性和重要的现代意义。“智慧老人”“原型”表征的理想化人格，对民族美好理想和道德的坚守是非常可贵的，而“童神”的大胆、坚定、勇敢等美好的品质，以及战胜邪恶、追求美好未来的斗争精神和百折不挠的意志则更具时代价值。今天，人们的物质生活趋向丰富，而精神生活则日渐匮乏，以致常常需要到久远的传统中去进行精神漫游，把真善美发掘出来，以增强战胜颓败和邪恶的信心。从这个意义上说，阮章竞的童话诗歌是对民族精神的重塑，他饱满充盈的童心也给当代的文学创作者做了示范，而由“邻家婆婆”和“我”共同构建的童话梦境，是人类的伊甸园，给了我们在永远进取征途上的诗意栖居之地。

（原载《重庆科技学院学报》2016 年第 8 期）

感应时代脉动 激扬民族精神

——论阮章竞文学创作的思想特质与价值取向

◎ 文 斐

中国现当代文学是一条瑰丽的文学长廊，而阮章竞的创作则是这条长廊中不容掩盖的熠熠碣石。它不仅代表了一个时代的文学走向，而且为尔后的文学发展提供了可资借鉴的范例。特别是在叙事长诗的创作上，阮章竞的探索和创新几为同代诗人中鲜有能与之轩轾者。

一

作为一个文学盛世，中国现当代文学所营造的文学黄金时代必将永远彪炳史册，并成为中国文学发展历程中具有里程碑意义的标志与旌旗。隶属于它的作家和作品，不仅会成为历史与时代的永恒定格，而且也必将要产生深远而积极的文化影响。

这其中，阮章竞便是具有典范意义的一位，他所创作的歌剧《赤叶河》、长篇叙事诗《漳河水》、童话诗《金色的海螺》、工业题材叙事长诗《白云鄂博交响诗》以及《三峡颂》《胡杨泪》《四月的哈瓦那》《天山昆仑行》《漫漫幽林路》《珠江行》《汉中行》等，都在中国现当代文学的探索与进取步履中留下了深深的足迹，并以其自身的魅力和定力而深为历史所钤证，深受读者青睐，深得论者肯定。

中国现当代文学这一概念所蕴含的内容，并非是对现当代历史时空范畴中所有文学创作的泛指，而是具有一个特定的文学时空归属，即从“五四”新文化运动到“文革”前，即1919年至1966年的将近半个世纪。此间，主要包括新文化运动、孤岛文学、解放区文学、建国后至“文革”前的十七年文学。这是一个特定的文学时代，不仅产生了一大批才华横溢、使命感和责任心极强的革命作家与进步作家，而且也形成了一系列足以弘史铭世、永放光华的优秀作品。特别是以鲁迅为旗手的一大批跨代作家，其创作的活跃期不仅从上海滩延续到了各个解放区，而且还延续到了新中国成立之后。在“前十七年”中，最活跃和最有成就的作家，也大都是从“现代文学”跨时而至的，像郭沫若、茅盾、巴金、曹禺、老舍，像周立波、柳青、钱钟书、赵树理、欧阳山、孙犁、何其芳，像冰心、丁玲、艾青、贺敬之、郭小川、田间、马烽、艾芜、沙汀、张天翼、李季、光未然、草明、胡采、杜鹏程等。

而阮章竞，就正是这“旌旗蔽空”、浩浩荡荡的新文学大军中的一员。他的人生选择、革命经历和文学道路，不仅使他有条件融入这支文学大军，而且也使他有机会释放出潜在的文学才能，并因此而卓有建树地成就了他的革命文学人生，使他成为一名从现代一直走到当代乃至新时期的充满创作活力与秉持坚定信念的党员作家。以社会定位和人生追求作考量，他首先是一个革命者，是一位战士，是党和人民伟大事业的积极拥戴者和热情参与者，其次才是一位作家、诗人和画家。正因为如此，才自然天成地铸就了他所特有的文学才思、人生理念和价值追求，才使他的创作永远都与时代同脉动，与人民同呼吸，与理想和信念相融会、相照应、相兑取、相激励。他从来就没有把创作看作一己的私事，更不以创作宣泄私情和表现自我，而是把文学和创作看作进行革命和为党工作的一种手段与方式，看作替大众代言和推动人民事业前进的一种途径与力量。所以，在阮章竞的创作中，始终都融贯着一种大胸怀，洋溢着一种真情愫，彰显着一个新目标，并通过半个多世纪的创作实践，集中地形成了以下四个方面的鲜明特色，即热切感应时代脉动，深入开掘生活底蕴，激情扬励民族精神，倾力提炼艺术粹质。

二

热切感应时代脉动。这是阮章竞在其一生的文学创作中所表现出来的一个极为显著的特点。正因为如此，他的作品几乎无一不镂刻着深深的时代印迹。如果把他的作品按照其创作时间的顺序排列起来，庶几可以从中勘寻和领略中国革命与建设的历史足迹，只不过他是用优美的艺术和感人的形象，极为生动而忠实地记录了革命的壮伟进程与共和国的蓬勃成长罢了。唯其如此，几乎每一个历史节点与重大事变都在他的作品中得到了体现和反映。从这些作品中可以清楚地看到，他已把自己的生命与感悟深深地融入了党和人民的崇高事业之中，时代与生活无时不在激励和感动着他，并为他提供了取之不尽、用之不竭的创作源泉与文学素材。这不仅使他永远充满激情，而且更使他在文学道路上信誓旦旦、矢志不移，始终怀揣理想、肩负重任、步履铿锵、目标明确。

从《割稻的故事》到《晚号集》，这几近一个甲子的人生变绎与勤奋耕耘所体现的，正是阮章竞深切感受时代脉动之文学人生的真实写照。此间，从新中国建立前夕到“文革”前夕，笃定是阮章竞创作的成熟期、高潮期和丰收期。他一生最有影响力的作品几乎都创作于这一时期，一如《赤叶河》(1948)、《漳河水》(1950)、《金色的海螺》(1955)、《白云鄂博交响诗》(1964)等。这些作品的最大特点，就在于它们不仅撄及了生活的主潮，而且深挖了时代的粹质，从而使之成为对生活和时代的审美化展示与形象化表诸。像在《漳河水》中，荷荷、苓苓、紫金英的命运遭际与生活转折；在《白云鄂博交响诗》中，对工业题材叙事诗写作的新开拓与大突破，特别是在这部长诗中对三代人的交织描写，尤为腾挪起伏、大气磅礴，全诗通过现实与理想的完美结合而体现出来的英雄主义与壮美情怀，不但至情至理，而且美轮美奂。即使是在童话诗《金色的海螺》中，作者也为充满绮丽情韵的浪漫主义注入了饱满的理想色彩与现实质感，从而使读者不仅能捕捉到悠远而绮幻的诗魅，而且更能体悟到艺术对现实的辐射性与穿透力。至于那些冠以“行”与“颂”的诸多组诗，当然就更是对生活和时代发生巨大变迁的即时观照与深情抒写了。

所有这些，都以美的韵律和诗的语言，给读者传达了时代前进的脚步声与生活变迁的节奏感，让人不仅从中感受到了时代的脉动，而且也聆听到了生活的跫音。作为一个诗人，能够使其作品具有这样的功效和发挥这样的作用，无疑是一种巨大的成功。

深入开掘生活底蕴。这主要表现在阮章竞诗作所具有的厚重感、深刻性和本质意义。阮章竞虽然是以“诗人”铸定其文学形象的，但在本质上他却始终是一个党的工作者和人民的公仆，始终处于时代的前沿与社会的中枢。在任何时候，他都以工作为重，以事业为重，以完成党和人民的重托为重。这也就是说，他始终都是一个实际的工作者和现实生活的参与者、创造者。缘于此，阮章竞的所有创作便本能地皆为对生活和时代的实际感知与艺术表诸。只有当生活和时代真切地触及了他，深刻地感动了他，甚至是强烈地震撼和激励了他，使之心有所动、神有所悟、思有所感、情有所燃，他才会驭笔为文进行创作。在任何情况下，他都绝不是为了创作而创作，更不是为了个人功利而创作。像《赤叶河》《漳河水》这样的作品，不仅内容与他中山故乡的生活迥异，而且竟然是他奔赴太行山革命老区工作了长达十二年之后才动笔创作的。作为一个广东人，他能在作品中将太行山革命老区的生活和斗争写得那么生动、深刻，那么入情入理，那么细致委婉，那么真切动人，决不是谁想做就能够做到的。这需要真实的生活、浓烈的感情和深切的体验作为基础，更需要创作者有一颗真诚的心和长期深入社会底层与驭动生活激流的勇气、耐力和信心。

阮章竞做到了。他没有游离在生活主潮之外，更不是以作家的身份而对生活隔岸观火。他亲身跃入生活激流之中，首先做一个现实生活的推动者和创造者，而后才用艺术的匠心和审美的笔触为生活画像，将生活诗化，使生活升华。迄今，我们所能看到的阮章竞的所有创作，就大体上都是这样产生的。而这样产生出来的作品，又怎能不生动、深刻、真切、感人呢？一如《白云鄂博交响诗》对生活底蕴的开掘，就是既深入透彻，又广撷博采的。诗人用 1600 行的篇幅和 5 个章节所展现给读者的，全然是一幅绮丽而浩瀚的历史画面与时代景观，其中不仅有历史的纵深，而且更有现实的扩延。全诗从传说中保卫草原的蒙古族英雄白云巴特尔写起，层层递进地将现实生活中阿尔斯朗、海日巴尔、布尔固德和乌蔺托娅三代人的生活与理想悉数展现在读者面前，以全方位对接的方式将之与共和国的工业建设相结合、相融会，从而大大拓宽了全诗的艺术视野，使读者在深度认知中更得以充分领略现代化建设的宏伟场景和建设者们的英雄气概与优秀品质。

正因为阮章竞始终坚持在时代前沿争做生活的开拓者和创造者，所以他的作品便每每都能从不同角度，以不同方式去触及生活底蕴与贯通时代本质，这不但会给读者带来美的享受，而且更会使读者得到视野的拓展和认知的提升。

激情扬励民族精神。这是阮章竞在创作实践中所一贯秉持的艺术原则与美学方略。民族精神体现在文学创作中，就是作品的社会特性、民族特质、地域特点和乡土特色以及以此为基础而形成的特定作家(诗人)的创作个性与审美追求。

正是在这个意义上，我们完全可以将阮章竞及其作品称之为“激扬民族精神”的艺术典范。在六十余年的漫长岁月中，不论写什么，也不论怎样写，阮章竞都高度自觉地为其创作注入了浓酽的地域特色、乡土情韵和鲜明而强烈的社会风采与时代印迹。读者在他的任何一部作品中，都能感受到中国作风和中国气派，都能体味到特定的时代气质与浓烈的地方风味，都能听到天籁的声音和闻到泥土的芳香，也都能触摸到一个非常个性化的社会环境与充满人情味的生活气场。这不仅使其作品富有了时代感和社会性，而且尤其使读者感受到了生活情趣与亲和之力。阮章竞曾说：“我不是山西人，爱作山西颂；我话是广东音，心唱山西歌。”正因为如此，他才能把《赤叶河》《漳河水》写得那样浓墨重彩、情真意切，不仅写出了山西的事和人，而且也写出了山西的情和韵。特别是在《漳河水》中，作者一开头就写道：

> 漳河水，九十九道湾，/层层树，重重山，/层层绿树重重雾，/重重高山云断路。
>
> 清晨天，云霞红红艳，/艳艳红天掉在河里面，/漳水染成桃花片，/唱一道小曲过漳河沿。

这极具地域色彩和感染力的诗句，立刻就能吸引读者，在使读者眼前豁然一亮的同时，心中也不由得荡起了涟漪，涌动了波涛，乡愁与美感陡然间便占据了读者的视域，摇动了读者的心旌，使读者在欣然与陶然之中融入作者所精心构筑的艺术胜境。

其他像话剧《在时代的列车上》，叙事诗《胡杨泪》《漫漫幽林路》，散文《新疆忆旅》，组诗《溯河千里行》《夏日山村》《大军之路》《珠江行》《汉中行》等，也都达理至境，情意沛沛，全然以玲珑之笔写出了情景之真、之美、之灵、之妙，诚如刘勰所说“登山则情满于山，观海则意溢于海”。阮章竞正是这样走到哪儿都写作，写什么便像什么，甚至就连《四月的哈瓦那》和《意大利之歌》那样纯粹描写异国他乡之风情与韵致的诗作，他也能做到笔之所达，尽在枢要；情之所至，无不浓挚。唯其如此，他的作品才得以始终高扬民族精神，永远铭誓乡土情深。

倾力提炼艺术粹质。这是阮章竞在艺术创新和美学构建中的一贯崇尚与执着追求。正是基于这种崇尚与追求，他才能做到虽然以诗名世，但却在写诗的同时几乎尝试过运用各种体裁和形式进行创作。音乐、美术、文学、戏剧都与他颇有机缘，也都被他娴稔操控。即便是在文学创作中，他不仅写诗、写散文，而且也写小说和童话故事。而在戏剧创作中，他则是歌剧、话剧、短剧、诗剧全面开花，且皆有称誉之作。至于绘画，这对于阮章竞虽为业余所为，但其作品却遍及国画、油画、油棒画和金石篆刻各个领域，且多有峻爽之笔与新蹊之作。

这种在创作领域中的全面涉笔、多向出击，不仅体现了作者宽广的美学视野与豁达的艺术胸怀，而且更使其在相掖互济之中大大增强了创作的融通性与自由度，从而在丰富创作品类与形式的同时，也极有利于提升作品的质量和丰富创作的内涵。因为艺术既是多元的，又是相通的。只有在相交互会之中，才能更好地实现寻蹊与创新。阮章竞就是这样。在他的诗中常常充盈着秾丽的画意，而在他的绘画中却每每洋溢着盎然的诗情。一如在《漳河水》中，不仅拓展了以诗叙事的艺术范式，而且创造性地将三个妇女的不同性格和不同遭遇于平行交织之中加以立体化的表现。特别是在撷用漳河地区民歌小调“开花调”“割青菜”“四大恨”等乡土型的表现形式时，常常能于行云流水之中显示出主人公荷荷、苓苓、紫金英那起伏跌宕的性格冲突和命运遭际，显得既纯朴雅致，又灵动多变，极为有效地增强了全诗的艺术传播度与思想穿透力，以致这部长诗在成为叙事诗创作之典范的同时，更跻臻了叙事诗艺术创新的高峰。由于诗既不能像小说那样铺陈，也不能像散文那样恣肆，而是必须在句式和韵律的严格限制下设置场景、创造意境、塑造形象、表达思想，这就使以诗叙事每每都会遇到艺术构思的局限与篇章熔裁的难度。而《漳河水》则恰恰在这方面进行了可贵的探索，实现了难得的艺术突破，并由此而确立了它在叙事长诗创作上的历史地位。又如《白云鄂博交响诗》在对阿尔斯朗三代人的交替描写中，同样显示了极大的艺术转圜能力和锲而不舍的创新精神。作者虽将全诗分为“白云巴特尔”“阿尔斯朗”“红泉歌”“今天的清晨真迷人”“春天的歌”五个章节，但在艺术表现上却浑然一体、交替进行、事若珠玑、文如行云，整体上显得既驭笔严谨，又行文酣畅，于大气磅礴之中尤见艺术匠心与精妙笔触。再如《金色的海螺》虽为童话故事诗，但却写得格外幽婉旖旎、绚丽多姿，极富天籁性与人情味，读之既能给人以美感和启悟，又能引人深思与遐想。全诗在题旨、形式、修辞、韵律诸方面，均极具创新之功力，皆臻独跻之艺境。

阮章竞曾说：“集体创作是违背艺术规律的。”这不但是一个艺术真谛，而且更是一个切身体验。阮章竞的整个文学生涯和全部作品，就都在令人信服地证明着这个至理。因为文学的生命在于创新，而创新的真正实现，则唯在于创作主体的深厚艺术造诣和个性化的美学探求。在这个过程中，最重要的前提条件，就是个性化与个别化的独立思考、独到见解、独具匠心和独特造诣。

三

事物总是在相互联系中形成合力和实现发展的。只有当我们真正勘览了阮章竞的人生道路、革命征程和创作经历之后，才能准确地找到他在中国现当代文学发展道路上的历史定位，也才能以此为引线和准绳而对他的创作思想和文学成就进行回放与评骘，并据此而得出客观、正确的结论来。

这一点非常重要。否则，我们在认识和评价阮章竞的创作思想、艺术特点、审美追求与文学成就时，就难免会失去背景依托和可靠参数。而一旦失去背景依托与可靠参数，面对同样的创作现象和具体作品，则极有可能会得出大谬不然的结论来。比方说，有人认为阮章竞的作品“土”，还有人说阮章竞的思想“左”。

果真是这样吗？非然也！

“土”是与“洋”相对而言的。正因为如此，那就只有“土”才是文学的本色和本质。因为“土”所体现的正是文学的民族性和乡土情，而“洋”则显然是指文学的舶来特色，当下所指的也就是西方现代主义和后现代主义的文学形式与表现手法，如朦胧、晦涩、弗洛伊德、力比多、格式塔、意识流、纯意象、无主题等，如果认为作品蒙上一层这样的色彩就“洋”了，而“洋”又是“新”和“好”的同义语，那就显然陷入了一个认识误区。因为在本来意义上，文学只是对现实生活、民族精神与大众情怀的艺术反映，而这一切又偏偏都是蕴含于民族化、地域化、乡土化、个性化之中的，所以文学也就只能够和只适宜于用“土”的韵味与形式来反映和表达。而这种“土”对西方和域外读者来说，就是“洋”。正像有人把西方现代派视为“洋”一样，殊不知在他们那儿“洋”也是“土”。所以，“土”和“洋”不仅是辩证的和转换的，而且也只有“土”所体现的，才是文学的本性、本色和本质。在中国现当代文学中，以鲁迅、郭沫若、茅盾、巴金、老舍、曹禺为代表的一大批优秀作家，都是先尝试着“洋”过了之后，实践证明那样不行，才又返璞归真，重新走到“土”，亦即民族化、地域化、乡土化、大众化的创作道路上来的。如果认为仿照《尤利西斯》《局外人》《芬尼根的守灵夜》之类作品进行创作就“洋”了，那无疑是一种误读和悖论。其结果就不仅会使我们的文学失去中国特色和中国气派，而且也定会越来越远离读者、失去市场和蹈入歧路。

毋庸讳言，我们现在的一些文学创作就正是蹀躞于这种歧途之中的，并由此而不可避免地造成了文学的缺钙与缺血现象。回望阮章竞的文学之路，其最大的亮点之一，就是创造性地坚持和发展了文学的民族化和乡土化，并以此而赢得了时代与大众。

“左”与“右”本是专指方位的用语，如若将其移作他喻，就难免会造成模糊。特别是对于文学创作这样的精神劳作与精神现象来说，其表意的不确当性就更是显而易见了。不过，既然有这种说法，我们也就不妨权且予其以理念和实践上的诠释和解构。

诚然，阮章竞的作品大都是紧跟时代、紧贴生活和富有鲜明的政治意识与人民性的。但如果认为这就是“左”，那则极为不正确。因为反映现实生活特别是主流现实生活，从来就是文学的使命、责任与职能，同时也是作家写出大作品和好作品的必备条件之一。从《离骚》到《三吏》《三别》，从《红楼梦》到《阿Q正传》，从《女神》到《雷锋之歌》，不都是这样吗？更何况任何文学作品皆有其特定的时代背景和社会环境，它不可能超越这特定的背景与环境，而只能是对之的美学认知和艺术反映。存在决定意识，生活孕育文学。正如列宁所说，我们考察任何问题都应当回到特定的历史环境中去，决不能毫无前提地泛泛而论。而阮章竞的所有作品，几乎都是特定环境和特定情境下的“这一个”。这不仅使其具有特殊的审美意义，而且更使其具有无法替代的认识价值。像创作于1948—1950年的《赤叶河》和《漳河水》，其主题都是写妇女解放的。这在今天看来当然不是问题，也不具有典型意义，但在当时却是一个天大的问题，不解决这个问题，革命就难以进行，社会就不能发展。也正因为如此，才使这两部作品获得了鲜明而强烈的社会价值与时代意义。须知，不仅在革命年代解放妇女和土地改革同样重要，而且即使是在新中国成立之后相当长的一段时间里，婚姻法也和宪法具有同等重要的意义，由此足见阮章竞作品的时代内蕴与社会担当。再如创作于1964年的《白云鄂博交响诗》，其时代性和现实性当然就更趋炽烈与直接了。当时，三年困难时期刚过，不仅国家经济蹇涩，而且工业底子十分薄弱。于此情况下，包钢的建设便自当意义非凡。它所承载的，不仅是打赢经济翻身仗的希望，而且更是年轻的共和国对实现工业振兴的热切期待。此前不久，毛泽东主席在同几位中央领导同志谈话时，就不无感慨和充满焦虑地说道："我们现在能够制造什么？能制造桌子椅子、茶壶茶杯，还能制造什么？"而当时全国的钢产量还不足一千一百万吨。由此可见包钢上马投产的重要性，也足以彰显以反映包钢建设为主体内容的《白云鄂博交响诗》的及时性与重要性。当我们真正了解了这一切之后，还会认为阮章竞的作品"左"吗？当然不会了，而相反的结论则只能是：阮章竞在紧切时代脉动和深掘生活底蕴中，高度艺术地勾画了国魂、体现了社情、传达了民意、诉诸了愿景。

这，就是阮章竞文学道路的底色和文学创作的本质！

只有认识并把握了这个节点，我们才能真正找到走进阮章竞文学世界的钥匙。

（原载《文艺理论与批评》2014年第3期；另以《满怀豪情写春秋——关于诗人阮章竞的文学之路与艺术探寻》为题发表于《发展导报》2014年4月4日，前有"编前语"，文字略多于本文，应为全文；又以《满怀豪情写春秋——关于诗人阮章竞的文学之路与艺术探寻》为题发表于《先锋队》2014年8月号上旬刊）

阮章竞笔下的民国中山社会

——以《故乡岁月》为中心

◎ 胡 波

一、引言：回忆的价值与讲述的意义

尽管近年来民国的历史研究大有成为“显学”之势，但不论是对于广大的民众还是众多的研究者来说，民国在他们的心目中依然印象模糊。大到民族国家，中到局部地区，小到人物事件，历史记忆的空白之处实在不少。一方面因中国历史悠久、广土众民，要研究要解决的问题确实太多，人们还来不及对民国的历史进行过多的关注；另一方面受时代的局限和观念、资料、条件等的限制，深入的研究和全面的观照自然难以如愿以偿。尤其像孙中山先生的故乡，民国时期改香山县为中山县后，虽然受到学术界、新闻界和社会各界的高度关注，但因政局的动荡和日军的入侵，使大量报刊杂志、档案文献、书籍图片和文化遗存遭到破坏，人为地造成了民国中山社会历史的记忆缺失。

庆幸的是，在晚清至民国时期从中山这里走出去的大批中山人，用书信、日记、诗文、摄影、绘画、回忆录和传记等形式，保存了许多民国中山的政治、经济、文化和社会等方面的信息，为民国中山社会的历史研究提供了十分珍贵的线索，也为民国中山的历史书写贡献了真实鲜活的素材。尤其是一批像刘逸生、黄苗子、方成、陈君葆、王云五、程天固、李凡夫和阮章竞等文化名人的回忆录、自传和日记等，不仅为研究民国和中国现当代史提供了多维的视野，而且也为民国中山社会发展史的书写提供了许多历史的细节。[①] 出生于1914年香山县沙溪象角乡的阮章竞，二十岁后离开中山，三十六年后，他出于“后代对旧中国是不了解”的担忧，便想“把儿时所遇记录下来”，才执笔撰写了类似回忆录的《故乡岁月》。在他的这部回忆录里，不仅为我们讲述了他童年和少年时代的生活经历和内心感受，而且也为我们穿越民国时期中山社会的历史时空提供了飞翔的翅膀。诚如作家郑集思所言：“能如此精润、如此生动地描写状述遥远的故乡生活、时世背景、伦理人情、山川地理、时岁习俗，无一不栩栩如昨，倘只归结为超强的记忆力是不客观、不准确的。比之其时纷繁诡谲的世情，童年的生活则要纯净得多；比之其时个人命运从清到浊不可捉摸，少年时代的追求奋斗则是从茫茫暗夜走向曙色拂晓；比之两鬓渐白晚号声声，青年萌动的年华则是阳刚健旺、有作有为。两相比，映衬于心，着墨于笺，我读到了眼下风清气朗而远处却是隐雷阵阵催逼。从这一个年代回望那一个年代，从已经熟悉的北方梦回依然熟悉的南方，五十六岁的阮章竞要寻找的岂止是一个中山、一个沙溪、一个象角！”[②]

的确，《故乡岁月》讲述的不仅仅是一个中山、一个沙溪、一个象角，而是一个广东、一个中国、一个世界。

二、风与土：城与乡的共生

地处珠江西岸伶仃洋畔的香山县，自其建县七百余年来，一直不为王朝统治者所重视，其山川地理、社会构成和岁时风俗也一直不为外界所了解，直到这里诞生了一代伟人孙中山后，才逐渐闻名海内外。[③] 香山人也因孙中山和他领导的辛亥革命的成功与亲手缔造的中华民国而备感自豪，并有意识地通过自我成长的历史书写来实现乡土社会的历史重构和个人身份的家乡认同。

民国时期，虽然有不少因去国离乡的中山人用文笔和画笔反映或表达了他对

---

① 参见刘逸生《学海苦航》、黄苗子《青灯琐记》、程天固《程天固回忆录》、王云五《岫庐八十自述》、方成《挤出集》、陈君葆《陈君葆日记》、李凡夫《李凡夫文集》等。

② 阮章竞：《故乡岁月》，北京：人民文学出版社，2012年版，“序言”第2页。

③ 参见胡波：《中山史话》，北京：中国社会科学文献出版社，2014年版。

家乡中山的印象和看法，但大都缺乏实际生活的感受和深入的观察，因此他们对中山的风土人情和经济民生等的叙说，要么零碎庞杂，要么抽象模糊。即使是编撰出版的《香山县志》或《中山县乡土志》，也缺乏中山历史细节的记述和中山社会的全面记载。民国成立以来的中山，在经济社会和文化教育以及自然生态等方面到底发生了什么变化，在地方志和文献里都难以找到具体的答案。不论是中山历史的研究者，还是中山往事的热心人，对于他们来说，民国时期的中山，一直是个说不清道不明的话题。

与众不同的是，1914 年出生的阮章竞，十三岁辍学当学徒，直到二十岁才离开中山，不仅经历了香山县到中山模范县的更名升格的过程，而且还对中山工商阶层和民间社会有着亲密的接触和深入的了解。在他生花妙笔下的民国中山，也就如诗如画地呈现在人们的面前："我的家乡，地处珠江三角洲，东面濒临珠江口，西面紧挨西江。过去叫香山县，传说是县内的五桂山繁花似锦、芳馨四溢而得到这个好听的名字。孙中山先生逝世之后，为了缅怀这位伟大的民主革命家，香山县才改称中山县，现在是中山市，城名石岐。石岐城里有座烟墩山，山顶有座叫'文笔'的七层花塔。这塔也的确像一管笔竖在山顶上。每天中午，山顶就放炮报时。"①从他的这段记述文字里，我们确信坊间传说的烟墩山顶中午放炮报时的习俗由来已久，也明白了香山为什么出了个孙中山的道理。

在阮章竞的记忆里，自己的家乡与县城石岐既遥不可及，又近在眼前："从石岐城前流过的江，叫岐江。岐江分出一道水向西南流去，然后汇合西江，从珠江口入海，过去叫象江，现在叫狮江。沿江两岸，长着好多很老的水松树。这种树很高挺、瘦硬，叶子像柏树叶，树根是软的，有浮力，不沉水。疍民（水上居民）用这种水松根做成葫芦，染上红色，拴在婴儿背上，这样孩子即使掉下水去，也不会下沉。在这道岐江的分支狮江边上，有三座因形态似动物而命名的小山：北边的叫象山，当中的叫鹅瘤山，南边的叫狮山。这个地方自古以来叫象角。"②"我是在这三座小山上，这道江水中，这片绿色的山山水水间长大的。"③

---

① 阮章竞：《故乡岁月》，北京：人民文学出版社，2012 年版，第 3 页。
② 阮章竞：《故乡岁月》，北京：人民文学出版社，2012 年版，第 5 页。
③ 阮章竞：《故乡岁月》，北京：人民文学出版社，2012 年版，第 142—143 页。

家乡的山山水水，对年轻的阮章竞来说，到处都充满生机，到处都洋溢着欢乐的气氛："故乡的清明时节，天比什么时候都蓝，云比什么时候都白。天气不冷不热，山花争开，野草绿绿。""到了大冲，我看见晚春的江水，悠悠地向南流。江东的山，像用石青、石绿淋过、泼水似的，颜色都像要流下来。我和老板上了摆渡，艄公摇呀摇呀，就过了江。我们沿着一道银一样白、玻璃一样透明的溪水走进山去。溪边村庄的人，正在用熬过的豆浆做腐竹，捞起挂在太阳光下的竹竿上，像一条条软软的白玉。走不多远，又看见山村妇女把一匹一匹的麻布，用石头压着布头放在溪水里漂白，像闪闪发光的银龙在游泳呀。那些摊在溪边草地上的，又像一道道横落在地上的云。我跟着老板，往山里爬呀，上呀，左左右右，前前后后，草青树绿，溪明水清，野花斗艳，林鸟斗鸣，花开得真好看，鸟叫得真好听。这里真是个好地方，怪不得那个风水先生，能把日夜板着脸的冯阿枭，也勾引到这重重叠叠的深山来。他的办法，原来是借了山的颜色水的美。"①虽然阮章竞的回忆里难免有文人的想象和美化家乡的成分，但大体上还是民国时期的中山自然生态环境和民风民俗的真实写照。

在阮章竞的记忆里，故乡中山的山水风光美色如画，而且风土人情也千姿百态，美不胜收。民国时期的中山，民间社会崇文尚武，习染成风，而且尊祖敬神，迷信之风盛行。②在阮章竞的印象里，故乡很多乡村都有武馆。"阮氏大宗祠里面，就有一个武馆。大哥就在武馆学过武。夏天、秋天的夜晚，这个武馆就在大宗祠前的大场子里表演武术。有本村人表演，也邀请外村人来表演少林拳、武当拳、佛家拳等各派武术。圈外人山人海，圈内鼓声隆隆，威武壮观。只要有这种表演，我没有不去看的。"③中山人习武成风，除了强身健体和自我保护外，其实还与宗族意识有着内在的联系，对此，阮章竞的忆述不仅给我们提供了有力的佐证，而且还为我们描述了民间文化的生存状态和表现形式。

"在当时的中山大小村庄，差不多都有庙宇、祠堂。珠江三角洲特别是香山地区，宗族意识和宗法观念都格外强烈，又叫大王庙。'大洪王'是什么神，谁

① 阮章竞：《故乡岁月》，北京：人民文学出版社，2012年版，第10页。
② 参见王远明、胡波：《香山文化简论》，政协《中山文史》，第60辑。
③ 阮章竞：《故乡岁月》，北京：人民文学出版社，2012年版，第11页。

都不知道。在小时候的记忆里，这座庙宇雄伟壮丽。大门两边的檐廊上，雕刻、描画着栩栩如生的古代人物、神仙、龙、狮子、仙鹿、凤凰。每年春节，庙宇、祠堂，都在廊子两边挂出名家手笔的大幅中堂，一边是龙，一边是虎。”“还有一些有钱人家也请画工，在房外檐下，房内山墙脚，堂上楼前栏杆处，以及南方叫灯影，北方叫藻井的天花板上，画上许多山水、鱼虫花鸟等图案。还有庙会搭的竹棚，也绘有古代人物画像。”[①] 这些庙宇、祠堂和家居之类的建筑物，也许不如北方或江浙地区那样宏伟壮丽，但中山人就是善于在小天地里做大文章，从而使其存在的价值得到充分的利用，也使其潜在的意义得到有效的体现。祠堂、庙宇、住宅，在那个时候既是家族和家庭综合实力的体现，又是乡村社会文化和教育的主阵地。

像中国其他地区一样，民国时期的中山有各种各样的节日，也有自己的节日特色。阮章竞以一个亲历者的身份和诗人画家的敏感，对此有过细致而又生动的记述：“除全国性的新年、元宵、端午、盂兰之外，还有菩萨、神仙的诞日。人们就借这些神的诞日，痛痛快快地红火一番。如四月初八是象角乡独有的、代代相传下来的‘浴佛节’，这是每年最快乐的日子。象角乡有三个堡，六七道街，每个堡或一道街，都有一个固定的节日：陂下街是一条金龙，新亨街是一条银龙，洪王庙是一只彩凤，凤集堡是一头母狮子和两头幼狮，下底塘是一头雄狮子，巷子堡也是一头狮子。这二龙五狮一凤，各有特色。金龙、银龙的头，五官不会动，可是那彩凤，会展开翅膀，伸缩脖子，做出各种飞翔舞蹈姿态。五头狮子又更是各显神通，会打滚，会登上好多人叠成的老高老高的人叠罗汉上面，朝着四面八方动眼睛、伸舌头，还会回头舔尾巴，还会伸出爪子搔痒痒。每年为过好这个节日，村里派人到石岐、佛山，租赁戏装行头、马匹，把参加游行表演的人，打扮起来：有古代英雄，如诸葛亮、关云长、武松；有神仙水怪，如海蚌姑娘、大海龟公公、取经成佛的唐僧。这些扮相者，有步行的，有骑马的，有坐在人抬的桌子上的。海蚌姑娘的壳子会开合，忽然让看，忽然又藏起来。猪八戒还会扇耳朵。你看吧，四月初七晚上，这金龙、银龙、三头大狮、两头幼狮和一只凤，都先要沿街翻腾飞舞到洪王庙‘开光’，用朱砂笔点了眼睛之后，这些动物都算有了神灵。到了

---

① 阮章竞：《故乡岁月》，北京：人民文学出版社，2012 年版，第 11—12 页。

初八，象角是人山人海，有受亲戚朋友请来的，有不辞几十里自己赶来的。这天，不管是谁家的人，有什么好衣服，有多少珠宝首饰，不管是金的、银的、铜的、玉的、珍珠镶嵌的，反正不管真的假的，你都可以大体看清楚家家户户的家底。人人都可以说是‘舍命陪佛爷’。我们新亨街那条银龙，有几年穷得饿软了，起不来了，盘蜷在神楼上出动不了啦！”[①]

象角乡的四月初八“浴佛节”固然有其独特的魅力，但五月初五端午节赛龙舟的场面还是县城石岐的浩大。在阮章竞的心目中，“到石岐去看赛龙舟，这是小时候年年向四哥提出的要求。我们跑一二十里，到了县城，只见岐江南北，像潮水卷上岸，净是熙熙攘攘的人墙。”“在整个比赛过程中，龙舟所到，两岸观众掌声人声，像暴风雨，像雷鸣。”[②]

不过，对于阮章竞来说，县城石岐和乡下象角还是有许多不同的地方。乡下人都很迷信，不论是过节还是遇婚嫁、丧葬、祭祖、祀神等重大事项，他们都格外注意言行举止和礼仪规范等方面的禁忌与要求。阮章竞就注意到了这种城乡之间的异同和共生：“每过新年，母亲便给我穿戴好看的背心和帽子。帽子是华侨亲友带回国的，是碎布片拼凑做成。帽子的形状如狮子帽，用白兔毛毛绲边，有帽耳，正中间镶着一个大肚铜佛。衣服里面穿着绣花的兜肚，脖子上戴着一条银链，垂到肚脐的一头，有一把小银锁，锁的两面刻着‘长命富贵’和‘避邪’的字样，两只脚还戴着银打的脚镯子。小时候，这样的穿着，我感到很是漂亮好看，大了才知道，除了好看之外，还有根深蒂固的迷信思想。当时认为，小孩戴着银链、银锁和脚镯，妖魔鬼怪就拖不走了。”[③]可见，在中山的农村虽然保持着古老的习俗，但这里并不闭塞，海外的物质文化同样会通过县城石岐或出洋谋生的乡亲而轻易地得到，他们的消费观念和文化取向因此难免不受县城石歧和海外的影响。

民国时期，城与乡之间的互动虽然没有今天这样密切和频繁，但是城市在政治、经济和文化等方面毕竟比乡村活跃，也新潮许多，其对乡村的影响还是不可避免的。阮章竞生活在乡下象角，对县城石岐有着不同寻常的感情：“小时候，

① 阮章竞：《故乡岁月》，北京：人民文学出版社，2012年版，第11—12页。
② 阮章竞：《故乡岁月》，北京：人民文学出版社，2012年版，第12页。
③ 阮章竞：《故乡岁月》，北京：人民文学出版社，2012年版，第12—13页。

能去一趟石岐，感到是件了不起的事情。可上学前，只去过四次，而最高兴的是堂哥带我去的那一次。堂哥阮焕伦有一次从外地回来，带我去石岐，遇到他的一个朋友，就一块上茶楼饮茶吃点心，我头一次上茶楼，看见窗户都镶着五颜六色的玻璃，觉得好看极了。茶很酽很苦，我不喜欢，但点心很好吃。回来后，我跟母亲说个没完，别人都跟我说：‘乡下佬上县，回来三年讲不完。’父亲也带我去过一次石岐，办完该办的事，就带我进一家小吃店，买了两个小芝麻饼，炒了一小碟子绿豆芽。不知是怎么炒，我觉得非常好吃。”[①]不过，县城最吸引阮章竞的还是它的文化设施和文化氛围。“沙溪墟虽然也有卖章回小说的书店、唱本摊和文具店，可是东西没有石岐多。在石岐不但有两三家书店，马路旁边的骑楼下，还有好多小书摊，书任你翻看随意买。我发现了各种演义、唱本、小说、连环画等书的同时，也发现了许多画谱，如《芥子园》《点石斋》《十竹斋》等。”[②]“那时，我把中山石岐城看成是很有文化的大地方。有画西洋画（画在玻璃或马粪纸上）的，有印画神像的，有时还有人开绘画展览。每次到了县城，我总要抓紧时间去书摊看书，去书店、画店看书，有画展就去看画展。有时看见太阳快落山时，才慌慌张张往回赶。”[③]“当学徒时，冯老板叫我去石岐担油漆颜料，我宁愿不喝茶水，也得去石岐唯一的中山剧院看一回电影。我买二楼最便宜的门票。最多的是上海明星电影公司出品的，如《啼笑因缘》《火烧红莲寺》《西游记》《荒江女侠》，不管什么内容，我都看。”[④]

其实，县城石岐在民国时期，的确起到了文化聚集和文化辐射的双重作用。在县城里不仅能买到一些中外文化用品和新近的出版物，如绘画用的纸笔、颜料，以及《国民日报》《仁言日报》和各种书籍，而且还能看到各种艺术展和国产影片，以及戏剧表演，如绘画展和文明戏，当时流行的文化思潮和社会时尚，在中山县这里都能够找到自己的舞台和阵地，都能得到广泛的传播和快速的发展。阮章竞就清楚地记得：“当时，有个外省画家叫刘驾西，号天台山人，他的中国画画展

① 阮章竞：《故乡岁月》，北京：人民文学出版社，2012年版，第14页。
② 阮章竞：《故乡岁月》，北京：人民文学出版社，2012年版，第113页。
③ 阮章竞：《故乡岁月》，北京：人民文学出版社，2012年版，第113页。
④ 阮章竞：《故乡岁月》，北京：人民文学出版社，2012年版，第259—260页。

从石岐开到龙头环、港头等地方，我反复观看过好多次。”“当时擦笔肖像很流行，到处都有这样的画店、画者”“擦笔画派都是进口的”。[①] 可见，民国时期中山县的中外文化交流比较频繁，县城石岐无疑是文化交流的枢纽。这里文化市场和文化活动都相当活跃，有利于人才的成长和人才的聚集与融合。这里不仅经常有电影、画展，还有名人的演讲和表演。据阮章竞回忆，当时就有三个画家在石岐开过一个三人绘画展览：“一个是从上海回来的肖剑清，一个是风流照相馆的画师刘公武，还有一个叫余之毅。”[②] 他们的画展不仅给中山美术创作带来了一股新风，而且直接改变了阮章竞的审美情趣和人生路向，并决定投考石岐“天涯艺术学院”。

在天涯艺术学院进进出出的艺术家、知识分子，有时也把自己算进上海进步文学艺术家群体里去，说自己主张革命，“如有一个常来的失业的大学生，思想比较‘左’倾，向我们说一些‘左翼’文学情况”。阮章竞认为自己就是在他的谈论下，知道陈独秀、王独清、鲁迅、郭沫若、茅盾、蒋光慈等作家的名字和他们的作品。[③]“从进入天涯艺术学院暑假班到结束，我在同这些知识分子的接触过程中，听到一些从来不知道的文化运动情况，像‘五四运动’和后来的‘左翼’文学运动。还从他们手里借阅到好多过去根本未听说过的书籍。我从这里第一次知道有个欧洲文艺复兴，读到有关文艺复兴三杰：达·芬奇、米开朗基罗和拉斐尔的介绍，知道米勒、罗丹等欧洲的艺术大师，看到他们的作品图片，使我一下子从唐宋元明清的中国山水人物、花鸟虫鱼，飞跃到了欧洲的圣母圣子、天使花神。”“这里使我从《三国演义》《隋唐演义》《水浒传》《七侠五义》《唐诗三百首》外惊奇地看到《阿Q正传》《神女》《春蚕》等三十年代初期的文学作品；使我从帝王将相、才子佳人的作品，一下看到了要求民族解放、民主自由的新人物和劳动者；使我从作坊、工匠人群外不仅接触到一些有真才实学的名流，还有不学无术、夸夸其谈的辩士和吹牛大王；从强烈要求打倒列强军阀的反帝反封建

---

① 阮章竞：《故乡岁月》，北京：人民文学出版社，2012 年版，第 210 页。
② 阮章竞：《故乡岁月》，北京：人民文学出版社，2012 年版，第 247 页。
③ 阮章竞：《故乡岁月》，北京：人民文学出版社，2012 年版，第 239 页。

思想状态，朦朦胧胧地萌发了阶级斗争、工农解放的胚芽。”[①] 在阮章竞的心目中，“天涯艺术学院虽然名不副实，但在家乡，只有这个地方有个小小的窗口，能使我窥探到中山以外的世界，中国以外的更大的世界。”[②]

的确，县城石岐虽然算不上大城市，但这里却是中山县治所在，商业繁荣、文化鼎盛，是中山乡村瞭望世界的重要窗口，也是中山城乡文化互动和文化交流的重要枢纽，其存在和发展既与自身的性质和特点有关，更与当时中山城乡之间在风土人情和自然生态上的互动互补和共生共存有着密切的联系。

三、农与商：城与乡的互补

民国时期的中山，已不再是像过去那样与外界处于半封闭的状态，它的存在和发展都不可避免地打上孙中山思想文化和华侨文化的烙印。一方面，香山因孙中山而改姓易名，变香山县为中山县，甚至直接成为南京国民政府设立的唯一的模范县，在国家政策和政治地位等方面，均受到特别的待遇；另一方面，在近代中国，香山因有大批买办和侨商的崛起，于新式工商业方面拥有特别的优势和较为强大的实力，因此民国时期中山兴办实业，发展工商，也较其他地区容易得多。[③] 整个民国时期，中山经济发展虽然遭遇战火，经历动荡，但仍然保持着相对稳定的发展态势。遗憾的是因政局波动、社会动乱等因素影响，民国时期中山经济发展的具体数据和直接反映经济状况的材料大部分都被损毁或遗失，但今天我们从阮章竞等一批中山名人有关故乡回忆的文字里，仍然能获得间接的信息，想象得出当年的景象。

中山地处珠江三角洲之南，临近大海，有山有河，春天温暖，夏天炎热，秋天绮丽，冬天水不结冰，是宜耕宜渔宜居的好地方。尤其是毗邻港澳，明清以来这里就是中外商贸活动最频繁的地区，不仅东西洋的货物从水路和陆路进入中山，并陆续地传入内地，而且国内的各种农副产品也有不少是经过中山输往海外的。

---

① 阮章竞：《故乡岁月》，北京：人民文学出版社，2012 年版，第 252 页。

② 阮章竞：《故乡岁月》，北京：人民文学出版社，2012 年版，第 253 页。

③ 参见胡波：《商会与商道》，广州：广东人民出版社，2009 年版。

即使是中山的乡村，农业渔业和新式工商业也较其他地区发达。[①] 阮章竞就自豪地说："我的家乡，气候好，只要离村不太远的禾田，春、夏、秋、冬都有活可干。如秋收后，就可以种大头菜、菘菜、芥菜、苤蓝、韭菜、生菜、包心菜等。"[②] "这里禾田广阔，水道纵横像棋盘，竹林、芭蕉园、荔枝园、桑园一个换一个，芦苇滩、甘蔗林到处都是。"[③] 在这样的自然环境和生产条件下，只要勤劳、肯吃苦、人灵活、善动脑，就能找到生存和发展的机会。阮章竞的父母就是中山农民阶层的代表，他们就属于勤劳节俭而又灵活务实的农村人。在阮章竞的记忆里，"父亲在靠近我们村的黄屋坑的禾田田头，收秋之后，叫我自己种一畦菜地，有包心菜、生菜、芥菜"。母亲拼命养猪、养鸡、养鸭，因为鸡、鸭、猪都可以换回自己生活所需的钱、粮和各种日常生活用品。"我利用一切课余时间，帮母亲捞浮萍喂猪，捡蟛蜞喂鸡，担粪上地。""鸡蛋、鸭蛋卖几个钱外，有时母亲捆一两只鸡或一两只鸭，叫我去沙溪圩卖。叫我从其中拿点钱买课本、纸、笔墨、颜料、画纸。田头的菜，都长得很好，每年都赚好几块钱交学费。"[④]

像许多同龄人一样，阮章竞从小就在父母的教导和要求下，参加各种家务劳动，"上学前两三年，母亲就用糯米谷草专门为我做了把扫帚，帮她扫地，清除垃圾。我还帮她劈柴，上山锄草，扫树叶，供她烧火做饭。长大些了，就到林边小河沟和水坑捞浮萍、凤眼莲做猪食。"[⑤] "上学之后，为了尽可能自己挣点钱，贴些学习的费用，减少父母的负担，我经常有目的地利用课余和星期天，参加各种劳动。"[⑥] 当时中山农村孩子经常干的农活主要有采桑、养蚕、拾田螺、捉蟛蜞、吊活虾、卖水果、砸石子和担砖等。总之，只要勤快灵活，就可以找到活干，赚到小钱，挣回生活必需品，改善日常生活。

但是民国时期的中山，政治尚不修明，工商业发展速度十分缓慢，即使到了模范县时期，工农业和商业仍然处于低水平缓慢发展阶段。为了谋生，中山人要

① 参见胡波：《走出伶仃洋》，广州：广东人民出版社，2011 年版。
② 阮章竞：《故乡岁月》，北京：人民文学出版社，2012 年版，第 79 页。
③ 阮章竞：《故乡岁月》，北京：人民文学出版社，2012 年版，第 71 页。
④ 阮章竞：《故乡岁月》，北京：人民文学出版社，2012 年版，第 59 页。
⑤ 阮章竞：《故乡岁月》，北京：人民文学出版社，2012 年版，第 37 页。
⑥ 阮章竞：《故乡岁月》，北京：人民文学出版社，2012 年版，第 37 页。

么漂洋过海去异国他乡寻求出路，要么到港澳或国内沿海城市谋求发展，要么留在家乡从事各种杂活或在传统手工业里讨生活。[①] 据阮章竞的回忆，晚清和民国时期的中山，“穷无寸土的贫农家庭，孩子长大了，少数漂洋过海到澳洲、美洲、南洋当种植园工、矿工，开饭馆或开洗衣铺，有的还是‘卖猪仔’去的。个别人遇到好运气，赚些钱，生活较好。这是使人垂涎三尺、羡慕不已的幸福生活，所以都叫他们‘金山客’。不少人都想到那个乡下人总称为‘金山’的海外去碰运气；没办法的只好降低要求到省城、香港、澳门、上海等地去做买卖和打工；没有能耐的，只好在村里为地主富农耕田、放牛、舂米、当杂工；再没有办法的，只好加入游手好闲的队伍里，最后享受‘老光棍’这个谁都不想要的称号。”[②] 阮章竞出生在一个三代卖鱼的人家，祖父卖鱼、大伯父卖鱼、二伯父是造船工人。他的父亲继承父业，他的大哥也随其父一起卖鱼，母亲做饭、推磨、舂米、洗衣裳，另外还要养猪养鸡养鸭，但是生活还是十分艰苦。他的大哥不想打鱼贩鱼，一心想外出卖布做生意，希望闯出一条生路，但并不成功。他的四哥怎么也找不到事情做，最后只好到石岐一家造木船的小厂当打填料的学徒。“打填”是造木船的最简单技术，就是将木船木接缝打眼，用油灰拌竹丝，用凿子一下一下把缝填满，以防漏水。“那时候的青年都没有出路，求碗饭吃，很不容易，四哥只好去了。”[③] 他的父亲为了维持一家人的生活，便以大部分力量租种地主、富农、祖庙和祠堂的田，租重税多，又连年水灾，企图靠种田解决一家口粮的希望，不但不能达到，反而欠租欠债更多了。[④]

不过，当时的中山人并不因为穷困而缺乏远见，也不因为地处农村而忽视教育。因为他们知道读书可能会有更多的谋生机会。阮章竞就曾表示：“在我的家乡，提出‘要读书’，不是很稀奇的事。因为家乡人多地少，青年的出路只有向外谋生。到外地当工人、当小伙计，都要认识几个字，会打算盘算个账。只要有一点办法的人家，都叫孩子去读两三年书。我父亲对孩子读书是很开明的。堂哥

① 参见胡波：《香山商帮》，桂林：漓江出版社，2011 年版。
② 阮章竞：《故乡岁月》，北京：人民文学出版社，2012 年版，第 6—7 页。
③ 阮章竞：《故乡岁月》，北京：人民文学出版社，2012 年版，第 60 页。
④ 阮章竞：《故乡岁月》，北京：人民文学出版社，2012 年版，第 40 页。

阮焕伦，父亲供他读两三年书；大哥阮林伟，也读了三年书；四哥阮章权、五哥阮章成，早我读了二年书。”[①]“一些中下等人家都把孩子送到这里读两三年书，能够认几个字，能写封信，会算个账，为将来的谋生，准备一些文化知识。”[②]阮章竞八岁时才有机会上学，但十三岁时因家境日窘不得不弃学从工，在本地一家两合油漆店当了三年学徒，成为一名有所谓手艺的油漆工，也成为阮家能够凭自己的特长挣钱养家的手艺人。

民国时期的中山，恰恰给了像阮章竞这样的手工艺人生存的空间和展现能力的舞台。这里是珠江三角洲有名的侨乡，也是盗匪出没横行的地方。华侨家属大都依靠侨汇而生，在中山总是被看成是有钱人家，因此也往往成为盗匪打家劫舍的对象。为了确保家人生命财产的安全，他们大都喜欢修建又大又高又坚固的碉楼。民国时期，中山掀起了一股盖房热和碉楼潮。[③]阮章竞就说："社会越来越乱了。田租重、捐税多，农民活不下去了。省港大罢工回到家乡的人，由于地少人多，无事可做，好多人天天只能在街市、团益公会、土地堂、杂货铺，说长道短。隆都的大小乡村，都掀起一股修碉堡热，起码都是三五层高的砖石水泥建筑。这些碉楼，大多数修建在各个村的村口和要道旁边，层层有炮眼，楼顶有堞垛女墙，架着火铳、小铁炮，招募民团驻守。”[④]这个时候，土匪猖獗起来，而且越来越多。对此，阮章竞本人就有亲身的感受，他说："那时，华侨回来盖房子的比较多，兴建三五层高的碉楼，洋灰浇铸，需要碎石子，我就给他们砸碎石头子，我就到冲头给他们担挑砖瓦。这些劳力，每次都能赚来二三十个铜板，赚个一两角钱，既可以补充学校费用，又可以用来买颜料、画纸，满足我课余画画的需要。”[⑤]

华侨回国大兴土木，固然是出于炫耀财富和自我保护的多种动机，但是他们的消费欲望和投资活动也无疑地刺激了地方经济，增加了地方劳动就业和个人或家庭收入，加速了地方生产方式和经济增长方式的现代转变。阮章竞曾颇为感触地说："广东局势那么动荡，工商业那样萧条，民国十三年银毫没人用，外汇值

---

① 阮章竞：《故乡岁月》，北京：人民文学出版社，2012 年版，第 19 页。

② 阮章竞：《故乡岁月》，北京：人民文学出版社，2012 年版，第 19—20 页。

③ 胡波：《碉楼：一个侨乡社会的缩影——中山与开平碉楼比较研究》，《学术研究》，2007 年第 5 期。

④ 阮章竞：《故乡岁月》，北京：人民文学出版社，2012 年版，第 66 页。

⑤ 阮章竞：《故乡岁月》，北京：人民文学出版社，2012 年版，第 39 页。

钱了。可是地处珠江三角洲最南端的中山县，华侨回国盖房子、修炮楼的积极性高极了。回国的就亲自指挥，不回国的也变钱，托人指挥。”他的师父冯阿臮的两合油漆店，也生意兴隆，揽活常常揽到几十里的外村，有时还揽到石岐。[①]阮章竞也很欣慰地说：“我做工，主要是靠华侨盖新房子，油漆翻新旧房子。”[②]可以说，华侨盖新房子和各村兴修碉楼，不仅解决了中山本地人的劳动就业问题，而且也拉动了社会消费，促进了城乡经济发展。

有关史料记载，民国时期因华侨汇款和回国定居不断增多，建筑行业在中山也就随之应运而生。民国时期，兴建碉楼、住宅、学校、医院、祠堂、庙宇，以及架桥铺路，在当时的中山可谓蔚然成风。尤其是在中山县被南京国民政府确定为模范县后，兴办实业和城市建设，带动了各行各业，加速了新职业新阶层的产生和形成。民国初年香山县拆旧城、建新城、拓马路等重大工程，就在客观上促进了工商业的繁荣昌盛和城乡之间的互补发展。一方面城市的扩建和工商业的发展，需要大量的劳动力和广阔的市场，而农村恰恰满足了城市的需求；另一方面，农村大量闲置的人力、物力、财力等方面的资源，也为城市的现代转型提供了强有力的支持。这种工农互补、城乡互动、共同发展的格局，既加快了民国时期中山经济社会的转型，又改善了中山人的生活和居住条件，促进了中山社会的文明进步。

四、人与事：城与乡的互动

在中国古代社会里，城与市是分开的，内城为政治的中心，外城为商贸交易的场所。后来城和市才合二为一，成为城市。但是直到清末民初，城市一直没有起到推动或影响农村经济发展的作用。辛亥革命给中国城乡带来了巨大的变化，特别是新政权运用国家权力强制推行符合新制度的一系列法规法令，使城市生活出现前所未有的变化，也使沿海地区的农村在生产方式、生活方式、交往方式以

---

① 阮章竞：《故乡岁月》，北京：人民文学出版社，2012年版，第110页。
② 阮章竞：《故乡岁月》，北京：人民文学出版社，2012年版，第223页。

及思想观念和精神状态等方面，开始出现新旧交织的现象。[①]

香山县是孙中山先生的故乡，又是华侨之乡，这里地近港澳，较早沐浴欧风美雨，因此风气早开，民智、民德、民力也与他处不同，并弥漫着开放务实、灵活进取的现代气息。阮章竞出生地即香山县象角乡，隶属于县城西面的一个不小的乡村，但这里正处于社会结构变动和社会转型的历史阶段。一方面，象角是个大乡，以阮、彭、陈、林四大姓为主。阮姓的人家最多，可穷人也多，没出过什么书香门第。阮章竞所见过的读书人，多数是地主、富农、商人或华侨子弟，而在象山山坡上的新亨街，甚至从来就没出过一个正经的读书人，连一个能当小学教员的都没有，几乎处于文化的边缘。另一方面，这里又是人口成分复杂、社会秩序比较混乱的地方。据阮章竞回忆："他们当中有造船工、纤夫、木工、泥瓦工、油漆工、小贩，还有三几户乞丐和一户走江湖卖药卖武艺的人。许多人家租种祠堂、庙宇和地主的土地，被地租和交不清的税、还不清的高利贷压得喘不过气来。所以，凡是到外国或外地发了财回来的人，都要搬离新亨街。到下底塘、陂下盖新居。在新亨街是这样，在象角也是这样，凡是发了大财，做了官的人就搬到县城居住。"[②]可见，民国初期的中山城乡之间在政治、经济和文化教育等方面，仍然存在着较大的差别，但城乡之间的互动比较频繁，离开农村、向往城市，已成为当时中山人的梦想。

民国时期中山城乡互动的现象，主要是近代以来中外贸易往来和中西文化碰撞所带来的。城乡互动，最终使传统乡村社会发生结构性和本质上的改变。阮章竞后来回忆说："从出世到读书，我的故乡像是片动荡不安的大海。我在这片大海中，很快长大到十岁的时候，一股革命的暴风，把这片大海搅得翻天覆地。""故乡香山县，是反对满清封建王朝和帝国主义统治压迫，闹革命、争自由而很有名气的一个地方。在作新学校的村头一片芒果林下、狮子山上和东坡的禾里，有太平天国革命运动时期留下的好多门大炮。很多老人，特别是我前头说过的八十多岁的缪家老阿婆就跟我讲过，说这是红头军（太平天国军队），从沙田顺着狮江来攻打清朝的兵丁，团勇退兵时丢下的。"除了太平天国军队的影响外，孙中山

---

① 参见何一民主编：《近代中国城市发展与社会变迁（1840—1949年）》，北京：科学出版社，2004年版。

② 阮章竞：《故乡岁月》，北京：人民文学出版社，2012年版，第4页。

发动和领导的辛亥革命同样在中山留下了不可磨灭的痕迹。阮章竞在回忆里特别提到这一点，在“石岐东南不到六十里的翠亨村，是孙中山先生的故乡，我家乡的人对孙中山都很尊敬。尽管少数反动势力、老顽固，管他叫‘孙大炮’，可是广大的人民都十分敬仰他，认为香山出了孙中山，非常光彩”[①]。受孙中山民主革命的影响，许多香山人尤其是隆都人后来成了孙中山的忠实拥护者和追随者，整个香山都处于民主革命的氛围之中。随着国共合作、五卅运动、省港大罢工这些新消息、新名词的出现，香山县也成立了商会、工会、农民协会等组织，群众运动此起彼伏。阮章竞的父亲也参加了鲜鱼工会，并扛着大竹杆子和大家一起进县城里开会。小学校里也唱起了“打倒列强，打倒列强，除军阀，除军阀；国民革命成功，国民革命成功，齐奋斗，齐奋斗”的军歌。

阮章竞清楚地记得，在挨近新亨街西边的圆土墩，有一个带点西洋式的建筑物，叫“团益工会”，在这个很大的三合土夯成的大院和宽敞的大厅里，经常搞一些社会救济的公益事业，除了有中医之外，还从申明亭乡请来了一位独身主义姑娘，用新法帮助产妇接生，看中医、接生都不收费。团益公会的两边是果园，常有一些卖艺的、耍猴的在这里开场表演赚钱。团益公会订有中山县出版的《国民日报》《仁言日报》《商报》供人们阅读。这里历来是个环境干净、林荫翳翳、乡人会集的去处，是广州、石岐学生下乡宣传、传播信息的中心。[②]在阮章竞的记忆里，这里是一个文化交流中心，也是一个信息来源和发布中心。“在团益公会和旁边的土地公婆石座台上下，走南闯北的过路人在这里歇凉，吃芝麻糊、凉粉、红豆粥的同时，山南海北、漫无边际地无所不谈。好多消息传闻，我都是从这里的报纸上看到的，从这里的人口中听到的。”从孙中山、国民党、共产党，到革命将领和地方长官，无所不谈，有的是真实的故事，但更多的是说者的猜测和听者的想象。这些闲言碎语和关于省城、港澳的各种消息，直接影响了少年阮章竞的思想倾向和人生选择。

民国时期，军阀混战、土匪泛滥的现象，在中山的城乡同样令人不安。在阮章竞的老家象角，土匪就很猖獗，有关土匪抢劫、斗殴、火拼、绑票的消息不绝

① 阮章竞：《故乡岁月》，北京：人民文学出版社，2012 年版，第 64 页。

② 阮章竞：《故乡岁月》，北京：人民文学出版社，2012 年版，第 65 页。

如缕。“土匪的确越来越多。一到晚上，他们挎着或插着手枪，斜挂着能装六七节一号电池的长手电筒，出入赌铺、鸦片烟馆。这些人，有时忽然几天不见，然后又忽然回到村里，真是来无踪、去无迹，神出鬼没。香山县各地大地主老财，大的跑到省城，中的跑到石岐去住。可我还是时常听到什么人被‘拉参’（绑票）到什么地方，土匪明火执仗地抢劫绑架了大财主等这类消息。香山县的大地主老财，像光屁股的被人架在猪脖子上，猪鬃扎得他们坐不住，也下不来。于是，他们向省城广州求援了，请求滇军来中山县‘清乡’，消灭土匪。”[①] 当时的中山，为了消除匪患，各个乡都要新成立民团，阮章竞的家乡象角也成立了“香山县隆都象角乡民团”和“更馆”，但民团不仅没有起到保护百姓、维护治安的作用，相反却成了扰民害民之马，“更馆”也没有真正担负起保护家乡、防匪缉盗、制止打架斗殴、抓赌禁毒的作用，倒是给了那些乡村恶势力把持乡里、鱼肉村民的权力和机会。

政局的动荡和社会的变动，使城乡居民格外关心时事和人事。民国时期的中山，不论是县城还是乡村，人们对政治和时事都表示出极大的热情。在中山的沙溪圩，除了从四面八方汇集的货物外，还有三教九流和社会闲杂人员。在圩市上，人们不仅关心自己的买卖，还格外留意各种军政消息和人事变动情况。阮章竞在回忆里就说：“胡氏、林氏在宗祠堂外的大场影壁，那是当时军界、政界的气象报告台、宣传阵地。若想要知道当下是谁下野，谁上台，谁拥护谁，谁要打倒谁，谁当了省长、县长，谁当了国民党的时政分会会长，谁当了政治分会主席、总会主席，都可以从影壁大体查到。像李济深当了政治分会主席的布告就贴在上面。贴在这面墙上的布告、通电，像个竹篾那样，一层叠一层，变化无常，天天剥也剥不完，数也数不清。比如前几年，这墙上贴满了号召工人农民集体动员起来，拥护国共合作，拥护工人学生，拥护国民革命，打倒帝国主义，铲除军阀，参加国民革命军，捐钱捐款，支援东征，支援北伐，支援省港大罢工等的布告，宣传单，看了长志气，长精神，产生新希望，老百姓都喜欢看。”[②]

过去，县城或者城里发生的事情，较少直接涉及中山的乡村。鲁迅和毛泽东

---

① 阮章竞：《故乡岁月》，北京：人民文学出版社，2012 年版，第 70 页。
② 阮章竞：《故乡岁月》，北京：人民文学出版社，2012 年版，第 89—90 页。

等就曾认为辛亥革命的失败，根本原因在于没有实现农村的大变动。但是，到了民国时期，新式学校的设立和报刊杂志的创办，以及各种文明戏、演讲、论坛的诞生，都在主观和客观上为新知识、新思想、新观念的广泛而迅速传播提供了有利的条件，再加上现代交通工具的普遍使用，更加速了人口的社会流动和城乡之间的文化互动。城市与乡村正是在这种人口流动和文化互动以及信息共享中，逐步向城乡一体化方向发展。民国时期的中山，就是这样一个城与乡互动、农与商互补的社会。

五、结语：躁动的土地和变动的社会

民国时期的中山，受多变的政治气候影响和多元文化冲击，经济较早地开始从传统农业渔业向现代工商业转变，社会也随之从传统迈向现代。[①] 尤其是阮章竞成长的年代（1914—1934 年），中山经历了从香山县到中山模范县的历史性跨越，整个社会从城市到乡村，都在强烈的阵痛中经受着大革命风雨的洗礼和所谓模范县建设的蜕变。

在阮章竞的故乡象角，我们从他的回忆里真切感受到辛亥革命给这里带来的新气象，如妇女放足和男子剪辫都是一桩了不起的大事，阮章竞就感叹地说："母亲是小脚女人，多亏孙中山先生闹革命，在他的家乡香山县，革命比别的地方革得早的有两桩事，一是男子剪辫子早，二是女人放小脚早。我母亲的小脚解放了，她对我说过，她放了脚可高兴啦！虽然行走还是没有天足利索，但我从小看见母亲操持家务是日夜不停的，脚的解放，对她来说，当然感激革命党。"[②] 但同时这也使我们清楚地看到辛亥革命的不彻底性和封建主义的思想文化在民众中的深刻影响。阮章竞的母亲虽然解放了小脚，却没有更新观念、转变思想，依然迷信，一样愚昧，"遇到什么事母亲都向神棍、巫婆、道士求答案、求安慰"。即使被神棍、巫婆和道士讹诈受骗，还仍然不改初衷，始终信神奉鬼，不相信科学，一味地盲从和迷信。

---

① 参见胡波：《中山史话》，北京：中国社会科学文献出版社，2014 年版。

② 阮章竟：《故乡岁月》，北京：人民文学出版社，2012 年版，第 30 页。

在阮章竞成长的年代里，中山经历了五四运动、国共合作、省港大罢工和中山模范县的建设，但在他的回忆里，似乎只有一波又一波的政治风潮的冲击和一茬又一茬的人事变动，并没有给乡村社会带来看得见的实惠，相反地加剧了地方秩序的混乱和社会的动荡。真正给城乡带来一丝阳光的还是与华侨有关的物质和文化交流，以及由新式工商业的发展所引起的社会结构变化。如阮章竞所说："在我小时候，建筑行业工人大致分成三种人：第一种，积攒一些钱，开个作坊、铺店，自己兜揽生意，雇下人干活儿，活儿多多雇，活儿少少雇，这种人叫老板；第二种，自己也揽活儿，也雇工人，自己没有活儿也去打工……第三种，完全是靠打工的，一般都很穷，好多人四五十岁了，还没有钱娶妻成家，不少人都沾染了赌博、抽大烟和逛妓院等坏习气，他们文化层次都很低，有些人还不识字，讲话粗鲁，话语低级下流。"① 新兴的建筑行业人分三等，在其他的行业同样如此，只是建筑行业在当时的中山或珠江三角洲华侨集中的地区，容易找到可以挣钱的工作，但这也最容易让人放弃读书学习的机会，进而染上不良的习气。

最使人感到欣慰的是，民国时期交通、通讯和书籍报刊出版环境条件的改善，给经济尚不发达、体制还不健全、文化相对落后的乡村社会带来一片生机与活力。

民国时期中山县备受中外关注，社会发展变化也备受外界的影响。城市与乡村之间在风俗习惯和礼法秩序方面的共生，为人们在思想观念和行为方式上从传统走向现代的转变，提供了相对宽广的空间；城与乡之间在农与商方面的互补，也为人们在生产方式和生活方式上的改变，创造了有利条件；城与乡之间在人与事上的互动，打破了地域和等级之间的壁垒，加速了中山城乡之间的文化创新和社会融合。

由此可见，民国时期的中山，是一个充满矛盾而又富有活力的中山，是一个开放包容而又文化多元的社会。这里虽然地处中国东南沿海，面积不大，人口密集，没有广州、上海、北京、武汉、西安等大城市那样具有政治经济的影响力和文化科技的辐射力，但这里始终与外界保持着密切的联系，自觉地接受外界的辐射，主动地迎合世界的潮流，紧跟着时代的步伐，在历史反省、文化自觉中，以开放包容的心态和求实创新的精神，实现个体和群体的文化自由和自我超越。从阮章

① 阮章竞：《故乡岁月》，北京：人民文学出版社，2012 年版，第 169 页。

竞的《故乡岁月》里，我们看到的是一幅充满生命力的民俗风景画，一部丰富多彩的社会生活史，一本厚重而生动的社会发展史册。

（本文原载《粤海风》2014 年第 5 期）

◆ 谈阮章竞诗歌的民族特色

◎ 甄淑堂

在中国现当代文学史上，阮章竞的《漳河水》被评论界认为是继《王贵与李香香》之后，实践毛泽东《在延安文艺座谈会上的讲话》精神的又一优秀诗作。他的诗富有浓郁的民族特色、富于独特的个人风格。诗人在贯彻文艺为工农兵服务的方针，在新诗的民族化、大众化的发展上发挥了具有开拓性的、为他人所不能取代的作用。

阮章竞认为“诗歌应随着时代的脉搏，为时代和人民歌唱”，他的诗总是与时代同步伐、为人民鼓与歌的。解放前，诗人曾在漳河一带做过十多年群众工作，他既是诗人，又是普通的战斗的一员。抗战时期，他的诗为民族解放战争服务，表现浴血战斗的人民和战士。早在1938年他写《秋风曲》、1940年写《牧羊儿》这两部作品时，就已在抒写抗战时期妇女、儿童的所思所想、所做所为了。稍后的《姜四娘》歌颂了一位农村妇女在日寇疯狂“扫荡”时，不怕威胁、不受利诱、拒不回答敌人任何拷问，展现出宁死不屈的英勇精神和凛然正气。《民兵之歌》表现“反蚕食，飞散丛林开展麻雀战，反扫荡，撒下天罗地网捉豺狼”的民众抗敌情绪。演唱长诗《柳叶儿青青》饶有风趣地描写一家三口“为打走小日本多生产”的情景。《圈套》以曲折的故事情节展现太行山区农村尖锐复杂的阶级斗争，热情歌颂群众在斗争实践中觉悟的提高。《漳河水》《妇女解放歌》则反映妇女解放的主题，从一个侧面展示中国人民推翻蒋家王朝、翻身做主人的斗争进程。阮章竞解放前创作的诗歌，由于战争环境留存下来的不多，但我们从这为数不多的诗作中已经不难看出诗人同人民一起感受时代脉搏、吟唱人民心声这一特点。全国解放后，他歌唱土地改革运动，创作了一组《红色故乡土改歌》，抒发农民

“扳倒大山，放出清泉，/刷净江山洗云彩，/重新安排块翡翠地，宝蓝天”的喜悦。诗人的组诗《新塞外行》，用对比的手法，描绘“天苍苍，野茫茫，风吹草低见牛羊”的内蒙古草原巨大的变化：昔日“这里只有风沙、枯草，/这里只有荒旱、霜雪，/只有冷冷清清的驼铃，/送别破晓的霜天残月”。今天，这“厂房烟突吐青云”“层层楼屋幢幢连”“影剧院前人涌涌，/弦管笙箫明月天”“几十公里洋灰道”“昆都仑河飞虹桥”“日夜风雷钢铁声，/车如海浪马如涛”。他的叙事长诗《白云鄂博交响诗》以浪漫主义的精神，以刚健、雄浑的笔触描写内蒙古大草原传奇式的英雄人物，书写波澜壮阔的人民革命斗争史诗，讴歌社会主义建设者们开发白云鄂博矿山基地的壮举。而诗人的《夏日山村》却充满了欢乐、充满了希望，组诗撷取山村的大道、山间、野桥、人家、钟声和鸟鸣，以轻松的旋律、艳丽的色彩描绘十一届三中全会富民政策给我国农村带来的“风光巨变”。试看《山间》一小节：“刷掉‘农业学大寨’，/墙壁大翻身，/农民眉心去皱纹，/牧笛悦耳山动情，/饮羊下松林，/我错把羊群当涌云。”清新朴素中蕴含着热烈、隽永，还有一份幽默！从民族的抗战到解放的新时期，中华民族的风云变幻，创业者的戎马倥偬，建设者的流血流汗，老百姓的休养生息、喜怒哀乐，构成了阮章竞诗歌充实的民族内容。

民族的、大众的诗情要有相应的载体。阮章竞的诗歌在形式上有许多新颖独到之处，他善于从民歌汲取营养，又长于借鉴古典诗词的精华之处，使他的诗既有民歌的质朴、清新、活泼，易传易唱，又有古典诗词抑扬顿挫、情景交融、幽远蕴藉的韵味。

阮章竞认为：“朗诵，群众不习惯，能唱的诗，倒是影响较快较广。”[①]他的诗向民歌学习，大都是能吟唱出来的，特别是解放前的创作中，这种特色更为明显。《柳叶儿青青》本身就是用来演唱的长诗，《漳河水》则“是由当地许多民间歌谣凑成的”，大都能唱，其中许多段落单独拿出来就是很优美的小曲，如长诗开头的“漳河小曲”真可说是一幅山重水复、云缠雾绕、青绿如烟的水墨画，是一首委婉悠扬的抒情曲。结尾的“牧羊小曲”就是很好的翻身幸福歌。至于他的《妇女自由歌》，在解放初期不胫而走，广为流传。易传易唱是阮章竞早期诗

---

① 阮章竞：《阮章竞诗选》，《阮章竞诗选》，北京：人民文学出版社，1985年版，“序”第3页。

歌的特点，这一特点是适应抗战特殊历史时期环境所需要的，是阮章竞向民歌学习的结果。

“语言是文艺作品第一个因素，也是民族形式的第一个标志。”[①] 阮章竞的诗歌向民歌学习，首先表现在语言运用上，他诗歌的语言是经过艺术加工的群众语言，其口语化、个性化的特点十分明显。《漳河水》中，同样是对封建习俗的控诉，刚强、泼辣的荷荷词语激烈，充满愤怒和憎恨，她咒骂“半封建”丈夫“黑心肝像鬼”，驳斥他封建言论为“放他娘狗屁”。苓苓用“回我冷蛋子”“还嫌糖不甜”等群众口语表达她对丈夫大男子主义思想行为的深深埋怨，而软弱的紫金英则只能哭诉“女人走没路”了。阮章竞长期生活在根据地，在特定的生活环境熏陶下，他的诗不仅善于用口语对话，而且也善于运用口语写景、抒情、描绘及刻画。做到口语入诗而不俗，写景清新明丽，抒情情真意切，刻画人物栩栩如生。像描写荷荷互助组的庄稼：“苗苗出土绿油油，/瓜秧露芽肥展展。/花不棱棱手艺巧，/头有头是道有道。”句句都是从地道的劳动人民的口语中提炼加工而成的。不仅写出秧苗油绿茁壮，而且展现出禾生陇亩纵横成行的景象，用极朴素的语言称赞翻身妇女是生产能手。用人民群众习惯的语言形式抒情，表现力强。《漳河水》中，有一小节是三个女主人公哭诉个人痛苦后的直抒胸臆：“恨咱不能拔起山，/把旧规矩捣个稀巴烂！/万代的脚踪要踏出路！/千年的水道看流成河！”对旧规矩憎恨之深，破除它的决心之大跃然纸上，读起来铿锵有力。假如把诗中“要”字、“看”字去掉，诗的表达效果就大大削弱了。诗刻画荷荷嫁的那个“半封建”：“马骡锅，骆驼背，/塌鼻子吊个没牙嘴，/黑心肝像鬼！”用形象、凝练的口语刻画出“半封建”丑陋的嘴脸和狠毒的内心。阮章竞在提炼、净化群众语言，口语入诗上的确高人一等，有着深厚的功力，为新诗语言的民族化、大众化提供了成功的经验。

茅盾先生曾指出：“如果说《漳河水》的语言几乎全是经过加工的人民语言，那么《新塞外行》等诗又表示诗人也熔炼、利用古典诗词的句法和语汇，企图创造更富于形象美和音乐美的，适合于表现我们这个时代的丰富多彩生活的民族形

---

① 周扬：《新的人民的文艺——在全国文学艺术工作者代表大会上关于解放区文艺运动的报告》，《中华全国文学艺术工作者代表大会纪念文集》，新华书店，1950 年。

式的新诗风。应当肯定，诗人在这上头已经取得了初步的然而是不小的成就。”[①]读阮章竞的《新塞外行》及新时期创作的一些诗歌，不能不惊叹诗人吸收古典诗词语汇句法、美化自己的诗歌的能力。这种吸收，不是随意的套用，而是字斟句酌；不是生吞活剥，而是完美的结合。他借用古典诗词的词句所创造的形象，来强化自己诗歌的形象美。像这些诗句："阴山下，乌拉川，/天蓝白云净，/草绿露珠光；/风沙不起，一目千里，/黄河浪头破天来，/惊乱了，一天沙鸡。”其中“黄河浪头破天来”及他的《壶口》诗的首句“仰看黄河天上来，/俯听雷潜河底吼”，显然意在借用李白《将进酒》“君不见黄河之水天上来”句所描写的黄河汹涌澎湃、一泻千里势不可当的形象来增强自己诗歌的形象性。而“惊乱了，一天沙鸡”则是从李清照《如梦令》“惊起一滩鸥鹭”句脱化而来，取其动态之美。他描绘新时期农村美景的《山间》有这样一小节：“绿坡山丹丹红烂漫，/水底天真蓝，/托着姑娘洗衣衫；/粉红嫩掌揉绿水，/揉得乱躲藏，/一溪尽喊好痒痒。”其中“粉红嫩掌揉绿水”句，难道不是从骆宾王《咏鹅》“白毛浮绿水，红掌拨清波”演化而来的吗？古诗词的语句经诗人改造运用创造出多美的意境！诗有声有色，洋溢一片生机、一片欢乐。有时阮章竞干脆把名人的诗句嵌入自己的诗作中，如“鱼跃龙门架飞虹，/车如流水马如龙”“大军之路，/今日车如流水马如龙，/满载着丰收笑脸，/送棉送粮入仓库”“红橙黄绿青蓝紫，/升腾舒卷婀娜轻柔柔”。诗人借助古典诗词的句式、章法强化自己诗歌的韵律美，如“人思安宁佛思静，/花想芬芳月想明”，如长诗《秋风楼渡口》的开头：

当年万马鸣秋风，/今天我上秋风楼；/秋汛雷鸣浪如山，/咆哮奔腾向东流。/岚气沉山烟锁树，/四顾茫茫河无渡。/刘彻酒酣西回去，/河东留有秋风楼。/抗日东征四十二年，/几人知道有此渡口？

再看唐朝诗人崔颢的《黄鹤楼》：“昔人已乘黄鹤去，此地空余黄鹤楼。黄鹤一去不复返，白云千载空悠悠。晴川历历汉阳树，芳草萋萋鹦鹉洲。日暮乡关何处是？烟波江上使人愁。”两诗在音节韵律上大致相同。崔颢的诗已是千古绝唱、

---

① 茅盾：《反映社会主义跃进的时代，推动社会主义时代的跃进》，北京：人民文学出版社，1960年版。

脍炙人口，恐怕诗人阮章竞对其情调音韵早已烂熟于胸。所以当他登上“秋风楼”，缅怀朱德、彭德怀指挥千军万马东渡黄河开赴华北抗日的往事，慨叹今日此处“路不见行人，河不见舟楫，这个曾经是我军东渡抗日、具有重要历史意义的渡口，现在已看不见任何标志，也许很少有人想得起它来了，青年一代，恐怕更是知者寥寥了”时，竟自然而然运用了崔诗的格调、节奏、旋律抒发自己感慨唏嘘、心潮汹涌的情怀，为他的诗平添了一种忧患意识，给人以历史的纵深感。阮章竞善于吸收古典诗词的精华为自己所用，使他在民歌基础上创作的诗歌，活泼舒放中有规律可循，通俗明朗里蕴藏着幽雅含蓄，进一步提高了诗歌的品味，求得雅俗共赏，各得其乐之效果。有人说读他的诗还可以从中“嚼”出许多诗来，这实属精当中肯之论。

阮章竞向民歌学习，向古诗词学习，是富有创造性的。做到学习其精髓，而不完全受其形式束缚，很好地把握住“他为我用”“古为今用”的要领。他的诗歌字数、句数，以至于节奏的安排、韵脚的使用，都取决于内容的需要，形式内容完全融洽、自然和谐。如他的《牧羊儿》：

放羊儿过山坡，/青草儿，多又多。/羊儿长膘快，/掌柜笑，笑呵呵！
放羊儿出山壑，/饮羊儿，下漳河。/羊儿不吃草，/放羊儿，受折磨！
放羊儿过山坡，/青草儿，多又多。/掌柜的吃烙饼，/给我啃糠窝窝！
日头凶，风雨恶，/肚子饥，脚磨破！/八路军，过来了，/参军去，找哥哥！

这首诗极富民歌意味，前三节，每节四行，六言为主，逢双押韵，旋律舒缓有致，而到第四节，牧羊儿内心的不平发展到无法抑制的程度，感情的高潮表现在形式上，诗人采用了简短的句式、紧凑的节奏、急促的韵律，使牧羊儿对剥削压迫的愤愤之情，投奔革命的迫切和坚决之情，这些内容在形式上得到了落实。诗人的《白云鄂博交响诗》，全诗开头有“序诗”，结尾有“终曲”，中间五大章，每章若干小节。小节以四句为基础，二句、八句、六句相穿插，以六句为主，每行基本是七字三音节，逢双押韵。全诗有规律可循的格律，保持了章法、句法上的匀整和韵律上的优美。但它没有古典诗词，特别是律诗那样严格的要求。不是死守某种规矩而影响诗情、诗意的宣泄和表达，而是让形式更好地适合内容的需要。比如在描写草原牧民听到日寇入侵时激烈的反响时，诗人以十句为一小节，连用五个排比、比兴，一气呵成：

乌云四起大风吹，/马蹄落地石头飞！/乌云四起风阵阵，/马鞭敲开毡包门！/乌云滚滚大风狂，/马声警醒牧马郎！/乌云滚滚风如浪，/草原雄马全上缰。/乌云滚滚风怒号，/草原雄马全离槽！

逼真地描绘了形势的急促，写足了草原儿女的剽悍勇猛、同仇敌忾，音韵也有力地表现了内容，韵脚“飞”“门”“郎”“缰”“槽”声调都比较开放响亮，适合渲染热烈激昂的气氛。

阮章竞的诗总是把事、景、情相融合，他的诗形象鲜明突出，感情饱满浓烈，叙事极富感情色彩。《漳河水》中对荷荷成了自由人后境况的一段叙述交代：

春风吹，百花开，/想不叫蜂采蝶儿来。/工作好，有能耐，/要表有表才有才。/谁不喜，谁不爱？/都想把情根往她身上栽。

溢美之情、欢欣之情充满字里行间，在叙事中有抒情，叙事抒情水乳交融。阮章竞的诗对自然景色的描写紧紧地陪伴着人物感情的起伏，如“桃花坞，杨柳树，/东山月儿云遮住”的凄苦景象烘托了昔日荷荷对封建压迫控诉时的愤懑；“漳河水，水流长，/绿杨翠柳枣儿香”，这生机勃勃的美景、欢乐的情调映衬出荷荷当选为互助组领导人的喜悦。阮章竞的叙事诗往往情节曲折，富有浓郁的生活气息，富有细腻的心理表现，有着强烈的艺术感染力。他的抒情短诗也常常有特定的场景，有简约的情节因素，有简单的人物对话、动作和心理活动。他的《姜四娘》不仅有姜四娘被抓、受审、牺牲的情节，还有姜四娘受审时的动作、心理。敌人问：“哪里有工厂有民兵？”姜四娘“想着是炮弹、子弹、地雷阵，/等着你们，/等着你们”，同时“紧闭嘴唇不作声”。他的《送别》就是抓住豫北农村参军送别这一场景，通过母亲送子出征时倾吐肺腑之言，反映时代心理，赞颂人民群众爱憎分明的感情、保卫胜利果实不屈不挠的斗争精神。诗歌有准备出征、话别和启程的简单情节。他的《秋风曲》全诗四小节十二行八十五个字，有抗属抒情女主人公形象，有她触景生情的心理表现。叶落草结霜的景象使正在纺线的女主人公想到天凉了，要赶紧缝好棉衣捎给前线的丈夫。诗歌不事雕琢，没有一句华丽辞藻，只是捕捉秋凉这一特定情景，描写女主人公的心理活动，便把她的情、她的爱剖白展露出来。朴素的诗行创造了清新自然的意境，使人感到一种“浑然天成”的内在诗意美，从而实现诗人的审美意趣。解放后诗人创作的《冬天里的春天》《一枝马兰花》等抒情诗歌，也都有人物言行，有简略的事情的来龙去脉。前者写包钢最初的建设者穴居野外而生活充满温馨，后者写一位开吊车的女工学习高空操作的情景。诗人透过人物的语言行为揭示他们丰富的内心世界，抒发诗人对新生活的建设者由衷赞美之情。粉碎“四人帮”后，诗人漫游了过去的战场，创作了《溯河千里行》《大军路上》，其触景生情、抚今追昔的特点十分明显，前面提到的《秋风楼渡口》就是很好的一例。可以这样说，阮章竞的诗歌，其思想感情或依附人物形象得以表达，或借景抒情、托物言志、缘事而发，继承了中国诗歌传统的表现方法，加之多采用民歌和古典诗词的比兴手法和反复咏叹的手法，使他的诗形象鲜明，意境深远，富有浓重的抒情色彩。这一切都符合我们民族表达感情和艺术欣赏的习惯，极易被广大人民群众所接受。

阮章竞写诗往往要付出“比别人多几倍、十倍或几十倍的气力”①，他刻苦努力，长期深入生活，与广大人民群众一同感受时代脉搏，认真向民歌学习，善于汲取古典诗词的精华，在长期的创作实践中，锻炼他诗歌的语言，创造出他诗歌那独特的章法、句法以及表现方法，形成他诗歌那诗句明丽、格调豪迈、情感浓烈而深沉的风格。他的诗已初步具备了毛泽东同志所提倡的“新鲜活泼的、为中国老百姓所喜闻乐见的中国作风和中国气派”。阮章竞为创造“更富于形象美和音乐美的，适合于表现我们这个时代的丰富多彩生活的民族形式的新诗风”、为新诗民族化、大众化提供了成功的经验，做出了可贵的贡献。

（本文原载《韶关大学学报》1993 年第 3 期）

---

① 阮章竞：《阮章竞诗选》，《阮章竞诗选》，北京：人民文学出版社，1985 年版，“序”第 2 页。

阮章竞诗歌的民族化探索及悖论

◎ 陈培浩

“民族形式”的召唤：从戏剧到诗歌（1938—1949）

1938 年至 1949 年，阮章竞在太行山参加八路军，并长时间从事剧团工作和文学创作。阮章竞的太行写作时期可以分为三个阶段。

（一）发轫期。从 1938 年 5 月初太行山剧团成立到同年 12 月底剧团流动演出结束。其间他写出了《周年》（独幕剧，纪念七七事变）、《太阳出来了》（二幕剧，纪念九一八事变）、《保卫抗日根据地》（三幕剧，宣传保护根据地）等剧作。这是他太行文学创作迈出的第一步，此间他开始尝试运用山西民间语言，为日后《漳河水》等作品“民族形式”的锻造打下坚实基础。民间语言的运用在《保卫抗日根据地》插曲《秋风曲》中有较突出体现。

（二）磨合期。从 1939 年 1 月至 1941 年 9 月，他的抗战剧本写作渐趋圆熟。此间，阮章竞写作中日益重视歌曲、歌剧等音乐形式和山歌小调资源的运用。创作于 1939 年的三幕剧《红巾》中的《囚徒曲》、歌曲《在红星旗下》《打到鸭绿江去》，他都尝试自己谱曲。1941 年 6 月他着手写作歌剧和诗剧，由于找不到作曲者，设想没有最终完成。但他已经开始尝试融会山歌小调资源，《柳亭郊》即为实验之作。因为感到话剧一般老百姓接受不了，他希望“学元曲那样，以山歌小调填词再加上对白，老百姓易听易记”[①]。这些无疑也为他日后民歌体叙事

① 阮章竞：《异乡岁月——阮章竞回忆录》，北京：文化艺术出版社，2014 年版，第 138 页。

诗写作做了必要的艺术准备。

（三）成熟期。1942 年 1 月至 1943 年秋离开太行山剧团，阮章竞的太行写作阶段进入成熟期。他仍继续着民间语言和民间歌谣资源的学习和积累；他的剧本和歌曲写作驾轻就熟，民歌化的长诗和歌剧是他此阶段的新突破。1943 年 3 月的长诗《柳叶儿青青》，4 月改写成小歌剧《比赛》，这是太行山根据地的第一个歌剧。1944 年，阮章竞的写作遭遇了“障碍”，参加太行山的思想整风，这让他意识到知识分子在革命阵营中的尴尬地位，遂强烈要求离开文艺岗位，参加实际革命工作。直到 1947 年他任太行边区戏剧部部长，才又重新执笔并迎来他太行写作阶段的巅峰期。此间他写出了广受肯定的俚歌故事《圈套》、新歌剧《赤叶河》，但是，痛感戏剧写作提意见的人太多，“好菜太多，消化不了”[①]，他的写作热情悄然转移到诗歌上，并于1949年写出了后来获得经典地位的《漳河水》。

不难发现，从戏剧到诗歌构成了阮章竞太行写作的轨迹变迁，但他的转向并不突然，而是隐含于原有的写作趋向中。从诗剧《柳叶儿青青》到俚歌故事《圈套》再到民歌体叙事诗《漳河水》，剧中之诗和诗中之剧一直相互渗透。另外，从戏剧到诗歌，取法音乐和山歌等民间形式构成了阮章竞写作资源上突出的特征。这对他日后在歌谣体诗歌写作上大放异彩有着深远意义，细察背景却显然是在当年“民族形式”大讨论启发下进行的尝试。

阮章竞诗歌写作的方向，被一股时代性的写作潮流推动着。20 世纪 40 年代，新诗取法歌谣资源在“民族形式”的强势文艺话语中获得动力，作为一种时代性诗歌设计，不乏老舍、柯仲平、艾青等重要参与者，而柯仲平的《边区自卫队》、艾青的《吴满有》，特别是李季的《王贵与李香香》则广受赞誉。可以说，“民族形式”这个典型的 20 世纪 40 年代文学命题成了阮章竞以歌谣体入诗最重要的背景。1939 年文艺“民族形式”倡导便已传到太行，“并且强调说，这是文艺工作者的方向”[②]。受其影响，阮章竞开始在辽县搜集民歌。“当时有人认为走旧形式装新内容的道路似乎是唯一一条把抗日宣传与群众结合的道路”[③]，但阮章

① 阮章竞对于戏剧被各方挑剔的调侃，见阮章竞未刊手稿。

② 阮章竞：《异乡岁月——阮章竞回忆录》，北京：文化艺术出版社，2014 年版，第 95 页。

③ 阮章竞：《异乡岁月——阮章竞回忆录》，北京：文化艺术出版社，2014 年版，第 98 页。

竟更希望思考如何超越“民间形式”，锤炼“民族形式”问题。

《漳河水》契合了当年“民族形式”的时代诉求，“常常既被当作解放区诗歌的实绩，又被当作新中国成立后的收获，在不同的场合加以论述”[①]。事实上，《漳河水》并非民歌体叙事诗的开创者，而是这种诗歌体式的臻于完善者。它某种意义上正是对《王贵与李香香》等同类作品的艺术传承和超越。

李季的《王贵与李香香》把歌谣体发展为叙事诗，用于叙述“农民反抗地主”的解放区革命文学母题，自有其开创之功。但《王贵与李香香》显然并不完美，钟敬文就指出它结构上存在的缺陷：“信天游在诗体上的主要特点，第一是两行一首，第二是首句惯用的比兴法。这种小形式的民谣，一般是用来即兴抒情的。”而李季的写作过分拘泥于“信天游”以“两句为单位安排句意和押韵的惯例”“在整段叙事的地方”没有节制地“连用比兴法”。[②]这就使得叙事的展开缺乏更有效的形式。《漳河水》正是从《王贵与李香香》止步的地方出发，它着力解决的正是长篇叙事诗和歌谣体抒情短诗之间的矛盾。为此他事实上从戏剧上迁移来了一种多重对比结构。我在另一篇文章中已经指出，《漳河水》的成功有赖于一个新旧对照、总分交叉的戏剧结构的存在。[③]

《漳河水》是革命诗歌少见的精致之作，这从其高超的剪裁艺术可见一斑。此诗第一部写到旧时代的包办婚姻：“断线风筝女儿命，/事事都由爹娘定。/媒婆张老嫂过河来，/从脚看到天灵盖。/爹娘盘算的是银和金，/闺女盘算的是人和心。”这是第一节中对三个姑娘婚姻不自主的叙述，如平铺直叙、过分展开，不但缺乏感染力，且为篇幅所不许。所以，第一、二句运用民歌和古诗中常用的比兴，概述婚姻的不自主；第三、四句，进入场景描述，是对事件的具体展开，但又不可能充分展开，所以便选取了典型细节。媒婆过河来，从脚看到天灵盖，写得实在是形象生动，不过十几字，人物情态毕现；第五、六句又转入爹娘、闺女不同心思的对照。短短六行四十七字，却有三个不同的角度，是概述和具体展开的结合，是形象化和典型化的结合，是多角度叙述的结合。

---

① 洪子诚：《中国当代文学史》，北京大学出版社，2000年版，第87页。

② 钟敬文：《钟敬文学术论著自选集》，首都师范大学出版社，1994年版，第722—723页。

③ 参见拙文《民族形式和革命美学的创制》，《文艺理论与批评》，2013年第1期。

“媒婆张老嫂过河来，/ 从脚看到天灵盖”，茅盾的旁批是：“此章用经济的笔墨，故事骤然开展，换韵也好。”[①] 茅盾是小说家，关注叙事如何展开，“骤然”说的是第一、二句跟第三、四句之间的跳跃：从第一、二句的客观议论中，迅速地转入第三、四句的叙事推演。而这种“骤然”又并非“断裂”“事事都由爹娘定”正是“媒婆过河来”的铺垫。值得注意的是，第一、二句议论转入第三、四句的白描，同时也由概述转入了细节描述。媒人张老嫂见面的场景、寒暄、家长里短全部省去，单表一个“从脚看到天灵盖”的动作，此一句中媒人的神情样貌跃然纸上，被审视的年轻女子那种羞涩和忐忑隐于纸背，却又不难想象。整一节体现了非常高超的叙事诗的跳跃之美、省略之美，对典型场景的剪裁之美和细节的形象之美。阮章竞说，“我没有天才，我四行诗写一个星期”[②]，并不仅仅是谦虚。它表明一种既大众又艺术的革命文艺的内在难度。

诗心的规约和转移（1949—1966）

理解阮章竞建国后的诗歌写作，不能离开“当代文学”体制对诗歌想象的塑形。建国以后，阮章竞等解放区成长的青年诗人，由于“‘主体创造性’受到极大限制，而民间诗歌的民俗和艺术形式的积累，又不能成为重要凭借”[③] 而面临重重矛盾。即使是阮章竞、郭小川这样在革命环境中成长的“左翼”诗人，他们跟当代文学体制之间也经历着从不适、探索到适应、内化的过程。

当代文学“新边界”的确立，意味着“旧标准”的失效。建国以后一波连一波的文艺批判运动，正是确立“新边界”的话语实践。反对在真实的名义下描写灰色的小人物或者卑劣的反面人物，反对描写“内心的复杂性”。个人的微妙体验和对应这些体验的繁复技艺被纳入“资产阶级艺术”的范畴，在“历史进化论”的叙述中被打包送走。放逐了“（小）资产阶级”的抒情主体（自我、小我），

① 参见茅盾：《中国现当代文学茅盾眉批本文库·诗歌卷4》，中国现代文学馆编，北京：中国国际广播出版社，2007年版。
② 阮章竞、刘增杰：《走向诗歌的漫长旅程——阮章竞谈话录》，《许昌师专学报》，1985年第3期。
③ 洪子诚、刘登翰：《中国当代新诗史》，北京大学出版社，2000年版，第69页。

迎来了“无产阶级”的抒情主体（阶级大我），这便产生了当代诗歌中一种极其重要的类型——政治抒情诗。其代表作是郭小川的《致青年公民》、贺敬之的《桂林山水歌》等作品。

事实上，阮章竞在政治抒情诗上同样有所实践，《祖国的早晨》也许是阮章竞最成功的政治抒情诗了。在这首写于1954年的政治抒情诗中阮章竞放弃了常用的民歌体和半格律体，也许他已经意识到自由体更有利于充分的政治抒情。在此之前他曾用半格律体写了《光荣颂——纪念党的三十周年》：“凿开高山通大海，/ 抬着时代登高峰。/ 向日葵花朝太阳，/ 人民向着党，/ 向着毛泽东。”这样的诗句虽有半格律体的那种齐整顿数，但也把充沛的情感化解在过于截然的节奏中；用自由体写了《胜利的三年，伟大的明天》：

> 生养我们的祖国呀，
> 我们——您的六亿儿女，
> 一定要把这块纵横辽阔的山河，
> 创造成明如水晶，
> 红赛珊瑚的人间宫殿！

这样的自由体式则更能包裹滚烫翻滚的“大我”之情。然而，《胜利的三年，伟大的明天》这首诗的构思似乎欠缺整体性，《祖国的早晨》则在“早晨”这个具有象征性的时间节点中投射政治隐喻，并以“早晨”为取景框选裁各种写作对象。全景式的地理透视法被运用于诗歌中，所以，从“森林”写到“群山”，从“碧天”写到“蓝海”；从“港湾”写到“城市”，从“地质队的卡车”写到“教室里的课本”。“早晨”跟青春、希望、活力产生了联系，“祖国”又在各种领域的对象中获得具体性，最终，又把这一切归于世界和平、中苏友谊的宏大范畴，归于伟人的历史凝视之中：

> 伟大的毛泽东，他带着永远是那样安详的微笑，
> 站在阳光里，远望着祖国的早晨。

《祖国的早晨》站在“阶级大我”的立场抒情，它在当代文学规定的历史透

视空间中展开对祖国未来的想象和歌颂，它较早使用了革命诗歌的象征语码——清晨。太阳、东方、早晨都是这个革命诗学象征体系的重要意象。从写作个性看，在描写与抒情之间，阮章竞显然更擅长宏观的观察和描写。即使在《祖国的早晨》这样的政治抒情诗中，直抒胸臆的笔墨并不多。阮章竞日后并不以政治抒情诗名世，跟他的写作个性有关，跟政治抒情诗向写作主体所索取的情感能量也有关。当他从建国初翻身做主人的狂喜中平复下来，卷入了更复杂的政治运动之后，那种为祖国清晨油然而生的喜悦感并非时时都有。[①] 于是政治抒情诗的写作也就难以为继，即使有所写及，基本也是口号式的呼告，缺乏整体运思和艺术感染力。

由于写作的题材领域、表达方式乃至主题意蕴被给定，当代诗歌亟须创造自身的形式，为被“政治正确”挑拣得近乎单调的主题提供语言的附丽。又由于当代诗歌“革命现实主义”的形式观，所以，被启用的诗歌形式资源依然只有“古典”和“民歌”。20世纪40年代诗歌民族形式往往被具体化为民歌形式，50年代，民歌资源进一步得到政治确认，民歌在50年代文学体制中获取了巨大的文化资本，即使不擅长民歌体诗歌的诗人，也极少有人敢冒犯民歌作为新诗资源的合法性。然而，40年代就擅长民歌体诗歌写作的诗人，对于民歌体与当代题材的结合却有了某些“疑虑”。阮章竞说：“中国工人阶级的劳动创造，能不能用中国风味来写成诗，是老干部遇到的新问题。”“‘一根扁担软溜溜’和‘一铺滩滩杨树根’，是压不住转轮的声响的。”[②]

对自由体政治抒情诗和民歌体诗歌日渐疏离之后，阮章竞似乎更愿意尝试一种半自由体的写作。[③]1957年以后他的写作主要为半自由体和新歌行体，以《新塞外行》为代表，正是他在50年代诗歌体制中左冲右突的结果。《新塞外行》的探索在当时就引起诗坛的注意，茅盾认为它们“熔炼、利用古典诗词的句法和

---

① 参见陈培浩、阮援朝《阮章竞评传》第六章对阮章竞在作协期间心态的论述，桂林：漓江出版社，2013年版。

② 阮章竞、刘守华：《阮章竞与友人论诗的信》，《长江学术》，2007年第2期。

③ 关于这种“半自由体”的形式特征，洪子诚先生如是概括“四行或六行、八行一节，每行字数、顿数大体相近，逢偶行押大致相近的脚韵”。洪子诚、刘登翰：《中国当代新诗史》，北京大学出版社，2005年版，第23页。

词汇”，是“创造更富于形象美和音乐美”的“民族形式的新诗风”。[①] 但是在当代文学体制的规训下，这种写作终究被掏空了个性化体验的内核，往往徒有雄壮之境和伟阔之词，“某些作品中思想感情内涵上的空疏，以及诗的意象、结构的不断重复，借鉴古典诗词上存在的某些生硬状况，也为当时的评论界所指出”[②]。

在规约和辗转中，最体现他诗歌写作上的雄心壮志和探索之心的作品当属《白云鄂博交响诗》。此诗的写作历时数年，几易其稿，全诗将近一千六百行，内容上融内蒙古的古代传说英雄巴特尔与现代炼钢事业于一炉，又叙述了从阿尔斯朗到其儿子海日巴尔，再到其孙辈布尔固德和乌兰托娅三代人的故事。将蒙古族英雄传说和现实中三代劳动英雄故事与包钢建设共和国钢铁工业的理想情怀结合在一起，充满着雄浑的风格追求和强烈的英雄主义气概。由于《白云鄂博交响诗》的构思宏大，时间跨度大，要兼顾神话与现实、“大跃进”主题和民族团结主题、人物塑造与语言锤炼、结构框架与主题升华等多方面存在的内在难题，留给作者的途径或许确实只有意象、情境、场面上的宏大和语调上的铿锵有力，不能不带来“诗意内涵的空疏单薄”的问题了。

阮章竞 60 年代初开始有一种“同题诗画”出现，有趣的是，同一作者的诗和画却分属于不同的艺术表征范式，他的诗是符合当代诗歌规范的半自由体的革命抒情诗和生活抒情诗；他的画却保留了更多自由趣味和嬉戏技艺的色彩，某些油画棒作品对点彩法的使用，甚至有着早期印象派的色彩。一个诗人，在他的职业领域诗心渐渐被压抑而枯竭，并转移到了邻近领域中。[③] 那个时代的职业画家们，同样处于某种严苛的当代画规范中，反而是这个不专业的诗人的画笔，保留着几笔活泼恣意的画作，这又是一个值得玩味的现象。

---

① 茅盾：《反映社会主义跃进的时代，推动社会主义时代的跃进》，1960 年茅盾在第三次文代会上的报告，《中国文学艺术工作者第三次代表大会资料》，中国文学艺术界联合会编，1960 年版。

② 阮章竞、刘守华：《阮章竞与友人论诗的信》，《长江学术》，2007 年第 2 期。

③ 参见陈培浩、阮援朝：《阮章竞评传》第十四章《诗人画家阮章竞》，桂林：漓江出版社，2013 年版。

苍凉晚号中的诗歌悖论（1976—2000）

阮章竞在70年代中后期特别是80年代以后依然保持着对诗的执着，创作了大量短诗和两首叙事长诗《漫漫幽林路》《胡杨泪》，诗歌类型既有古歌行体，也有古诗词和自由体。这些作品在诗人逝世后大部分收入《晚号集》中。这部诗集在阮章竞生前由本人编订，包括了上述两首长诗和分诗集《夏雨秋风录》《桑影集》《太行山不倒》几个部分。

此阶段的阮诗写作，在写作立场上呈现了从赞美到批判的转化。在阮章竞过去近四十年的写作中，莫不是把主体观照融合在配合宣传、配合政策、配合形势的革命写作。作者虽千方百计进行艺术运思，调动各种情感和体验，但又始终恪守文艺“民族形式”“人民性”“二结合”等时代共鸣。譬如对包钢热火朝天工作场面的描写，对蒙古族英雄的赞美。事实上，独立的批判性思考在革命文艺中被压抑了，转化为奉命之下的政治批判和偏于赞美的革命歌唱。80年代的写作环境中，作家相比于之前获得了更多的表达空间，阮章竞的写作于是出现了某种出于主体自觉的批判性思维。《漫漫幽林路》和《胡杨泪》这两首长诗，便典型地体现了阮诗的这种转化。

叙事长诗《漫漫幽林路》意在书写革命历程中不为人知的“内伤”，这跟80年代初的伤痕文学有相近之处。但伤痕文学更多聚焦于“文革”中的伤痕，而此诗则通过展示一个革命女性申媛（与“申冤”谐音）面对的革命内部伤害，回溯了怀抱理想主义的革命者悲剧性的一生。申媛的一生经历过学生时代国民党搜捕、解放区整风中被错误“拯救”“文革”中被打入牛棚的种种磨难；她生命的另一条线索是结识并嫁给了另一个为革命理想献身者程天航，程的一生同样为革命付出全部，没有倒在战场，却被吞噬于革命的内部伤害中。诗歌以女性主人公申媛第一人称口吻来写，诗人把一生观察得来的深沉感叹融入女主人公的哭声中，诗末写申媛在程天航墓前哭诉一生，哀恸处颇为令人动容。《漫漫幽林路》对革命历程中的“太阳黑子”的思考在此前的阮诗及整个当代文学体制中都是不可思议的。

与写作题材、写作文化立场上的解放相比，晚期的阮诗在语言体制选择上却显得不无保守，缺乏弹性。80年代的短诗中，阮章竞偏爱一种相对整齐、七言为主、不限行数的诗歌体式。这种诗体形式，其实更近古诗，但是作者显然又不希望遵循古诗（更别说近体诗）的清规戒律，在表达需要的地方，他常毫不犹豫地打破七言为主的形式，所以同一诗中又不乏五言、六言、十言的诗行。五七言诗中又常夹着已近自由诗的诗节。这种把拟古体和自由体融于一诗中的写作，确实显示了作者晚年在形式上相对自由的心态。但从诗歌形式而言，没有规矩不成方圆；这种杂糅诗体在文学接受上也变得非常难以分类，影响了80年代读者对阮诗的阅读。

在阮章竞80年代的写作中，填词是很特别的一项。事实上，早在五六十年代，他的写作在民歌体、歌行体的选择中也显露了取镜于词的倾向。茅盾在阅读其50年代作品《鹿的地方》中“天蓝白云净，草绿露珠光”时便批注“此诗偶句”，并说第一节有“词的味儿”。[①] 词在新中国革命文艺阵营中的地位或许跟毛泽东词作的极大影响有关，但是词毕竟有极其烦琐的词律要求，易学难工。阮章竞填词，显然是下了不少功夫的。他为长篇小说《霜天》三十三章填了三十三首章前词，这些词以现代汉语拼音为标准，基本符合词律。

很容易发现，阮词宗于苏辛豪放词风。稍通词史者都知道，苏词豪放旷达，而伤于粗浅率直。苏词被视为“一洗绮罗香泽之态”，但也被李清照斥为“句读不葺之词”。正如叶嘉莹所说“此一派中凡属成功之作大都须在超迈豪健之中仍具一种曲折含蓄之美”[②]。细察之下，阮词很多时候确于豪健中有欠曲折，作情语多于景语，即或是作景语，也多景外无物，意境流于疏阔。以《清平乐·太行古道》为例：

太行古道，战马萧萧叫。月下刀枪磨快了，列阵霜天未晓。
雷霆怒荡山河，风云际遇悲歌；忠骨磷光夜放，群山独领嵯峨。

此为阮词精品，上阕古道、战马、月下、列阵，以景入词，颇有辛词风采；下阕写雷鸣山河，风云悲歌，高山巍峨间，磷光夜飞，恰如当年战友忠骨。此词

---

① 茅盾：《中国现当代文学茅盾眉批本文库·诗歌卷4》，中国现代文学馆编，北京：中国国际广播出版社，2007年版，第39页。

② 叶嘉莹：《中国词学的现代观》，长沙：岳麓书社，1990年版，第6页。

有声有色，有动有静，“忠骨磷光夜放”尤为佳句。稍微可惜的是，用语多为假借（战马萧萧叫，刀枪磨快了，列阵霜天未晓），而“雷霆怒荡山河”诸句，用语又同于流俗。全词情势，一泻而下，未见曲折，只有“忠骨磷光夜放”句凸显作者创意。此词雷霆气势之外，尚有对旧日战友和战火岁月的思念。但将一切归于“忠骨”的语义范畴，终究缺些“深远之致”。

阮章竞由民歌体而走上新诗坛，并在五六十年代的文学体制中经历着对政治抒情诗、半格律体、古歌行体的选择。到了80年代，虽然时风松动使得某些写作禁忌不再，但他的诗歌文艺观、语言观在面对新存在时已经变得有些周转不灵。如果以“新诗”作者视之，长期革命诗歌观的熏陶使他对“新诗”之“新”和“新诗”之“诗”都变得较为陌生。因此，他终究更愿意借用各种“旧形式”资源，如歌行体、半格律体、词等。这种新诗人晚年主要写古诗的现象，并非阮章竞的个人现象。某种意义上，它说明了诗人过去经历过的时代，一种过于偏狭的诗歌语言观如何形塑了诗人的诗歌想象，并使其定型化，甚至在新的诗歌想象到来的时代也无法恢复弹性。

有趣的是，阮章竞自己有时候竟也会写出非常“现代主义”的诗作，而且是在他年事已高的90年代。比如这首《孤独》：

> 你把孤独，幻想，／当作暗室的烛光，／就会有姹紫嫣红的蓓蕾，／在你的心中咿咿呀呀开放。

孤独，这本来就是一个革命文学不会去触及的命题，而当他的写作开始失去了以前那种明确的现实目标之时，写作不能不开始去进入内心，他虽然不认同现代主义的文艺观，但是当生命体验、表达对象趋近的时候，他表达出来的东西居然跟意象派、象征主义的通感有着异曲同工之妙。事实上，即使放在当代短诗歌中，这首诗也并不失色。把孤独喻为烛光，喻为姹紫嫣红的蓓蕾，还在咿咿呀呀开放，这里非常娴熟地把比喻和通感连用，把孤独写得有声有色，可触可感。这就说明，阮章竞其实完全不像他自己以为的那样不“现代主义”，而“现代主义”也并非如他所想象的那样只是故弄玄虚，甚至反动腐朽。如果换一个现代主义占主流的背景，他的语言才华也很可能和现代主义比翼齐飞。

结 语

本文开篇便说，评论阮章竞这样的革命诗人的困难在于，其诗歌已经处于新时期以来的诗歌趣味（另一种诗歌体制建构的结果）之外。如果顺着“现代诗学”的话语逻辑，便将过滤革命文学写作的内在丰富性；可是，我们也无意再次翻烙饼，重新把革命文学推上圣坛。当代革命文学研究如果不能摆脱褒与贬的二元对立而进入更深入的历史和审美分析，则终究是令人遗憾的。我最感慨的是：阮章竞先生一生追求艺术，孜孜不倦，视如生命。可是他后半生曾真切信仰的文学观，也许将置身于更久长的中国文学传统之外。而且，这并非一个孤立的阮章竞现象。这难道不值得我们认真思考吗？

（原载《中国现代文学研究丛刊》2014年第8期）

◆ 阮章竞的主流创作与个性抒写

◎ 阮　波

阮章竞及其同时代的文学创作者们，生活在一个翻天覆地的社会背景之下，他们于那个特殊的历史语境下创作的作品，与时代之间也存在一种互为解读的关系。处于 1949 年前后的文人，他们的历史使命、人生秘密、文学独特性等不可能不与新时代之间产生千丝万缕的联系。当我们回望、反思那个时代的文学创作，重读他们当时的作品，在时间的沉淀之后拨开历史的迷雾，从中可以看见我们未曾注意到的复杂性和丰富性。

作为解放区文学最为重要的代表之一，阮章竞在其叙事长诗的创作上展现了内容与形式上的独特性。阮章竞叙事长诗的形式创新与同时代的民歌体有所不同，他从民歌、古典诗词、绘画、音乐、戏剧等各种文艺形式中汲取养分，使其作品在多种艺术形式的融合、改造与运用中成为经典。在诗歌内涵的审美独特性方面，与同时代的胡风、何其芳代表作中的审美意象相比较，阮章竞叙事长诗体现出将革命的外在变化与人物的内在变化相结合的特点。时隔多年，我们在阮章竞《漳河水》等系列作品中看到的，不仅有那个时代的暴风骤雨般概念化的痕迹，也有阮章竞在革命主题之下所保留的诗歌本应宣泄的一些主体性特征。

一、阮章竞叙事长诗的形式创新

关于新诗的探索，中国的现代诗人们走过一条很长的路途，既没有什么固定章法限制，也没既定的模式可循，大家只能在创作的过程中跟着感觉走。阮章竞从解放区时期的文艺开始，也一直在思考中国新诗创作该何去何从的问题，以至于他的民歌体创作有一条独立、清晰而连贯的轨迹：1938 年的《秋风曲》、1940 年的《牧羊儿》、1943 年的《柳叶儿青青》、1947 年 2 月的《送别》、1947 年 2 月的《圈套》、1947 年 3 月的《盼喜报》、1947 年 9 月的《赤叶河》(歌剧)、1949 年 3 月的《漳河水》、1949 年 7 月的《妇女自由歌》。以上实践呼应了胡适对新诗的想法："新诗最好是从民间的东西里面找营养。"[①]

他充分发挥想象力与创造力，从民歌、古典诗词、绘画、音乐、戏剧等各种文艺形式中汲取养分，他致力于将革命的内容与尽可能完善的形式相结合的尝试，以及反复推敲的精神，使其在语言风格与叙事结构上成为这条探索之路上的一个标本。下面主要探讨阮章竞的叙事长诗在四个方面的形式创新，这对于今天文学创作的推陈出新是有一定的启发与参考价值的。

第一，在固定的篇幅中发挥诗歌之长，为革命讲好故事，为现实提供文本服务。

关于篇幅的问题，谢冕也谈道："中国的文学艺术革命、诗歌革命，在《在延安文艺座谈会上的讲话》前后有重大的变动，那就是叙事的成分加多、加强。"[②]叙事诗歌也毕竟是诗歌，而不是长篇小说，要加大反映现实的力度与空间，光靠一味拉长诗歌篇幅是不够的，那么，如何在有限的篇幅中讲好故事？阮章竞在创作叙事长诗时充分考虑到诗歌体裁的特殊性，如何在讲清楚故事的同时又发挥诗歌要精练的特点，以局部的点睛带动情节的发展。在《圈套》中，他采用了不分行的诗歌形式，利用民歌中固定的句式作为曲谱，民歌中丰富多变的修辞使得诗歌的语言更为简明、形象。

另一方面，是将戏剧模式与诗歌叙事手法进行转换。有研究认为，"将人物多重对照以及总分结合的戏剧模式融合进去，则显然是阮章竞本人的贡献"[③]。作为曾创作了《赤叶河》等戏剧作品的编剧，阮章竞在《漳河水》中的确将各种形式的对照放在总分结合的戏剧模式里加以充分运用：包括三个女性人物之间不同性格的平行对照，正面人物和落后人物(二老怪、张老嫂等)的正反对照；剧中人物思想状态和命运变化的前后对照、解放区生活面貌的新旧对照等，多重对

① 李容焕、余丛、阮援朝编：《永远的阮章竞》，广州：暨南大学出版社，2013 年版，第 15 页。
② 谢冕：《〈漳河水〉的写作与艺术风格》，《中国现代文学研究丛刊》，2014 年第 8 期。
③ 陈培浩、阮援朝：《阮章竞评传》，桂林：漓江出版社，2013 年版，第 89 页。

照的结构使诗歌在有限的篇幅中容纳更多的叙事内容。在当时解放区的写作中，新旧对照结构作为政治规定性之一的主流写作规范，也进入了《漳河水》的写作结构之中，但在滔滔如洪水般的主流写作中，阮章竞的叙事诗歌没有被淹没，在千人一面的创作手法中保留了自己多重对照的独特性。

第二，强调诗歌对民歌形式的活用。

据阮章竞之女阮援朝回忆，为了达到活学活用民歌形式而不是生搬照抄民歌句子的目的，阮章竞做了艰苦的民歌搜集工作，1939年带领太行山剧团第一次系统收集民歌民谣，当时做的记录被一个搞音乐的人借去一直没还，阮章竞到晚年仍然耿耿于怀。在他留下的太行山时期十六册笔记中，保留有1942年和1948年专门记录民间语言的两册，洛阳小曲一册，麻纸淡墨，共有四万余字。

在谈到《漳河水》的创作时，阮章竞曾强调其中的语言所用民歌很少，他认为民歌表现男女之情的多、低级趣味的多，很难表现新思想和新人物。整首长诗中一字未改的原始民歌只有两句："真是因为跟我好，阿弥陀佛天知道。"[①]所以，他所运用的多是民歌形式，是活的群众语言，同时融入古典诗词的精髓。

李季的代表作《王贵与李香香》，使用了陕北民歌信天游的写作形式，两句一节，行行押韵，换一节就换一个韵，有的是隔行押韵，有的同韵到底，有的换韵。而茅盾在批注《漳河水》时认为："《王贵与李香香》从头到底是'顺天游'，不免单调。而此篇(《漳河水》)则用了各种歌谣的形式，因此音调活泼，便于描写。"[②]茅盾肯定了《漳河水》在叙事能力与语言风格上的成就，代表了他的个人看法。写于1947年2月7日的《送别》已初见成果，后来到《圈套》《盼喜报》《赤叶河》，再到《漳河水》，这种探索的成绩就显而易见了。《圈套》的写作大胆采用生动活泼的群众语言，没有采取分行的形式，但却押韵，通俗易懂又朗朗上口，同时符合人物身份与故事背景。因为采用了民间民谣，阮章竞将其定为"俚歌故事"，有一些人不赞同，但也有不少人认为以"俚歌故事"为标题表明了他向民间学习的自觉。到了《漳河水》的创作，对民歌体的运用不论是比他自己之前的作品，还是与同时期的民歌体作品相比，都有了大幅度的提高：采用了

---

① 陈培浩、阮援朝：《文学苦旅》，《中国作家》，2014年第9期。

② 茅盾：《中国现当代文学茅盾眉批本文库•诗歌卷4》，北京：中国国际广播出版社，1996年版，第5页。

复杂多种的民间小调，两句一韵，有民间小曲中一节两行、一节四行等形式，还有三五个音节一顿的节奏转换，至于民歌中“比、兴”等修辞手法的使用比比皆是：“漳河水，水流长，/ 漳河边上有三个姑娘……漳河水，水流长，/ 三人的心事都走了样。”《漳河水》总体而言用的是漳河小曲的形式，作者注意情和景的结合，注意基调晦明变化，以符合情节发展的需要。在 1949 年除夕于北京写的《小序》里，他又详细地对这首诗与民歌的渊源进行了叙述：“这首诗的曲子是个大杂烩，学曹氏父子作乐府民歌，依曲填词，而又略做加工修改，为我所用。比如说《漳河水》开篇第一首“漳河小曲”：“漳河水，九十九道湾，/ 层层树，重重山，/ 层层绿树重重雾，/ 重重高山云断路。/ 清晨天，云霞红红艳，/ 艳艳红天掉在河里面，/ 漳水染成桃花片，/ 唱一道小曲过漳河沿。”①

除长诗之外，在对民歌形式的活用过程中，不得不提《漳河水》之前创作的歌剧《赤叶河》，长篇叙事中的唱词与诗相通，里面还有对元曲以来中国传统戏曲形式的承袭，如地主吕承书调戏燕燕的唱词：“好像风吹杨柳摆，/ 颤颤动动，动动颤颤，/ 又像手里端着凉粉块！”“颤颤动动，动动颤颤”的凉粉块，符合反面人物的审美方式，语言传神精准，有令人惊艳的古典戏曲之妙。以上短章的唱词风格在《赤叶河》中还有不少，皆可成为阮章竞民歌形式活用过程中的范本。在对丰富多样的民歌体的学习与整合中，故事的生活背景、人物塑造、情节发展、语言风格更为流畅。

第三，民歌体与古典文学的结合。

阮章竞诗歌在民间汲取营养的同时，也不忘向中国传统文化借鉴，民歌体与古典诗词、传统戏曲的结合，提升了诗歌文字上的整体水准与感染力，是对这一路民歌叙事体的超越。

在使新诗民族化的过程中，他也着力将新诗的文学性推向一个更为成熟的高度。《漳河水》中“漳河水，九十九道湾，/ 层层树，重重山，/ 层层绿树重重雾，/ 重重高山云断路”就是成功化用古典诗词的体现。阮章竞对民歌体与古体诗的不同尝试与坚持，甚为有趣地体现在《漳河水》的太行文艺版（太行新华书店）和人文版（人民文学出版社）两个版本中。有人认为：“从美感上看，后者显然比前者艺术味道

---

① 陈培浩、阮援朝：《阮章竞评传》，桂林：漓江出版社，2013 年版，第 91 页。

强些。”[1] 其实也不尽然。前者固然有着活泼、灵动的民间气息与情感冲击力，而后者在今天同样是典雅耐看、经得起时间淘洗的诗句。况且用景物的起兴作为开头，自然而然、内敛含蓄，与后面的内容同样可以融为一体，艺术个性与审美并无因此而减弱。再者，如果那么容易分清高下，阮章竞就不会将之双双保留、发表且流传至今，现代与古典两种风格的美当初一定让他难以取舍、乐在其中。

第四，诗歌中有笔墨与音乐的意境。

关于多种艺术形式的运用，阮章竞也曾明确表示："全诗结束，也要有个终曲。这是从《乐府》、古典诗中，从声乐曲和器乐曲中得到的启示。"[2] 由此可见，其诗歌创作是音乐、绘画等多种艺术修养的融会贯通。作为一个爱音乐的画家，他的诗还是有节奏、旋律的画，作品中的音诗画交融是其作品形式美的另一重要特征。音诗画合一在阮章竞诗歌中表现为一幅幅色彩、光影、动静、空间的构图与画面，写意与抒情、写实与绘景、画面与情感，有着融会贯通的一致性："绿绸被子似的海水蹬动了。/鱼肚白般的青光泛起来了。"出现在童话诗《金色的海螺》中的这样一些轻巧的意象，在阮章竞其他诗作中也有不少："在青翠欲滴的古树林边，/有一丛半开的白色蓓蕾，/喁喁枝头，似说却笑，/朵朵绽着微红淡绿的小嘴。……乳白色的衣裙绲着红沿，/宝石般的眸子多像欢乐的海水。/她们像一团轻轻的白云，/倏然从天上飘下绿茵。"欧洲色彩斑斓的国度在诗人的眼中交织成色彩、光线、影音的盛宴，对于外在世界之美的敏感、捕捉与提升，使诗意之美与音画之境交融，笔墨与音乐的意境在诗歌的形式里驰骋。

二、与"雷电暴风"不同的审美内涵

阮章竞创作的叙事长诗，除了《圈套》《漳河水》《金色的海螺》，还有其晚年创作的《胡杨泪》《漫漫幽林路》两部，以下主要以代表作《漳河水》为例，分析在个人遭遇与社会变革之间，阮章竞着力展现的新世界、新背景下人物命运的改变，以及由新中国革命所带来的更为深刻与内在的改变。

---

① 李容焕、余丛、阮援朝编：《永远的阮章竞》，广州：暨南大学出版社，2013年版，第48页。

② 阮章竞：《在北京作协谈创作》，张紫辰记录整理，1982年1月12日。

《漳河水》酝酿和发表的时间，显然与共和国成立的时间是重叠的，作为一名文学工作者，这种见证时代的创作是何其荣光的一件事；也就是说，新中国的诞生极大地激发了阮章竞他们那一代诗人投身火热新生活的热情。此诗与其他诗人的作品一道，诞生于新旧时代相交的关节点上，而在所有参与到新中国激情洋溢的大合唱的作品中，“我们印象深刻的有两首抒情诗，一首就是何其芳先生的《我们最伟大的节日》，另一首是胡风先生的《时间开始了》。……里面都写到这个新生的国家诞生时候的雷雨，隆隆的雷声。”①

如果说，在那个时代大多数作者的创作中，我们看到的是狂风骤雨式的革命，那么在阮章竞的叙事长诗中所表现的革命抒情与胜利喜悦则颇有一种耐人寻味的内在变化。“许多诗人在讲雷声雨声的时候，在隆隆雷声当中，我们记住有这么美丽的、非常温暖的、人民解放的长诗。”②时隔多年，站在今天的视角重新解读《漳河水》等作品也会有新的见解与发现：这里面不仅仅有那个时代暴风雨的痕迹、概念化的模式，也有润物细无声般潜移默化的过程。尽管诗中人物在性格与命运的转变上不免显得急促，但当时作家们出于对新生活的强烈渴望与想象，这也成为那个时代创作中的普遍现象。

《漳河水》全诗分为“往日”“解放”“常青树”三部分，在《漳河水》中，对革命胜利的表达与拥护，是通过描述漳河边上的三个女性在婚姻家庭生活上的不同遭遇，从而展示了新中国、新生活给劳动妇女带来的命运改变。在勇敢的荷荷、善良的苓苓、柔弱的紫金英之间，在三个女性与其对立面的那几个男人之间，在三个女性的旧婚姻与新命运之间，组织人物与关系对照形成对比反差的诗歌审美，“荷荷想配个‘抓心丹’——荷荷配了个‘半封建’；苓苓想许个‘如意郎’——苓苓许了个狠心郎；紫金英想嫁个‘好到头’——紫金英嫁了个痨病汉”。左边是诗歌开头三个女性的美好心愿，右边是后来故事发展的不幸事实，“抓心丹”亦即情投意合，“如意郎”亦即男女登对，“好到头”亦即长长久久，前后一对应，相映成趣，增加了故事感染力，加强了人物形象塑造的同时，也在故事结构上给予有力呼应，同时牵引读者的心，使之急于知道故事的发展与结局。整首诗歌语

---

① 谢冕：《〈漳河水〉的写作与艺术风格》，《中国现代文学研究丛刊》，2014 年第 8 期。
② 谢冕：《〈漳河水〉的写作与艺术风格》，《中国现代文学研究丛刊》，2014 年第 8 期。

言符合身份又生动活泼、充满民趣，在婚姻自由、人格独立的主题里，形象地展示了妇女解放与社会解放，通过周围环境、人物心理性格、命运改变、劳动生活的描写，抒发的是“绿杨翠柳枣花儿香”“自由天飞自由鸟”那种耳目一新的生活意境，其格调与解放区的现实生活相比、与同时期其他作品相比，应该说有一种落到实处的民间温暖，革命背景下的小家庭、小日子还偶有过于浪漫化的渲染。此外，诗歌还借鉴了民歌体中爱情描写的灵动有趣，这种温暖的表现在那个时代的写作中是应该被刻意回避的，但阮章竞的长篇叙事诗歌在革命的主题之下保留了诗歌本应宣泄的一些主体特征。

舒乙曾说：“现在纵观这个时期的作品，可以说阮章竞的《漳河水》是最好的一部。”[①] 不少同时代的代表作家充分肯定《漳河水》的艺术成就，大家当时对此诗的喜爱，现在看来，不能不说是与萦绕其间的人情、人性相关。在那个时代铺天盖地的主流抒写、强势表述中，千千万万的作者与读者可能都被新生活的泪水模糊了视线，没能看清在雷电暴风的世界里，对内心世界的挖掘、与民生相关的温暖、对小人物命运的关照，恰巧应是关于那个伟大时代的喜悦、激情、赞美与拥护中最具说服力的表达方式。

随着政治环境的改变，阮章竞晚年的创作中这种不甘于“雷电暴风”的写作诉求更倾向于一种质疑与反思，更趋理性与本色。在叙事长诗《胡杨泪》中，通过一个支边少女的悲剧，充分表现出他对普通生命个体、女性婚姻家庭问题的持续关注，在思想解放的历史背景下，他在对制度的审视中发出“求宣泄”的“问月”呐喊。“他坚守着这个精神的世界一直到生命的最后。”[②] 随着形势与心境的改变，阮章竞晚期的《故园情》在其大量主流诗歌的创作中的确有一种令人耳目一新的柔软，甚至流露出浓浓的原乡情怀以及田园牧歌式的恬淡、悠扬。

不论他早年是想在诗歌的圈套里保留些什么艺术上的追求，还是晚年诗歌中抹不去革命生涯里的一些记忆，种种局限性之下阮章竞的心声表达也仅限于此。在无法超越的时代政治的叙事语境中，一切关于诗意与温暖的尝试还是在模式化、概念化的因袭中存在着，不至于被历史湮没无声。

---

① 李容焕、余丛、阮援朝编：《永远的阮章竞》，广州：暨南大学出版社，2013 年版，第 14 页。
② 李容焕、余丛、阮援朝编：《永远的阮章竞》，广州：暨南大学出版社，2013 年版，第 54 页。

三、阮章竞创作个性的底色

就作家创作的背景而言，阮章竞的创作个性与其香山故土浸润的性情审美、宁静致远的内心愿景、深邃真挚的职业之爱都无不相关，早年家乡生活的濡养使他性格中的谦和、细腻、浪漫等特质成为他一系列创作的底色。

（一）故土浸润的性情审美

“他生在温暖的南国，他是中山市，过去叫中山县人。”[①] 在《故乡岁月》三部曲《童年》《少年》《夜茫茫》中，阮章竞对故乡的一草一物、亲人伙伴、人情世故、风土礼俗，事无巨细，如数家珍。幼年生活就像刻在他的脑子里，实际上是故乡的记忆从未离开他的心灵，无论喜乐忧伤都对他日后的创作、审美、品格形成深刻的影响，“我对童年的故乡节日，梦绕神萦。每过新年，母亲便给我穿戴好看的背心和帽子。帽子是华侨亲友带回国的，是碎布片拼凑做成的。帽子的形状如狮子帽，用白兔毛毛绲边，有帽耳，正中间镶着一个大肚铜佛。衣服里面还穿着绣花的兜肚，脖子上戴着一条银链，垂到肚脐的一头，还有一把小银锁，锁的两面还刻着‘长命富贵’和‘避邪’的字样，两只脚还戴着银打的脚镯子。小时，这样的穿着，我感到很是漂亮好看……”阮章竞出生在地处珠江三角洲、东面濒临珠江口、西面紧挨西江的“香山县”一个渔民的家里，祠堂庙会的民间说书是他最早接触的艺术形式，少时生出画画的爱好，却由此萌发学油漆的兴趣，后来他喜用油画棒作画，许是这时的影响。之后加入家乡的社团“天涯艺术学院”“这所名称吓人，实际很空的天涯艺术学院”[②]，虽说名不副实，但也是他自幼已怀热爱艺术之心的证明，成为他日后艺术创作的启蒙。

他作品中那种内在、温暖的东西，诗歌、绘画中对含蓄、细腻、精致、古典等意境的喜爱与表现，与其故土浸润而成的谦和且有趣、低调而浪漫的性格相关。“这是他的另一面，有那种广东中山人温柔的、幽默的、非常有趣的一面。”[③]

---

① 谢冕：《〈漳河水〉的写作与艺术风格》，《中国现代文学研究丛刊》，2014 年第 8 期。

② 阮章竞：《故乡岁月》，北京：人民文学出版社，2012 年版，第 242 页。

③ 李容焕、余丛、阮援朝编：《永远的阮章竞》，广州：暨南大学出版社，2013 年版，第 17 页。

在家乡民间做过漆匠的经历，不但使他的漆画、文章借得民间养分，而艺术家拒绝媚俗的禀性又使他颇受真正艺术家的赏识。

一首《三百里西江路》以及《向中山》等一系列晚年回归之作，无不张扬着晚年阮章竞回望自己人生起点时对故土的深厚情感，同时也是其内心对故乡之美、养育之恩与无法抹去的记忆折射的肯定。

（二）寻求自由的创作诉求

阮章竞写于1954年9月的诗篇《光辉灿烂的五年》中，有这样一段："伟大的领袖，伟大的党，/给我们的时代装了双金翅膀，/飞向没有剥削、压迫和穷困的地方，/飞向和平幸福的地方。"阮章竞之女阮援朝在整理资料时发现，1981年编《阮章竞诗选》时，阮章竞在此诗旁的批注："只提领袖和党，不提名，难得的勇气。"赫然在目的一行字，说明他在主流意识形态下的胆量与自得的同时，也是个人在诗歌审美上的一种选择与坚持。诗中还掺杂着与时代气息相去甚远的"水晶宫殿""金翅膀""婴儿的笑声"等意象。这至少表明在他的心底，一直有着自己的创作诉求。

与此同时，在民族形式和个人风格的问题上，阮章竞在晚年的总结中也曾明确表示他对某个"讲话"的困惑。他对相关政治现象有过自己的思考，暂不多究他是不是深刻的思想者与时代的批判者的问题，可以肯定的是，他一定凭本能感到了那个时代的政治运动带来的负面影响，所以才由此产生困惑。当有人质疑他思想的深度与政治判断之时，以上这类想法与创作表明，世情与身份的冲突一直在他心中纠结，只是他表现出退让与隐忍，最后选择无可奈何地沉默与避世。"某种意义上说，阮章竞是一个执着而纯粹的革命理想守望者，但他显然不是一个富有洞见的思想者。在自己的生活中，他是一个凭着本能良知进行判断的人，因此他常显示出很多跟简单粗暴的政治作风相抵抗的气质。"[①] 陈建功在谈到与阮章竞的共事时也提到他这种特质："其中阮老的风范作用至今为大家所怀念。"[②]

在尘封的故纸堆中，大量资料显示亲朋好友与同行们对阮章竞多才多艺的欣

---

① 陈培浩、阮援朝：《阮章竞评传》，桂林：漓江出版社，2013年版，第318页。

② 李容焕、余丛、阮援朝编：《永远的阮章竞》，广州：暨南大学出版社，2013年版，第8页。

赏以及对其人品、性格的肯定。原先由于政治环境而激发的生活波澜在晚年逐渐平息下来之后，在阮章竞的作品中可以看到更多接近本真、本色的东西。他晚年的大量创作基本围绕“理想的守望”这一主题，传统文化资源给予的良知、政治纷争中宁静致远的内心愿景，在他的晚期诗歌与绘画中得以一一释放，使我们在多年以后可以试着领略他细腻曲折的内心世界。故乡的浸润、心境的沉淀，使其晚期的艺术创作焕发出朴实而悠长的韵味，也给他的职业生涯画上完满的句号。

（三）深邃真挚的职业之爱

他把古典诗歌的影响与元素引入长篇民歌故事的写作中，他的诗歌既像民歌又像古诗，其实他的古典文学素养不过是一辈子自学的体现。无论革命工作、文学艺术，他都能干得像模像样，这背后是一种信仰的力量。那种发自内心的真诚与热爱，如果说是他们那个时代的共同特征的话，其中也不乏他本人的真实禀性。因为当许多同龄、同行之人在晚年渐渐萧瑟之时，阮章竞的创作却从未停止，他是一个坚定不移地将革命与文艺进行到底的文艺家。所以，他做油漆工，却成了出色的画家；他喜爱诗歌，成为著名的诗人；他愤世嫉俗，于是成了革命队伍的一员。

从个人命运遭遇与社会整体变革的关系这一角度来看，阮章竞叙事长诗作为解放区时期的文艺经典具有很强的现实意义；在新诗探索的路途上，他将多种艺术形式融合并加以个人化改造的尝试也属成功个案。属于他们的那个时代虽然过去了，但他们曾用精神捍卫与抒写的作品，尚有值得我们深究之处。

从内容上看，在一个大时代的主流抒写、强势表述中，阮章竞的长篇叙事诗中表现的革命抒情与胜利喜悦的确有着耐人寻味的内在变化。随着政治环境的改变，在其晚年的长篇叙事诗中这种不甘于“雷电暴风”的写作诉求更倾向于一种质疑与反思，更趋理性与本色。

从形式上看，阮章竞有关叙事长诗的创新，包括运用多重对照在固定篇幅中生动地讲故事、发挥民歌体的音韵之美、将民歌体与古典传统结合，并将他熟悉的绘画、音乐、戏剧模式在诗歌叙事中进行转换，这些方式方法对于今天的创作也是具有启发性的。

究其原因，阮章竞的创作与审美，与其南国故土的浸润、温和儒雅的性情、寻求自由的心境与深邃真挚的职业操守都不无关联。当然，在时代大背景之下统而观之，对内在暖意的寻求与表达毕竟有限，种种局限性之下阮章竞的心声表达无法超越时代政治的叙事语境。并且，“那些曾经让它备受称道的因素，很可能让它在下一个时代备受诟病”[①]。政治主题、时代制约使得他的叙事长诗也存在不尽真实的一面，其诗歌的内容与形式的探索只是特定环境中的尽可能，但他的内心诉求与执着却是毋庸置疑的事实。

（原载《广东社会科学》2017年第4期）

---

① 陈培浩、阮援朝：《阮章竞评传》，桂林：漓江出版社，2013年版，第101页。

◆ 阮章竞诗述太行山

◎ 齐荣晋

1937 年，北雁南飞的时候，阮章竞告别南海之角，冒着敌人的炮火，向北，向着西北，他要跋涉到天涯。太行天下脊，高与天同党，这里仍是曹操笔下的苦寒之巅，这里正是血与火的决死战场。

到了太行山，“我才第一次见到了可以称为‘雄伟’二字的大山。但陵川等地的山还不如和顺的山高，我们在和顺翻山越岭行进的时候，发现云雾在脚下缭绕，站在山顶上，有一种腾云驾雾的神仙般的感觉，心中是很兴奋的，旅途的疲劳似乎一下子被赶得无影无踪了。登高远眺，一片苍茫景象，要不是抗日正处于极黯淡的岁月，我宁愿在山上住下来，享受享受这令人心旷神怡的景致”。

“到了山腰，正值清晨，旭日东升，回头眺望，只见远处有一条黄色的带子漂浮在苍茫的天际，它便是中华民族的母亲河——黄河。我曾多少次呼唤，多少次在梦中渴望一谒的黄河，壮丽而凄凉。它似乎早已看惯了中华民族的沧桑变化和浮沉，看惯了它的儿女在它的怀抱中挣扎、呜咽、死亡，已置身事外。”

“我第一次看见了长城。这一段长城属南长城。长城，作为中华民族的象征，正像中国一样，残缺不全，处于风雨飘摇中。长城这座世界奇迹，已丝毫起不到当初的筑造者耗费大量人力、物力所要发挥的作用。”“南长城留给我的印象，就像艰难的中国的命运一样，完全是一首凄凉而又悲伤的史诗。人民的富裕，国家的强盛，社会的进步，才是真正的万里长城。而这一切，唯有依赖于实现真正意义上的民主，即人民成为社会的主人，人民的利益高于一切。只有调动了人民的积极性，才能有保卫中国的真正的力量。”

在诗人阮章竞晚年的回忆中，太行十二年究竟给了他多少“第一次”？

冰雪赋洪荒

“孩要自养谷要自种，
自己的江山自己打！”
天寒热泪也冻成冰，
冻不住心头的爱和恨！

——阮章竞

冰雪，是早先在小学《国文》课本上就见过的。阮章竞出生于珠江口的沙溪象角，“家乡地处南方，临近大海，有山有河，春天温暖，夏天炎热，秋天绮丽，冬天水不结冰。我离家以前，就没见过下雪”。榕树下，芭蕉林，海边戏水去捕鱼，他背诵着：“水面结冰，儿敲冰，取一片，悬于窗前，能透光，似玻璃……”

1937年年底，武汉江岸站台上，冼星海把大衣脱下，披在小老弟阮章竞的身上，把他和桂涛声送上火车，相约“我们将在延安见！”火车一路北上。欲渡黄河冰塞川，将登太行雪满山，三九隆冬到山西，一脚踏进冰雪里，阮章竞脑海中的课文只字全无，轰然悔悟：“自己还没有来得及搞到一双棉鞋！”才知道，冰雪是要用身体才能读懂的。

在蹦跳冻僵的双脚时，阮章竞看见路边“低矮的窑洞里，钻出几个光着屁股的小孩子。在那样冷的冬天的早晨，他们拖着长长的鼻涕……只见他们赤着脚，脚又黑又脏，且胖得出奇——脚早已冻肿了”“初到北方，使我这样一个生长在南国的贫民的孩子也感到惊讶。我原以为在象角村长大的我，早已领略了生活的不幸，但看见这光秃秃的太行山所展示的中国未来一代人的命运，也有恍若隔世之感。在为他们的不幸叹息之时，更觉民族灾难的深重。”

什么冰雪啦，什么洪荒啦，太行山的寒冷，把你的名字都能冻出一层薄冰。从前在大上海，阮章竞曾给自己起有“啸秋”“洪荒”的笔名，来到山西，才知道这些笔名真是一语成谶，个中不自知“无病呻吟”“为赋新词强说愁”的水分，瞬间沁出尴尬成冰，又随着僵硬的脚步咔嚓咔嚓地剥落，一下子让他赤子回归，拥抱大地。

秋风吹，叶儿黄，/片片吹落纺车旁，/手牵线线线牵肠。
线牵肠，肠牵郎。/天上刮风草结霜，/风来雨去打东洋。
好男儿，打东洋，/冲锋杀敌数俺郎强，/姐妹都夸俺有个可心郎。
叶飘飘，报天凉，/赶缝棉衣捎前方，/行军打仗冻不着郎。

又是一年秋风劲。一年后，阮章竞已经能够熟练运用太行民歌的调子创作《秋风曲》了。同年秋，朱总司令在太行也写下《寄语蜀中父老》：“伫马太行侧，十月雪飞白。战士仍衣单，夜夜杀倭贼。”新的曲调新的词，棉衣——却是元帅与士兵的共同咏叹。

寒冷和战争一样，最能考验出战友的深情、同志的关爱。战友们伙穿一件衣、同盖一床被是常有的事。在寒冷的山沟破庙里，“大家都聚在我的周围。有位女同志胆子小，她躺在我身边，和我合盖一件大衣。她把手紧紧地抓在我的皮裤带上，似乎一松开她就会被扔下没有人管似的”。反“扫荡”战斗中，“老百姓也很乐意为我们提供方便。我们提出借宿的请求后，这位老乡立即准备住处。他发现我们是一男一女，便为我们收拾了两孔窑洞。老百姓太穷，又正值冬天，无铺无盖，实在太冷……我和女政治指导员一商量，便搬到一个炕上住。我们和衣而睡，拥抱在一起，互相取暖。我们部队行军时，常在野外露宿，经常有男女相拥而眠的事情，男女同志毫无封建礼教之腐朽观念，男女同志互相关心，互相照顾，在残损的破庙，在寒风刺骨的郊外，相依为命，共御漫漫的长夜。这次虽然只有我们两个人，但我们丝毫没有不自然的感觉”。

棉衣，即使过了半个多世纪，当时太行山一年一度的御寒问题，在阮章竞晚年的回忆中仍然是一个挥之不去的梦魇。

一年，“到了深秋，我们还没有换上棉衣，有点冷。我与妻子，还有 ·些民兵拥在窑洞里，静静地等待”。又一年，“入冬以后，我还穿着单衣，冷得不行，我妻子给我寄来一件毛衣，我很感动”。一直“到了 1944 年的冬天，我又面临着没有冬衣的困境。我写信给妻子，我妻子给我寄来了一条棉裤和一件土织毛线衣”。然而，这些棉衣又让人爱恨莫能，因为它生满了虮虱。

一个深夜，阮章竞穿着棉袄和太行区党委领导彭涛赶路去涉县，走进一片方圆有几十里的树林，找了家农户住下来。这里可以安心地睡一会儿了，但阮章竞却点灯费油捉虱子。“睡吧，别捉了。”彭涛劝阮章竞。阮章竞说：“我太怕虱子了，不把虱子消灭干净，我睡不着觉。”彭涛说：“战争不免虱子！”彭涛曾是北平“一二·九运动”的学生领袖。

铠甲生虮虱，万姓以死亡；生民百遗一，念之断人肠。“记得有一天，我去找一个农民，他妻子听我叫，走了出来。说她丈夫在睡觉。我让她把她丈夫叫起来，她只是笑。我不知道她笑什么，有点莫名其妙。农会主席把我拉到一边，在我耳边小声说：‘他只有一条裤子，昨天被雨淋湿了，今天没有裤子穿，起不了床。’……后来，这样的事情碰见了很多。”

寒冷，让人裹紧了身体，却让人情怀坦露、精神升华。太行山，让阮章竞真正读懂了《苦寒行》《蒿里行》。这时，再指挥游击队员齐唱“起来，饥寒交迫的奴隶”“起来，不愿做奴隶的人们”，来自大海边的洪教官就别有一番感受了：“试图把大家从悲痛的情绪中拉回来，可我刚一起头，便觉悲从中来，一边指挥，一边悲哭。我比谁都哭得伤心。”

棉衣不仅仅是御寒的，在太行山，有时“我们脱了裤子，把裤腿扎紧，装上粮食，再扎住裤腰，扛在肩膀上”，要抢收运输。

没有棉衣是痛苦的，然而在太行山，阮章竞还体验到脱不得棉衣的痛苦，“晋东南的天气日渐转热，穿着棉衣就有些热了。我想回陵川换棉衣，同时向陈斐夫交表，到了平顺县”“我对桂涛声说希望他帮我做件单衣”“早春三月，清漳河变得十分美丽。花开似锦，瀑布溅起，便如圣诞老人的胡须，挂在崖上。河水清澈见底。到了这里，仿佛又回到了四季常青的家乡。我脱掉棉军衣，跳下了水，游了起来。北方人不会游泳，看见我在水里自由自在，也跃跃欲试，我便鼓励他们：‘谁敢游泳就下来，舒服极了。’当时的天已很热，大家穿着棉衣，又一路跋涉，早热得不行了，因此便有几个人跳到水里游了起来”。然而，这一潇洒让阮章竞高烧大病一场。

“一直到了五六月份，我还穿着棉衣。有一天，碰见了区党委宣传部部长张磐石同志。我们一向较熟悉，他见我以后，便问我：‘到现在怎么还穿着棉衣呀？’‘没有人给我换呀！’张磐石给我换了一身单衣，我才从棉衣中解放出来。”

为脱掉一件棉衣，他走州过府，转了几个县，找了许多人。

山壑唱大风

鹅毛毛的大雪纷纷地下，
上前线的新兵骑上马。
银装的高山棉铺的路，
老娘的头发像雪花。

——阮章竞

“第一次行军，顶着天上不停地落下的乒乓作响的冰雹，一股庄严感便油然而升起于意识之中。”“虽然对打仗一窍不通，但我学习得很认真，看着战士行军，心里很激动。我白天跟战士上操，爬山，夜晚在篝火旁，在破庙里讲战争形势。红红的篝火映红了战士的脸，我的心里也热烘烘的。”“这个大队的士兵多数是临时招募来的农民，便把家里的刀和矛拿来聊充战备之用。我虽然是个指导员，但始终没有摸过枪。看见大队长有把驳壳枪，我心里十分羡慕。”

万里赴戎机，关山度若飞。戎马生涯这就算开始了，可是没有马没有枪，“岂不是太煞风景，缺少‘匹马戍梁州’的气派”。第一次有了马，“下雪天，马失前蹄，从山坡上滚了下来，所幸马并未摔死，但也让我惊出一身冷汗”。“我在抗日战争时，开头每年都要‘打摆子’，吃药也不灵，我想起母亲驱逐‘发冷鬼’猛跑上山的办法，两次都把疟疾治好了——一次骑马奔跑了二三十里路，一次是爬山。”第一次有了枪，“地委没有好枪，只给我找了一把驳壳枪。这把枪的保险坏了，一上子弹便滑机走火，所以给我配的五六发子弹得另外放着”。“有几次夜里，我们还和敌人交过锋。我们每天枕枪待旦。有时候，一夜会打几次枪。”

骑马挎枪走天下，不亦人间快哉风？虽说是投笔从戎了，但阮章竞到了太行山才算真正拿起了笔。不是他自信有才华，相反，“我一直在考虑我是不是可以算作一个知识分子呢？我没有学历，没有深厚的功底”。但是，“保卫根据地，需要广泛地发动群众，动员一切爱国力量，扩军备战”，同时，也是敌人的逼迫让你“别无选择”。日本飞机在投下炸弹时，还要在空中撒下雪花般的传单：“摇摇曳曳地，降落得非常缓慢。这些传单一方面诋毁共产党，说日本人对中国没有领土要求，一方面宣扬一些黄色的东西，有些传单和图片很下流。这些东西极易瓦解军民的斗志。在文化界抗敌协会上，领导曾专门讲过这个问题。要求要引起根据地人民，特别是文艺宣传工作者的重视，有针对性地做好宣传工作。”

阮章竞和他的太行山剧团，挑着戏装，提着马灯，背着乐器，驮着道具，甚至不如一群游走在山间的送货郎，只是多穿了一套军装。1938 年 10 月份，他们要到边区各地宣传持久战，动员群众参加八路军，保卫抗日根据地。“为了便于转移，部队曾拨给我们一些马匹驮运东西，但更多的行李，如汽灯、乐器等，都要我们自己挑。新来的女政治指导员身先士卒，每次流动，她都率先挑起一副担子，走在前面，剧团的其他负责人也都积极主动，起模范带头作用。”路远无轻物，挑着这副担，真如挑起太行山。因为他们整整一个冬天，跋山涉水，冲破封锁线，从太行山西麓走到太行山东麓，跨越了山西、河北、河南三省十多个县，行程二千五百余里。率先挑起这副担子的“女政治指导员”，正是北平民国大学英语系毕业，又从延安抗大来到太行山，烽火年代担任过武乡、陵川、晋城的县委书记，赫赫有名的太行女杰赵迪之！她比阮章竞小两岁，是他的入党介绍人和终身伴侣。

戏剧运动是太行山文化事业的主旋律，晋冀豫边区活跃着数以千计的抗日剧团，太行山剧团就是它们的“领头羊”。“我施展出我的看家本领，尽量使海报新鲜，有吸引力。”“我当时十分注意服装和布景的真实性。在太行山地区，许多剧团因为缺乏专业人才，几乎不置背景。我们用购买的布匹和没收汉奸的财产中的绸缎等，添置恰当的服装。同时给舞台背景上摆上实物布景，如树林、大海等，有些是我绘制的，有些则是就地取材，从田野采来，如树林，便是用一些小树枝打扮成的。”“一般情况下，每次演出前，我们都要给观众教唱救亡歌曲。台上演员教，台下观众跟着唱。舞台上下，一片激扬的抗日歌声。”

“为我军前沿部队举行慰问演出时，部队向平汉铁路方向，派出监视哨，保护我们安全演出。与敌近在咫尺，随时都可能发生战斗的肃杀秋夜星光下，金鼓齐鸣，纵情高唱《在太行山上》，将士振奋，群情振奋，我们深深感受到战斗的欢乐。此首名曲，是在大流动出发前两天，桂涛声寄来的。这首名曲便成为这次大流动的主旋律，震撼太行山，音符镌刻在太行山上，五十多年过去了，此情此景，一点都没有从我们的心中流逝。”

“离开漳河一年多了。今年春天，回去一趟，正碰上是桃红柳绿的时候，一天偶尔在河边走走，山坡树林间传出歌声来，娓娓悠扬觉得好听。是妇女生产互助组唱的。她们在歌唱自己的翻身，歌唱自己的劳动，歌唱自己的快乐。”“好多村都有这样的故事和大同小异的歌儿”“我们还从农村剧团和农民那里收集一些民歌小调、小花戏等。”“我走的是向民歌学习的道路，我是极想把民歌和新文化运动的成果结合起来的。”太行山的生活，使阮章竞走上了为老百姓所喜闻乐见的中国作风、中国气派的文艺创作道路。

战士自有战斗的豪情和欢乐：“我和所有的太行山剧团的青年人一样，自参加了八路军后，便有一种自豪感和光荣感，想到自己可以对抗日大业有所作为，浑身便有使不完的劲。剧团二十多名队员，各个学习刻苦，工作积极主动，很卖力气。我兼指导、导演、编剧于一身，一直忙得不亦乐乎。”“每次飞机轰炸，我便从房子里跑出来，手拿一本书，躺在地上，十分镇静。我不相信运气会那样不好，炸弹和机枪会正好扫在我的身上。的确，我们都安全地从轰炸中活了下来。”“因为我有马，所以每次行军我都比剧团迟一点行动。剧团开拔后，我用一两个小时的时间写上几笔，打到漳河边的时候，竟然也写成了一部四幕剧。现在我已记不得这个四幕剧的内容了，连名字也想不起来。这个剧本在行军中遗失，没能排演出来。”

“有天夜里，后勤工厂通知我们有情况，需要立即撤走。几天前我们已是和衣而卧，大家都很紧张。不过我似乎没有什么慌张，一边写剧，一边聊天，大家都说我很镇静。事实上我心里也很着急。”阮章竞的镇定在于，事前详细侦察了地形，做好了各种应急准备。一连翻过几道岭后，“我用手摸了摸口袋，发现刚写好不久的《未熟的庄稼》的手稿还在。手稿是用紫色的颜料所写，我担心把手稿弄坏，还拿出来看了看。”“到了山上，我发现手稿湿了，粘到一块去了，便拿了出来，放到太阳底下晒了晒。我还对《未熟的庄稼》做了些修改。”他的战友常甄华回忆，当时他们隐蔽在一个山洞里，阮章竞说：“明天敌人如果搜山，不管敌人在外面怎么叫喊，我们就当没听见；第二，如果敌人发现了我们，咱们绝不当俘虏，坚决和他们拼！第三，如果能跑掉，一定把《未熟的庄稼》带走！”

一部《未熟的庄稼》，从冬到春再到夏，从夏到秋再到冬，不知走过了多少山壑才完成“生长”。无论成熟不成熟，它终是在炮火中用血汗浇灌出的宁馨儿。太行高寒，无霜期短，庄稼生长周期长，但谷米含热量高，最有营养，“小米加步枪”

就能打败“飞机加大炮”“上马击狂胡，下马草军书”，阮章竞的战地文艺创作，摄取了日月精华和山河魂魄，即便是“急就章”，也都血脉偾张着民族魂！

清漳流花红

亮晶晶的眼泪滴滴地洒，
喉咙抽咽声沙哑。
呼呼的北风顶头刮，
勒紧了缰绳听娘的话。

——阮章竞

阮章竞第一次负伤是在1942年。五月“大扫荡”中，他们遭到敌人的攻击，许多同志牺牲了，阮章竞率领大家突围。敌人把剧团逼到一个瀑布前，“我往下一看，不是太高，‘往下跳！’我命令大家”。跳下山崖，暂时躲开了敌人，然后大家又重新爬上山——“这时，山下面的敌人喊了起来：‘我们看见了你们，你们快点下来吧。’我知道敌人是诈唬，便叮嘱大家不要理睬。敌人发现了谁，谁就抱着敌人滚下去，其他人不要出声。”

“因我的肩和臀部有弹片，不能治疗，我便转回边区政府的医院里。院长姓徐，听说是医学院毕业，他负责给我动手术。”“‘没有麻药，你能挺得住吗？’‘能！’徐院长见我态度坚决，便动了手。”“前二十分钟，我只听见割肉的声音。刀子很锋利，肉也不难割，声音便如《庄子·养生主》所描写的庖丁解牛的情形一样，‘騞然有声，迎刃而解。’徐院长大约已练得出神入化，游刃有余。”“掏了半天，徐院长也没有找见弹片，没有找见弹片，伤口便不敢完全缝合。好在不久伤口便愈合了，我想弹片可能随脓一起流走了。从这个意义上说，脓并不是太让人恶心的东西，它能办到医生没有办到的事情。”

阮章竞和他的剧团，1940年参加了著名的黄崖洞保卫战，九死一生突围到了武乡，“一二九师的师部也驻在武乡，我们正在闲话，邓小平看见了我们：‘我还以为只有警卫团在里面，没有想到还有一个团在里面。’听了邓小平的玩笑话，我们不禁捧腹大笑。我们这个团，可是没有战斗能力的。”

他们是凭什么能力战斗在太行山上?

“太行山剧团有很多妇女和儿童，行动起来极不方便。撤到摩天岭口的时候，天已黄昏。我派几个带枪的男同志在前面探路，不想，很快被日本人发现，我便命令大家立即爬山。妇女儿童都很坚强，知道进一步是生、退一步是死，都拼死往上爬。”“我们又上到了山顶。这时，天已经极黑，伸手不见五指，而风呼啸着，吹得人心烦意乱。我命令团员们分散开，向一边靠拢。日本人并不追击，而是在山下围起来，把山下的村子烧着了，峭壁被映得红彤彤的。”

“决定打岗崎大队的命令下达后，师部让我们太行山剧团做好宣传鼓动工作。部队便向关家垴包抄而去。”“清晨，我军发起了进攻，我看见了五旅、十旅的部队在下面攻击，枪弹很密集。范子侠毫不在乎，挺着腰板往上冲，我也学他的样，他却让我弯下腰。低头一听，子弹在我的耳边和头顶叽叽地飞了过去。我上到阵地后，便开始了宣传鼓动工作，鼓舞士兵们勇敢地战斗，消灭这一队日本鬼子。到了阵地前，我感觉到很激动。”“部队伤亡很大，一个连只剩下五六十个人的样子。赵辉楼命令大家做好准备，让四十个人做攻击先锋，其他人把子弹、手榴弹交给他们。攻击队员打好绑腿。战士们之间的友情很深厚，一些后备队员用新鞋换下了突击队员的破鞋。赵辉楼命令大家在前三十米匍匐前进，不要暴露，突到距敌人十米的地方，再用手榴弹解决敌人。战士们临上阵前，毫无畏惧，一副大义凛然、视死如归的神色。这次进攻奏效了，日本人的阵地被攻克，八路军便突了进去。”

“我们当时住在一个叫桃村的地方。我和妻子住在一位八十多岁的老太太家里，老太太听说我们是一对夫妇，待我们十分友好，把我们当作她的亲生儿女，我们极受感动。但等到我们打完百团大战回来后，这位老人已被日本人打死了。”武乡县胡蛮岭的姜四娘，这位七十多岁的老人被敌人抓住后，誓死不肯吐露半句情报，英勇就义。“我在听说她的事迹后，曾写过一首短歌，但在转战中遗失。”几十年后，阮章竞重访太行山，乡亲们却还记得这首短歌：

胡蛮岭，土山梁，/芝麻绿豆的小山庄，/一棵古柏翠苍苍，/雷击电劈不焦黄。

发苍苍，姜四娘，/名字碰山叮当当；/手无寸铁不说话，/吓死有大炮机枪的日本狼！

"在一分区住了几天，传情况已缓和，高咏约我一同回文联所在地麻田。高咏一路健谈，大致是谈文艺理论问题，有点自命不凡。在总部，我们碰见陈默君，他邀我和我的妻子、高咏、陈赓夫人刘稚灵、陆耕吃肉。大家都互相开玩笑，争抢着肉吃，高咏落落寡欢，没有参与我们的玩笑举动。这次吃肉的几个人在 1942 年'扫荡'中有一半牺牲。""陈默君是江苏人，是晋冀鲁豫边区临参会议员，死时三十六岁。刘稚灵同志只有二十六岁，牺牲时正在党校学习，她是前方总政治部的干部。陈默君不大言谈，刘稚灵却生性洒脱、活泼。""在当时，人们认为高咏有小资产阶级情调。1941 年秋，高咏已开始创作长篇叙事诗《漳河牧歌》，我没有拜读过。该诗长达万余行，1942 年 5 月完成后，在反'扫荡'中，他背着书稿投入战斗，不幸在漳河一带身陷重围。他是于 1941 年以国际新闻社特派员的资格到晋东南根据地的，日本人见他胸前有国际新闻社的标记，要他跟他们一起行动，高咏严词拒绝，并大骂日本人和汉奸。敌人以刺刀直逼胸前，他愤怒地与日本人肉搏，壮烈牺牲，表现出了一个正直爱国的知识分子威武不屈的民族气节。""另外，蒋弼在晋东南反'扫荡'中被俘，于 6 月份被日军在太原残杀。蒋弼是湖南人，和我比较熟悉，他是左联成员，从事新文化运动，以短篇小说和杂文著称于世。"

战火中的诗篇没有眼泪，只有血与火，因而成为用生命铸成的丰碑。在抗日战争中，"诗歌，除了选择为民族解放战争服务之外，没有第二个选择。不反映这个处在战争中的时代，不反映这个在浴血战斗中的人民、战士和劳动者，而只是抒发个人的情怀，个人的哀愁、离合悲欢、爱好、情趣，这样的世外桃源，在当时的敌后，是根本找不到的。"再来读阮章竞的战地诗篇：

> 漳河水，九十九道湾，/层层树，重重山，/层层绿树重重雾，/重重高山云断路。
>
> 清晨天，云霞红红艳，/艳艳红天掉在河里面，/漳水染成桃花片，/唱一道小曲过漳河沿。

云霞为什么这样红？桃花为什么这样艳？阮章竞只说："这首"漳河小曲"所呈现给读者的是一个完整的写景场面，克服了我的叙事诗缺乏景物描写的缺点。”这是怎样一首诗？它超越了时代，超越了生命，超越了自然，唤出了太行最美的天！

警号在长鸣

一阵阵的北风一阵阵的雪，
战士走马上途程。
咚咚的鼓响喽喽的锣，
漫山遍野来送出征人。

——阮章竞

太行山，给了阮章竞人生无数的第一次。正是这所有的第一次，使这个出生在珠江边，“看惯了中山故里、华侨之乡的奥中，常坐在码头的大木桩上，把脚伸进江水里，看着江流中的小树叶，心里想‘小树叶子要向哪里漂去呢’”的少年，把成长的根须扎向山河大地的深处，与太行融为一体，成为时代的先锋战士！

“太行山是我的第二故乡”“我便是在抗战的环境中成长起来的。没有抗日战争，就没有今天的我。”“在偏僻的山西，在抗日的根据地里，我却遇上了得天独厚的机遇。后来人们把我称作‘戏剧家’，是我做梦也没有想到的。”

阮章竞一刻也没有忘记太行山。“没有这些被日本人屠杀了多年而无法杀怕的人民，没有这些被日本人焚烧了多年而烧不焦的群山，新中国就没有雏形，就没有今天这样的伟大形象，也没有会旋转的歌剧舞台，没有大交响乐团，也没有几千上万听众的诗歌朗诵会。”

“太行山人民为抗日做出了伟大的贡献，他们付出的很多，得到的却很少。”“这种感受时刻激励着我去接触贫困的太行山人民，并尽可能地为他们做点有益的事情。”他的自我介绍是“进门背包刚放下，问我麻田赤岸人”，他干的工作是“太行山上战场的梦，今天圆成在包头”。他总是千方百计要回到太行山看看。尤其是在晚年，每年他都找机会在山西长住，战地重游，作画赋诗，为乡亲们现实的疾苦鼓与呼，并在山西创作完成了长篇小说《山魂》第一部《霜天》。

又是说过去，又是写战争——来自各方面的不屑甚或轻蔑，使得阮章竞晚年长叹：“长夜难眠，做什么呢？回顾半个世纪，人民虽有壮丽的斗争日月，但都不能写了。于是，想起童年，百感交集。人民总是要前进的，但后代对旧中国是不了解的。”

“许多在战争中牺牲的革命烈士，姓名被遗忘，不知道他们的家属在哪里，成了无名英雄。现在看见一些在抗战中活下来的人如今当了官，奢侈腐化，我是很气愤的。听见有人说抗日不好，听见日本人否认侵华罪行，我都是很气愤的。”

救国当在未亡时。想起当年，“有一天，招待所来了几个朝鲜人，他们是朝鲜义勇军的战士，扛着机枪，路过一分区。我们和他们谈了一阵话，但他们离开不久，就有消息说，他们碰上了日本人，发生了枪击，有几个人死了，我们都很惋惜。朝鲜是个小国，日本人打来后，他们便退到中国来继续抗战。亡了国，身在异国他乡，忽然与敌遭遇殉难，太不幸了”。“如果被压迫民族捧着人道主义去乞求，我敢说，一个也不可能获得独立。”“恰恰相反，被压迫民族是用火、用剑，用摇天撼地的怒涛，强迫殖民主义者放下或直接从他们的刀林里夺回来的。”

许多人不清楚，平顺县大山里有座叫“狼梯”峻极的险要，是只有狼才能通过的石梯。“狼梯不远处有个名叫霓虹关的地方，霓虹关往东是十字岭。十字岭山形陡峭，山上住有两户居民，基本不与外界来往，到抗战的时候，他们还不知道清政府已被推翻。”“可是日本的军事地图上的十字岭，却画得清清楚楚”。

当时，“我们也向日本人喊话，说他们已被包围了，跑不出去了，缴枪不杀，赶快投降吧，等等。当然，日本人是不大吃这一套的，武士道武装起来的日本人是十分顽固的。”“他们不仅有比较先进的武器装备，而且觊觎中国多年，连他们军装的颜色也是精心选择的，华北的日本兵士黄色的军衣就像干涩的黄土皮一样。日本士兵在武士道精神的熏陶下，像野兽一样野蛮，毫无人性可言。要战胜日本人，不是一朝一夕所能实现的，更不是靠我们的嘴巴每天说上几次就能成功的，必须靠全民族的勇敢打击，靠我们这样的普通战士流血流汗，才能换来胜利。”“要日本帝国主义者承认侵略战争失败，对侵略战争认罪，是永不可能的，我国人民必须警惕！”

送他来太行山的冼星海到了延安，相伴他来太行山的桂涛声到了大后方，阮章竞却是第一个在高山之巅指挥演唱《在太行山上》的人。阮章竞深情地回忆当年在太行山上：“演出的每一场都引起轰动。当时总有人说这首歌曲是我创作的，我说‘不是’，我总要向他们介绍冼星海、桂涛声。他们都很佩服。”七十多年过去了，直到今天，太行山的乡亲们还认定“洪荒教官”是这首歌的作者，因为“洪荒教官”和他们共同用生命在太行山上演绎了这首抗战名曲：

红日照遍了东方，
自由之神在纵情歌唱。
看吧！
千山万壑，铜壁铁墙，
抗日的烽火燃烧在太行山上，
气焰千万丈。
听吧！
母亲叫儿打东洋，
妻子送郎上战场。
我们在太行山上，
山高林又密，
兵强马又壮。
敌人从哪里进攻，
我们就要它在哪里灭亡！

踏遍了太行山山水水，钟爱着太行一草一木的阮章竞，作为历史的见证人，临终，他怀揣着《晚号集》手稿，依然给人们发出战斗的警号！

为阮章竞诞辰一百周年作
2013 年 12 月 1 日于太原

（原载《映像》杂志 2013 年第 6 期，所引诗文均出自阮章竞著作及其口述回忆录。）

◆ 阮章竞新诗导读

◎ 甘小盼

阮章竞，曾用笔名洪荒、啸秋，一生创作过诸多歌剧、话剧和抒情短诗，而在叙事诗方面的成就尤为突出。1914 年 1 月 31 日，他出生于广东中山县一个贫农家庭。他只读过四年小学，十三岁去当油漆工，二十岁失业到了上海。后来，他在中国共产党的影响下，参加过抗日救亡歌咏活动。1937 年 12 月到太行山抗日根据地，曾任游击队指导员、八路军太行山剧团指导员等。1939 年被选为中华全国文艺界抗敌协会晋东南分会常务理事。

阮章竞出身贫寒，决定了他关注下层人生活的创作视角。其一生与中国共产党紧密相连，他用诗文记录下了中国共产党的抗战历史，也还原了共产党员不畏艰险改造河山、建设新中国的历史场面，新中国的历史在他的诗文中产生了深刻的影响。20 世纪 80 年代，阮章竞回乡探亲时谈道，写诗要抒发感情，写诗要有目的，要歌颂祖国大好河山，要歌颂好人好事，还要敢于揭露时弊，更不要怕打击报复，最重要的是深入生活，学习人民群众的好形象、好歌曲、好语言等。

其诗歌在思想上的特点有：

一是抒写中华民族反抗压迫、争取自由的斗争。他的许多作品书写时代的历史，高扬爱国主义旋律，洋溢着积极向上的人生观念与理想志趣。在《阮章竞诗选》“序言”中，诗人提到他之所以学习写作，除去个人爱好与脾性之外，更多的是出于民族解放战争和人民解放战争的需要。同时他也承认，抗战时期是决定他一生成长与发展的重要阶段，决定了他对祖国、对人民、对工作的根本态度。中华民族处于生死存亡的严峻关头，是选择个人安逸而置祖国、民族于不顾，还是拿起刀枪反抗外来侵略而置个人安危于度外，是他不得不做出的选择。阮章竞在那样一个特别的时代选择了后者。然而他也认识到想做一个诗人，不打败日本法西斯侵略者，中国所有的人都逃脱不了亡国奴的命运，覆巢之下焉有完卵，没有人可以例外。阮章竞及其同时代的文学青年，生活在这样一个风云际会之中，在特殊的历史语境下创作的作品，与时代之间存在一种互为解读的关系。他们的历史使命、人生秘密、文学独特性，不可能不与新时代之间产生千丝万缕的联系。随着时间的沉淀，我们拨开历史的迷雾，可以看见我们的前人未曾注意到的复杂性和丰富性。抗日战争时期，阮章竞的诗歌创作最为丰硕，可惜因为日本侵略者在当时实行的“三光”政策，他的大部分诗歌作品都未能保留下来，一共只留下了三个剧本和四首短诗。就是在这些作品中，也回荡着一种激越与进取的旋律，我们依然能从中感觉到抗战时期人民的生活艰苦，以及军民一心共同对敌的大无畏精神。如《牧羊儿》：“日头凶，风雨恶，/肚子饥，脚磨破！/八路军，过来了，/参军去，找哥哥！”有一些作品是诗人日后根据回忆，或走访当年的参战老兵而写下来的，如《秋风楼渡口》和《强渡汝河》等。一些诗歌从妇女的角度展开书写，如《秋风曲》：“好男儿，打东洋，/冲锋杀敌数俺郎强，/姐妹都夸俺有个可心郎。/叶飘飘，报天凉，/赶缝棉衣捎前方，/行军打仗冻不着郎。”这首诗从后方牵挂前方，展现了全民抗日的时代面貌。如果我们细读他的作品，可以发现那些悲痛沉重的记忆，那些洒在中国大地上的鲜血，那些不畏生死、奋勇向前的战士们，重现在阮章竞的诗歌作品中，也永远留在后来读者们的心中。

二是揭示旧中国压迫人性，新中国解放人性的历史功绩。他的许多作品关注底层人民的生活，赞美广大劳动人民的勤劳、勇敢与智慧。阮章竞出身穷苦农民，幼时生活困苦，深刻地体会了底层人民的艰难苦辛。阮章竞坚持表现自己的真实生活，表现特殊时代下人民大众的喜怒哀乐，并且他紧随时代的步伐，与时俱进，反映现实的黑暗，让其诗歌作品具有较强的时代意义。在他的诗作中，总是洋溢着一种真挚的情感。步入文坛之初，诗人就是秉持一颗忧国忧民之心开始了诗歌创作，底层出身让他更能融入人民的生活中，也更能体会他们的艰辛与不易。从 20 世纪 30 年代后期的抗日战争到解放区的“土改”，再到五六十年代的国家工业化建设，由人民创造的、改变了人民生活和精神风貌的大事件，都通过那个时代的人的活动表现出来。在他的诗歌中活跃着一批鲜活的妇女，勤劳勇敢、善良包容，是旧社会的受害者，也是新时代的创造者。表现“农民翻身斗地主”

命运的《圈套》，体现土地革命时代婚姻自主的《漳河水》，以及表现时代变化的“工业史诗”《白云鄂博交响诗》等，都莫不如此。《漳河水》写于1949年3月，是继《王贵与李香香》之后又一部优秀的叙事长诗。阮章竞自己曾经指出：“《漳河水》是采用民歌形式写的一首叙事长诗，是妇女解放的颂歌，反映了太行山区妇女解放前受封建陋习压迫的苦难，歌颂了在新形势下她们追求幸福生活的勇气。”长诗通过三个妇女不同的婚嫁遭遇，刻画了不同类型的妇女形象，在民族解放的浪潮中从各自的婚姻桎梏中解脱出来。《漳河水》全方位地展现了解放区妇女获得解放、争取独立自主的特定时代风貌，同时揭示出了妇女社会地位离不开党领导的政治革命，更离不开深刻的反封建思想的革命和妇女离开家庭走向生产劳动的社会变动。新中国成立后，围绕着至高喜悦的还有一些不良的风气，例如风行一时的“换妻风波”，艰苦时期同生死、共患难的糟糠之妻，现在以各种理由被下堂，而实际上不外乎是男子们的喜新厌旧。诗人对这一风气表达出极大的不赞同，并且用诗歌的语言表现出来，明确表达对时代不良风气的批判，这突出表现在歌咏坚贞纯洁的爱情的长诗《金色的海螺》中。这样的题材与主题，在当代诗人作品中很少见。

三是热爱生活，热爱家乡，热爱大自然。阮章竞身边的很多朋友一致认为，作为一个温柔的南方人，就算后来在北方的大山大水中生活，他总还保留着故土的灵魂，并且给他的作品以丰富的滋养。其诗歌创作的底色与其故土浸润的性情审美有关。阮章竞出生于卖鱼人家，十一个兄弟姐妹让家庭负担巨大，又是布衣庶人，十分贫困，而他很小的时候就表现出对艺术的极大兴趣。寒门子弟行路难，阮章竞辗转读了几年书，为了学习绘画，他才决定去做油漆工学徒。受中山勇敢、探险、务实、善思、精干的地域文化性格的影响，阮章竞坚决走出广东，到达上海之后，他又辗转各地，最后才到达敌后抗日根据地。在这一历史过程中，他积极汲取各种文化因素，对绘画、音乐、戏剧、诗歌都有涉猎，并都有所成就。与那个中国最早熏染海洋文明的家乡一样，诗人身上充满了一种积极进取精神。在漫长的创作生涯中，他所创作的作品特别关注现实世界，关心现实生活。特殊的时代背景，虽然要求知识分子首先做好政治宣传，虽然有时他因此而感到苦闷，选择下乡，而到了祖国建设的前线，却仍积极地投入风风火火的劳动中，感受祖国的活力，以及劳动人民的蓬勃力量。这充分地体现在《白云鄂博交响诗》《乌拉山麓下》等工业诗中。“推土机声压倒狂风，/ 卡车闯破了风沙阵。/ 石毁天惊大地震，/ 丘陵被劈开，/ 山岗被削平。/ 马萧萧，车辚辚，/ 机油人汗搅泥尘。/ 钢铲前头古荒野，/ 履带牙痕上，/ 钢铁街诞生。”人力与科技对自然的改造，移山填海的壮举，都在充满豪情的诗句中被表现出来。同时，诗人在许多作品中还表现出对自然的亲近与喜爱，部分描写山野乡景的诗歌收入《山野的新歌》中。《小桥》和《一铺滩滩杨树根》等诗作，欢快的语调，恬淡的心境，朴实的场景，如春风拂面而令人舒爽惬意。让我们读一读《小桥》里的诗句：“榆钱片片水上漂，/ 做窠的燕儿吱吱叫。/ 烟霞横抹的柳林中，/ 驮粪的驴儿成队过小桥。”阮章竞抱着一颗雄心离开了自己的家乡，异乡的生活却让家乡在心中愈加深刻，因此他在许多诗歌中都流露出对家乡的怀念。在他的儿童诗中，那些大海、椰树林、讲故事的老婆婆等意象，都是其故乡生活与情感的印记。

在那个特殊的时代，中国的社会生活一切以阶级斗争为纲，要求文学艺术都要为政治服务，为政策宣传服务。在重重限制之下，阮章竞的诗歌依然鲜艳于艺术之林，以其艺术魅力滋润生命长青，在中国当代诗歌史上独占一席。其诗在艺术上的特点有：

一是在艺术结构上的“三幕剧”形式。阮章竞是一位诗人，同时也创作戏剧。他曾经在太行山剧团长时间担任编剧，他认为三幕剧的结构最为适合解放区的社会环境。他在长诗中选择多重对照、总分交叉的戏剧结构，先以一个总的叙述交代故事背景、引出情节，接着分述各个人物的故事，形成一种交叉叙述，将整个故事串联起来，最后可以进行总结升华。长诗中出现的人物、事件也具有多重对比的特点。在长诗《漳河水》中，作者首先用一个序曲交代故事的发生地，接着以“三个姑娘”简述她们在“父母之命”下的婚姻悲剧，再分述个人的婚后生活，以及从旧社会的婚姻桎梏之下获得自主自由的经过，最后进行了升华，歌颂共产党打破旧时代牢笼解放人性，从而赞美新的生活。结构上的多重对照，主要涉及以下三个方面：首先是在三个女性之间的平行对照，荷荷勇敢泼辣、苓苓机智聪明、紫金英软弱自卑。其次是正面人物与落后人物的对照，勇敢争取独立自主、自由权利的三个女性，和思想落后守旧的二老怪、唯恐天下不乱的“铁疙瘩”张二嫂之间的对照；还有每个人物自身思想和命运上的对照。紫金英嫁了个“痨病鬼”，年轻守寡，独养幼子，自卑而软弱，在荷荷的帮助下，紫金英与那别有目的的男人断了关系，并靠能力为自己赢得了尊严。因为内容复杂，更加要求结构上的庞大。阮章竞选取了一种总分结构，先综述三个女人的婚嫁命运，接着分述个人追求自主独立的反抗斗争，最后以对二老怪的改造结尾，反映出整个解放区妇女的群像。总分与对照的无缝衔接，显示出高超的驾驭技术与艺术技巧。同时，在形式上不拘一格，根据内容要求而灵活变通。《漳河水》经常被用来与《王贵与李香香》相对比，其实两者并不相同。《王贵与李香香》袭用了大量的信天游原句，表现出对民歌艺术的消化不足，信天游两行一节的诗体特点，不足以支撑那样一种庞大的叙事，因此整首诗作显得比较零碎；而《漳河水》不仅采用信天游的曲调与诗体，灵活运用比兴手法，同时还借鉴了漳河地区流行的多种民歌小曲，如“开花调”“割青菜”“四大根”等。

二是从民间语言中改造升华出一种全新的诗歌语言。在他的作品中，除少量直接从民歌中抄录外，绝大多数是从群众的语言中提炼的，同时又有意学习和借鉴古典诗词的句式和词汇，作品既有浓郁的乡土色彩，又有典雅清丽的韵味，从而取得一种雅俗共赏的效果。如这样的诗句：“河边杨树根连根，/姓名不同却心连心。/低声拉话高声笑，/好说个心事又好羞。”同时，其不少诗歌作品音律和谐，富有强烈的音乐感。茅盾曾说，《漳河水》“是能唱（不是朗诵）的”。这个评价不仅适用于《漳河水》，同样适用于阮章竞的其他诗歌作品。在战争环境之下，诗人需要将文艺作品转向口头传播，以发挥宣传效用。易于传唱的作品更容易为平民百姓所接受，这决定了诗歌常采用老百姓喜闻乐见的民歌体形式和富有乐感的形式。长诗在结构上分三部分，每部分开头都有一首“曲”“歌”“谣”，全诗结束，还有一首终曲“牧羊小曲”。向中国古典诗词学习借鉴的结果也就是这样，这样的特点根源于中国传统文学。阮章竞有为数不少的旧体诗，新诗中的韵律亦十分明显。阮章竞的新诗，押韵在句尾，如在《乌拉山麓下》中，“原”“天”“鞭”“烟”等，有些韵律并不十分严格，但大体还是有律可循的。他的儿童诗，语言通俗，讲究韵律，富有口语特征。为了符合儿童的喜好，不仅大量使用饶有童趣的语言，在韵律上更是十分讲究，并灵活使用各种修辞。改写版的《牛仔王》正诗前有这样的“小序曲”：“天上有条银河，/人间有道珠江。/银河银光闪闪，/珠江闪闪发光。”读起来朗朗上口，容易理解，且富有美感。同时，语言通俗，具有口语色彩。在《马猴祖先的故事》中，老马猴生了三个孩子，名字分别为“尖嘴巴”“小耳朵”和“短尾巴”，既符合马猴的形象特征，又具有相当的趣味。《马猴祖先的故事》篇幅不长，却总是能令人捧腹大笑。写马猴们的懒惰，“翘起两个鼻孔到处闻，哪里香就到哪里去”。马猴们偷吃老婆婆的粉果后，“搔搔脖子，揉揉肚子，伸个懒腰，打个饱嗝”，活灵活现地展示出它们酒足饭饱后的惬意与满足。纵观阮章竞的诗歌，各个不同类型的诗歌的语言各具特色：叙事诗叙事细腻，语言精练；田园乡村诗遣词造句，优美生动；儿童诗则语言活泼，富有童趣。

三是人物形象生动，个性鲜明，灵动自然，注意人物个性的塑造，形象饱满。在《漳河水》这首长诗中，荷荷在解放前受尽欺压，解放后很快成为农村基层积极分子，心胸开阔，思想活跃，有时甚至有些泼辣。苓苓则热情爽朗，聪慧机灵，紫金英却善良而软弱。在长诗《白云鄂博交响诗》中，巴特尔、阿尔斯朗、海日巴尔、布尔固德、乌兰托娅等人物都是抵抗外来侵略的草原英雄，巴特尔等早期的英雄已经被神圣化，成为传说。诗人对其子孙辈的后三者的刻画，就更贴近现实生活，并且与当年的抗日斗争联系起来。老一辈的人物对开山炼钢持一种抵制拒绝的态度，新一辈的英雄儿女则以开阔的胸襟迎来家乡的改变，说服人们接受新生活的到来。他们都是英雄但有各自的性格气质，因而可以说阮章竞诗中刻画的人物是具有内在灵魂的。儿童诗里刻画的众多形象，形态各异，各自的心理、语言、性格特质都符合人物形象的设定。在《金色的海螺》这首诗中，少年勤劳勇敢，善良纯真，天未亮就等着出海打鱼，出于怜悯救下搁浅的金鱼，为了爱情不畏艰险，不惧强暴，不为金钱所动，不为美色所诱，勇敢执着地维护自己的爱情。在《马猴祖先的故事》中，老婆婆勤劳有智慧，每天辛苦工作，蒸好的粉果一再被马猴偷吃，于是想出办法惩治那群小偷。马猴们身手敏捷常常偷吃老婆婆的粉果，结果留下了一个重要标志“红屁股”。在《牛仔王》中，牛仔王善良勇敢却自大，老庄头善良乃至天真，地主冷漠虚伪，国王心胸狭隘，突出了他们不同的侧面。诗人主要通过两种方式表现出这些：第一，对人物内心世界的刻画。在长诗《漳河水》中，简单地写到紫金英解放后的生活，却用了长达三十六行的篇幅让她倾吐了自己的精神痛苦，让人备感同情。三姐妹在漳河边诉完婚后的痛苦生活后，诗人替主人公宣泄对旧社会的仇恨和对新生活的渴望，把抒情推向了一个新的高潮。在抒发人物内心情感时，诗人还善于借某种自然景观来烘托情绪，如三人漳河边诉完苦情，作者写道：“声声泪，声声泪，/声声泪泪山要碎！/山要碎，山要碎！/问句漳河是谁造的罪？”融情入景，以景写情，表达得更加强烈动人。第二，通过人物自身的行动和语言来塑造人物，尤其是富有浓郁的生活气息的细节描写。二老怪一偷看妇女的庄稼，思想上就彻底转变了，荷荷叫他跟苓苓赔个情：“荷荷笑着下命令。/举手额前脚立正，/二老怪今天像个民兵。/苓苓捂嘴低声啐：/‘出什么洋相讨厌鬼！’”这样的情节生动地表现了人物的不同性格。

四是想象与写实结合，浪漫与现实兼具。童话本就要展开浪漫的幻想，思绪要如天马行空，展现奇特瑰丽的想象，而如何处理想象与现实的关系，考验作家的功力。首先，其儿童诗作品充满浪漫与想象。《马猴祖先的故事》以童话的思维解说马猴红屁股的自然特征，因为不爱劳动的马猴经常偷吃老婆婆的粉果，老婆婆于是用木炭将锅台烧得通红，马猴偷吃粉果的时候屁股就被粘在锅台上，只好撕下毛皮逃走，这个疤洗也洗不掉，并且一代代流传下来，于是猴子便有了“红屁股”。诗人以一种给孩子讲故事的口吻，通过符合孩子心理与智力的想象，充满了童趣，于是寓教于谐。在以阶级斗争为纲的年代，曾发生批判“童心说”的争论，阮章竞对此不以为然。他曾说过：“《金色的海螺》诗，我完全是怀着一颗童心而写的……想象、语气、感情等，都曾用对孩子讲故事的心情。”在实际的诗歌创作中，也是如此。在《金色的海螺》中，勤劳善良的少年救了一条搁浅的金鱼，在打鱼毫无收获的时候他网到了一只金色的海螺。在他把海螺带回家之后，每天回家都会发现桌子上一桌丰盛的饭菜。三天后，他故意提早回家，却发现有个美丽的姑娘在操持家务，原来他救的那条金鱼就是海王的女儿，化身为金螺前来报恩。其次，在想象中寄寓现实，借童话来批判眼前的现实。他的儿童诗不仅是写给孩子的诗，也是写给成人的诗。阮章竞认为这首表达强烈爱情信念的诗，是有一定的现实针对性的。全国解放后，萦绕着自由解放的还有浓厚的换妻风气，不少人借着解放的东风满足自己喜新厌旧、见异思迁的贪欲。因此，阮章竞借由对爱情忠贞不渝、不畏艰险的少年，表达对当时不良风气的不满。以“童心”去憧憬，使作品更具情致。海螺偷跑到人间久不回海恐怕人间会被水淹，但又舍不得离开少年，于是少年前往珊瑚岛请求海神娘娘，一路上遇到了很多困难与诱惑。他划着船穿过掀起可怕风浪的大海，“撞破了暴风，压碎了大浪，向大海猛冲”。当他终于见到了恼怒的海神娘娘，海神娘娘以金银相诱，少年不为所动，只“生怕海螺走了”。之后，海神娘娘将海螺变成一个老态龙钟的老太太，让少年从成千个仙女中再选一个做妻子，少年坚持只要自己的海螺。最后，海神娘娘发怒，以少年的生命相威胁，少年依旧不为所动，终于感动了海神娘娘，从此他和海螺幸福地生活在一起。这故事具有强大的浪漫气息。长诗《白云鄂博交响诗》对雄浑风格的追求、强烈的英雄主义气概，萦绕着浓厚的浪漫主义色彩。叙事与抒情的紧密结合，也让这首诗洋溢着浪漫的抒情。在第一章《白云巴特尔》中，写后世对英雄的传说“流传一代又一代，/ 代代有人编神话：/ 都说有人在月光下，/ 看见英雄骑着马，/ 夜里巡游草原上，/ 踏着白雪迎红霞”，既有神话的夸张与抒情，又寓含了草原英雄守护草原以及草原儿女对于英雄的崇拜。英雄传唱是亘古不变的主题，诗人以抒情的口吻浪漫地表述出来，更加令人憧憬，也更能激发力量。

五是有不少新的艺术探索。表现在结构上对戏剧结构的借鉴与融合、语言上对民间口语的吸收、遣词上对新词的大胆运用、人物塑造上注重心理刻画等。《白云鄂博交响诗》不是“诗”，而是“记录”，虽然是作者谦虚的说法，但长诗确实面临着一些问题。如工业题材和民歌的矛盾、神话传说与现实的矛盾，以及高大全政治要求与复杂性格刻画的矛盾等，于是作者确定了从古代诗行中汲取形式资源的策略。古代诗行采用五七言体，整饬中又不失自由，可以让诗人投入更多的精力去经营内容、情节和风格。诗人并非严格恪守五七言的传统形式，而是结合内容、情感加以变通，或五言，或六言，或七言，或八言、九言等，灵活多变。

阮章竞诗歌的缺点也是比较明显的。那是一个不允许自我发声的时代，文学艺术依附于政治，为政治而艺术，囿于政治束缚，诗人很难放开手脚，真正为了艺术而艺术。阮章竞在创作的过程中，积极进行诗歌的新探索，积极吸收民间艺术的养料，而外国文学精华未能被借鉴吸收，当然就是一种遗憾。同时，诗歌内容也有一定限制，有些对于现实问题的表现，因为需要考虑到其他的因素而做了不得已的改写，或者被掩盖，或者被无视。在《白云鄂博交响诗》中，矛盾就被大大简化了，在草原上炼钢所受到的阻力，简化为思想守旧的阿尔斯朗的反对，微弱的反对之声很快就被海日巴尔劝服，很快转入卡车开进了内蒙古、蓬勃建设钢都的欢乐场景之中。其他一些作品在主题开掘上缺乏深度，主题比较单一，探索不够等。那是特定时代环境所造成的问题，而不是诗人自己所能够把握的。当代许多诗人都存在这种现象，特别是 20 世纪 50 年代到 70 年代的诗人，其中又特别是从解放区走出来的诗人，似乎都莫不如此。诗人总是时代的产物，当然也是民族的产物。一个时代的开放与封闭，决定了一个诗人的思想与艺术形态，要想超越谈何容易？不过，我们要对其诗歌作品有一个总体上的认识：其建国前的作品多半取材于太行山区农民，书写他们的斗争与解放，吟唱他们的哀怨和苦难，他笔下的人物，都有着太行农村朴实的泥土气息。建国后的作品，多半是响应号召而创作的儿童诗，富有童真童趣，亦影射现实，寓教于乐，同样为诗人带来了声誉。20 世纪 60 年代诗人深入内蒙古，见证了钢都的成长与发展历史，并以诗的形式记录下来，成就了他的工业叙事诗。由于深深植根于民间文学，其早期长篇叙事诗成就最大，后来的儿童诗也大都取材民间，灵活运用生动活泼的口语，塑造出一些鲜活的形象。阮章竞在一生中笔耕不辍，积极进取，不断探索新诗的内容与形式，创作了不少优秀的作品，为中国当代诗歌的发展做出了重要贡献。

（原载《中国诗歌》2017 年第 9 期）

◆ 阮章竞的艺术道路

◎ 孙绍振

阮章竞的《漳河水》于 1949 年年底完成。最初刊登在《太行文艺》上，后来又经作者多次删改，才成为目前这个样子。它在新诗的发展史上是一个比较大的收获。在这以前，阮章竞主要是从事戏剧创作的，是解放区著名歌剧《赤叶河》的作者。诗人在太行山区漳河一带做过十几年的群众工作和文化工作。在此期间也有过诗歌创作，但是由于印刷条件的限制没有保存下来。目前集子中保存最早的一首《牧羊儿》系 1940 年所作。这首诗有鲜明的民歌特色：

放羊儿过山坡，/ 青草儿，多又多。/ 掌柜的吃烙饼，/ 给我啃糠窝窝！

至于 1947 年写的《逆别》：

鹅毛毛的大雪纷纷地下，/ 上前线的新兵骑上马。

就显示出作者语言的概括和凝练了。这一首和下一首《盼喜报》虽然是抒情诗，但却包含着情节，显示了阮章竞作为一个剧作家兼诗人的特点，这一特点后来在《漳河水》里得到充分的发展。他在《我怎样学习写作》中说过："一定要有故事性，没有就不成为文艺作品。"这当然不是文艺的一般规律，而是作者的艺术追求。但是要把戏剧性的情节与诗的抒情和谐地统一起来并不是很容易的。复杂的情节往往迫使诗人忙于单纯叙事。阮章竞在解放区所写的第一首长诗《圈套》就没有解决这个问题。

《圈套》的故事写在反霸时期，地主“阎王”杨道怀利用女人做圈套陷害农会主席李万开，企图篡夺村政权。李万开立场坚定，但是经验不足，上了大当。而地主婆“母夜叉”却大闹起来：

披头散发像个鬼，/扑了东头扑西角。

……

扑到地上捣胸膛，/装得真像个疥蛤蟆！

后来村长的妻子识破了圈套，机智地逃出，搬来了民兵，救了村长。

《圈套》的故事性很强。都以口语入诗，诗行基本上是说唱的七言体，有鲜明的群众文艺的特色。但是长诗陷于单纯叙事，缺乏抒情色彩，读来比较单调平淡。再者，以口语入诗，加工提炼不够，许多地方语言比较粗糙，给人一种“好像顺口溜出来的”感觉。把曲折的情节与抒情结合起来的问题到《漳河水》中才得到解决。

《漳河水》里写了三个妇女，在“毛毛小女不知道愁”的年龄，互相诉说着自己对幸福爱情的向往，荷荷想配个“抓心丹”，苓苓想许个“如意郎”，紫金英想嫁个“好到头”。但是，由于封建包办婚姻，三个人的希望都落了空：“荷荷配了个‘半封建’，/天天眼泪流满脸”“苓苓许了个狠心郎，/连打带骂捎上爹娘”“紫金英嫁了个痨病汉，/一年不到守空房”。长诗没有花多少篇幅抒写旧时代妇女的苦难，而是把着重点放在她们解放以后争取新的幸福生活的曲折斗争上。荷荷代表先进的社会力量，她和富农离了婚，并且在互助组这一当时先进农村社会组织中与同组的积极分子结了婚。本来，导致长诗中妇女痛苦的直接原因是封建的意识形态，可是要战胜这个旧的意识形态却不能完全靠思想斗争。构成新式幸福婚姻的基础却是双方共同的劳动。当王三好为了来看荷荷，出工时绕了道，荷荷批评他：

瞧我绕了一个大弯，/误了上地要丢模范。

这就显示出了《漳河水》主题的时代特点——不但把双方独立劳动当成自由

恋爱的前提，而且把劳动看得高于恋爱。这是新诗史上关于恋爱婚姻主题的一个划时代的标志。在新诗草创时期，爱情主题是针对着封建婚姻制度的。但是，当时只是着重表现妇女人格独立，个性解放，冲破封建礼教束缚，感情自由高于教条。而这种个性解放和婚姻自由怎样才能实现，在最激进的诗作中也没有解决。到了《王贵与李香香》出现的时候，爱情的幸福才和革命胜利结合在一起，为爱情幸福找到了政治基础。而《漳河水》则进一步为这种政治的一致找到了经济根源。“吃穿住行靠自己，妇女解放才能彻底。”荷荷幸福的前提是双方具有共同的政治目标并进行平等的劳动。而且这种劳动已经不完全是分散的、以一家一户为生产单位的小农经济的劳动。为新诗的爱情主题提供了社会主义的最初信息，这还是第一次。阮章竞在《我怎样学习写作》中说：“要善于研究人民的思想变化。”在《漳河水》中，突出表现了人民群众恋爱观的变化：

种谷要种稀留稠，/娶妻要娶个剪发头。/种玉茭要种“金皇后”，/嫁汉要嫁个政治够。

这里不再是“五四”时期那种感情高于封建教条的爱情诗了，而是与热爱劳动结合在一起的政治态度决定感情了。《漳河水》的作者以饱满的热情歌颂了农民感情深处的深刻变化。这种新兴的有鲜明理性原则的恋爱幸福观，不但在先进人物身上表现出来，而且体现在中间落后阶层逐步取得战胜封建婚姻制度余毒的胜利，这主要表现在苓苓和紫金英的命运的改变上。诗人以赵树理式的幽默，描绘了苓苓坚持生产劳动触犯她丈夫二老怪大男子主义的“老规程”时，二老怪的心理独白充满了喜剧的动作性，看得出来，剧作家才华帮助阮章竞触及了二老怪心灵深处的个性逻辑：

寻根棍，找条绳，/半夜打老婆是老规程。/一根麻绳抛上梁，/吊住她头发才揍她娘！/数这玩意儿最利索，/二老怪是老手旧胳膊。/哎呀呀，不能够，/她娘早剪成短发头！/不能吊，寻棍捣，/只寻到麻秆和镢头。/麻秆打她当搔痒痒，/镢头一敲会死她娘！/敲死人命会吃官司，/不是坐牢就挨枪子！/不偿命，也不成，/没有老婆要打光棍！/花钱再娶犯法令，/自由谁敢上我家门？/不准打，也不敢骂，/动她根汗毛也犯法！/哎呀呀，老规程吃不开，/二老怪碰到了新朝代！

二老怪心理独白包含着喜剧冲突：他的“老规程”的彻底贯彻会导致丧失妻子和犯罪，这是完全违反他本身利益的。而“新朝代”的新风尚，妇女参加劳动，不光是“养孩儿抱蛋，洗衣裳做饭”，是符合二老怪利益的，可是他却接受不了。在这里显示出习惯势力和封建意识的荒谬。作者用轻喜剧的流利诗句，写了苓苓轻而易举战胜二老怪，并明确点出经济地位的平等（土地所有权和劳动平等）保证了苓苓的胜利。这一对夫妻的斗争属于劳动人民家庭内部的矛盾，因而斗争的气氛是轻快的。苓苓调皮地蔑视二老怪，用简洁的白描手法勾勒出来：

嗤嗤两声钻进被窝。/露出半个头来轻轻说：/“二老怪，不用发呆，/你的老规程如今没人买！”

与苓苓争取幸福的过程的轻喜剧气氛相比，紫金英的命运则带着一定的悲剧色彩：丧失了丈夫的紫金英，追求幸福的感情向畸形发展，被人视为“浪女人、破鞋、花老婆”，她面临着不正常的感情问题，“看尽花开看花落，/熬月到五更炕头坐，/风寒棉被薄”。还有实际的生活困难，“吃水劈柴泥墙角，/桌坏椅倒要人拾掇，/偏偏门又破”。先进人物荷荷带动紫金英参加互助组的生产劳动，取得经济自立的地位，然后再去战胜那“寄生草根缠树身”的感情，并且让紫金英给她旧日的相好当面指出“不务营生做二流，给人指着脊梁笑”。不但把劳动作为爱情的基础，而且把劳动当作改造封建婚姻余毒的手段，这是《漳河水》的深刻之处。用独创的形式表现建立在共同劳动基础上的爱情的美好是当时阮章竞探索的中心。他在以“土改”为题材的组诗中，常把劳动和爱情结合起来，构成牧歌情调：

一面一面的突击旗，/一朵一朵的云。/一阵一阵的镢头声，/山响石头惊。

……

一抹一抹的红巧云，/照醉了绿杨柳。/一阵一阵的唱歌声，/哎呀呀嘀/数我哥哥好。

他在1951年写的《婚礼进行曲》中的“劳动工分代首饰，美过镶边的金彩云”，也是力图表现农村中这方面的新的感情。他在这方面可以说是一个开拓者。当然，后来取得更大成就的却是闻捷。

《漳河水》在艺术上有较高的成就，主要表现在比较好地解决了叙事与抒情结合的问题，这得益于长诗的结构和语言。

长诗写三个妇女的命运，没有像《圈套》那样陷于过程的叙述。诗人总是不着痕迹地把情节过程压缩到最小程度，这也得益于戏剧的集中矛盾的结构方法。时间的过程从单一的空间中表现出来，矛盾集中凝聚在一个焦点上，形成了叙事诗中的抒情环境。例如三个妇女在旧社会的命运并没有分开来写，而是让她们在结婚前聚在漳河边倾吐心曲，结婚以后回娘家又到漳河边诉说苦难。这样曲折的情节就净化到只剩下两个场景，而这两个场景又不是用纯粹的描写来交代情节，而是让三个人以独白和对白的方式来诉说。这样的诉说自然带上浓郁的抒情色彩。而环境背景则集中到漳河的统一形象上去，除了漳河以外没有什么具体环境描写。漳河的形象和妇女的命运融合成一个统一的形象，在三个性格不同的妇女诉说她们悲苦命运时，漳河的形象就带着她们性格不同的特点。漳河的形象有时是客观的背景，有时是主观的感情的体现，有时是感情交流的对象，有时是这三者的综合：

> 声声泪，声声泪，/声声泪泪山要碎！/山要碎，山要碎！/问句漳河是谁造的罪？
>
> 桃花坞，杨柳树，/漳河流水声呜呜！

这是妇女受压迫时漳河的形象，而当妇女获得解放时漳河的形象又是这样的：

> 漳河水，九十九道湾，/漳河流水唱得欢；/桃花坞，长青树，/两岸踏成康庄路。
>
> 万年的古牢冲坍了！/万年的铁笼砸碎了！/自由天飞自由鸟，/解放了的漳河永欢笑！

这个漳河的形象在故事情节进展中代替了一切背景，在场景的转换，在人物的对白中，反复出现，用漳河的统一形象把长诗中的大量的独白和对白式的抒情章节自然地贯串起来，这是《漳河水》的一大创造。这使得长诗中的叙述过程、交代背景的诗句几乎少得不可再少，这样诗人就游刃有余地在这压缩了的情节中渗入浓郁的抒情。

长诗的成功还得力于诗人的语言功力。《漳河水》中引用了许多民间歌谣，作者自己就说明其中有“开花调”“刮夜鬼”“梧桐树”“绣荷包”“打寒虫”“大将”“一铺滩滩杨树根”等形式。自然这主要是指其曲调形式，作为诗的语言则是经过诗人加工的。例如开头的“漳河小曲”：

漳河水，九十九道湾，/层层树，重重山。/层层绿树重重雾，/重重高山云断路。

这里用了一系列重叠的词。用听觉的重叠来表现视觉上山和树的众多层次，显示从事过音乐工作的诗人对声音的敏感。

清晨天，云霞红红艳。/艳艳红天掉在河里面，/漳水染成桃花片，/唱一道小曲过漳河沿。

这一节用视觉形象的鲜明色彩与前一节的淡墨山水对比，以天空的云雾倒影写出了水的透明，构成明朗欢快的调子，表现出一个长于丹青的诗人对色彩的敏感，善于用色彩抒情的特点。阮章竞不愧是个业余的国画家。

很显然，这还得益于诗人的古典诗歌，特别是古风和民歌的修养。诗人在《群众对诗人的要求是什么》中说：“中国民歌和古典诗歌，由于中国语言的特性，有颜色，有音色。一些民歌和古典诗歌一读起来就觉得充满画意和音乐旋律。”上面的两节诗正是从“颜色”和“音色”两方面去表现诗人内心感受到的大自然的美妙的。而下面两行诗：

送出门，送出院，/梨树花开月明天。

则更有绝句那样提炼得很单纯的色彩和意境。但是《漳河水》的语言的主要功力，还在于善于运用口语，把生动的农民口语提炼成诗，在大量的抒情独白中，人物的语言富有地方色彩和个性特色，比如写二老怪的内心独白：

猪不离圈，狗不离院，/母鸡不离个破篮片。/自由平等怎能行？/女人都惯坏成了精！

这里的语言有二老怪的生活经历和个性的特殊标志，把女人比作猪、狗、母鸡，既表现了他轻视妇女，又明显地带着农民生活环境的特点。而把妇女自由平等看成是由于“惯”坏而成了“精”这样的糊涂观点和迷信概念加在一起，正是二老怪内心深处独特的性格逻辑。长诗用纯熟的北方农民口语写成，像“苗苗出土绿油油，瓜秧露芽肥展展。花不棱棱手艺巧……眼儿越看眉越高”，这样不着痕迹地把口语上升为诗的形象，是经过很刻苦提炼的。作者在《我怎样学习写作》中说：“我是南方人在这一点是很吃力的。因此，我要常关心群众的语言，什么样的情形，怎么样说，大体上都有规律的，都把它记下来。”“如现在产生在一些农民群众中的‘革命成功思想’，山西的农民说：‘早晨一顿金皇后，中午一顿一六九，晚上一个剪发头。’则满足了，没啥好干了。平原的农民说：‘三十亩地一头牛，老婆孩子热炕头。’也就满足了。”可见《漳河水》那些恰如其分地符合人物身份、当地环境特点的语言，经过作者多少苦心的锤炼啊！

口语的独白和对白特点是泼辣，例如二老怪的话：“‘老婆是墙上一层泥，/你要死了我再娶！’/放他娘狗屁！”而作者的语言则往往有些典雅的书面语言，例如“风吹花飞落水面，紫金英倒尽心头怨”。此外，在必要的叙述语言中则多用白描手法，如写女孩子在一起谈自己对幸福爱情的向往是“低声拉话高声笑，/好说个心事又好羞”；又如写媒婆相亲是“从脚看到天灵盖”（而不是从头看到脚），都因为抓住了特点，而显得异常精练。这样，《漳河水》的语言就既有统一的民歌风味又显得很丰富多彩。

《漳河水》在节奏上基本是五七言体，但是并不拘泥。随着内容的变化，节奏也有所变化。例如妇女诉苦时就采用“四大恨”的调子：

常阴天，森罗殿，／自从关进那砖门院，／苦胆拌黄连！

前两句七言，最后一句五言，与习惯上长节奏句子在后相反，打破匀称，造成一种顿挫的感觉，很符合内容的特点。后来紫金英诉苦，媒人张老嫂挑唆，都是用这种节奏。而苓苓和二老怪的对话，富有喜剧性则用长句在后的节奏：

苓苓捂嘴低声啐：／“出什么洋相讨厌鬼！”

而在表现旧社会的苦难结束、人民解放时代的开始，则又刻意使诗句的节奏的性质发生变化：

漳河水，九十九道湾，／毛主席领导把天地重安。

第二句“天地重安”是一个四言结构，造成一种突变的感觉。

万代的脚踪要踏出路，／千年的水道看流成河。

这里就打破了以三言结构收尾的民歌体节奏的一般规律，这两句是从民间谚语“二十媳妇熬成婆，千年水道流成河”演化而来，当中加了“要”和“看”就使节奏局促急迫起来，这一切都说明阮章竞炼字炼句的匠心。

《漳河水》的出现在20世纪50年代引起了广泛的好评，例如丁力在《谈阮章竞的叙事诗》中说：“《漳河水》有民歌和古典诗歌那样优美的意境，那种多样的表现方法，如比喻、夸张、衬托、对称等。有民歌那样的朴素、自然，那样反复重叠的声调，容易传唱。有古典诗歌那样的精练、含蓄，那样的声韵铿锵，朗朗上口。”从《漳河水》中不但看到作者有民歌的而且看到有古典诗歌的素养，这是比其他评论《漳河水》的文章深刻的地方。但是，作者忽略了《漳河水》艺术性主要是得益于民歌，诗人有意识地从古典诗歌中汲取营养是后来的事。

写《漳河水》以后，阮章竞一度用自由体写政治抒情短诗，很显然，这并不是他的所长，以概括凝练的民歌语言取胜的诗人，写自由体显得很平庸。阮章竞没有停止前进，他又对新诗的艺术形式、节奏不断地进行新的探索，连他 1955 年写的童话诗《金色的海螺》，虽然仍旧是写劳动者的爱情的，却并没有重复《漳河水》的民歌形式，而是采用当时流行的四行一节，每行音节数量相差不远的形式。后来当他把目光从农村转向工业战线，用抒情诗的形式去反映内蒙古草原的荒漠风光在伟大的社会主义建设中发生的历史性的变化时，他却主要用古典诗歌中古风歌行形式的豪迈风格和浓郁色彩。这样，他就为自己的艺术开拓了一个新的天地。这主要是指后来收在他的建国十年诗选《迎春橘颂》中的组诗《新塞外行》（在诗集《虹霓集》中作《新塞外行》）和《乌兰察布》。从此，诗人的心灵中就好像有两根弦：一根弦是民歌体的，像漳河流水那样奏出清新明丽的幸福和欢笑，一根弦是古风歌行体的，却似大漠风尘一样，奏着雄浑豪迈的、制胜艰难险阻的战歌。

《新塞外行》（1957）和《乌兰察布》（1958—1959）都是反映包头钢铁基地建设的。很明显它在风格和情调上受盛唐边塞诗传统的影响，特别是那些描绘草原往日荒凉景象的诗句：

晨霜重，风如箭，/ 牧人袖手不扬鞭。/ 地阔天空骆驼瘦，/ 铜铃摇不响，/ 嘴鼻喷青烟。

这就不但有古典诗歌形象的细节的精粹，而且有它的特有句法。“地阔天空骆驼瘦”，在七字一句的诗行中有三个主谓结构，使得形象的密度很大，语言十分精练。这样的句法，阮章竞的使用率是很高的，如“岸坍岭崩坚冰碎”“弦管笙箫明月天”。但他并不满足于刻意仿古，他在《序歌》中开宗明义地对历代的诗人说：“让我重新改写，你们唱过的歌词。”他要歌唱的已经不是往古荒漠的悲歌，不是“冷冷清清的驼铃，送别破晓霜天残月”，而是新时代的“春风丽日”。《新塞外行》把构思中心放在新旧时代风光的对比上。诗人用形象密度很大的雄浑的格调着重把往日的荒凉和今日的繁荣加以对比。诗人所刻意追求的是在这古典格调中脱胎出来的新诗。他基本用五七言的诗句，来描绘这历史风貌的剧变：

古渡口，昭君坟，/ 人造湖水水如镜。/ 做伴不是昏昏月，/ 不是寒星和流萤，/ 而是繁灯千千万，/ 紫光不灭的钢铁城。

这里“不是寒星和流萤，而是繁灯千千万”，虽然仍为七言句，由于连接虚词“不是……而是……”的运用就完全成了新诗的句法了。在阮章竞的古风风格的诗中，不但有新诗的句法，而且有新诗的构思和想象，例如《蓝天碧野的大乐章》把电线和电杆比作乐谱，把炉火映照的鸣鸟比作音符，把钻机比作管弦，把火车和钢轨比作竖琴，把开山炮比作大鼓，把吊车比作指挥。这样有系统的比喻合成一个总的比喻，把草原的建设比作蓝天碧野上的乐章在演奏。这就是到了20世纪六七十年代日益流行起来的一种追求形象的统一和完整的构思方法。这种构思方法需要比较强的想象力，才能把分散的繁多的细节统一起来，成为单纯完整的形象。在当时（1957年），这种构思方法还刚刚产生。连阮章竞也并不是经常有意识地使用这一种方法。当时，新诗在反映工农业建设的伟大成就中，正经历着把20世纪40年代解放区的以叙事为主和国统区的以直接抒发为主二者统一起来产生新的构思方法的过程。阮章竞当时的注意力显然过多地放在语言的凝练上，放在局部形象上，而对总体构思的完整则似乎着力不够，所以有些诗不乏叫人耳目一新的章节，但总体形象却较散漫，不够完整。再者，阮章竞几乎总是把草原风光的历史变化总体过程作为抒写对象，不像李季那样从具体的人物和具体的场景来反映这伟大的变化。看来他是竭力回避在抒情诗中运用像他在叙事诗中那么熟练地运用的情节因素和人物刻画，他的构思总是按着时间顺序把往昔与今朝风物的变化做对比。他也不像郭小川以边疆建设事业为题材的作品那样，对读者做直接抒情，甚至剖析自己的内心。他的表现手法过分局限于描绘，缺乏直接抒情的笔墨。在学习古典诗歌方面，他又不像贺敬之那样运用律诗和绝句的对称的句法。他主要是运用古风的比较自由变化的句式，却忽略了节奏上的对称，因此常常使人读来有一种失去平衡的感觉。他的抒情诗在语言上虽有较高的成就，在其他方面却没有像《漳河水》那样获得普遍的喜爱。后来在60年代他的抒情诗集《勘探者之歌》也同样没有突破他50年代的局限。至于叙事诗《白云鄂博交响诗》没有达到《漳河水》那样的高度，则明显是因为诗人对内蒙古兄弟民族的生活并不像太行山区漳河一带的人民生活那样熟悉，诗中生活不足的表现是很明显的。

（原载《福建师范大学学报》1979年第4期）

◈ 阮章竞的非凡艺术成就

◎屠岸

阮章竞同志是我所敬佩的诗人，同时他又是画家、篆刻家。他主要是以诗人的身份出现在中国历史上的。我跟阮章竞同志生前交往不多，但是我是他的一个很忠实的读者，所以读过他很多的作品。

我觉得阮章竞同志在文学创作方面，是一个多才多艺的多面手。

在诗歌方面，他创作的就有很多种形式。例如说叙事诗有《漳河水》《圈套》《白云鄂博交响诗》等。他也写自由体，比如说《故乡》。他写童话诗，《金色的海螺》《马猴祖先的故事》，非常成功。他也写很多组诗，比如说《溯河千里行》《夏日山村》《意大利之歌》《大军之路》《三峡颂》《天山昆仑行》《汉中行》等组诗。他写了很多组诗，当他有一种感受，单独一首诗不能尽情地发挥时，他往往喜欢用组诗的形式写他的情感。他出了好多本诗集：《虹霓集》《勘探者之歌》《四月的哈瓦那》《阮章竞诗选》《夏雨秋风录》《晚号集》等。可以说著作等身。

他写歌剧，《赤叶河》红遍国内，到处上演，另外还有歌剧《比赛》。他不但写歌剧，而且写话剧，他的话剧有《转变》《未熟的庄稼》《在时代的列车上》等。

他不但写诗歌、戏剧，而且还写小说，比如说他写过短篇《割稻的故事》《清晨的凯歌》，也写过中篇《白丹红》，长篇《山魂·霜天》。

他的这些文学创作都取得了明显的成就，是其他诗人没有做到的。像他这样的多面手很少。

他最主要的代表作还是大家公认的《漳河水》。《漳河水》是民谣体的诗歌，旧体的格律诗不算，中国的新诗有三大类：第一种是自由诗或自由体诗；第二种是现代格律诗或称新格律诗，比如说闻一多的《死水》；第三种是民谣体诗。这三种形式本身没有高低之分，都看作家的才情、思想、艺术。民谣体诗歌的代表作是阮章竞的《漳河水》、李季的《王贵与李香香》，还有比如说贺敬之的《回延安》。

《漳河水》的民谣风格有很多特点，第一个特点就是语言是经过提炼的口语，乡土味浓，地方色彩鲜明，亲切而动人。大家知道阮章竞同志是广东人，但他长期生活在北方。他把北方的方言土语经过提炼，变成了诗歌语言，有非常鲜明的地方特色。这点很不容易，他不是土生土长的北方人，他是南方来的。但他深入民间，深入底层人民当中，采用了很多方言，提炼成为诗歌语言，这很了不起。比如说有这样一句，“抽俺的筋筋搓成线，/也买不下婆家心半片，/还骂没针尖！”什么叫针尖？有个注释，是指女孩子的缝纫技术，如果不加注释，读者看不懂。但是用了土生土长的词语，地方色彩就非常鲜明。

再一个是民歌风。民歌风里边包括节奏和韵式。“荷荷配了个‘半封建’，/天天眼泪流满脸！/苓苓许了个狠心郎，/连打带骂捎上爹娘！/紫金英嫁了个痨病汉，/一年不到守空房！”节奏非常鲜明，每一行（节）是三个顿。它又是押韵的。第一个荷荷的两句用 an 韵；第二个苓苓的两句用 ang 韵；第三个紫金英的两句，第一行用 an 韵，第二行用 ang 韵。这里面有一种对称的美，又有一种参差的美，交叉进行。看起来很自然，实际上有精心的安排在里面，民谣风韵律表现得非常明显。

第二个特点就是形象性。三个姑娘的命运都由故事情节表现出来，有故事，有情节，而排斥了公式化、概念化、教条化。诗必须以形象思维写出来，和理论的逻辑思维是不一样的。这是对旧社会的控诉，但不是用标语口号，而是用形象，这里面有故事，有情节，有人物，有性格。理论家可以写社论，可以写理论，诗人不行，诗人必须要用形象，用诗的语言来控诉旧社会。阮章竞的这首诗体现出形象的震撼力。

第三个特点是抒情性。抒情可以抒欢喜的情，可以抒愤怒的情，可以抒悲哀的情，也可以抒控诉的情。《漳河水》卓越地抒发了对旧社会控诉的情。比如说“声声泪，声声泪，/声声泪泪山要碎！……桃花坞，杨柳树，/漳河流水声呜呜！”这里边带有很强的抒情性，节奏带有抒情味，押的韵式带有强烈的抒情味。声声血泪，字字衷肠，不能说是一唱三叹，这个叹字不合适，应当是一唱三哭。旋律鲜明，节奏强劲。愤怒的旋律，抗议的旋律，控诉的旋律，这种旋律充分体现了这种诗歌的抒情功能，把这种新诗的抒情功能发挥到极致。

下面我谈一谈我对他绘画作品的感觉。看《阮章竞绘画篆刻选》中的油画棒画和色粉画，他是这种绘画方式的能手。他的特点是能够主掌、掌握色彩，是色彩的统帅，或者是色彩的指挥官。他喜欢用蓝色——深蓝、浅蓝，也喜欢用绿色——深绿、浅绿，还有紫色——青紫、赭紫……每种颜色都有感情在里边。他用颜色表达他的感情和他的悟性。比如有一幅画《壶口瀑布》，土黄和淡黑显示一种奔腾不息的激情，不只是壶口瀑布的激情，更是诗人的激情，借壶口瀑布，用色彩、用线条表现他本人的激情。还有一幅画《交城卦山古柏山道》，用青紫和赭色来表达古道的深邃、幽清，也表达了阮章竞的人格力量，高洁的人格通过色彩表现出来。

他又能画国画，他掌握了国画的三昧，但他的国画里边又蕴含着西方绘画的元素，有后印象主义绘画的一些元素，隐藏其中，糅合其中。所以他的国画跟过去传统的国画不完全一样。但是这个油画棒画以中国山水风韵为主，不是完全模仿西方的东西，这是中国彩墨的元素和西方后现代印象主义的元素相互融合的作品，而且以中国为主。他是中西合璧和西中合璧。他没有偷换、西化，而是保留了中国画的特点，又吸收西方画的元素的那么一种成功的创造。

他有很深的素描功底。素描是绘画的基本功。他画了一幅黑人青年，你要看一看他画的人物形象，说明他有素描的功底，没有素描功底的人不可能画成那样。你看这个黑人青年，你看他面部的轮廓鲜明，有性格，还有他的这个眉毛、神态，是个侧面个形象，没有素描功底达不到那样的水平。

他的书法主要是行草，气韵生动，如行云流水。他的书法里边，体现出一种人格美，也体现了他的“正”。有一个皇帝问一位书法家，为什么写得那么好，书法家回答说“心正则笔正”，心正了我的笔就正了。所以我觉得阮章竞书法作品里体现了他的心正，人格力量也表现在书法作品中。

还有就是他的篆刻，有很浓的石味，就是石头的味道。过去木刻家讲木刻要有木味，木刻作品没有木味就不是木刻了，变成别的东西了。他的篆刻有石头的味道：刚劲，但又是刚柔相济。在方寸中见天地，很小的地方见天地，有间架，有结构，有安排，有大小，有对称，表现了中国特有的美学精神。

另外，我看到阮章竞的照片，他非常美，当然这是外形，外形体现的是内在的东西。唐代杜甫有首诗叫《饮中八仙歌》："宗之潇洒美少年，皎如玉树临风前。"崔宗之是一个与杜甫同时代的年轻文人，这两句话可以转作形容阮章竞同志少年时的风采。

（原载《中国现代文学研究丛刊》2014 年第 8 期，又发表于《中国艺术报》2014 年 2 月 24 日）

◆ 记潮汕第一个大型潮州方言歌剧《赤叶河》

《赤叶河》是潮汕地区历史上第一个大型潮州方言歌剧。

1949 年秋收后，根据中共七届三中全会精神，在全国范围内开展一场清匪反霸和减租退押的土地改革运动。大型潮州方言歌剧《赤叶河》，就是按照中共潮汕地委的指示，为配合潮汕地区的土地改革运动而诞生的。

潮州方言歌剧《赤叶河》，是根据陕北秧歌剧《赤叶河》改编的，陕北秧歌剧《赤叶河》是由延安鲁迅艺术学院全体师生，在文艺整风后，执行毛泽东主席《在延安文艺座谈会上的讲话》中提出的“文艺为工农兵服务”方针，是继第一个民族新歌剧《白毛女》成功创作之后，创作的第二个民族新歌剧。《赤叶河》在内容和主题上，和《白毛女》相近，都是描述农村恶霸地主如何剥削、压迫农民，农民为求解放而进行反抗的真实故事。

承担改编、演出潮州方言歌剧《赤叶河》任务的是潮汕文工团。

潮汕文工团的前身主要是潮汕人民抗征队文艺宣传队，该队成立于 1948 年 5 月。翌年 1 月，改组为揭陆华人民行政委员会政治宣传队。5 月，改称为中国人民解放军闽粤赣边纵队第二支队政治宣传队。10 月 24 日，为迎接全潮汕解放，又改组为汕头文工团。1950 年 3 月，按潮汕地委指示，与潮澄饶澳文工队、揭阳文工队、潮阳文工队、澄海文工队合并，成立潮汕文工团。

改编和演出《赤叶河》，在潮汕文工团是第一次。首先碰到的问题是如何把北方方言歌剧改编为具有潮汕特色的潮州方言歌剧，为此，文工团组成了以团长林澜和郑一标、王江流、陈玛原等为首的剧本改编小组。改编小组经过反复研究讨论，决定将陕北地方方言的特点和潮汕地区群众喜闻乐见的民间文艺形式结合起来，使秧歌剧《赤叶河》中的歌词、对白、舞蹈和潮汕地区的生活习俗、民间小调、地方戏曲融为一体，使群众易听易懂。全剧共有二百多首歌词，大部分都采用潮汕口语，多用七字句，使歌词完整、清晰、明朗；又以一般潮曲节奏为基础。在乐曲创作上，力求使音乐饱含潮味，并能适合剧中人物的出身、个性和感情，衬托出气氛。如第四幕第二场中高雄泉和阿添那充满辩论性说理的对唱，是全剧音乐最难把握的地方，起初创作出来的乐曲，有如在唱快板，缺乏音乐成分，没有冲突和潮汕味道。后来，经过反复研究、修改，并深入群众倾听意见，最后改用两个高低四度的调子，这样，音乐成分加强了，冲突明显了，潮味也浓了。

经过三个多月的紧张改编、作曲、排练，于1950年12月29日，《赤叶河》终于在揭阳曲溪寨内做首场演出，观众达两万多人。当地农民看后都很激动，有的还说："俺寨内的大恶霹 ××× 就是《赤叶河》中的吕承书。"

在澄海东里镇演出，当戏演至阿英受辱跳河自尽，阿标一气之下出走当兵，阿旺一家家破人亡时，台下观众群情鼎沸，剧中主人公那悲惨的命运和台下苦难深重的农民已产生了共鸣，他们不等戏演完，蜂拥而起，高喊着要找村里的恶霹地主讨还血债。

在潮安沙溪头演出的过程中，当戏演至吕承书被群众斗争，还唱道"龙生一子镇天下"时，台下群众气得咆哮起来，有不少人竟向扮吕承书的演员投石块。

土改工作队队员说："《赤叶河》对农民的阶级教育，比我们给他们上一百次课还强。"

在潮安金山中学演出时，适逢中共华南分局的领导到潮安视察土改情况，他们也前来观看。文工团全体人员在演出时都更加严肃认真，当剧中阿标唱"大风猛雨打得我心头痛……"和阿英唱"风吹唔歇雨唔停……"时，那悲愤的歌声伴随着凄厉哀怨的乐曲，在整个礼堂回荡，音乐组成员各个噙着泪珠……台下有一位妇女说："我从来没有看过一个戏能使人流过这么多眼泪。"

惠来葵潭的农民说："看了《赤叶河》，使我们增强了三分力。"在潮阳演出，当戏演至农民斗争恶霸地主高雄时，台下群众情不自禁地鼓掌欢呼起来；在澄海苏南区演出，因下雨场地关系，少年儿童不能观看，第二天在苏南区便出现一句"《赤叶河》《赤叶河》，大人有看奴仔无"的谣谚，时至今日，当地人还记忆犹新。

大型潮州方言歌剧《赤叶河》以其真实的内容、新颖的形式和艺术的魅力，在潮汕地区广大农村引起一片轰动。文艺界、新闻界也都动了起来。中国人民解放军四十一军一二一师文工队，在观看《赤叶河》之后，专门对其文学、音乐创作和表演艺术开展讨论，该队导演孙再昭在会上对《赤叶河》大加赞赏，并号召文工队要真诚虚心学习潮汕文工团的优点；著名戏剧家谢吟在观看《赤叶河》之后，高兴地祝贺演出成功，特别赞赏剧中对群众口语的成功运用，并虚心地表示他今后在写剧本时，要好好学习这个优点；汕头《潮汕日报》在1951年4月14日专题刊登《潮汕文工团在汕公演〈赤叶河〉特辑》，也高度评价《赤叶河》的演出成功。

总之，大型潮州方言歌剧《赤叶河》的演出是成功的，它有力地配合了潮汕地区的土地改革运动。同时，《赤叶河》的改编和演出的成功，也促进了文艺工作者“走与工农兵相结合道路”，为潮汕地区的戏剧史写下了光辉的一页。

（原载汕头政协《潮汕文艺丛集》）

◆ 当今诗人应向阮章竞学习什么？

今年是我国现当代著名诗人阮章竞先生诞辰一百周年，全国各地文化界陆续举办了不同形式的纪念活动。中山市沙溪作为阮章竞先生的故乡，在其诞辰一百周年之际，中山市政协文化和文史资料委员会、市文联、沙溪镇政府联合主办首届中国“阮章竞诗歌奖”。新闻记者在对话阮章竞女儿阮援朝时，阮援朝说：“希望这个奖项评比的标准，要尊重父亲诗歌的理念，要注重诗歌与时代、人民的痛苦和幸福的结合，而不是重视个人的痛苦、流泪、彷徨、不知所措、找不着方向，我觉得那不是阮章竞。”她还真诚地说：民族化诗歌才胜任“阮章竞奖”。

阮章竞是一位具有多方面才能的艺术家，他的著作有诗歌、长篇小说、话剧剧本、歌舞剧剧本、纪事文学和绘画等，他最为显著的成绩是他的诗歌创作。他出版的诗集有《霓虹集》《迎春橘颂》《勘探者之歌》《四月的哈瓦那》《阮章竞诗选》《漫漫幽林路》《边关明月胡杨泪》《夏雨秋风录》《三百里西江路》等。他是毛泽东《在延安文艺座谈会上的讲话》坚持文学的民族化、群众化观点的积极拥护者和实践者。1949 年，阮章竞创作发表了长篇叙事诗《漳河水》，这奠定了他在中国文学史中的地位。《漳河水》采用了多种山西民歌的形式，在保留了民歌的山野风姿的同时，又具有古诗蕴藉含蓄的韵味，全诗节奏感强，能诵能唱，很容易流传。该诗中，许多比兴手法的使用，使得诗的形象丰满，而且抒情意味浓厚。在诗歌形式、结构、语言上具有独特的民族风格。

1955 年，他创作了童话诗《金色的海螺》。这是他的又一代表作。该诗采用现代格律诗体写成，格律严整，一气呵成，既简单明快，又含蓄耐读。我们纵观诗人阮章竞数十年的新诗创作，他的新诗，融合着古典诗歌、民间歌谣的韵律。

阮章竞创作的成功，其最大特点是他的诗歌坚持诗歌民族化。

诗歌文化是人类在社会历史发展过程中所创造和积累的一种精神财富。在我国，诗歌是民族文化精神的结晶，自古至今它承载着中华民族的珍贵记忆。中国是世界上诗歌传统最悠久的国家，但是现代新诗的诞生却不足百年。我国诗歌文化历史悠久，自《诗经》至《楚辞》，而古风，而近体律诗，再到新诗。现代新诗不讲格律，以白话作为基本语言手段的诗歌体裁。1917 年 2 月，《新青年》杂志发表胡适的《白话诗八首》，标志着中国新诗的诞生。

可是，当今许多诗人在现代新诗的创作中，在抛弃古典格律的同时，对西方诗学过于顶礼膜拜，其实，从国外学过来的东西，只是一种模仿。创新和模仿，是两个不同的层面。近年，许多“诗人”鼓吹横的移植，照搬西方的那一套。一句简单的诗句，往往数十字，却沾沾自喜，让人不觉“朗朗上口”，而是“拖泥带水”，不知所云。须知汉语的基本单位是字，由字组成词组，再组合成句子；而英语等别国语言的基本单位是词，且有多义性，由词组合成句子，诗句译成汉语，无可避免的冗长，缺少意象和韵律，这些都是翻译的不足之处。但一些“诗人”却照搬别人的文学模式，这种舍本逐末、盲目崇拜的结果便是“诗歌”远离读者。那些“先锋”诗歌，与其说是诗，倒不如说是分行的散文、杂文和谜语。现代汉语是一种不断创新和发展的语言，文化滋养文学，现代新诗应汲取古今中外精华，要把中国文化的深厚传统融入到诗歌艺术之中。诗人阮章竞的最大成功，是他在诗歌创作中，注意向古典诗歌学习，并使之与民歌融为一体。向诗人阮章竞学习，坚持诗歌民族化，这是新诗创新探索的路径之一。

（原载《南方日报》2014 年 9 月 18 日）

附　录

附录一

评点阮章竞《漳河水》(未完稿)[1]

◎ 顾 随

诗前自署:

1952 年 12 月 8 日下午、9 日上午精读一过并加评点 述堂

漳河水

小序

"山坡树林间传出歌声来,娓娓悠扬觉得好听。"

评点:娓娓是谈,悠扬是歌,二者不可能搅在一起。

"自听了歌声以后,萦绕脑中。
找人口述,录下些片段的歌儿。"

评点:非片段。

第一部 往日

漳河小曲

"漳河水,九十九道湾,/层层树,重重山,/层层绿树重重雾,/重重高山云断路。"

评点:如此伟大史诗,以写景起,继传统也。

---

① 编者注:顾随评点所据版本为 1950 年 6 月发表在《人民文学》上的版本,收入此编时,参照《阮章竞诗选》人民文学出版社 1985 年版本略做调整。

三个姑娘

“漳水河，水流长，/漳河边上有三个姑娘：/一个荷荷一个苓苓，/一个名叫紫金英。”

评点：徐徐而起，与白传《长恨歌》同一手法，而自然过之（手笔差异也）。

三个姑娘：

“河边杨树根连根，/姓名不同却心连心。”

评点：简易如此，深刻如此，多少古典诗人对之应当羞死。

三个姑娘对未来婚事的憧憬：

“低声拉话高声笑，/好说个心事又好羞。……”

评点：写出来解放以前闺中弱女子神情。又注曰：“拉话”当是河南北部方言，与山东之“拉呱儿”、京东之“落坑儿”同一语源。

三个姑娘定亲：

“断线风筝女儿命，/事事都由爹娘定。”

评点：几千年来封建社会中女儿共同的命运。又注曰：“线”下、“儿”下拟添“的”字。

“媒婆张老嫂过河来，/从脚看到天灵盖。”

评点：相货色也，该死。

“爹娘盘算的是银和金，/闺女盘算的是人和心。”

评点：对立，矛盾。

“不知道姓，不知道名，/不知是老汉是后生。
押宝押在哪一宝，/是黑是红鬼知道！”

评点：如幽狱中冤鬼怨鬼语也。

“偷偷烧香暗许愿，/观音菩萨念千遍。
心操碎，人愁死，/三天没吃完半合米！”

评点：可怜。

三个姑娘结婚：

“三尺青丝盘成卷，/抬过河，抬过川。”

前句注曰：所谓“上头”也。后句注曰：“川”当作“水”。

荷荷盼望丈夫是“抓心丹”，苓苓盼望丈夫是“如意郎”，紫金英盼着与丈夫“好到头”。

三个姑娘的不幸婚姻：

“漳河水，水流长，/三人的心事都走了样。”

“荷荷配了个‘半封建’，/天天眼泪流满脸！”

评点：“抓心丹”之走样。

“苓苓许了个狠心郎，/连打带骂捎上爹娘！”

评点：“如意郎”之走样。

“紫金英嫁了个痨病汉，/一年不到守空房！”

评点：“好到头”之走样。

三个姑娘出嫁一年后回娘家：

“年年要过十二个月，/渡过冷来渡过热。”

评点：自“春王二月”以来，无此纪实的好文字。

村里演戏，三个姑娘：

“无心看牛郎会织女，/无心看郭驸马‘打金枝’。”

评点：无此二语，不成其为好诗。

三个姑娘相对哭诉。

荷荷的哭诉：

“桃花坞，杨柳树，/东山月儿云遮住。

漳河流水水流沙，/荷荷一泪一声诉。”

前两句评点：白传时有此笔耳。

后两句评点：一声《河满子》！

“常阴天，森罗殿，/自从关进那砖门院，/苦胆拌黄连！”

评点：地狱变相。

又评点：较“故国三千里，深宫二十年”如何？

“一锅要做两样饭，/婆婆骂硬，小姑嫌烂，/啪啪三巴掌！”

注曰：漳河一带方言，“先”“天”与“江”“阳”无别，故如此叶韵。

“秃汉要鞋，小姑要裙，/贴工容易难贴线，/俺没买花钱。”

注曰：此又以“真”叶“先”“天”，亦方言也。

“抽俺的筋筋搓成线，/也买不下婆家心半片，/还骂没针尖！”

评点：血泪交迸。

婆婆骂荷荷：

“媳妇是块烂锈铁，/揣在怀里暖不热！”

评点：虔婆语。

丈夫骂荷荷：

“老婆是墙上一层泥，/你要死了我再娶！”

评点：恶夫语。

荷荷对辱骂斥之为：

“放他娘狗屁！”

评点：非直化腐朽为神奇，直是化俗为雅，此乃真雅，彼风花雪月鸳鸯蝴蝶，真乃“放他娘狗屁”耳。

荷荷愤愤：

“哪年才把头熬到？/漳河你为甚不出槽？/给俺冲条道！”

评点：决倒长城。

又注曰：“出槽”，决口之意。

苓苓的哭诉：

“桃花坞，杨柳树，/北岸石鸡夜半哭！
河底不平掀起浪，/苓苓揭开冤家账。”

对中间两句评曰：杜句。

“天上的云彩千变化，/汉子对我好就要，/恼了就是打！”

评点：看似容易，实则甚难。

“推罢碾来又推磨，/不顺他眼都是俺错，/理是由他说！”

对末句评点：五字写尽专制。

继写紫金英：

“桃花坞，杨柳树，/河边草儿打觳觫！”

对“觳觫”一词评曰：此嫌稍文。

紫金英的哭诉：

“男人原是常病身，/爹娘重财不重命，/贪人有钱银！”

对“爹娘”一句评点：此较“不重生男重生女”，何如？

“过年养下墓生孩，/只有娘亲没爹爱，/春天花不开！”

评点：沉痛至此。**又评：**“墓”当作“没”。

“有意守节心难下，/俺娘劝我另改嫁，/改嫁我嫌怕！”

评点：笔笔转，如“弄丸”然，如转环然。

紫金英之“怕”的是：

“断头香纸烧过后，/出门泼水哭着走，/村边上牲口！”

评点：女子敏感，如此则伤其自尊心了也。**又评**：感性。

“腊月难遇南风生，/十户婆家九户狠，/改嫁是跳火坑！”

评点：理性。

“水流赶杖没根梢，/带犊孩儿是路边草，/进门爬磕头！”

评点：不忍其子也。**又注**：“赶杖”当是京语“擀面杖”也。“带犊”，或作“带肚”。吾乡谓之“带都子”，元曲作“大都子”“大”读若“带”。

三个姑娘的哭诉一连多节均系每节三句，前三句为七至九字的长句，后一句为五字短句。对此总评：此《望江南》《破阵子》歇拍句法。然词曲岂能得此《望江南》《破阵子》哉?

“声声泪，山要碎！/问句漳河谁造的罪？”

对上句评点：此句不好，过火而无力——凡过火皆无力也。**对下句评点**：此句深，凡深无不隔。

“戏鼓咚咚响连天，/唱尽古今千万变。
唱尽古今千万变，/没唱过俺女儿心半片！”

评点：如今阮先生唱出来了也。

“万代的脚踪要踩出路！/千年的水道看流成河！”

评点：“水道”改“眼泪”何如?然则“千年”当改作“千万人”。

第二部 解放

自由歌

“漳河水，九十九道湾，/毛主席领导把天地重安。”

评点：光荣归于领袖。

“共产党，毛泽东，/光明福根遍地种。”

评点：光荣归于党，光荣归于领袖。

第二部开头序诗总评：以结作起，非复寻常手法。

荷荷

“反倒了封建荷荷离了婚。”

评点：“反”似当为“打”。

“自从关进那恶婆家院，/荷荷进了阎王殿！
自从打出那恶婆家门，/荷荷才是个自由人！”

评点：对比。

诗赞解放了的荷荷：

“工作好，有能耐，/要表有表才有才。”

评点：胜过“回眸一笑百媚生”。

“谁不喜，谁不爱？/都想把情根往她身上栽。”

评点：此近酸。

荷荷自由找对象：

“荷荷有了个苦经验，/自由要自由个好条件。”

评点：句法前无古人。

"自由要自由个好成分，/荷荷戴见的是庄稼人。"

评点：内容前无古人。**又注：**"戴"，元曲作"待"。

"……相思的心儿关不住。"

评点："心"下加"儿"，酸俗。

"翻身房子住翻身人，/翻身的新夫妇爱煞人。"

评点："住"字可删，代之以逗点，可矣。

"早从东崖上，晚夕下西坡，/生产的歌声永不落。"

前二句修改为：早上东崖晚下坡。

苓苓

苓苓参加农业互助组的生产和各项活动，丈夫二老怪支差回家后：

"揭开锅看冷冰冰，/踢踢水缸空叮叮……"（共八句）

评点：造句、遣词、用韵，自然如此。

二老怪气急败坏地找到生产组：

"小组开会正热闹，/讨论请人做生产指导。
荷荷看见二老怪到，/拍手欢迎说'他就好！'"

评点：小穿插。

"二老怪，眼一瞪，/满嘴飞出唾沫星：
咱一不浪，二不偷，/再说咱好也不上钩！"

前二句评点：如见其人。**后二句评点：**如闻其声。

生产组里：

"谁人不晓得二老怪，/仍旧开会不理睬。"

评点：插入松笔，文势更紧。

二老怪“朝着苓苓耍态度”，骂大街，

生产组里“谁人不晓得二老怪，/仍旧开会不理睬。”

评点：再复一笔，文势弥紧。

二老怪气得“三步两跳又往回蹦，/石头街道快踩成坑！”

评点：笔亦踩石成坑也。

二老怪回到家：

“越听屋檐越心伤，/越想鸡窝肚皮恼。”

评点：“恼”当作“胀”。

二老怪想吊起苓苓的头发打她：

“哎呀呀，不能够，/她娘早剪成短发头！”

评点：令人失笑。

二老怪想找棍子打，却只找到麻秆与镢头：

“麻秆打她当搔痒痒，/镢头一敲会死他娘！

敲死人命可吃官司，/不是坐牢就挨枪子！

不偿命，也不成，/没有老婆要打光棍。

花钱再娶犯法令，/自由谁敢上我家门？”

评点：一笔一转，总无平笔。

二老怪又想：

“不准打，也不敢骂，/动他娘根汗毛也犯法！

哎呀呀，老规程吃不开？/二老怪碰到了新朝代！”

评点：知即得。绝倒。

苓苓开完会回家：

“街上有说又有笑，/苓苓唱着回来了：

拿笤帚，扫扫土，/炕上一头另撑铺。”

评点：自然，松。

此时“二老怪，嘴裂开，/唾沫星星儿飞出来”，
用写休书相威胁。

评点：紧。

“苓苓抿嘴微微笑：/‘你要休我没条件！……’”

评点：松。

二老怪又制止苓苓参加生产劳动：

“……骒马也想上大阵？/不准上我地瞎闹腾！”

评点：紧。

“苓苓回答慢吞吞：/‘土地证上俺两人有份。’”

评点：松。

二老怪急了，以不给饭吃相威胁：

“别吃我饭你另支锅，/明天咱就各自过。”

评点：紧。

苓苓趁机向二老怪算了一笔自己劳动收入的细账，共十八个诗句。

评点：社会主义的现实主义的文学表现法也。当行出色，兼而有之。

苓苓“嗤嗤两声钻进被窝，/露出半个头来轻轻说：
‘二老怪，不用发呆，/你的老规程如今没人买！’”

评点：松的渐紧。

结果是“出色厉害的二老怪，/今天唱戏下不了台！”

评点：松了也。

苓苓与二老怪的这一段矛盾交锋总评曰：一个紧，一个松；愈紧愈松，愈松愈紧。其终也紧的反松，松的反紧。此是文学上的矛盾与斗争，统一与发展也。

苓苓一节的最后四句：

“不想想俺们是占一半，／盖房要靠柱和梁！
不想想男女是心连肝，／谁离开谁都没时光！”

评点：统一。斗争的果实。

紫金英

先写荷荷与苓苓：

“……一双脚丫儿两个印，／两个媳妇绞一个心。”

评点：团结就是力量。
荷荷与苓苓关心紫金英的命运：

“十指连心心连血，／咱不体贴谁体贴？”

评点：同一阶级，同一战线，非只同情而已。

“掌上灯，记上分，／荷荷苓苓找紫金英。／旧时姐妹到一起，／有说有笑不回避。／谈罢远山说近水，／翻罢旧箱倒新柜……”

评点：闲闲而起，入情入理。行文如此，真乃乐事。
紫金英述说自己境遇：

“妹妹俩是东坡向日葵，／你姐姐好比是麻池水。”

评点：对比。文字的对比即是矛盾，由此生斗争而发展，即文字的力也。

（选自《顾随全集》卷二，河北教育出版社，2014 年 3 月版）

附录二

相关文献辑存

一、阮章竞个人文章辑存[①]

1. 《敌人不滚出去，就消灭它！》

原载《人民日报》1950 年 7 月 23 日

2. 《关于〈赤叶河〉的三次重改写》

出自阮章竞编剧、梁寒光等作曲：《赤叶河》，新华书店，1950 年修订三版

3. 《“政治嗅觉必须放灵些”》

原载《文艺报》1955 年 6 月 30 日第 12 期

4. 《诗人乎？蛀虫乎？——一九五七年八月二十八日在中共中国作家协会党组扩大会议第二十二次的发言》

原载《文艺报》1957 年 9 月 15 日第 23 期

5. 《虹霓（代序）》

出自阮章竞著：《虹霓集》，作家出版社，1958 年版

6. 《迎春橘颂》之“序”

出自阮章竞著：《迎春橘颂》，人民文学出版社，1959 年版

7. 《阮章竞诗选》之“序”

出自阮章竞著：《阮章竞诗选》，人民文学出版社，1985 年版

8. 《英雄的时代需要英雄的诗篇》

原载《诗刊》1960 年 9 月号

9. 《五月山花红似火》

原载《人民文学》1977 年第 5 期

① 编者按：本部分收录的是一些在阮章竞作品集中能找到的、具有研究性的，但出于种种考虑未收录的文章。

10. 《叛徒的屠刀》

原载《诗刊》1977 年第 12 期

11. 《闲谈三首叙事诗》

原载《语文教学与研究》1983 年第 12 期

12. 《为革命暴力辩》

原载《文艺理论与批评》1989 年第 5 期

13. 《祝贺·坚持·希望——庆〈文艺理论与批评〉创刊五周年》

原载《文艺理论与批评》1991 年第 5 期

14. 《毛泽东对新诗的希望——纪念毛泽东同志一百周年诞辰》

原载《文艺报》1993 年 12 月 4 日

15. 《回溯·翘首——祝〈诗刊〉创刊三百期》

原载《诗刊》1994 年第 5 期

16. 《昭示于历史面前 》

原载《文艺报》1994 年 11 月 26 日第 26 期，后为诗集《夏雨秋风录》的“序”

17. 《山高水长——纪念茅盾先生诞辰一百周年》

出自万树玉、李岫编：《茅盾和我》，中国广播电视出版社 ，1996 年版

18. 《求明者赐教》

原载《诗刊》1996 年第 12 期

19. 《在〈诗刊〉工作的日子里 》

原载《诗刊》1997 年第 1 期

20. 《加强、开展文艺批评是当务之急》

原载《文艺理论与批评》1997 年第 3 期

21. 《我为什么要写〈霜天〉》

原载《中国艺术报》1998 年 1 月 2 日

22. 《边读顺写下的参考意见 》

原载《新文学评论》2014 年第 3 期

23. 《阮章竞谈民歌》

原载《文艺理论与批评》2017 年第 5 期

二、阮章竞研究作品存目

1. 张芳彦：《匠心独运——谈谈〈漳河水〉的艺术构思》

原载《武汉师院咸宁分院学报》1982 年第 1 期

2. 刘守华：《论阮章竞的〈漳河水〉》

原载《华中师院学报》1982 年第 3 期

3. 马尚瑞：《解放区诗歌创作的两颗明珠——〈王贵与李香香〉和〈漳河水〉艺术形式分析》

出自马尚瑞著：《从学徒到诗人——阮章竞简传》，中国妇女出版社，1986 年版

4. 申双鱼、张文君：《老诗人满怀太行情》

原载《长治日报》1989 年 5 月 21 日

5. 刘英武：《回肠荡气夕阳歌——读阮章竞的〈漫漫幽林路〉》

原载《诗刊》1995 年第 10 期

6. 齐荣晋：《阮章竞与歌剧〈赤叶河〉》

原载《新文学史料》1996 年第 4 期

7. 周良沛：《中国新诗库（八集）·阮章竞卷》卷首语

出自周良沛编序：《中国新诗库（八集）·阮章竞卷》，长江文艺出版社，2000 年版

8. 阮援朝：《回忆父亲阮章竞》

原载《诗刊》2001 年第 8 期

9. 曾镇南：《晚号声中有宝石——读阮章竞〈晚号集〉中的两首叙事诗》

原载《中国图书评论》2001 年第 11 期

10. 孙铭有：《在可笑的战役中结识——回忆诗人阮章竞》

原载《山西文学》2005 年第 7 期

11. 陈培浩、阮援朝：《阮章竞在建国后十年的若干史料》

原载《新文学史料》2013 年第 1 期

12. 尹一之：《历史的回声——读诗人阮章竞的〈晚号集〉》

出自李容焕、余丛、阮援朝编《永远的阮章竞》，暨南大学出版社，2013 年版

13. 王光明：《作家评传应把握传主的灵魂》

原载《文艺报》2013 年 7 月 12 日

14. 成葆德：《阮章竞与陵川——纪念著名诗人阮章竞诞辰 100 周年》

原载《太行日报》2014 年 1 月 12 日

15. 尹一之：《党性的光辉——阮章竞同志在〈诗刊〉》

原载《新文学史料》2014 年第 2 期

16. 刘恒：《在阮章竞纪念会上的个人发言》

原载《新文学史料》2014 年第 2 期

17. 刘守华：从《〈漳河水〉到〈金色的海螺〉——献给诗人阮章竞百岁诞辰》

原载《新文学评论》2014 年第 3 期

18. 谢冕：《漳河水》的写作与艺术风格

原载《中国现代文学研究丛刊》2014 年第 8 期

19. 涂途：《心中流淌漳河水——纪念阮章竞诞辰百年》
原载《文艺理论与批评》2014 年第 3 期；又刊发于《北京文学》2014 年第 9 期
20. 陈培浩、阮援朝：《文学苦旅——阮章竞小传》
原载《中国作家》2014 年 9 月上半月号
21. 吴振尘：《动画片〈金色的海螺〉的改编艺术》
原载《大舞台》2015 年第 7 期
22. 亚思明：《阮章竞与〈人民日报〉的“笔墨官司”》
原载《新文学史料》2016 年第 3 期
23. 马尚瑞：《忆〈漳河水〉的歌者阮章竞》
原载《传记文学》2018 年第 5 期

三、阮章竞传记、回忆录和纪念文集

1. 《从学徒到诗人——阮章竞简传》
马尚瑞著，中国妇女出版社，1986 年 4 月版
2. 《中国新诗库 8 集 · 阮章竞卷》
周良沛编序，长江文艺出版社，2000 年 1 月版
3. 《阮章竞绘画篆刻选》
阮援朝选编，人民美术出版社，2009 年 7 月版
4. 《故乡岁月》
阮章竞著，人民文学出版社，2012 年 10 月版
5. 《阮章竞评传》
陈培浩、阮援朝著，漓江出版社，2013 年 4 月版
6. 《永远的阮章竞》
李容焕、余丛、阮援朝编，暨南大学出版社，2013 年 12 月版
7. 《异乡岁月——阮章竞回忆录》
阮章竞口述，贾柯夫、方铭整理，文化艺术出版社，2014 年 1 月版
8. 《阮章竞太行山笔记手稿四种》
阮援朝编，中华书局，2017 年 8 月版
9. 《阮章竞年谱》
陈培浩、阮援朝编，作家出版社，2021 年 3 月版
10. 《阮章竞研究》
张立群著，西苑出版社，2021 年 10 月版

后 记

经历近一年的整理与编排，《风骨峥嵘：阮章竞研究资料汇编》已基本竣工。值此出版之际，我想就本书成书经过说几点体会，并以此表达对本书付出辛劳的师友表示感谢。

《风骨峥嵘：阮章竞研究资料汇编》作为“中国现代文学馆钩沉丛书”系列之一，是我协助中国现代文学馆撰写专著《阮章竞研究》过程中“意外的收获”：这本书是我计划撰写《阮章竞研究》时给自己加的一个项目，而其目的就是在已有“评传”“年谱”和“研究”的基础上，将“阮章竞研究”做得更为完整、充分。本来按照最初的计划，《阮章经研究》是作为“中国现代文学馆钩沉丛书”之一出版，但由于《风骨峥嵘：阮章竞研究资料汇编》更具有史料意义，所以，在最后确定时，《风骨峥嵘：阮章竞研究资料汇编》被列入“钩沉丛书”，这一点是需要着重指出的，而其给我留下最深刻的体验就是学术研究同样有“邂逅”与“偶然”之说。

《风骨峥嵘：阮章竞研究资料汇编》初稿电脑统计共55万字，收录了关于阮章竞的“回忆与自述”“文论钩沉”“亲友回忆”和他人撰写的评论共计110余篇。在定稿过程中，为了回避一些问题，许多有价值的文章只能以存目的形式留存、供研究者查找，这是需要指出的，同时也是令人感到遗憾的。此外，由于很多文章都发表于上个世纪，因此在一些涉及写作时间的文字上都做了一些处理，这种作法如果按照严格意义上的史料整理，自是有一些不妥，但换一种角度思考，也自有其合理之处。好在每篇文章都有出处，有兴趣于此的研究者可借助现有的十分优越的文献查找手段，两相对照，注明援引出处，似乎也未辜负“研究资料汇编”之名。

《风骨峥嵘：阮章竞研究资料汇编》得以顺利的出版，首先应当感谢中国现代文学馆梁飞老师、李洱老师等对本书的支持。感谢阮章竞之女阮援朝对本书提供了许多宝贵的资料和意见。感谢西苑出版社社长赵晖、本书责任编辑樊颖老师为此书付出的努力。在编辑过程中，樊颖老师对本书的结构进行了精心的设计，对其中的篇目进行了严格的筛选并对许多文字进行了处理，正是他们的无私精神和严肃认真的工作态度，才使这本书诞生。此外，我还应当对我的博士研究生何方丽、博士后汤振致以诚挚的谢意，他们为本书的资料查找、文字转换花费了大量时间与精力。

《风骨峥嵘：阮章竞研究资料汇编》出版得到山东大学杰青学者学科建设经费资助，而从溯源上说，也可以说受到我主持的国家社科基金2018年一般项目《新诗史料学建设研究》（编号18BZW168）的资助，这一点也是需要提及的。

是为后记，感谢每一位阅读此书的读者！

张立群

2021年8月12日于沈阳

本书系阮章竞先生研究资料汇编。

编辑过程中，我们通过种种途径，获得了绝大部分选文作者或版权所有人的授权。但仍有少数几篇的作者，暂时没能联系到。敬请相关作者或版权所有人获知信息后，与编者联络。

张立群

2021 年 8 月